자바와 파이썬으로 만드는
빅데이터 시스템

자바와 파이썬으로 만드는
빅데이터 시스템

ⓒ 2023. 황세규 All rights reserved.

1쇄 발행 2023년 5월 8일
2쇄 발행 2024년 7월 31일

지은이 황세규
펴낸이 장성두
펴낸곳 주식회사 제이펍

출판신고 2009년 11월 10일 제406-2009-000087호
주소 경기도 파주시 회동길 159 3층 / **전화** 070-8201-9010 / **팩스** 02-6280-0405
홈페이지 www.jpub.kr / **원고투고** submit@jpub.kr / **독자문의** help@jpub.kr / **교재문의** textbook@jpub.kr

소통기획부 김정준, 이상복, 안수정, 박재인, 송영화, 김은미, 배인혜, 권유라, 나준섭
소통지원부 민지환, 이승환, 김정미, 서세원 / **디자인부** 이민숙, 최병찬

진행 및 교정·교열 김정준 / **내지 및 표지디자인** 이민숙
용지 타라유통 / **인쇄** 해외정판사 / **제본** 일진제책사

ISBN 979-11-92987-05-7 (93000)
책값은 뒤표지에 있습니다.

※ 이 책은 저작권법에 따라 보호를 받는 저작물이므로 무단 전재와 무단 복제를 금지하며,
   이 책 내용의 전부 또는 일부를 이용하려면 반드시 저작권자와 제이펍의 서면 동의를 받아야 합니다.
※ 잘못된 책은 구입하신 서점에서 바꾸어드립니다.

제이펍은 여러분의 아이디어와 원고를 기다리고 있습니다. 책으로 펴내고자 하는 아이디어나 원고가 있는 분께서는
책의 간단한 개요와 차례, 구성과 지은이/옮긴이 약력 등을 메일(submit@jpub.kr)로 보내주세요.

#BIGDATA
#SYSTEM
#ETL
#PIPELINE
#JAVA
#PYTHON

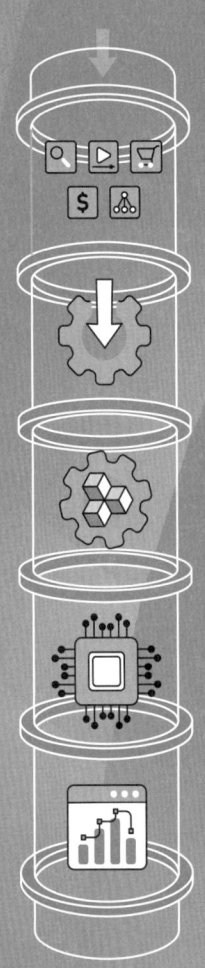

황세규 지음

자바와 파이썬으로 만드는
빅데이터 시스템

하둡, 카프카, 아파치 스파크로 연결하는 나만의 빅데이터 전처리 파이프라인 구현

jpub
제이펍

※ 드리는 말씀

- 이 책에 기재된 내용을 기반으로 한 운용 결과에 대해 지은이, 소프트웨어 개발자 및 제공자, 제이펍 출판사는 일체의 책임을 지지 않으므로 양해 바랍니다.
- 이 책에 등장하는 각 회사명, 제품명은 일반적으로 각 회사의 등록 상표 또는 상표입니다. 본문 중에는 ™, ⓒ, ® 등의 기호를 생략하고 있습니다.
- 이 책에서 소개한 URL 등은 시간이 지나면 변경될 수 있습니다.
- 이 책의 예제 코드는 아래의 URL에서 다운로드할 수 있습니다.
  - https://drive.google.com/file/d/1QL8cdASpzIGJp8hjxadUUs9cRkmuki1C/view
  - (단축URL) https://bit.ly/BigData_Code
- 책의 내용과 관련된 문의사항은 지은이나 출판사로 연락해주시기 바랍니다.
  - 지은이: mycloudtest@daum.net
  - 출판사: help@jpub.kr

차례

머리말   viii
베타리더 후기   xii

CHAPTER 1   빅데이터 개론   1

1.1 빅데이터란?   1
1.1.1 빅데이터의 정의와 개념 1 / **1.1.2** 빅데이터의 역사와 현재 4
1.1.3 하둡 생태계와 빅데이터 역할 7 / **1.1.4** 빅데이터 활용 방안과 역할 9

1.2 빅데이터 저장과 분석   12
1.2.1 데이터 웨어하우징과 데이터 레이크 12
1.2.2 빅데이터 저장(NoSQL) 14 / **1.2.3** 4차 산업혁명과 디지털 변환 20

1.3 데이터 전처리와 람다 아키텍처   23
1.3.1 데이터 전처리 정의와 목적 23
1.3.2 람다 아키텍처 26 / **1.3.3** 실습 프로젝트 아키텍처 27

CHAPTER 2   개발 통합 환경   29

2.1 자바 설치   29
[윈도우 11] 30 / [우분투 22.04] 33

2.2 파이썬 설치   34
[윈도우 11] 34 / [우분투 22.04] 38

2.3 이클립스 설치 및 설정   39
[윈도우 11] 40 / [우분투 22.04] 45 / **2.3.1** lombok 설치 50

2.4 저장소 설치   51
2.4.1 MySQL 설치 51 / [윈도우 11] 51 / [우분투 22.04] 56
2.4.2 몽고디비 설치 60 / [윈도우 11] 60 / [우분투 22.04] 62

2.5 실습 데이터   63
2.5.1 데이터 구조 63 / **2.5.2** Java 67 / **2.5.3** Python 87

CHAPTER 3 하둡 파일 시스템 I 89

- 3.1 하둡 구조 및 기능 — 89
- 3.2 하둡 파일 시스템 설치 및 설정 — 93
  - 윈도우 11 93 / 우분투 22.04 105
- 3.3 하둡 파일시스템 API — 114
  - 3.3.1 자바 114 / 3.3.2 파이썬 124

CHAPTER 4 하둡 파일 시스템 II 129

- 4.1 자바 실습 프로젝트 — 129
- 4.2 파이썬 실습 프로젝트 — 172

CHAPTER 5 카프카를 이용한 데이터 송수신 197

- 5.1 카프카의 개념과 기능 — 197
  - 5.1.1 카프카 개념 197 / 5.1.2 카프카 구조와 기능 200
- 5.2 카프카 설치 및 설정 — 202
  - 윈도우 11 202 / 우분투 22.04 209
- 5.3 카프카 메시지 서비스의 API — 211
  - 5.3.1 자바 211 / 5.3.2 파이썬 220
- 5.4 자바 실습 프로젝트 — 224
- 5.5 파이썬 실습 프로젝트 — 231

CHAPTER 6 아파치 스파크 배치 작업 I 237

- 6.1 아파치 스파크의 개념과 하부 프로젝트 — 237
- 6.2 아파치 스파크 설치 및 설정 — 242
  - 윈도우 11 242 / 우분투 22.04 248
- 6.3 아파치 스파크 SQL API — 252
  - 6.3.1 SparkSession.Builder 253 / 6.3.2 SparkSession 253
  - 6.3.3 DataFrameReader 258 / 6.3.4 DataFrameWriter 263
  - 6.3.5 Dataset 266 / 6.3.6 Row 278 / 6.3.7 Column 278 / 6.3.8 functions 282
  - 6.3.9 DataTypes 291 / 6.3.10 StructType 292 / 6.3.11 StructField 292

CHAPTER 7 아파치 스파크 배치 작업 II 295

- 7.1 자바 실습 프로젝트 — 295
- 7.2 파이썬 실습 프로젝트 — 306

CHAPTER 8 아파치 스파크 스트리밍 작업 317

- 8.1 아파치 스파크의 구조화 스트리밍 개념 ——— 317
- 8.2 아파치 스파크 구조화 스트리밍 API ——— 322
  - **8.2.1** DataStreamReader 322 / **8.2.2** DataStreamWriter 326
- 8.3 자바 실습 프로젝트 ——— 329
- 8.4 파이썬 실습 프로젝트 ——— 335

CHAPTER 9 MySQL 데이터 작업 341

- 9.1 관계형 데이터베이스 정의와 개념 ——— 341
  - **9.1.1** 데이터베이스 341 / **9.1.2** 관계형 데이터베이스 테이블 구조와 요소 345
- 9.2 SQL 및 Python API ——— 347
  - **9.2.1** SQL 347 / **9.2.2** SQLAlchemy Core 352
  - **9.2.3** SQLAlchemy ORM 364 / **9.2.4** Python 데이터 처리 API 371
- 9.3 파이썬 실습 프로젝트 ——— 376
  - **9.3.1** 이클립스 개발환경과 연동 376 / **9.3.2** 실습 프로젝트 380

CHAPTER 10 몽고디비 데이터 작업 389

- 10.1 몽고디비 개념과 특징 ——— 389
  - **10.1.1** 몽고디비의 특성과 클러스터 관리 기능 391
- 10.2 몽고디비 API ——— 394
  - **10.2.1** 서버 연결 및 데이터베이스, 컬렉션 관리 394
  - **10.2.2** update, replace, delete, find 396
  - **10.2.3** class pymongo.cursor.Cursor 399
  - **10.2.4** Query 매개변수 401
  - **10.2.5** class pymongo.change_stream.ChangeStream 402
- 10.3 파이썬 실습 프로젝트 ——— 406

찾아보기 ——— 415

머리말

현재 사물 인터넷과 클라우드 컴퓨팅 그리고 인공지능의 시대가 도래하면서 빅데이터 기술은 다시 한 번 더 주목받고 있습니다(인공지능에 관하여 만들어지는 뉴스 정보 데이터가 아마 빅데이터 수준의 크기가 아닐까 하는 장난스러운 생각을 해봅니다). 이 모든 패러다임에서 생성되는 데이터는 이전의 레거시 시스템에서는 다루거나 분석하기가 힘든 상황이 되었습니다. 특히나 전 세계의 모든 산업계에서 행해지는 인공지능을 이용한 분석과 예측은 선택이 아닌 필수조건이 되었습니다. 이런 인공지능 기술에는 풍부한 양질의 데이터가 반드시 필요하고, 이 데이터를 수집하고 저장하며 추출할 때 빅데이터 생태계가 사용됩니다. 사물 인터넷IoT과 모바일 기기, 클라우드 컴퓨팅에서 만들어지는 방대한 양의 데이터는 일반 로컬환경에 저장되는 것이 아니라 하둡 분산 파일 시스템Hadoop distributed file system에 저장되며 아파치 카프카Kafka를 통하여 모든 시스템 노드에 안정적으로 전달됩니다. 그리고 인메모리 데이터 처리 프로젝트인 아파치 스파크는 메모리상에서 데이터를 처리하여 기존의 하둡 맵/리듀스 처리보다 처리 속도를 몇 배 더 빠르게 향상시켰습니다. 또한 하부 프로젝트인 스파크 스트리밍을 이용하여 실시간 분석도 어렵지 않게 구현할 수 있습니다. 필요한 분석에 특화된 데이터 마트에는 이전의 관계형 데이터베이스뿐만 아니라 하둡 생태계에서 운영되는 여러 종류의 NoSQL 저장소를 사용합니다. 이 책에서는 방대한 데이터 레이크에서 인공지능 분석에 필요한 빅데이터를 생성하고 저장하며 다시 이를 가공하는 시스템인 ETLextraction, transformation, loading 시스템을 만들어보고자 합니다.

인공지능에 대한 서적이 봇물 터지듯 출간되고 있고, 앞으로도 IT 서적 중 많은 비중을 인공지능 관련 책이 차지할 것입니다. 그러나 이렇게 중요한 인공지능에 절대적으로 필요한 데이터에 대한 관심은 매체와 산업 분야에서 상대적으로 크지 않다는 것이 현실입니다. 이런 문제 제기에서 이 책을 시작했습니다. 알파고가 이세돌 기사를 이길 때 모두 알파고의 학습 능력에 감탄했습니다. 이 책은 이에 더 나아가 알파고가 학습한 3천만 개의 기보, 즉 학습용 빅데이터를 어떻게 생성하고 관리하여 머신러닝에 학습시키는지에 대한 통찰력과 사용된 기술을 제공하려 합니다. 여러 빅데이터 기술을 통하여 학습 데이터가 만들어지고 노드에 전송되는 과정을 직접 우리의 로컬 환경에서 구현하려 합니다. 그리고 각종 빅데이터 오픈소스를 직접 설치하고 코딩하여 전처리 데이터 파이프라인을 만들 것입니다. 각종 빅데이터 기술의 장점과 기능, 다른 기술과의 연동을 예제로 실습하여 학습할 수 있을 겁니다. 이 책이 드리는 멋진 빅데이터 여정에 여러분을 초대합니다.

구체적으로, 독자들은 이 책의 학습을 통하여 데이터 레이크의 단순 raw 타입의 저장 데이터에서 인공지능 분석에 사용되는 데이터로의 파이프라인을 직접 구현하게 될 것입니다. 그리고 실습을 통하여 현재 인공지능 시대에서 사용되는 빅데이터 기술들을 학습하게 될 것입니다. 사실 AWS, 마이크로소프트의 Azure, Google Cloud Platform, 알리바바 클라우드, 그리고 국내 네이버와 KT의 클라우드 같은 서비스 벤더의 클라우드 서비스에서는 우리가 구현하고자 하는 이런 서비스를 모듈별로 이미 제공하고 있습니다. 번거롭게 구현하는 것보다 클라우드의 본질에 맞게 서비스를 구입하여 사용한 것만큼의 비용을 지불하면 됩니다. 하지만 이 책은 작은 규모나마 직접 빅데이터 서비스를 구현함으로써 독자들이 서비스 아키텍처에 대한 이해와 통찰력을 얻는 데 목표를 두고 있습니다. 클라우드 서비스에서 각각의 서비스 모듈을 구입하여 사용하더라도 그 모듈의 기능과 내재된 아키텍처를 이해한다면 더욱 클라우드 서비스를 효율적으로 구축하고 사용할 수 있을 것입니다.

빅데이터 사용과 구현방식의 다양성을 위해 이 책은 자바와 파이썬으로 실습 애플리케이션을 구현할 것입니다. 그리고 각종 빅데이터 기술의 설치와 설정에 있어서도 윈도우 11과 우분투 22.04에서 작업을 수행하고자 합니다. 독자들은 자바로 시스템을 구현함으로써 자바가 갖는 객체지향적 방법론을 익힐 수 있을 것입니다(실제로 많은 빅데이터 기술이 자바로 구현되어 있습니다). 또한 스크립트 언어인 파이썬 API를 사용하여 파이썬이 제공하는 빠른 속도와 간결하면서도 파이썬다운 Pythonic 아키텍처도 확인할 수 있을 겁니다. 그리고 현재 가장 많이 사용되는 윈도우 11에서 시스템을 구축하여 운영하는 법을 익힐 것이며, 우분투를 개발환경으로 사용함으로써 리눅스가 제공하는 편리하고 효율적인 기능도 공부하게 될 것입니다. 마지막으로 통합 개발환경에 이클립스 IDE를 사용하여 단일 개발환경에서 이 모든 개발을 진행하도록 하겠습니다.

이 책의 구성

1장에서는 빅데이터의 개론과 생태계를 다룹니다. 하둡 파일 시스템의 분산 파일 시스템을 이용한 데이터 레이크의 개념을 설명하고 데이터 웨어하우스와 데이터 레이크의 차이, schema on read와 schema on write의 개념을 논의합니다. NoSQL에 담고 있는 패러다임과 내부 아키텍처를 공부하며 람다 아키텍처를 이용한 ETL과 ELT extract & load, transformation를 알아봅니다. 마지막으로 우리가 실습으로 구현할 시스템의 아키텍처를 설명합니다.

2장에서는 언어별/운영체제별 개발환경을 다룹니다. 윈도우와 리눅스에서 자바와 파이썬의 설치와 개발환경 설정을 설명합니다. 그리고 우리의 단일 개발환경인 이클립스의 설치도 다룹니다. 실습에 사용될 미국의 세인트루이스 연방준비은행에서 관리하고 제공하는 경제통계 시계열 데이터, 이른바 FRED Federal Reserve Economic Data를 설명하고, 마지막으로 FRED 데이터를 가공하고 처리하는 자바와 파이썬 API를 다룹니다.

3장은 하둡 파일 시스템의 개념과 구조를 다룹니다. 하둡 파일 시스템과 작동하는 자바 API와 파이썬에서 하둡 파일 시스템을 제어하는 패키지인 PyArrow를 설명합니다.

4장은 3장에서 소개된 하둡의 자바와 파이썬 코드를 사용하여 직접 추출 프로그램을 구현합니다. 실습 데이터 레이크로부터 분석할 데이터를 추출하여 카프카로 공급할 수 있도록 데이터를 가공하는 단계까지 실습합니다.

5장에서는 카프카의 개념, 구조와 기능을 설명하고 자바 API와 함께 카프카를 지원하는 파이썬 패키지 중 confluent-kafka를 사용하여 각 데이터 마트에 전송되는 데이터를 가공하는 데이터 버스 단계를 실습합니다.

6장과 7장은 아파치 스파크를 사용하여 데이터를 가공하고 각 데이터 마트에 데이터를 적재하는 단계를 실습합니다. 아파치 스파크 3.0 이후의 스파크의 변화를 설명하고 스파크 데이터프레임 배치 작업을 위한 API를 자바와 파이썬으로 설명합니다. 7장에서는 앞서 설명한 API를 사용하여 실습 코드를 만들어봅니다.

8장은 구조적 스트리밍을 다루며, 아파치 스파크의 강력한 기능인 스트리밍 API를 사용하여 실시간으로 데이터를 읽어오고 가공하여 저장하는 기능을 실습합니다. 이 장에서도 역시 아파치 스파크의 자바 API와 함께 PySpark를 사용하여 2개 언어에 대한 실습을 진행합니다.

9장과 10장은 데이터 마트로서 MySQL, 몽고디비에 저장된 데이터를 머신러닝으로 학습할 수 있도록 특성을 생성하는 과정을 설명합니다. 8장까지의 실습을 통해 ETL 시스템이 만들어졌고, 9장과 10장부터는 빅데이터가 머신러닝에 필요한 특성 행렬로 만들어지는 과정을 파이썬으로만 구현하며 설명합니다.

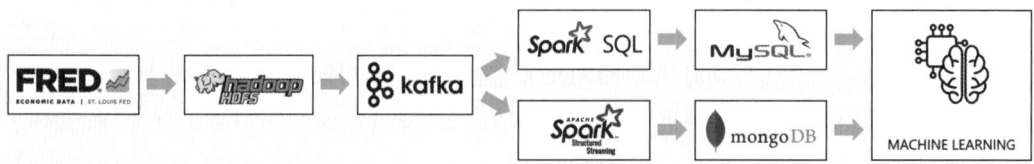

감사의 글

이 책이 만들어질 수 있도록 많은 협조와 충고를 주신 제이펍 장성두 대표님에게 먼저 감사를 드립니다. 늦어지는 원고를 참고 기다리며 집필에 지도 편달을 아낌없이 해주신 김정준 부장님에게도 지면을 빌려 감사를 전합니다. 공부는 평생토록 해야 한다는 그 소중한 사실과 당위를 알려 주시고 인생의 가르침을 베풀어주신 제타룡 사장님에게 마음속 깊이 감사와 존경을 표합니다. 삶의 든든한 지지와 가족의 소중함을 가르쳐주신 아버지와 어머니에게 지면을 빌려 많이 사랑하고 많이 존경한다는 말을 드립니다. 이제는 내 몸의 반쪽이 되어버린 사랑하는 아내와 무엇과도 바꿀 수 없는 인생 선물 1호인 아들에게 곁에 있어 줘서 너무 고맙고 사랑한다는 말을 전합니다.

마지막으로 이 책을 읽는 독자 여러분 모두에게 항상 좋은 일만 함께하기를 빕니다.

황세규 드림

베타리더 후기

 공민서

빅데이터 분야에서 주로 쓰이는 HDFS, 카프카, 스파크, RDB의 MySQL와 NoSQL의 MongoDB까지 자바와 파이썬으로 함께 사용 사례를 설명하여 한 권의 책으로 폭넓은 경험을 해볼 수 있는 책입니다. 백견이 불여일타라고 예제를 따라가는 것만으로도 좋은 기회가 될 것입니다.

 김경민(교보생명 디지털부문)

빅데이터 파이프라이닝 입문자에게 추천하고 싶은 책입니다. 시중에 빅데이터 분석 및 활용에 대한 책들은 많이 있지만, 이 책처럼 빅데이터를 위한 데이터 파이프라이닝 전반을 다뤄주는 책은 많지 않아 보입니다. 그것만으로도 이 책을 구매할 가치가 있고, 난도가 크게 높지 않아 입문자에게 적격입니다. OS는 윈도우/우분투로, 프로그래밍 언어는 자바/파이썬으로 나눠서 하나하나 설명하고 있는 점도 이 책의 친절함을 엿볼 수 있는 부분입니다.

김용회(씨에스피아이)

빅데이터라는 말이 진부하다 싶을 정도로 데이터 홍수 시대에 살고 있고, 거기에서 의미 있는 새로운 인사이트를 찾고자 하는 현장의 노력이 눈물겨운 현실입니다. 이렇게 분석에 필요한 대량의 데이터를 효과적으로 처리하는 파이프라인 구축에 대한 다양한 기술과 방법을 단계별 진행을 통해 체계적으로 접근하는 구성과 저자의 노력에 박수를 보내드립니다. 엔지니어로서, 아키텍트로서 좋은 경험을 하게 된 베타리딩 시간이었습니다.

이석곤(아이알컴퍼니)

하둡과 카프카를 이용한 데이터 송수신, 아파치 스파크 배치 작업, 아파치 스파크 스트리밍 작업에 대한 내용이 잘 정리되어 있어서 처음 접하는 분들도 쉽게 이해할 수 있습니다. 전처리 과정에서 사용할 수 있는 다양한 패키지와 라이브러리에 대한 설명도 잘 되어 있어서 적용하기에 매우 편리했습니다. 이 책을 통해 빅데이터 전처리 기술에 대한 이해도와 실무 적용 능력을 향상시킬 수 있었습니다.

제이펍은 책에 대한 애정과 기술에 대한 열정이 뜨거운 베타리더의 도움으로
출간되는 모든 IT 전문서에 사전 검증을 시행하고 있습니다.

그래도 세상은 열심히 살아볼 만하고 미소 지을 가치가 있다는 사실을
당신의 삶으로 가르쳐주신
나의 어머니, 이 경(坰) 하(夏) 여사에게
이 책을 바칩니다.

CHAPTER 1

빅데이터 개론

1.1 빅데이터란?

1.1.1 빅데이터의 정의와 개념

현재 정보통신 기술과 동향을 애기할 때 언급되는 단어로 ICBM과 ABCD란 단어가 많이 나옵니다. 이 단어를 풀어보면 다음과 같습니다.

ICBM
- **I**: Internet Of Things(사물 인터넷)
- **C**: Cloud(클라우드)
- **B**: Big Data(빅데이터)
- **M**: Mobile(모바일)

ABCD
- **A**: Artificial Intelligence(인공지능)
- **B**: Block Chain(블록체인)
- **C**: Cloud(클라우드)
- **D**: Data(데이터)

앞의 두 핵심 단어에서 공통으로 가장 많이 언급되는 단어가 바로 데이터입니다. 이 데이터는 수 기가바이트 정도의 고전적인 크기의 데이터가 아닌, 매우 큰 규모를 지칭하는 빅데이터입니다. 그리고 인공지능 프로그램이 주어진 과제를 해결하기 위해 학습을 수행할 때 가장 필요로 하는 항목도 바로 데이터입니다. 이렇듯 양질의 빅데이터는 현재 정보통신 기술 분야에서 꼭 필요한 자양분이라 할 수 있습니다. 많은 서적에서 빅데이터를 언급할 때 정보통신 기술 생태계에서 영양분을 운반하는 혈액에 비유합니다. 많은 국내외 인터넷 서비스 공급업체들도 빅데이터의 중요성을 인식하고 여러 유형의 데이터를 수집하여 관리하고 이를 분석하여 의사결정과 업무에 사용하고 있습니다.

그럼 먼저 빅데이터가 무엇인지부터 정의해보도록 하겠습니다. 많은 기관과 업체에서 빅데이터에 대한 정의를 내놓고 있습니다. 어떤 기관은 빅데이터를 단순히 규모가 큰 데이터 자체로만 지칭하고 다른 곳에서는 빅데이터를 기술로 인식하여 규모가 큰 데이터를 다루는 기술로 바라보는 경우도 있습니다. 필자도 이런 빅데이터 정의들을 모아 정리하여 다음과 같이 기술해 보겠습니다.

> 기존의 일반적인 데이터베이스 체계에서 취급하기 힘든 대량의 크기의 정형 데이터뿐만 아니라 다양한 종류의 반정형, 비정형 데이터를 모두 지칭하고 이런 크고 다양한 데이터를 저장, 관리, 분석, 시각화를 할 수 있는 정보화 기술을 포함하여 총칭한다.

빅데이터에서 데이터의 종류로는 고전적 데이터베이스에서 조인이 불가능한 대규모의 정형 데이터structured data를 의미합니다. 또한 데이터의 스키마schema를 가진 XML이나 Json, 로그 타입의 반정형 데이터semi-structured data와 데이터의 형태가 없으며, 연산도 불가능한 비정형 데이터unstructured data를 모두를 포함합니다. 비정형 데이터의 예를 들면 SNS 소셜네트워크(트위터, 페이스북) 데이터, 영상, 이미지, 음성, 텍스트 파일 등이 있습니다. 그리고 단순히 규모의 데이터만이 아니라 이 대량의 데이터를 처리하여 비즈니스 가치를 만들어 내는 모든 관련 기술을 포함하고 있습니다.

위의 정의로 빅데이터를 거론할 때 반드시 언급되는 빅데이터의 특징이 있습니다. 빅데이터가 가져온 정보통신 기술의 변화를 이루는 근간입니다. 처음 빅데이터가 만들어졌을 때는 3V(Variety, Volume, Velocity)가 정의되었지만, 그 후로 다른 많은 개념이 추가되었습니다. 이 책에서는 빅데이터에 제기되는 모든 특징들(3V + 4V)을 다루도록 하겠습니다.

- **다양성**Variety: 데이터의 다양성을 지칭합니다. 빅데이터에서 저장되고 사용되는 데이터는 고전적 관계형 데이터베이스의 테이블로 정의되는 정형 데이터, XML, Json, 로그 같은 반정형 데이터 그리고 동영상이나 SNS 데이터, 음성 같은 비정형 데이터 등이 있습니다. 빅데이터에서는 다양한 유형의 데이터 모두를 처리하고 가공할 수 있는 비즈니스 영역을 포함합니다.
- **크기**Volume: 데이터의 크기를 의미합니다. 사실 어느 정도여야 빅데이터의 크기인지를 정하는지 양적 기준은 없습니다. 일반적으로는 현재의 관계형 데이터베이스에서 취급하기 힘든 크기의 데이터양을 지칭합니다. 수십 테라바이트에서 수십 페타바이트에 이르는 크기를 가지며 단순히 양적 크기만이 아니라 처리, 가공 후 사용자에게 유용한 정보를 제공할 수 있는 만큼의 의미를 가진 데이터를 지칭합니다.

- **속도**Velocity: 방대한 규모의 데이터를 가공하는 속도를 의미합니다. 앞에서 언급한 상당히 큰 규모의 빅데이터를 주어진 시간과 정해진 시각에 가공, 분석하여 유용하고 의미 있는 정보를 제공하여야 합니다. 속도의 측면에서 빅데이터 처리 작업을 나눈다면 발생한 데이터를 주어진 시간과 주기로 작업하는 배치batch 작업과 데이터를 실시간으로 처리하고 저장하는 스트리밍streaming 작업으로 나눌 수 있습니다.
- **정확성**Veracity: 데이터가 확실하고 올바른가를 다루는 정확도를 지칭합니다. 최근에 IBM에서 제기한 개념으로, 방대한 SNS와 소셜 미디어에서 입력되는 올바르지 않고 악의가 있는 가짜 정보를 걸러내는 기준을 제시합니다. 빅데이터를 취급할 때 사용되고 가공되는 데이터는 합법적이고 공인되는 과정으로 생성되고 전달돼야 합니다.
- **가치**Value: 처리된 데이터를 통해 얻은 데이터의 가치를 말합니다. 필요로 하는 가치 있는 정보를 포함하지만, 기존의 방식으로는 처리가 불가능한 경우, 이러한 데이터는 빅데이터 분석을 통하여 최종단계인 가치를 생성합니다. 분석으로 만들어진 가치를 이용하여 개선되거나 생성된 비즈니스 모델을 얻을 수 있습니다.
- **시각화**Visualization: 빅데이터 분석을 통해 의사결정과 정책 수립을 용이하게 할 수 있도록 시각적으로 표현하고 전달되는 과정을 말합니다. 데이터 시각화의 목적은 도표graph라는 수단을 통해 정보를 명확하고 효과적으로 전달하는 데 있습니다. 분석 과정에서 결과 분석까지 산출물을 도표와 이미지를 사용하여 표시하면 빅데이터의 가치를 더 명확하고 이해하기 쉽게 작업할 수 있습니다.
- **휘발성**Volatility: 데이터의 지속적인 변화를 의미합니다. 저장된 빅데이터는 시간이 지나면서 그 의미와 값이 변화합니다. 주로 실시간 분석에서 중요시되는 개념으로, 오래된 데이터는 그 중요도가 많이 감소합니다.

위의 빅데이터 7V를 그림으로 표시하면 아래 그림과 같습니다.

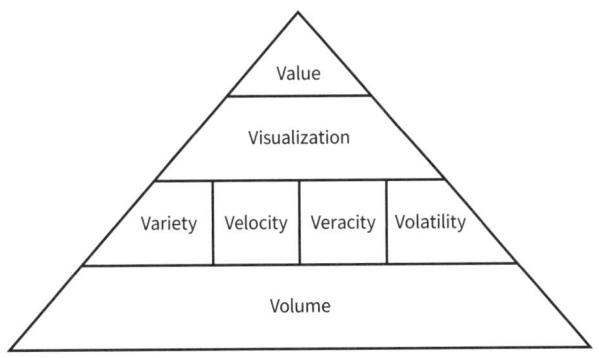

1.1.2 빅데이터의 역사와 현재

인터넷의 데이터가 급증하기 시작한 계기는 웹 2.0의 도래와 시기를 같이 합니다. 웹 2.0은 데이터의 소유자나 독점자 없이 누구나 손쉽게 데이터를 생산하고 인터넷에서 공유할 수 있도록 한, 사용자 참여 중심의 인터넷 환경을 의미합니다. 웹 2.0 이전의 인터넷이 서버로부터 데이터를 읽어와 단순히 사용자에게 보여주는 단방향의 기능만을 해왔다면 웹 2.0에서는 인터넷 사용자가 직접 데이터를 생성하고 편집, 가공하며 다른 사용자와 데이터를 공유하는 양방향 작업이 가능해졌습니다. 블로그나 SNS가 그 대표적인 예입니다. 사용자는 블로그와 SNS에서 텍스트, 동영상, 이미지 같은 콘텐츠를 가공, 생성하고 배포하면서 다른 사용자와 그 콘텐츠를 공유할 수 있게 되었습니다. 이러한 웹 2.0의 시작은 데이터의 양이 기하급수적으로 증가하는 결과를 가져왔습니다.

그리고 현재에는 사물 인터넷과 각종 모바일 기기로부터 기하급수적인 데이터가 발생하고 서로 통신하고 있습니다. 자율주행 자동차부터 각종 사물 인터넷 센서까지 서로 인터넷으로 연결된 현대에는 하루에도 엄청난 양의 데이터가 생성되고 있습니다. 한 보고서에 의하면 현재 하루에 발생하는 인터넷 데이터가 2.5엑사바이트(EB: 1EB는 약 10억 기가바이트)에 달한다고 합니다. 해리 포터 책 6,500억 권에 달하는 양입니다. 단순히 데이터양만 놀라운 것이 아니라 이 데이터를 활용하면 엄청난 비즈니스 부가가치를 생성할 수 있습니다. 이미 전 세계에는 데이터 과학data science이 생겨났고 데이터가 갖는 의미나 통찰, 트렌드를 찾아 비즈니스 맥락에서 이를 활용하고 있습니다. 이 많은 데이터를 활용하여 수집하고 분석하여 가치를 생성할 수 있는 기술이 바로 우리가 학습할 빅데이터입니다. 빅데이터에 기반한 산업구조와 인류의 생활 양식은 또 한 번 크게 요동치고 있는데, 우리는 이 현상을 4차 산업혁명이라 부릅니다. 이미 우리나라를 비롯한 많은 나라에서 데이터에 기반한 4차 산업혁명을 주도하기 위해 효율적인 정책과 기술 지원을 하고 있습니다. 빅데이터의 중요성을 인지한 기업들은 데이터 전략을 책임지는 최고 데이터책임자Chief Data Officer, CDO를 임명하고 데이터 전문가를 고용하는 등 관련 투자를 확대하고 있습니다.

그럼 빅데이터 기술의 시작이 어떻게 시작되었는지 간단히 살펴보겠습니다. 데이터양이 증가하면서 정형, 비정형의 데이터를 어떻게 취급하느냐가 관건이 되었습니다. 2004년 미국의 구글은 대용량 데이터를 저비용이면서도 빠른 처리 속도를 가지고 분석할 수 있는 자사의 분석 시스템인 GFSGoogle File System과 맵리듀스MapReduce를 논문의 형태로 발표했습니다. 이 논문은 경쟁사인 야후Yahoo에 의해 정책적으로 지원되어 더그 커팅Doug Cutting에 의해 좀 더 개발하기에 용이하게 단순화시켜 개발되었으며, 2006년 하둡Hadoop이란 이름으로 오픈소스로 발표되면서 본격적으로 빅데이터 기술이 시작되었습니다. 이후에도 구글은 빅데이터 처리기술에 대한 논문을 계속 발표하였고 하둡 진영에서도 그와 비슷한 기능을 가진 오픈소스 프로젝트를 개발했습니다.

기능	구글	하둡 생태계
대용량 파일 시스템, 대용량 분산 처리 기술	Google File System, Map/Reduce(2004)	Hadoop(2006)
배치 쿼리	Sawzall(2005)	Pig, Hive(2008)
온라인 키/값 엔진	BigTable(2006)	HBase(2008)
온라인 쿼리	Dremel / F1(2010)	Impala(2012)
대용량 파일 시스템 v2		Hadoop 2.0(2013)

하둡은 오픈소스 재단인 아파치Apache 재단에서 독립적인 프로젝트로 개발되었고 이와 함께 클라우데라Cloudera, 맵알MapR, 호튼웍스Hortonworks 같은 기업들이 상용 하둡 프레임워크를 개발했습니다.

하지만 현재는 2006년도에 처음 하둡이 소개되었을 때보다 그 열기가 많이 식은 것이 사실입니다. 각 빅데이터 전문 업체들은 합병과 구조조정을 실행했고 하둡 전문업체가 아닌 데이터 분석업체로 자신의 정체성을 바꾸고 있습니다. 이런 상황에 대한 기술적인 이유 중 하나는 하둡의 분석도구인 맵리듀스 코드가 너무 무겁다는 점입니다. 다음은 맵리듀스의 Hello World 기본 예제 격인 단어 수 계산 프로세스입니다. 언뜻 봐도 많은 프로세스를 사용함을 알 수 있습니다.

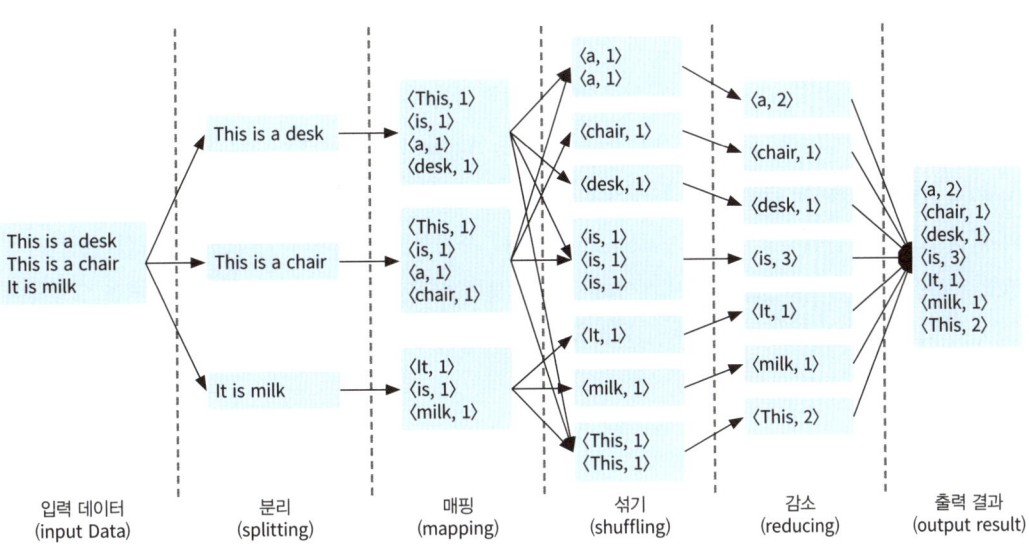

입력 데이터로 문장을 주면 하둡은 데이터를 작업 단위로 분리splitting합니다. 단위별로 단어 수를 매핑mapping하고 이를 섞어shuffling 단어별로 정렬합니다. 감소reducing 작업을 이용하여 각 단어의 개수를 계산하고 최종적으로 출력을 생성합니다. 하둡의 맵리듀스로 이런 기본적인 작업을 수행하기 위해서는 거의 100줄에 가까운 코딩이 필요합니다. 이 책에서 샘플로 보여주기에도 많은 코딩 분량입니다.

뒤에서 설명할 아파치 스파크에서 동일한 작업을 수행할 경우는 자바 람다 표현 식으로 단 2줄 정도의 코딩으로 동일한 결과를 얻을 수 있으니 하둡 맵리듀스의 효율성이 매우 낮았음을 알 수 있습니다. 또한 단순한 질의 작업에도 이렇듯 많은 코딩작업이 필요하기 때문에 미리 정해지지 않고 동적으로 사안별로 만들어 쓰는 애드 혹ad hoc 질의를 사용하기 매우 불편합니다. 자바로만 만들어진 맵리듀스 API는 개발자가 구현하기에 선택의 폭이 넓지 않습니다. 현재 발표되는 많은 오프소스 프로젝트는 구현할 수 있는 API로 자바뿐만 아니라 파이썬, 루비, 스칼라 같은 많은 다른 언어를 지원합니다. 그런 프로젝트보다 하둡의 맵리듀스는 선택의 폭이 매우 협소하고 사용하기 불편합니다. 마지막으로 하둡의 맵리듀스는 출력이 하둡의 분산 파일 시스템Hadoop Distributed File System, HDFS에 파일로 생성되기 때문에 처리 속도가 느린 단점이 있습니다. 아파치 스파크는 메모리를 사용하여 병렬로 데이터를 처리하므로 하둡의 맵리듀스에 비해 10배 빠른 처리 속도를 낼 수 있습니다.

비즈니스 측면에서 현재 정보통신기술Information and Communications Technology, ICT 업계의 주요 관심사는 클라우드 컴퓨팅입니다. 클라우드 컴퓨팅에서는 인터넷에 의해 연결되는 정보통신 자원이 구름과 같이 추상화된 개념으로 존재하며 사용자는 서비스의 관점에서 이들 자원들을 사용합니다. 사용자는 제공되는 정보통신 자원에 대한 전문지식 없이도 이 자원들을 사용할 수 있으며 장소와 시간의 제약을 받지 않습니다. 벤더는 클라우드 환경을 제공하고 사용자가 이 환경에서 각종 자원을 사용하는 만큼 비용을 받습니다. 즉, 서비스의 제공이라는 개념이 사용됩니다. 이미 아파치 하둡은 많은 클라우드 서비스 공급업체가 자신들의 서비스에 포함해 기능을 제공하고 있습니다. 아마존 웹 서비스 AWS에서는 EMRElastic MapReduce, 마이크로소프트 Azure에서는 HDInsight라는 서비스 이름으로 **Apache Spark, Apache Hive** 등의 빅데이터 서비스를 제공하고 있습니다. 빅데이터의 원조 격인 구글의 클라우드 플랫폼에서도 데이터 플로우Data Flow를 사용하여 빅데이터 서비스를 필요한 만큼 사용하고 비용을 지불할 수 있습니다. 빅데이터에 대한 특별한 기술적 지식 없이 클라우드 벤더가 제공하는 서비스를 사용하면 되므로 하둡과 스파크 같은 기술을 따로 내려받아 로컬환경에서 시스템을 구축할 필요가 없습니다.

하지만 이런 단점에도 불구하고 빅데이터 기술이 우리에게 제공하는 장점은 아직도 유효합니다. 지난 몇 년간 정보통신 업계에서는 빅데이터를 견인할 만한 기술, 과학적 진보가 많이 있었습니다. 하나는 빅데이터를 수집하고 저장하며 이를 분석하는 데이터 레이크Data Lake의 도입입니다. 고전적인 저장소에서는 데이터 웨어하우스Data Warehouse를 사용하였습니다. 데이터 웨어하우스는 관계형 데이터베이스를 기본으로 합니다. 그렇기 때문에 데이터가 테이블로 구성되고 정형화된 데이터를 이용합니다. 데이터가 수집되고 저장될 때 정규화를 수행합니다. 이에 비해 데이터 레이크는 데이터가 수집되어 저장될 때 별도의 작업 없이 원시raw 데이터 타입으로 저장됩니다. 방대한 빅데이터를 다루는 데 필요한 개념으로 최근 10년 사이에 등장한 개념입니다. 뒤의 1.2절에서 데이터 웨어하우스와 데이터 레이크를 상세히 비교하여 설명하겠습니다. 또 하나가 데이터를 과학적 방법과 프로세스 알고리즘을 사용하여 분석함으로써 데이터에서 가치와 정보를 추출하는 데이터 과학의 도래입니다. 데이터 과학의 분석 중심에는 인공지능이 있습니다. 인공지능을 설명할 때 많이 거론되는 사건이 구글 알파고와 이세돌 기사의 대국입니다. 바둑의 경우의 수가 무한대이므로 컴퓨터가 프로 바둑 기사를 이기는 것은 불가능하다는 통설을 뒤집고, 알파고가 4승 1패로 이세돌 기사를 이긴 사건은 우리에게 유명합니다. 구글 알파고는 대국을 하기 전 프로바둑 기사의 기보 3,000만 수를 분석하여 학습했다고 합니다. 이 책을 공부하는 우리에게 중요한 것은 이 3,000만 번의 기보가 바로 빅데이터라는 겁니다. 인공지능은 데이터를 생성하는 것이 아니라 데이터를 학습하여 가중치와 편차를 정하고 최적의 프로그램을 생성하는 패러다임입니다. 양질의 데이터가 많을수록 더 정확한 가중치와 편차를 생성하여 원하는 결과를 얻을 수 있습니다. 이 인공지능 프로그램의 학습용 데이터를 빅데이터 기술로 제공할 수 있습니다. 이렇듯 현재에는 양질의 데이터가 꼭 필요하고 누가 데이터를 많이 보유하고 있냐에 따라 원하는 결과의 차이가 극명해집니다. 구글, 페이스북, 아마존, 알리바바, 네이버 같은 세계적인 인터넷 공급업체는 자신이 보유한 엄청난 빅데이터를 활용하여 가치 있는 정보를 만들어내고 있습니다. 데이터의 중요성이 증가하고 있는 현재에는 "데이터가 세상을 집어삼키고 있다Data is eating the world"는 표현이 회자하고 있습니다.

1.1.3 하둡 생태계와 빅데이터 역할

이번 절은 하둡의 생태계를 설명하고 빅데이터 기술에서 하둡의 역할이 어떻게 주어지는지에 대해 다루겠습니다. 우리가 다룰 하둡의 버전은 3.3입니다. 먼저 아래 그림은 하둡 3.3의 생태계의 모습입니다.

기능	프로젝트 이름	개요
분산 코디네이터	주키퍼(Zookeeper)	서비스 분산과 서버 간 상황을 관리하여 분산 서버의 통합환경 관리
데이터 수집	Flume	분산된 서버에서 생성된 로그 타입의 비정형 데이터를 수집
	Scoop	HDFS, RDBMS, NoSQL에서 정형화된 데이터를 수집
	Kafka	실시간 분산환경에서 메시지를 송수신하는 메시지 전달 솔루션
분산 데이터 저장	Hadoop Distribute File System	데이터를 클러스터 환경에 분산 저장하는 솔루션으로 Namenode와 Datanode로 관리
분산 클러스터 관리	YARN	분산 클러스터의 리소스 관리 솔루션으로 Resource Manager가 Node Manager를 관리하는 구조
분산 데이터 배치처리	Hadoop MapReduce	Map과 Reduce의 2상(phase)로 데이터를 처리하는 하둡 기반의 배치(batch) 작업 플랫폼
인메모리 데이터 처리	Apache Spark	인메모리 상에서의 데이터 처리 플랫폼으로 배치처리, 실시간 스트리밍, SQL 질의와 Graph 처리, 머신러닝 같은 하위 프로젝트를 사용
데이터 처리	Pig	맵리듀스를 처리할 수 있는 스크립트 언어 생성 및 처리 솔루션
	Mahout	하둡 기반의 데이터 마이닝 알고즘을 지원하는 솔루션
데이터웨어하우스 연동	Hive	하둡 기반의 데이터 웨어하우스 시스템
실시간 데이터처리	Storm	하둡 클러스터 기반의 실시간 데이터 처리 솔루션
검색엔진 플랫폼	Solr	하둡 기반의 검색엔진
데이터 저장	HBase	실시간 조회와 업데이트가 기능한 칼럼 기반의 NoSQL 저장소
	Cassandra	자바로 구현된 링(Ring) 구조의 키/값 칼럼 기반 NoSQL 저장소. SQL과 유사한 CQL 쿼리 사용

인공지능으로 대표되는 데이터 과학 분석에서 하둡이 유용하게 사용되는 이유는 다음과 같습니다.

1. 스케일 아웃이 가능한 저비용의 저장소를 사용할 수 있습니다. 시스템을 확장할 때 더욱 고가의 장비로 규모와 성능을 높게 업그레이드하는 방법을 스케일 업scale up이라 합니다. 주로 관계형 데이터베이스를 사용하던 데이터 웨어하우징을 사용할 때 방법입니다. 이에 비해 하둡의 HDFS는 동일한 저가 리눅스를 사용하여 수평적으로 확장하는 스케일 아웃scale out을 사용합니다. 그러므로 저장소의 비용이 상대적으로 적게 소요됩니다. 스케일 업과 스케일 아웃의 개념과 차이는 1.2절에서 자세히 설명하겠습니다.

2. 기존의 데이터 웨어하우스에서는 다양한 요구를 수행하기 위해 거대한 통합 테이블을 만들어야 합니다. 그리고 저장할 때 정규화를 통해 스키마를 지정해야 합니다. 이를 Schema On Write라고 합니다. 이는 각 요구사항에 대한 이해관계가 얽혀 있기 때문에 시간과 자원이 필요한 작업입니다. 하지만 빅데이터의 하둡은 저장 시 데이터의 원래 형태raw type로 데이터를 저장하는 데이

터 레이크 개념을 사용합니다. 그리고 데이터 레이크에서 데이터를 읽어 들이는 시점에서 스키마를 지정하여 데이터를 추출합니다. 이를 Schema On Read라 하며 데이터를 읽어 들이는 스키마가 처음 저장하는 장소와 위치가 다르므로 관리가 효율적이고 시간도 획기적으로 단축할 수 있습니다. 이 개념 역시 1.2절에서 자세히 다루겠습니다.

3. 다양한 데이터 타입을 모두 다룰 수 있습니다. 정형 데이터와 같이 반정형과 비정형 데이터를 모두 처리할 수 있어 다양한 해석이 가능합니다.

4. YARN이란 하둡의 리소스 관리 솔루션을 사용하여 CPU, 메모리, 디스크 리소스 등을 요구사항에 맞게 효율적이고 저렴하게 관리할 수 있습니다. 또한 분산 클러스터 환경에서도 장애에 효율적으로 대체할 수 있습니다.

5. 마지막으로 가장 기본적이고 중요한 이점으로 대규모 빅데이터를 적용하여 데이터를 모델링하고 분석할 수가 있습니다. 하둡 생태계의 각 솔루션을 사용하여 빅데이터에 대한 통찰력과 트렌드를 얻을 수 있는 기술적 지원이 가능합니다. 빅데이터 해석을 위한 딥러닝에서 인공지능 시스템이 더 정확하고 올바른 가중치와 편향을 얻을 수 있도록 양질의 학습 데이터를 공급할 수 있습니다.

1.1.4 빅데이터 활용 방안과 역할

1 공급망 관리

공급망 관리supply chain management 시스템은 부품 제공업자로부터 생산자, 배포자, 고객에 이르는 물자, 정보, 재정 같은 물류 흐름을 하나의 가치사슬 관점에서 파악하고 필요한 재원의 정보가 원활히 흐르도록 지원하고 관리하는 시스템을 말합니다. 부품 제공부터 판매까지의 물류 흐름에서 발생하는 모든 빅데이터를 저장하고 분석하여 물류 데이터 흐름에 대한 통찰력과 패턴을 제공할 수 있습니다. 어떤 환경과 시기에, 어떤 제품의 생산과 판매가 갖는 경향과 특징을 파악할 수 있으며 패턴을 감지하여 물품 관리를 선도적으로 민첩하게 수행할 수 있습니다. 고객에 관한 그리고 고객과 기업 간의 관계에 관해 깊이 있게 이해할 수 있습니다. 빅데이터 분석을 활용하여 고객들의 패턴을 이해하고 그에 기반해 더 나은 상품을 능동적으로 제안할 수 있습니다.

2 고객 패턴 분석과 기업 마케팅

물품과 서비스를 구매하는 고객의 패턴과 경향을 분석하여 적극적이고 구매 확률이 높은 마케팅전략을 수행할 수 있습니다. 고객이 물품을 구매할 때 발생하는 고객의 기호와 선택 기준을 빅데이터로 수집하여 획득할 수 있습니다. 이러한 데이터는 고객에 대해 더 정확하고 효과적인 마케팅 전략을 수립하는 데 도움을 줄 수 있고 지속적인 판매 전략에도 도움이 됩니다. 아마존닷컴을 비롯하여 넷플릭스 같은 인터넷 서비스 업체의 고객 추천 상품 서비스는 이러한 사업 영역에 대한 좋은 사례입니다. 빅데이터 분석에서 딥러닝을 사용하면 고객의 구매 패턴과 기호를 학습하여 더 개인화되고 정확도 높은 마케팅 전략을 수립할 수 있습니다.

3 사이버 보안

사물 인터넷부터 클라우드 컴퓨팅까지 더욱 우리 생활에는 디지털 환경이 깊숙이 자리매김하고 있습니다. 그와 함께 제기되는 문제가 보안에 대한 우려입니다. 기업은 물론 개인 생활까지 사이버 보안은 디지털 환경의 필수 영역입니다. 집에 설치한 IP 카메라를 악의에 찬 해커가 해킹하여 역으로 우리 생활을 감시한다면 분명 심각한 문제일 것입니다. 최근 들어 고전적인 사이버보안뿐만 아니라 빅데이터를 이용한 보안 기술도 부각되고 있습니다. 국내외 협력 기관 등으로부터 사이버 공격 대응 관련 시스템들의 엄청난 양의 빅데이터를 분석하여 데이터 간 연관성, 공격 패턴 및 방법, 신규 수집 정보의 위험도 등을 인공지능 기술을 통해 분석할 수 있습니다. 대표적으로 악성 홈페이지 조기 탐지, 취약점 추이 분석, 공격자 그룹 프로파일링, 악성 도메인 연관 분석 등이 있습니다.

4 사물 인터넷 데이터 분석

사물 인터넷Internet of Things, IoT은 물리적 장치, 건물과 자동차, 소프트웨어 그리고 수많은 센서와 객체들이 인터넷으로 데이터를 수집하고 교환하는 요소 간의 상호통신을 말합니다. 사물 인터넷은 필연적으로 방대한 양의 데이터를 생성하며 올바른 사물 인터넷 사용을 위해 이 데이터를 분석하여야 합니다. 여기서 제기되는 패러다임이 클라우드와 빅데이터입니다. 생성된 방대한 양의 데이터를 회사의 로컬 저장소에 저장하는 것은 애당초 불가능할 것입니다. 그러므로 필요한 만큼의 크기와 성능을 가진 클라우드 인스턴스를 생성하여 데이터를 저장해야 하고 관리해야 합니다. 그리고 이 빅데이터를 비즈니스에 활용할 수 있게 만드는 유일한 기술이 빅데이터 분석일 것입니다.

5 헬스케어 분석

헬스케어에는 질병에 대한 예방 개념이 포함된 의료 서비스를 일컫는 용어입니다. 현재의 징후를 통해 제시할 수 있는 병의 치료법과 더불어 향후 발생할 수 있는 질병을 예측하고 건강 유지를 위해 지속적 관리를 도모한다는 개념이 포함되어 있습니다. 질병의 예측을 위해서는 결국 빅데이터가 필요합니다. 오늘날 컴퓨팅 기술과 미디어 플랫폼, 기기 등이 기술적 진보로 이를 통해 축적되는 빅데이터는 헬스케어 분야에서도 매우 중요한 재료로 활용될 수 있습니다. 그리고 이렇게 모집된 빅데이터를 인공지능으로 분석하여 의사가 환자를 진료할 때 진단에 대한 참고 자료로 활용할 수 있습니다. 한 예로 의료계에서 지금까지 확보한 엑스레이, 자기공명영상MRI, 컴퓨터단층촬영CT, 내시경 검사 등에서 얻어진 영상 빅데이터를 인공지능으로 학습하여 새로운 환자의 영상에서 예측될 수 있는 병을 미리 감지해내는 기술이 사용 중입니다. 그뿐만 아니라 신약 개발, DNA 검색을 이용한 잠재 질병 진단 등 많은 이용 사례가 있습니다.

6 스마트 시티

스마트 시티Smart City는 도시의 곳곳에 설치된 다양한 유형의 센서를 사용하여 자원과 자산 및 인프라를 효율적으로 관리하는 데 필요한 정보를 제공하고 이를 기반으로 효과적이고 능동적인 운용을 가능케 하는 도시를 말합니다. 이 분야는 특히 현재 구축 중인 5G 네트워크와 결합하여 한창 논의가 진행 중인 프로젝트입니다. 세계 각국에서도 스마트 시티에 대한 다양한 계획이 실행 중입니다. 교통을 예로 든다면 정해진 도시에서 교통량의 증가와 감소, 사고 등의 자료를 활용할 수 있습니다. 교통정보에 대한 빅데이터를 구축하고 가공하여 이를 인공지능으로 학습하면 아침 출근길이나 사고 다발지역 같은 예민한 지점에서 인공지능이 차량 흐름과 사고를 줄일 수 있도록 신호를 제어할 수 있습니다. 비단 교통뿐만 아니라 범죄, 도시 SOC 자원, 주택처럼 공공의 정책 수립에 도움이 되는 데이터와 정보를 제공할 수 있고 이를 도시 관리 행정에 이용할 수 있습니다. 5G 네트워크에서는 빠른 연결 속도를 이용하여 스마트 시티의 실시간 운용이 가능하여 많은 이용사례가 만들어지고 있습니다.

7 스마트 팩토리

앞의 스마트 시티와 함께 5G 네트워크와 더불어 많은 관심의 대상이 되는 패러다임입니다. 설계 및 개발, 제조 및 유통 등의 제품 생산 과정에 디지털 자동화 솔루션이 결합한 정보통신기술ICT을 적용하여 생산성, 품질, 고객만족도를 향상하는 지능형 생산공장을 말합니다. 공장 내 설비와 기계에 사물 인터넷IoT을 설치하여 센서를 통해 제품 공정에서 발생하는 데이터를 실시간으로 수집하고, 이를 분석해 스스로 제어할 수 있게 만든 미래의 공장입니다. 특히 이전까지의 소품종 대량생산의 한계를 넘어 다품종 소량생산으로 패러다임을 변화시키고 있습니다. 소품종 대량생산은 규격화에 의해 제품을 몇 개의 규격으로 나누고 규격에 맞는 제품을 대량생산 하는 개념입니다. 반면 다품종 소량생산은 이와 반대로 규격에 없는 개인화된 다양한 제품을 소량으로 생산하는 이른바 맞춤 제작 시스템입니다. 고객들의 취향과 구매 이력 등을 빅데이터로 분석하고 이용하여 각각의 고객 개인화를 파악하여 이를 바탕으로 모든 고객층에 대한 특화된 다양한 제품을 소량으로 제작할 수 있습니다. 이는 4차 산업혁명의 기본 개념 중 하나이며 현재 기업들이 구축하려 하는 디지털 트랜스포메이션Digital Transformation의 한 축이라고 할 수 있습니다. 4차 산업혁명은 빅데이터, 클라우드, 인공지능, 블록체인 등 현재의 ICT 기술에 기반하여, 산업 구조와 기업의 생산 패러다임 등을 혁신적으로 변화시킵니다. 그래서 우리가 위에서 언급했던 분야들이 산업계와 인류의 생활에서 구체화하고 현실화합니다.

1.2 빅데이터 저장과 분석

앞의 절에서 빅데이터의 개론과 활용 방안에 대한 큰 그림을 알아봤다면 이제는 빅데이터 기술의 세부 사항을 다루어 보겠습니다.

1.2.1 데이터 웨어하우징과 데이터 레이크

빅데이터 이전에는 기업의 데이터를 저장하는 공간으로 데이터 웨어하우스Data Warehouse를 사용하였습니다. 이 데이터 웨어하우스는 관계형 데이터베이스 기술을 기본으로 하였고 각 조직이 운영하는 수많은 시스템에서 사용된 통합된 데이터를 저장하는 것이 목적이였습니다. 정규화normalizing를 진행하여 모델링이 이루어진 데이터를 데이터 웨어하우스에 저장하였으며 비즈니스 목적에 따라 데이터를 추출하고 가공하는 프로세스인 ETLExtract, Transform and Loading 작업을 거쳐 데이터 마트라는 저장공간에 저장하였습니다(1.3.1절 참고). 대략의 구조는 다음과 같습니다.

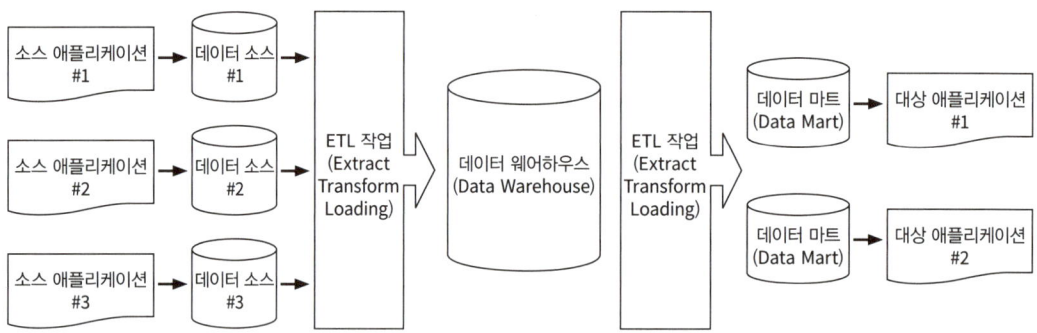

데이터 웨어하우스와 데이터 마트는 관계형 데이터베이스에 저장되기 위해 정규화를 진행하여 스키마를 지정했습니다. 그래서 Schema On Write란 개념을 사용했습니다. 데이터가 어떻게 저장되고 사용되어야 할지 저장 이전에 추측하는 단계가 필요하였습니다. 그리고 관계형 테이블을 생성하고 각 테이블 간의 연결을 설계해서 데이터를 입력했습니다. 당시의 기가바이트급 데이터를 취급하는 데는 별 어려움이 없었습니다. 그리고 현재에도 빅데이터가 아닌 스몰 데이터를 취급할 때는 유용하게 적용될 수 있는 개념입니다.

데이터의 생성 속도와 크기가 급속도로 증가하면서 테라바이트에서 페타바이트 크기의 빅데이터를 정규화하는 작업은 한계를 드러냈고 고전적인 저장방식으로는 데이터의 분석이 불가능해졌습니다. 이에 대한 대안으로 모든 데이터를 원시raw 형태로 저장하는 중앙 저장장치로 데이터 레이크Data Lake란 개념이 도입되었습니다. 빅데이터에서는 프로젝트에 중요한 데이터의 종류와 크기가 사전에 명확하지 않으므로 모든 데이터를 일단 원시 형태로 저장하고 데이터를 처리하는 시점에서 스키마를 지정하는 개념을 사용합니다. 이를 Schema On Read라 합니다. 데이터 웨어하우스와 데이터 레이크는 모델링 기법뿐만 아니라 운영과 작업에 있어 많은 차이점이 있습니다. 아래 표는 전통적 관계형 데이터베이스를 사용하는 데이터 웨어하우스와 빅데이터 저장과 운영을 담당하는 데이터 레이크의 차이점을 설명합니다.

	데이터 웨어하우스	데이터 레이크
데이터 유형	정규화를 만족하는 정형 데이터	• 반정형(XML, JSON, 로그) 데이터 • 비정형 데이터(동영상, 이미지 데이터)
스키마	Schema On Write	Schema On Read
하드웨어	고가의 저장장치, 관계형 데이터베이스 서버 엔진	저가의 오픈소스 리눅스 클러스터
확장	Scale Up	Scale Out
소프트웨어	• 관계형 데이터베이스 시스템 • 통계패키지(SAS, SPSS) • 데이터 마이닝(Data Mining)	• 오픈소스 형태의 무료 패키지 • 하둡과 NoSQL • 무료 통계 솔루션(R)
통계 법칙	파레토 법칙	롱테일 법칙

데이터 웨어하우스는 정규화를 만족하는 관계형 테이블에 데이터를 저장하고 취급합니다. 정형화된 데이터를 사용하며 트랜잭션과 SQL문의 Join을 지원합니다. 반면에 빅데이터는 크기가 매우 크므로 Join이 불가능합니다. 또한 로그 파일이나 SNS 문자, 동영상 같은 비정형 데이터를 취급합니다. 데이터 웨어하우스의 하드웨어는 고가의 전용 장치입니다. 일반적으로 데이터 웨어하우스 서버는 기업의 정보 자산을 효율적으로 활용하기 위한 하나의 패러다임으로서 관계형 데이터베이스에 시계열성과 통합성을 부여한 고가의 데이터 저장소입니다. 이에 비해 빅데이터는 x86 기반의 저가 리눅스 서버를 사용합니다. x86 기반의 리눅스를 병렬로 연결하고 데이터를 서로 복제하여 하나의 노드가 오류를 일으켜도 데이터를 복제한 다른 리눅스 노드로부터 필요한 작업을 수행합니다.

시스템을 확장하는 방법에도 관계형 데이터베이스와 빅데이터는 다른 방식을 사용합니다. 관계형 데이터베이스는 고가의 장비이므로 단일 노드에서 데이터 작업을 서비스합니다. 그러므로 오른쪽 그림과 같이 Scale Up 방식을 사용합니다. 고가의 장비로 구성된 단일 노드의 CPU, 메모리, I/O 용량, 네트워크 등을 더욱 고사양으로 업그레이드하여 시스템을 확장합니다.

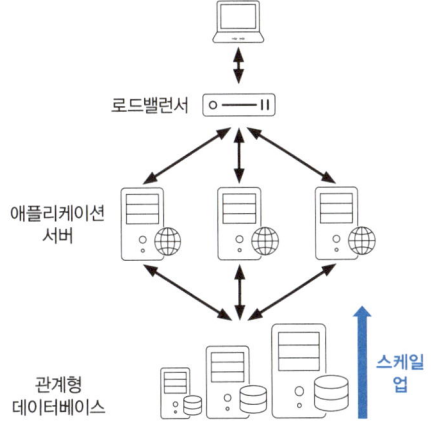

반면에 빅데이터는 저가의 x86 리눅스 서버군을 사용하므로 서버를 고사양으로 업그레이드하기보단 동일한 사양의 리눅스 서버를 병렬로 연결하고 데이터를 각 클러스터에 복제하고 확장하는 Scale Out 방식을 사용합니다.

사용하는 소프트웨어도 데이터 웨어하우스의 경우는 고가의 상용제품을 사용합니다. 하지만 빅데이터에서는 Hadoop과 NoSQL이 모두 오픈소스로 공개되어 있어 무료로 내려받아 시스템을 구축할 수 있습니다. 두 시스템의 통계적 배경도 서로 다른 이론을 갖습니다. 데이터 웨어하우스로 대표되는 관계형 데이터베이스에서는 파레토 법칙Pareto's law을 바탕에 두고 있고 빅데이터기술에서는 롱테일 법칙Long-tail law을 기반으로 합니다.

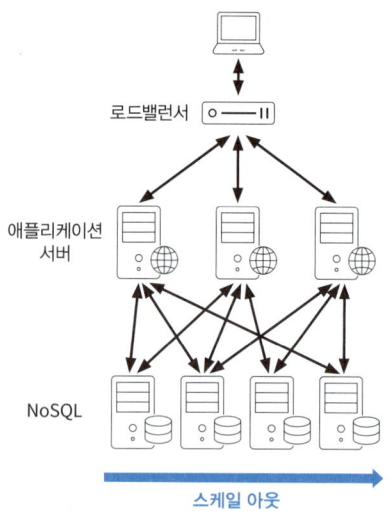

파레토 법칙	롱테일 법칙
• 일명 20:80 법칙 • 전체 결과의 80%가 전체 원인의 20%에서 일어나는 현상 • 부의 80%는 상위 20%의 부자가 소유한다. • 하향식 방식(Top-Down 방식)	• 빅데이터 기술이 만들어준 새로운 패러다임(역 파레토 법칙) • 전체 제품의 하위 80%에 해당하는 다수가 상위 20%보다 더 뛰어난 가치를 창출한다. • 상향식 방식(Bottom-Up 방식)

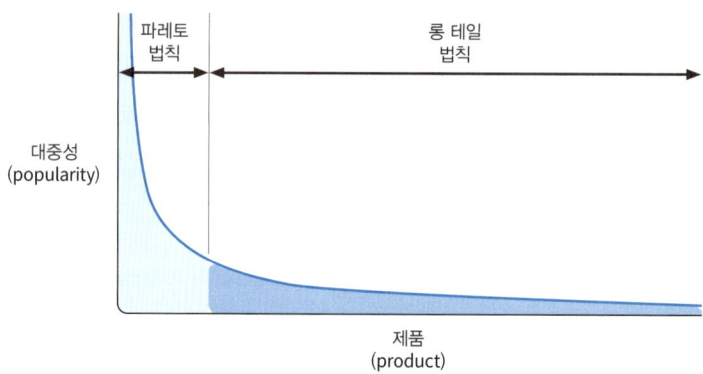

1.2.2 빅데이터 저장(NoSQL)

데이터 웨어하우스에서 데이터의 저장과 관리를 상용 관계형 데이터베이스가 담당한다면 빅데이터에서는 NoSQL을 사용합니다. 이번 절에서는 빅데이터 저장 기술인 NoSQL에 대해 알아보겠습니다.

관계형 데이터베이스의 데이터를 테이블로 설계할 때 ACID 이론에 기초하여 만듭니다. ACID는 다음과 같습니다.

Atomicity(원자성)	한 트랜잭션 안의 모든 작업은 모두 성공하거나 모두 실패하는 것을 원칙(all or nothing)으로 하는 단위 작업의 특성입니다.
Consistency(일관성)	한 트랜잭션이 성공하면 모든 데이터는 동시에 일관성 있는 상태로 유지되어야 합니다.
Isolation(고립성)	한 트랜잭션의 작업이 수행되는 도중에는 다른 트랜잭션 작업이 수행될 수 없습니다.
Durability(지속성)	트랜잭션이 성공하면 해당 최종 상태는 영원히 반영되어야 합니다.

그리고 관계형 데이터베이스의 테이블을 설계할 때 중복을 최소화하도록 데이터를 구조화하는 작업을 수행합니다. 이를 정규화normalization라고 하며 모두 5단계를 거칩니다. 정규화를 하는 이유는 이상anomaly이 있는 관계를 재구성함으로써 바람직한 스키마로 만들어가는 데 있습니다. 관계형 데이터베이스의 정규화는 이 책의 범위를 넘어서기 때문에 언급하지는 않겠습니다. 더욱 전문적인 내용을 원한다면 관련 서적을 통해 알아보길 권합니다.

이에 대해 NoSQL은 다른 접근방법을 사용합니다. 현재의 빅데이터 기술은 기존의 관계형 데이터베이스로 처리하기에 힘든 상황에서 작동합니다. 앞에서 언급하였듯이 빅데이터 기술에서는 한 번에 수 테라Tera 혹은 페타Peta바이트의 데이터를 처리하여야 합니다. 테라바이트의 열을 조인하고 데이터를 삽입하고 업데이트하기는 속도나 용량에 많은 부담을 가져오며 이 방대한 데이터를 정규화하는 것은 실질적으로 불가능합니다. 그래서 NoSQL은 데이터를 정규화하지 않습니다. 즉, 데이터의 정해진 스키마 없이 중복을 허락하며 테이블이라는 정형 데이터를 사용하지 않고 로그나 SNS 문자 같은 비정형 데이터를 사용합니다. 관계형 데이터베이스는 작동에 있어 ACID 원칙을 따른다면 NoSQL은 분산 환경에서 작동하는 CAP 이론을 따릅니다. CAP 이론은 다음과 같습니다.

Consistency(일관성)	분산된 노드 중 어느 노드로 접근하더라도 데이터 값이 같아야 합니다. 모든 클라이언트는 동일한 시간에 동일한 항목에 대해 동일한 데이터를 보장받아야 합니다.
Availability(가용성)	분산 노드 중 하나 이상의 노드가 실패(fail)하더라도 정상적으로 요청을 처리할 수 있는 기능을 제공해야 합니다. 모든 클라이언트는 네트워크 장애에도 정해진 시간에 원하는 값을 얻을 수 있어야 합니다.
Partition Tolerance (분산 허용)	분산 노드 간에 통신하는 네트워크가 장애가 나더라도 정상적으로 서비스를 수행해야 합니다. 노드간 메시지 손실이 발생해도 시스템의 속성(일관성, 가용성)을 유지하여야 합니다.

CAP 이론은 분산 환경에서 적절한 응답시간 내에서 위의 3가지 속성을 모두 만족하는 분산 시스템을 구성할 수 없다는 이론으로 필요와 원하는 기능에 따라 3가지 속성 중 하나의 속성을 희생해야 한다는 개념입니다. 다음 그림은 CAP 이론에 따른 NoSQL 솔루션의 특성을 설명하고 있습니다.

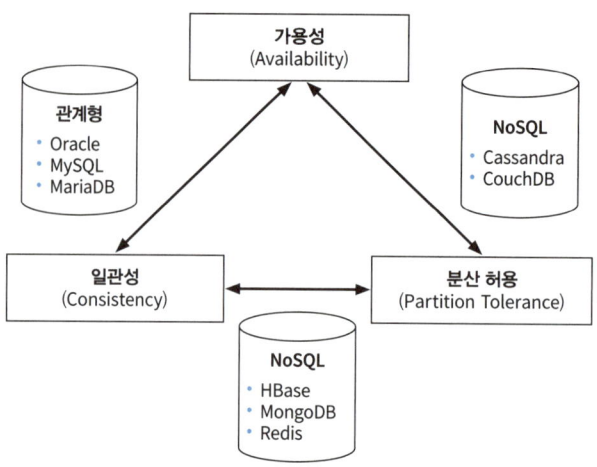

그런데 CAP 이론에 근거하여 NoSQL 환경을 구축하면서 이 이론에 한계점이 생기기 시작했습니다. 앞에서 설명했듯이 CAP 이론에 따르면 일관성Consistency, 가용성Availability과 네트워크 분산 허용 Partition Tolerance의 3가지를 모두 만족하는 서비스는 불가능하며 이 중 2가지만을 만족하도록 구성해야 합니다. 용이한 설명을 위해 아래 그림과 같이 CA, CP, AP로 구분합니다.

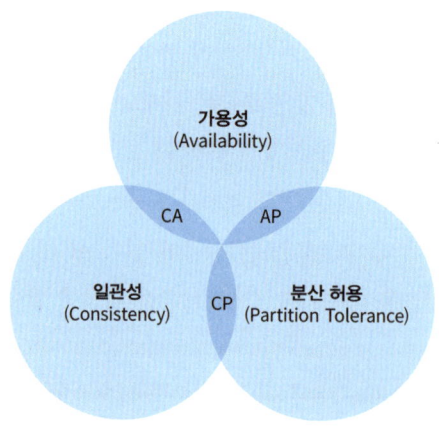

먼저 CA를 만족하는 경우는 데이터의 일관성Consistency과 노드 간의 오류에 영향을 받지 않는 가용성Availability을 만족하기 위해 네트워크 분산 허용Partition Tolerance, 즉 네트워크 장애를 허용해야 하는데 이러한 네트워크는 NoSQL 클러스터 환경에서 불가능한 구성입니다. 그러므로 애초 CA 시스템은 존재할 수 없으며 PPartition Tolerance는 무조건 선택해야 합니다. CP의 경우 모든 노드에서 일관된 데이터Consistency를 불러오려면 모든 노드에 데이터를 복제해야 합니다. 이럴 경우 많은 노드로 구성된 클러스터에서는 모든 데이터를 복제하고 저장하기 위해 큰 지연시간Latency을 초래하게 됩니다. 하지만 CAP 이론에서는 이 지연에 대한 언급이 없습니다. 아무리 많은 시간 동안 데이터가 클러스터 환경에서 복제되더라도 이를 고려하여 시스템을 구성할 근거를 제공하지 않습니다. AP의 경우 분산 시스템은 모든 노드가 어떤 상황에서도 응답이 가능Availability하여야 하므로 복제가 잘못 이루어져 데이터의 일관성이 위배되더라도 가용성을 위해 해당 노드에서 틀린 데이터를 읽어오는 상황이 이루어질 수 있습니다. 그러므로 새로운 CAP 이론에서는 완전한 CP와 완전한 AP는 사실상 구현할 이유가 없으며 그 사이에서 서로 상충적으로 찾아가는 과정Trade-off를 구현해야 한다고 제안합니다. 또한 위에서 언급한 지연Latency을 고려의 대상으로 추가하였습니다. 이를 PACELC 이론이라 부릅니다. 제목을 풀면 P는 Partition Tolerance, A는 Availability, C는 Consistency, E는 Else로 정상이란 의미이며, L은 Latency, 즉 지연시간을 의미합니다.

개선된 CAP 이론인 PACELC 이론은 아래의 그림과 같습니다.

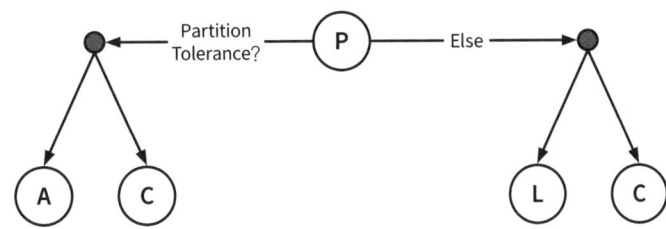

이 이론은 기본적으로 네트워크의 장애 상황Partition Tolerance이 있고 없음을 상정하여 구성합니다. 또한 시스템의 지연Latency을 절충 사항에 추가하였습니다. 네트워크 장애 상황이 있는 경우(Partition Tolerance?), P 노드의 왼쪽의 경우에서 가용성(A)과 일관성(C)은 Trade-Off 상황이 되며 이는 CAP 이론을 반영합니다. 노드끼리 단절이 가능하므로 일관성을 포기하고 가용성을 제공할지, 가용성을 포기하고 일관성을 유지할지 결정해야 합니다. 그리고 네트워크가 정상 상황(Else의 의미)인 경우는 P 노드의 오른쪽 경우에서 지연 시간(L)과 일관성(C)과 Trade-Off 관계로 설정하여 고려해야 합니다. 일관성을 위해 지연시간을 포기할지, 아니면 일관성을 제한하여 빠른 지연시간을 제공할지 결정해야 합니다.

다음은 NoSQL의 종류에 대한 설명입니다. 관계형 데이터베이스가 정규화를 통해 데이터를 고정된 관계형 테이블에 저장한다면 NoSQL은 MAP〈Key-Value〉 구조를 기본으로 합니다. 그리고 데이터와 칼럼의 중첩을 허용하며 정해진 스키마를 가지고 있지 않습니다. NoSQL은 사용하는 데이터 구조에 따라 키-밸류형Key-Value, 칼럼 확장형Wide Columnar, 도큐먼트형Document 그리고 그래프형Graph으로 나뉩니다.

▶ 키-밸류형

기본적인 Map〈KEY, VALUE〉 데이터 구조를 이용하여 데이터를 저장하고 관리합니다. 가장 단순한 형태의 NoSQL입니다. 제품으로는 JBoss Cache, MemcasheDB 그리고 Hazelcast가 있습니다.

▶ 칼럼 확장형

Map〈KEY, VALUE〉의 발전된 형태로 칼럼 패밀리column family 자료구조를 사용합니다. 다음은 칼럼 패밀리에 대한 간단한 예제입니다.

```
01  {
02      "Mechanics" :
03          {   "id" : "MECH",
04              "class_no" : 3,
05              "student" : "이영희",
06              "address" : "Room A30"
07          },
08      "S/W Science" :
09          {   "id" : "SW",
10              "class_no" : 2,
11              "student" : "김철수",
12              "address" : "Room 204"
13          }
14  }
```

위와 같은 스키마를 가진 데이터는 아래와 같은 칼럼 형식으로 저장되고 관리됩니다.

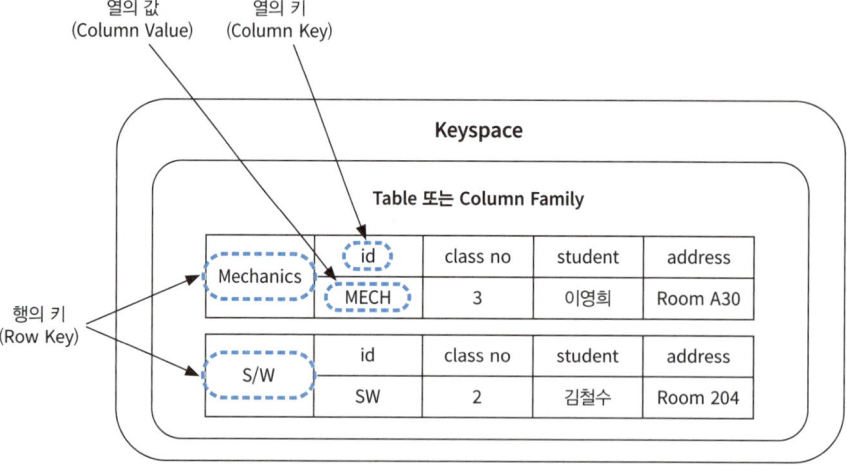

▶ 도큐먼트형

기본적으로 Json 타입의 데이터 구조를 사용합니다. Map⟨KEY, VALUE⟩에서 VALUE 값에 XML, Json, YAML 같은 구조화된 데이터인 도큐먼트를 지정할 수 있습니다. 다음은 간단한 몽고디비 도큐먼트 예입니다.

```
{
    "Mechanics" :
    {   "id" : "MECH",
        "class_no" : 3,
        "students" : {
            "student": [{
                "name" : "이철희",
                "class" : "dynamics",
                "degree" : 70
            }, {
                "name" : "홍길동",
                "class" : "thermos",
                "degree" : 50
            }, {
                "name" : "이영희",
                "class" : "maths",
                "degree" : 100
            }]
        }
        "address" : "Room A30"
    },
    "S/W Science" :
    {   "id" : "SW",
        "class_no" : 2,
        "students" : {
            "student": [{
                "name" : "김철수",
                "class" : "AI",
                "degree" : 80
            }, {
                "name" : "김영숙",
                "class" : "database",
                "degree" : 90
            }]
        }
        "address" : "Room 204"
    }
}
```

위의 소스를 다이어그램으로 표현하면 다음과 같습니다.

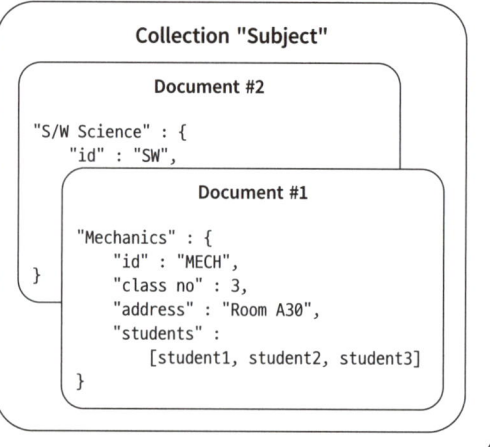

▶ 그래프형

그래프 데이터베이스는 그래프 이론에 토대를 둔 NoSQL 데이터베이스입니다. 객체나 노드로 불리는 데이터 포인트를 플롯하고, 그래프에서 이들을 연결합니다. 기존 관계형 데이터베이스는 데이터를 열과 행으로 저장하고, NoSQL 데이터베이스는 키-밸류 구조로 많은 비정형 데이터를 저장합니다. 그런데 그래프 데이터베이스는 여기에서 한 걸음 더 나아가 데이터 포인트를 연결, 데이터 네트워크를 구축합니다. 그래서 그래프 데이터베이스는 데이터의 아주 복잡한 관계를 더 쉽고 빠르게 파악할 수 있도록 도와줍니다. 그래프 데이터베이스는 3개의 구성으로 이루어집니다.

- **노드**node: 관계형 데이터베이스의 엔티티나 몽고디비의 도큐먼트에 해당한 인스턴스로서 그래프 데이터베이스에서 관리하고 추적하는 실체로 보시면 됩니다.
- **에지**edge: 관계를 의미합니다. 각 노드가 상호 작용하는 관계 또는 그래프를 연결하는 선입니다.
- **속성**property: 노드가 가지는 정보를 말합니다.

1.2.3 4차 산업혁명과 디지털 변환

이번 절에는 1.1.4절에서 설명한 4차 산업혁명과 디지털 트랜스포메이션Digital Transformation에 대해 좀 더 구체적으로 설명을 하겠습니다. 1.1.4절에서는 비즈니스 관점에서 4차 산업혁명과 디지털 트랜스포메이션을 언급했다면 이번 절에서는 비즈니스 관점이 아닌 기술적인 관점에서 두 개념을 다루도록 하겠습니다.

앞에서 파레토의 법칙과 롱테일의 법칙에 대해 논했습니다. 밀레니엄 세기의 초기는 테라바이트에서 페타바이트로 이어지는 빅데이터가 존재하지 않았고 빅데이터를 처리하는 기술도 없었던 시기입니다. 모든 판매 관련 데이터를 분석하기에는 관계형 데이터의 리소스가 제한되는 상황이라 파레토의 법칙을 사용하여 상위 80%의 제품을 구매하는 20% 고객 대상에 대해서만 분석작업을 진행하였습니다. 실제로 구매 능력이 하위 80% 고객보다 뛰어난 상위 20% 고객을 영업 대상으로 지정하였습니다. 그리고 ETL을 사용하여 데이터 웨어하우스로 데이터를 옮겨 저장하였고 다시 이를 데이터 마이닝을 통해 데이터 마트로 데이터를 분리 저장하였습니다. 이 시기 공장은 데이터 웨어하우스로부터 만들어진 상위 20%의 구매 경향과 기호를 바탕으로 소품종 대량생산 방식으로 제품을 만들었습니다. 상위 20%가 만족하는 소품종을 대량으로 생산하여 광고와 진열을 이용하여 물건을 판매하였습니다.

웹 2.0의 시대가 도래하면서 데이터의 양이 기하급수적으로 증가하였고 이를 수집하여 분석하는 빅데이터 기술이 발표됩니다. 데이터의 크기는 기가바이트GB급에서 페타바이트PB와 엑사바이트EB 크기로 증가하였고 하드웨어도 값싼 x86의 리눅스를 병렬로 연결하여 저렴하게 스케일 아웃 하는 확장이 가능해졌습니다. 관계형 데이터 웨어하우스를 사용할 때 배경이 되었던 통계적 법칙인 팔레트의 법칙과 함께 모든 데이터에 가치를 두고 분석할 수 있는 롱테일 법칙이 제안됩니다. 그리고 빅데이터 기술뿐만 아니라 모바일과 클라우드, IoT, 인공지능AI 및 로봇 같은 기술과 데이터가 결합하며 모든 데이터에 대한 분석과 제작이 가능한 다품종 소량 생산이 가능해졌습니다. 즉, 수많은 고객의 기호와 특성에 모두 만족할 수 있는 특화된 소량 제품을 생산할 수 있게 되었습니다. 그리고 이토록 생산 방식이 변하면서 산업의 구조와 형태도 새로운 패러다임으로 변하게 됩니다. 4차 산업혁명은 정보통신 기술ICT의 융합으로 이루어지는 차세대 산업혁명을 일컫습니다. 빅데이터 분석, 인공지능, 사물 인터넷, 3차원 프린터, 로봇공학, 나노 기술 등을 융합하여 모든 산업 영역에서 새로운 기술혁신을 이루는 산업 시대를 말합니다.

여러분의 이해를 위해 몇 가지 예를 설명하겠습니다. 독일의 아디다스 신발업체는 고전적인 방식으로 아시아 등지에서 수작업을 이용하여 헐값으로 소품종 대량으로 생산하던 방식의 한계점을 체감합니다. 그래서 3D 프린터, 로봇 그리고 빅데이터 자료를 분석하여 스피드 팩토리를 만들고 근로자 10명으로 50만 켤레의 신발을 맞춤 다품종 소량 생산하였습니다. 고객의 모바일을 통한 개인화된 주문을 빅데이터로 분석하여 세상에 하나뿐인 특화된 신발을 빠른 속도로 제작할 수 있었습니다. 4차 산업혁명에서 가장 유명한 업체는 아마존일 것입니다. 아마존은 인터넷 서점으로 시작하였습니다. 하지만 ICT 기술을 선도적으로 채택하고 이를 비즈니스화하여 지금은 세계에서 가장 혁신적인 디지털 기업이 되었습니다. 인터넷 쇼핑몰 이외에도 클라우드 컴퓨팅 서비스인 AWSAmazon Web Service를 개발하여 서비스하고 있습니다. 아마존은 기존의 50년 전통의 세계 1위 오프라인 상거래 업체인 월마트를 시가총액에서 뛰어넘어 세계 최대의 소매업체가 되었습니다. 비슷한 사례로 에어비앤비Airbnb가 있습니다. 전 세계의 숙박 공유 업체인 이 회사는 세계 최대의 호텔 기업인 메리어트Marriott 인터내셔널을 기업가치에서 추월하였습니다. 여기서 주목해야 할 점은 에어비앤비는 오프라인의 호텔이나 숙박집을 한 채도 가지고 있지 않다는 것입니다. 오직 ICT의 디지털 기술을 활용하여 이런 크고 효과적인 비즈니스를 창출할 수 있습니다.

이렇듯 4차 산업혁명에서는 정보통신 기술이 주문, 생산, 판매 같은 산업현장의 작업에 완벽하게 적용되고 통합되어 비즈니스 모델을 변화시키고 산업에 새로운 방향을 정립해야 합니다. 이를 디지털 트랜스포메이션이라 합니다. 쉽게 단도직입적으로 설명한다면 모든 기업이 IT 기업화로 변환하는 거라 할 수 있습니다. 스타벅스의 예를 들어보겠습니다. 2008년 다른 경쟁 패스트푸드 음식점의 값싼 커피와 음식으로 매출이 급격하게 떨어집니다. 이에 스타벅스의 CEO는 정보통신 기술혁신을 경영 키워드로 정하고 적극적으로 디지털 트랜스포메이션을 경영과 판매에 도입합니다. 주문, 결제, 보상 그리고 모바일을 통한 개인화까지 다양한 디지털 고객 경험client experience를 제공하여 원가절감, 이윤 창출과 고객 확보를 모두 얻음으로써 위기를 극복하였습니다. 모든 기업은 업종을 불구하고 자체적으로 보유한 온프레미스on-premise 전산실뿐만 아니라 클라우드 컴퓨팅으로 시스템을 구축하고 인공지능으로 고객과 제품의 빅데이터를 분석하여야 할 것입니다. 이를 통하여 고객의 사용자 경험과 개인화된 구입패턴을 얻어와 모든 고객에게 맞는 다양한 소량의 제품을 제작할 수 있습니다. 공장은 5G에 근간을 둔 IoT 사물 인터넷으로 각각의 기계가 서로 신호를 교류하며 소량의 개인화된 제품을 생산합니다. 이 패러다임은 앞에서 언급한 예와 같이 시장의 판도를 변화시킬 수 있기 때문에 기업의 입장에서는 단순히 선택의 문제가 아니라 생존의 문제가 되고 있습니다. 디지털 트랜스포메이션을 논의하면서 빠트릴 수 없는 변수가 바로 COVID-19 팬데믹일 겁니다. 이 책을 쓰고 있는 지금에도 전 세계는 COVID-19와의 전쟁이란 긴 터널을 통과하고 있습니다. 이 전쟁은 인류의 생활방식은 물론 기업의 경영 환경까지 바꿔 놓고 있습니다. 전통적인 오프라인 시장에서 고객을 콘택트로 만나 물품과 서비스를 판매하던 기업들은 COVID-19의 창궐과 함께 갑작스럽고 전사적인 셧다운을 맞닥뜨리게 되었고 준비도 안 된 상황에서 온라인 재택근무를 시행하게 되었습니다. 반대로 언택트로 고객을 상대하며 ICT 기술에 기반을 둔 업체들은 팬데믹 상황에서도 시장을 주도하며 높은 실적을 쌓고 있습니다. COVID-19 이후로도 디지털 트랜스포메이션은 기업의 경영방식과 인류의 삶을 반강제적으로 변화시킬 것입니다. 이미 우리는 화상회의와 화상교육을 비롯하여 ICT 기술에 기반을 둔 언택트 생활 방식과 기업 환경이 당연시되는 세상에 살고 있습니다. 여러분도 이 책에서 다루게 될 빅데이터 기술과 인공지능을 비롯하여 비록 여기서는 언급하지 않지만, 사물 인터넷과 로봇 등에 대한 개념을 익혀 새로운 산업 생태계를 만들어 가는 데 필요한 통찰력을 얻기를 바랍니다.

1.3 데이터 전처리와 람다 아키텍처

이번 절에서는 이 책의 예제 소스가 다루는 기능을 설명하겠습니다. 이 책의 예제는 Kafka, Apache Spark, NoSQL 같은 빅데이터 기술을 이용하여 데이터 전처리를 구현하였습니다. 데이터 가공의 목표는 데이터 레이크로부터 딥러닝을 위한 학습 데이터를 생성하는 것입니다. 이제 빅데이터에 대한 더 구체적인 사안으로 깊이 있게 논의를 진행하겠습니다.

1.3.1 데이터 전처리 정의와 목적

원시 데이터를 비즈니스 요구사항의 분석 및 처리에 적합한 형식으로 데이터를 가공하고 처리하는 작업을 데이터 전처리Data Preprocessing라고 합니다. 데이터의 입장에서 데이터 전처리를 그림으로 설명하면 다음과 같습니다.

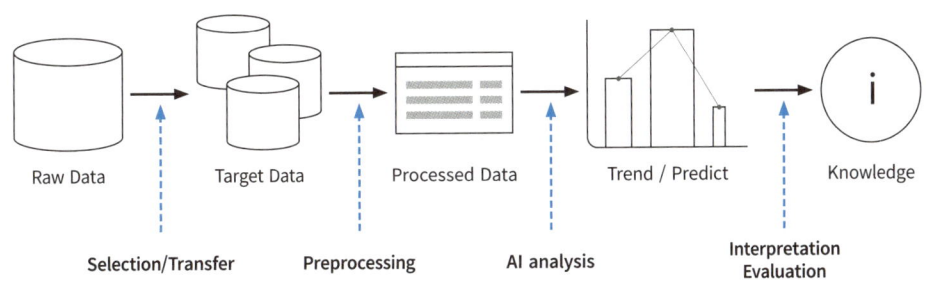

먼저 원시 데이터Raw Data로부터 분석을 수행하려 하는 목표 데이터Target Data를 선택하고 전송 작업을 수행합니다. 목표 데이터가 만들어지면 전처리Preprocessing를 수행하여 정제된 데이터Processed Data를 가공합니다. 정제된 데이터는 인공지능 분석에 사용되는 학습 데이터와 레이블로 사용되며 시스템은 인공지능 학습을 통하여 데이터의 트렌드와 분석, 예측 작업을 수행할 수 있습니다. 마지막으로 이런 결괏값은 정보의 개념으로 의사결정에 사용됩니다. 데이터 전처리 기법에는 데이터의 정제Data Cleaning, 데이터 통합Data Integration, 데이터 변환Data Transformation과 데이터 정리Data Reduction 작업이 있습니다.

데이터는 기업활동의 다양하고 복잡한 분야에서 동시다발적으로 생성됩니다. 하루에 수 테라바이트의 데이터가 생성되는데 이를 전산 조직이 수작업으로 진행한다는 것은 거의 불가능합니다. 데이터 전처리 작업은 데이터 분석에서 가장 많은 시간이 소요되며 가장 많은 업무비중을 차지합니다. 또한 가장 싫어하는 업무 또한 이 작업입니다. 데이터 전처리 작업에서 기본 전제가 되는 명제가 다음과 같습니다. "쓰레기를 넣으면 쓰레기가 나온다Garbage In, Garbage Out." 이런 거친 표현이 명제가 될 정도로 데이터 전처리는 까다롭고 힘든 작업입니다. 필자가 이 책을 집필하기 위해 소스 원본 데이터를 내려받아 준비할 때도 방대한 양의 데이터에서 null 값과 의미 없는 쓰레기 데이터에 시달려야 했습니다. 데이터 형식도 균일하게 배열되지 않고 주제가 변할 때마다 다른 형식으로 입력되었습니다. 뒤에 나올 실습에서 독자 여러분이 예제 소스를 다루게 될 때 맞닥뜨릴 의미 없는 조건문과 분기문은 이런 복잡하고 까다로운 전처리 작업의 산물입니다. 하지만 실제 현장에서는 다양한 기능과 종류의 데이터 전처리 상용 툴을 사용할 수 있습니다.

데이터 과학에서 데이터 전처리를 수행하는 목적에는 다음과 같은 사항들이 있습니다.

1 시각화

빅데이터 분석 결과를 차트나 그리드 같은 그래프와 지도 등을 사용하여 시각적으로 표현하고 전달하는 과정을 목적으로 합니다. 그래프와 지도는 많은 양의 데이터를 한눈에 볼 수 있으며 통계 텍스트보다 더 쉽고 빠르게 통찰력을 얻을 수 있습니다. 시각화의 가장 대표적인 사례로서 비즈니스 인텔리전스의 대시보드가 있습니다. 대시보드는 자동차에서 운전석과 조수석 정면에 부착된 운전에 필요한 각종 계기들이 달린 부분을 말합니다. 대시보드는 운전자가 차량의 상태와 운전 정보를 한눈에 파악할 수 있도록 구성되어 있습니다. ICT 업계에서 언급되는 대시보드는 데이터의 이벤트와 활동 상황, 임계값 추이 등을 쉽게 모니터링할 수 있는 위젯의 모음을 말합니다.

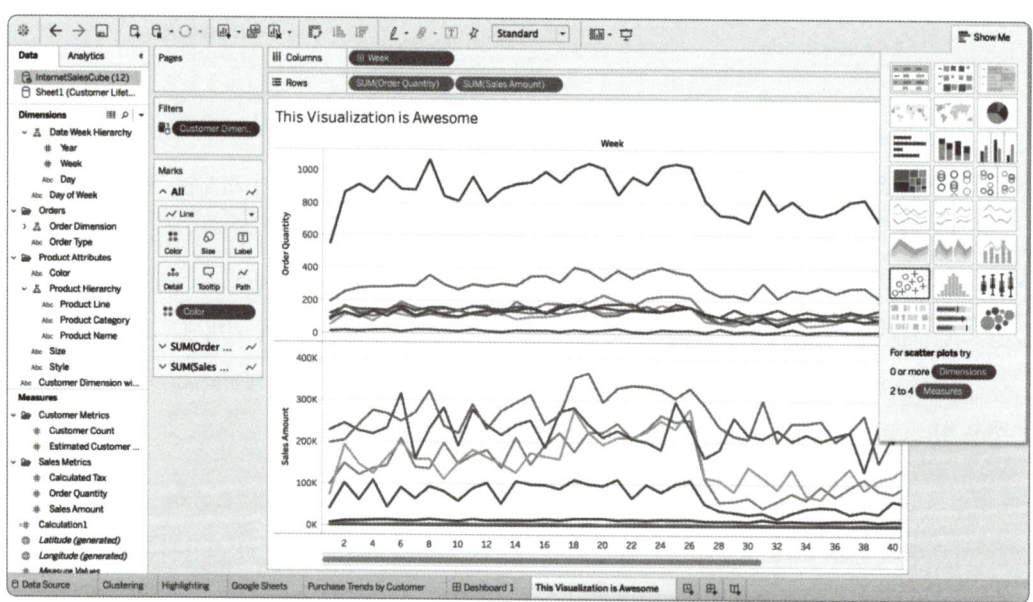

이처럼 데이터 전처리를 이용하여 비즈니스 요구사항에 필요로 하는 데이터를 불러오고 가공합니다. 그리고 데이터의 흐름과 경향을 시각화하고 도표와 이미지로 표현하여 이에 근거한 의사결정을 내릴 수 있습니다. 데이터 시각화에는 오픈소스부터 상용 소프트웨어까지 다양한 제품이 존재합니다.

❷ 데이터 가공

데이터 전처리를 통한 데이터 가공 목적 중의 하나에 ETL 프로세스가 있습니다. ETL은 Extract(추출), Transformation(변환), Loading(적재)을 의미합니다. 다양한 원본에서 데이터를 수집하고, 비즈니스 규칙에 따라 데이터를 변환한 후 대상 데이터 저장소로 적재하는 데 사용되는 데이터 파이프라인입니다. 일반적으로 발생하는 데이터 변환에는 필터링, 정렬, 집계, 데이터 조인, 데이터 정리, 중복 제거 및 데이터 유효성 검사 등의 다양한 작업이 포함됩니다. 아래 그림은 전형적인 ETL 프로세스를 설명하는 그림입니다.

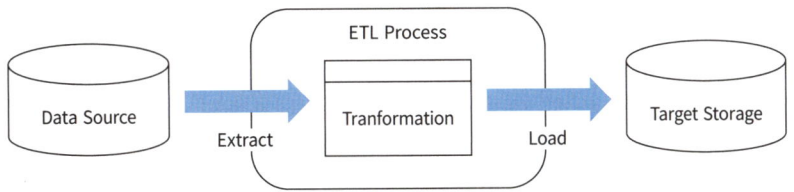

전통적인 ETL에서는 데이터 소스에서 데이터 웨어하우징으로 데이터를 추출하여 적재하고 데이터를 변환한 후 데이터 마트에 적재합니다. 데이터 마트는 특정 비즈니스 요구사항과 주제에 부합하는 소규모 단일 데이터 저장소를 말합니다.

또한 빅데이터 분석에서는 데이터 규모가 방대하고 종류가 다양하여 저장소에 데이터가 적재될 때 가공하기가 까다롭습니다. 그래서 일단 데이터를 원본의 형태로 추출하여 적재하고 이후 비즈니스 요구사항에 알맞도록 변환하는 ELT_{Extract & Load, Transformation} 개념을 사용할 수 있습니다.

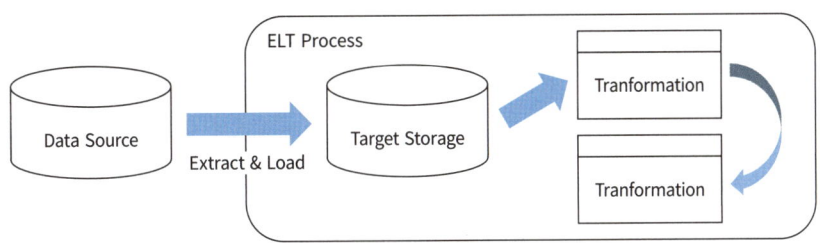

이 작업에도 다양한 오픈소스와 상용 제품이 있으며 상황에 맞게 채택하여 사용할 수 있습니다. 이 책에서는 빅데이터 생태계를 이용하여 간단한 ETL 프로세스를 구성하는 예제를 만들어 보겠습니다. 데이터 레이크로부터 데이터를 추출하고 가공하여 데이터 마트에 적재하고 데이터 마트의 데이터를 이용하여 딥러닝을 수행할 수 있는 특성 행렬을 생성하는 과정이 이 책의 내용입니다. 사실 예제에 사용되는 빅데이터 ETL 시스템은 이미 글로벌 클라우드 벤더들에 의해 구현되어 있고 사용자는 서비스로서 각 기능을 사용하고 사용한 만큼 요금을 지불하면 됩니다. 하지만 이 책에서 각 기술들을 직접 개발하고 연동하여 직접 ETL 서비스를 구현해보면, 빅데이터에 대한 흐름과 내재한 아키텍처와 기능을 더 깊이 있게 이해할 수 있을 겁니다.

3 검색

빅데이터 분산 환경에서 조건에 맞는 항목을 검색하는 기능입니다. NoSQL 기술과는 다소 차이가 있지만 분산된 대규모 데이터 클러스터에서 검색을 운영하는 플랫폼 시스템을 제공합니다. 동적으로 사안별로 만들어 쓰는 애드 혹 질의를 이용하여 실시간으로 결과를 검색하는 방식부터 장기적인 대시보드 같은 배치batch 형식의 질의를 수행할 수 있습니다. 오픈소스 검색 엔진으로는 아파치 하둡 생태계는 아니지만 Lucene 기반의 Elasticsearch를 가장 많이 사용합니다. Restful 프로토콜을 사용하며 정형, 비정형, 위치정보, 메트릭metric 등 원하는 방법으로 다양한 유형의 검색을 수행하고 결합할 수 있습니다. 보통 검색과 분석을 담당하는 Elasticsearch와 함께 로그 수집 소프트웨어인 Logstash, 그리고 시각화 소프트웨어인 Kibana를 묶어 작업을 수행합니다. 이를 ELK 스택이라 부릅니다.

1.3.2 람다 아키텍처

빅데이터에서는 데이터를 전송하는 방식에 따라 아래와 같이 2가지로 나뉘어집니다.

데이터	정의	처리 방법
이력 데이터 (Historical Data)	정해진 주기 동안 저장한 후 일괄적으로 처리되는 데이터	• 일괄 처리(Batch Processing) • 선저장 후처리
실시간 데이터 (Realtime Data)	데이터 발생과 함께 바로 처리하고 분석하는 데이터	• 실시간 처리(Realtime Processing) • 선처리 후저장

일괄처리 또는 배치 처리라고 불리는 처리방식은 일정 기간 데이터를 저장하고 주기가 도래하면 데이터를 분석하여 결괏값을 얻습니다. 먼저 데이터를 저장하고 그다음에 처리하기 때문에 분석작업을 수행 중 데이터의 파손이나 오류가 적으며 추적도 쉬운 편입니다. 주로 백그라운드 프로세스이므로 데이터의 흐름이 유연하고 다중 실행이 용이합니다. 이에 대해 실시간 처리는 데이터의 발생과 동시에 분석을 수행하므로 항상 최근 데이터가 사용됩니다. 실시간 분석은 CEPComplex Event Processing 기술을 사용합니다. 이벤트가 발생하면 실시간으로 데이터를 분석하여 데이터에 대한 통찰력을 얻고 그 후에 데이터를 저장하는 개념입니다. 실시간 처리를 실시간 스트리밍이라고 부르기도 합니다.

빅데이터 기술에서 일괄처리와 스트리밍 처리를 동시에 수행하는 아키텍처를 람다Lambda 아키텍처라 합니다. 이 아키텍처를 사용하면 이력 데이터와 실시간 데이터를 한꺼번에 처리할 수 있습니다. 람다 아키텍처는 다중작업을 수행하므로 다음과 같이 몇 개의 층으로 나누어집니다.

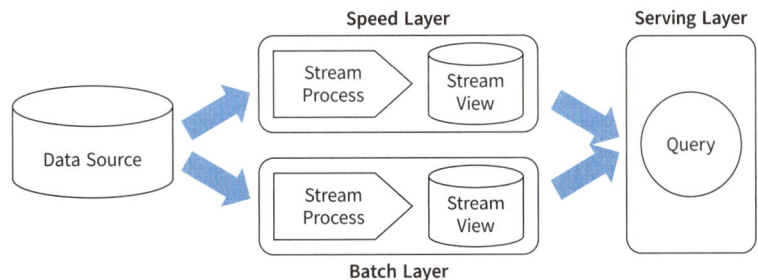

- **속도 계층**Speed Layer: 실시간 계층Realtime Layer라고도 불리며 실시간 분석을 담당하는 계층입니다. 소스데이터로부터 중분된 실시간 데이터 스트림을 입력받으며 실시간 뷰를 생성하여 데이터 처리를 수행합니다. 끊임없이 흐르는 가변형의 실시간 데이터를 사용하여 크기도 상대적으로 작습니다.
- **배치 계층**Batch Layer: 설정된 배치 주기마다 배치 뷰를 생성하여 재연산을 수행하는 계층입니다. 수정이 불가능한 불변형의 이력 데이터 원본을 분석하거나 질의의 시간지연 방지를 위해 필요한 형식에 맞게 만든 배치 뷰를 생성하여 분석하는 작업을 수행합니다.
- **제공 계층**Serving Layer: 배치 계층과 속도 계층의 질의 결과를 조합하고 결과를 반환하는 계층입니다. 이 계층의 핵심은 다른 시스템이나 사용자가 요청한 질의에 맞게 배치 계층과 속도 계층에서 생성된 뷰를 외부로 노출하고 병합하여 결과를 생성하는 것입니다.

최근에는 속도 계층과 배치 계층을 동시에 구현하는 것이 번거로울 수 있으므로 배치 계층과 제공 계층을 제거하고 속도 계층 하나로만 분석을 수행하는 카파Kappa 아키텍처를 선택하는 경우도 있습니다. 하드웨어 성능이 향상되어 리소스의 스펙이 좋아지고 분석 시스템의 단순함을 추구할 경우 많이 사용되고 있습니다.

1.3.3 실습 프로젝트 아키텍처

이 책에서 구현하게 될 실습 프로젝트는 람다 아키텍처에 기반을 두고 만들어졌습니다. 소프트웨어 아키텍처는 다음과 같습니다.

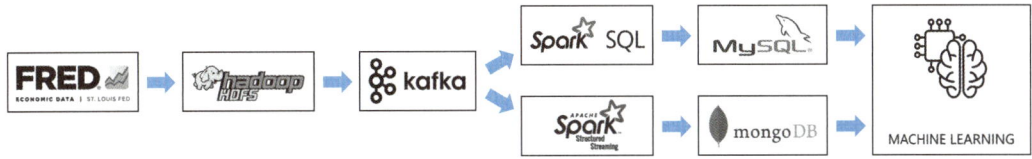

먼저 데이터 레이크의 역할은 미국 세인트루이스 연방준비은행에서 제공하는 FRED가 수행합니다. 뒤에서 설명할 구조를 가진 소스 데이터를 내려받아 하둡 분산 파일 시스템에 저장합니다. 비록 테라바이트의 파일 크기는 아니지만, 여러분이 자신의 PC의 가상머신에서 이 책의 빅데이터는 예제를 수행하기에 적합한 크기입니다. 하둡 데이터 파일 시스템으로 파일을 저장하는 실습은 3장과 4장에서 상세히 다루겠습니다.

하둡 분산 파일 시스템에서 데이터를 추출하여 우리가 원하는 노드로 제공하는 메시지 브로커는 아파치 카프카를 사용하였습니다. 하둡 파일 시스템에 저장된 데이터를 구분하여 서로 다른 노드로 데이터를 공급합니다. 아파치 카프카는 기존에 많이 사용되어왔던 ActiveMQ나 RabbitMQ 등에 비해 분산 시스템에 특화된 소프트웨어로서 시스템 확장이 용이하고 전송속도가 빠릅니다. AMQP 프로토콜이나 JMS API를 사용하지 않고 단순한 메시지를 지닌 TCP 기반의 프로토콜을 사용하여 프로토콜로 인한 오버헤드가 없게끔 설계되었습니다. 이 책의 예제에서는 16개의 서로 다른 토픽으로 다른 메시지를 각각 전송합니다. 아파치 카프카Apache Kafka에 대한 자세한 설명은 5장에서 다루겠습니다.

데이터의 가공과 적재는 아파치 스파크Apache Spark가 담당합니다. 아파치 스파크는 데이터 파이프를 구축하는 데 매우 중요한 부분으로 배치 처리batch process와 실시간 처리 모두를 담당합니다. 데이터를 원하는 특성 행렬로 가공하여 데이터 마트에 해당되는 각 저장소로 적재하는 역할을 수행합니다. 아파치 스파크는 인 메모리in memory상에서 데이터를 취급하므로 속도가 매우 빠릅니다. 또한 개발자 친화적인 API를 사용하여 개발자가 기능을 수행하는 데 매우 편리합니다. 아파치 스파크는 그 아래에 Spark SQL, Spark Streaming, Spark Structured Streaming, Spark MLlib 같은 다양한 하부 프로젝트를 가지고 있습니다. 6장과 7장에서 Spark Core와 Spark SQL에 대해 설명하고 8장에서는 Spark Structured Streaming을 다루도록 하겠습니다. Spark MLlib는 머신러닝에 대한 하부 프로젝트이지만 이 책에서는 다루지 않겠습니다. Apache Spark는 이미 글로벌 클라우드 공급업체의 클라우드 제품에서 서비스되고 있습니다. 아마존 웹 서비스Amazon Web Services에서는 EMRElastic MapReduce, Microsoft Azure의 HDInsightHadoop Insight 그리고 구글 클라우드 플랫폼에서는 Google Cloud Dataproc란 이름으로 사용 중에 있습니다.

나머지 9장과 10장은 이 책의 데이터 마트에 해당하는 저장소에 대해 다룰 것입니다. 9장에서는 Apache Spark SQL의 배치 작업을 수행하고 MySQL에 저장된 데이터를 pymysql과 sqlalchemy 파이썬 모듈을 사용하여 머신러닝에서 학습될 수 있는 특성Feature을 생성하겠습니다. 10장은 저장소로 몽고디비를 사용할 것입니다. 스파크 구조화 스트리밍으로 몽고디비에 저장된 데이터를 pymongo 모듈을 사용하여 머신러닝 특성을 생성하겠습니다. 몽고디비는 NoSQL에서 가장 점유율이 높은 기술로서 스키마를 정할 필요 없고 다양한 질의를 제공하여 분석 작업이 용의합니다. 9장과 10장에서 생성한 파이썬의 DataFrame 데이터는 머신러닝의 학습 데이터로 사용될 수 있을 것입니다.

CHAPTER 2

개발 통합 환경

여기서 설명되는 각각의 서비스는 그 자체만으로 책 한 권에 달하는 방대한 양입니다. 각 API뿐만 아니라 클러스터 환경에서 시스템의 관리까지 설명하기에는 한 권의 책으로는 지면이 부족합니다. 이 책에서는 프로그래밍 언어를 이용한 빅데이터 ETL 구현에 목적을 둡니다. 하둡부터 아파치 스파크까지 각 서비스에 대한 자바와 파이썬 API 함수를 사용하여 소프트웨어 애플리케이션을 구현합니다. 그러므로 각 서비스의 클러스터 환경 구현과 관리에 대해서는 깊은 설명이나 예제를 생략하도록 하겠습니다.

사용하는 운영체제로는 윈도우의 경우는 윈도우 11을 사용하고 리눅스로는 우분투 22.04를 사용하였습니다. 현재 우분투의 최신 LTE 버전은 22.04입니다. 그리고 ETL 실습 프로젝트는 윈도우의 경우는 자바로 구현하였으며 리눅스의 경우는 파이썬으로 구축되었습니다. 물론 약간의 소스를 수정하면 자바 프로젝트를 리눅스에서 실행할 수도 있고 파이썬 프로젝트를 윈도우에서 처리할 수도 있습니다.

2.1 자바 설치

이 책에서 사용하는 자바 언어는 오라클 사에서 제공하는 JDK 11 LTS를 사용합니다. 아직까지 하둡 등 몇 개의 프로젝트는 자바 버전 11에 최적화되어 구현되었습니다. 그래서 개발환경을 구현할 때 자바 버전을 11로 사용하기를 추천합니다. 그리고 독자들 중 라이선스 문제로 open-jdk를 사용하려는 분은 open-jdk를 내려받아 사용할 수 있습니다. open-jdk 벤더로는 오라클 이외에도 레드햇, Azul, AdoptOpenJDK 등의 OpenJDK 바이너리 공급 업체가 있어서 다양하게 선택을 할 수 있습니다.

윈도우 11

https://www.oracle.com/java/에서 최신 JDK 11 LTE를 다운로드할 수 있습니다. JDK를 다운로드할 때 로그인을 요구하므로 여러분은 Oracle에 계정을 가지고 있어야 합니다. 그리고 필요시 archive의 사이트(https://www.oracle.com/java/technologies/javase/jdk11-archive-downloads.html)에서 이전에 배포된 JDK를 다운로드할 수도 있습니다. 우리는 윈도우 11 환경에서 자바를 실행할 것이므로 [Windows x64 Installer]를 내려받아야 합니다. 설치 실행파일을 실행하여 JDK를 설치합니다.

1 설치할 자바의 버전을 확인하고 [Next] 버튼을 클릭한 후 자바를 설치할 폴더를 지정합니다. 이 책에서는 기본값을 사용합니다.

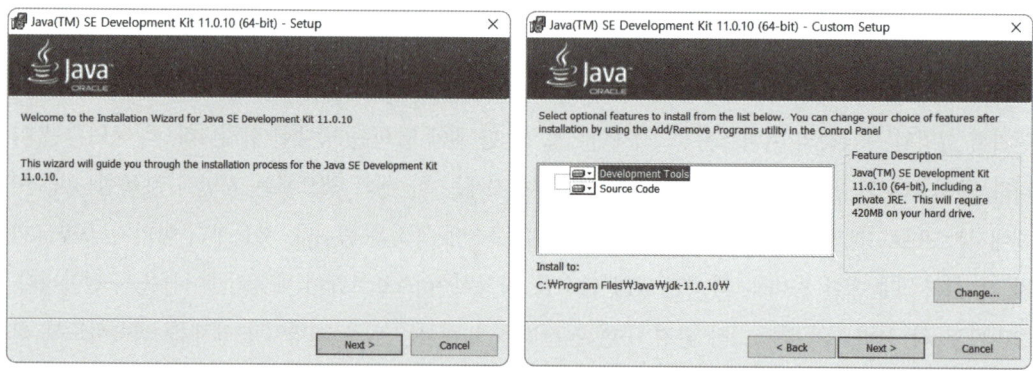

2 설치가 진행된 후 완료되면 [Close] 버튼을 선택합니다.

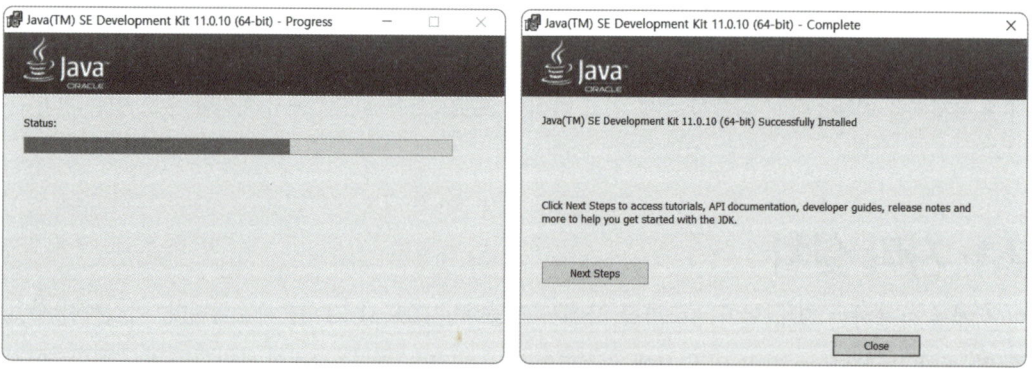

3 다음으로 윈도우 11에서 자바 경로를 지정합니다. 먼저 [제어판]을 실행하고 [시스템/보안] ➡ [시스템] 메뉴를 클릭합니다.

4 [시스템] ➡ [정보] 탭에서 하단의 [고급 시스템 설정] 링크를 선택합니다.

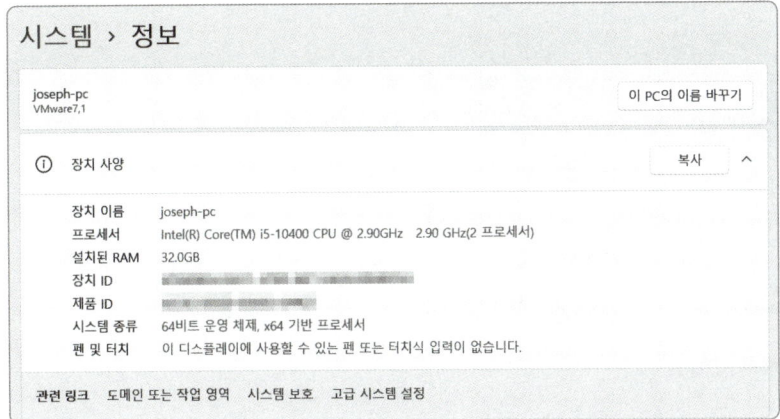

5 그리고 [시스템 속성] 창에서 하단의 [환경 변수] 버튼을 선택합니다.

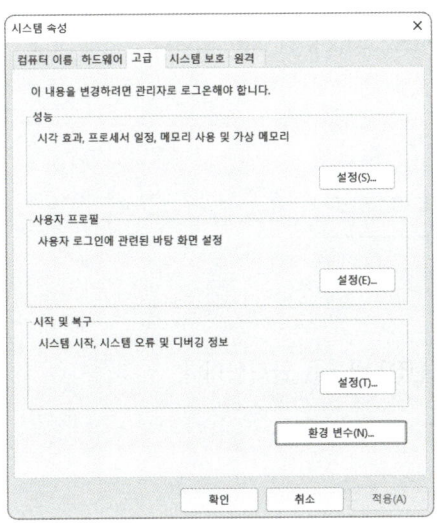

6 [환경 변수] 창의 여러분의 유저에 대한 사용자 변수에서 [새로 만들기] 버튼을 선택합니다.

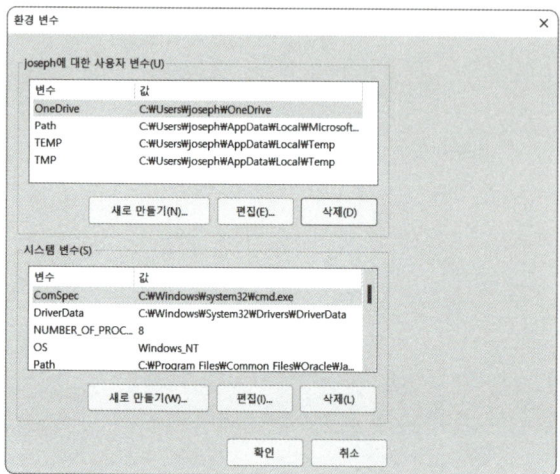

7 그림과 같이 변수 이름으로 JAVA_HOME이라 입력하고 [디렉터리 찾아보기]를 클릭하여 JDK가 설치된 java 폴더를 지정합니다. 필자의 경우 'C:\Program Files\Java\jdk-11.0.10' 입니다.

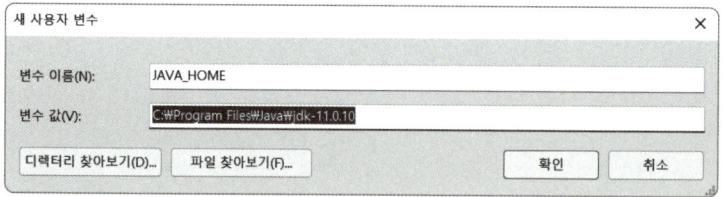

8 JAVA_HOME을 생성한 후 이번에는 Path를 선택하고 [편집] 버튼을 클릭합니다.

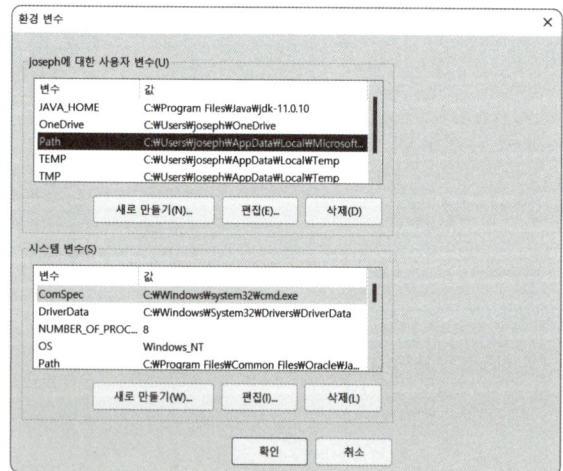

9 [환경 변수 편집] 창에서 우측 상단의 [새로 만들기] 버튼을 선택하고 아래와 같이 %JAVA_HOME%\bin을 입력합니다. 그리고 [확인] 버튼을 선택하여 설정을 마무리합니다.

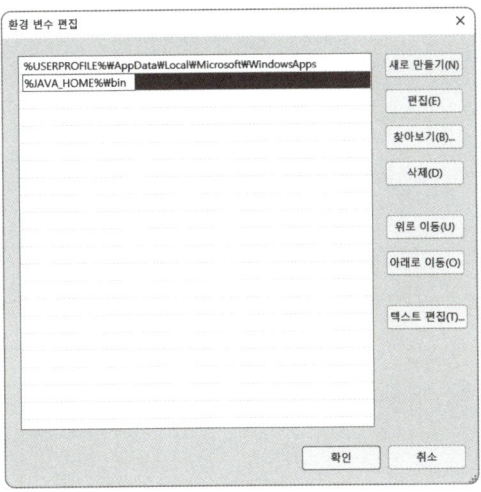

10 명령 프롬프트에서 다음과 같이 명령어를 실행하면 알맞은 출력이 나오는 것을 볼 수 있습니다.

```
> java -version
```

```
java version "11.0.10" 2021-01-19 LTS
Java(TM) SE Runtime Environment 18.9 (build 11.0.10+8-LTS-162)
Java HotSpot(TM) 64-Bit Server VM 18.9 (build 11.0.10+8-LTS-162, mixed mode)
```

우분투 22.04

https://www.oracle.com/java/technologies/javase/jdk11-archive-downloads.html 에서 오라클 사의 JDK와 리눅스 데비안 형식의 JDK 11 LTE deb 파일을 다운로드합니다. 파일명은 jdk-11.0.10_linux-x64_bin.deb 입니다. 다운로드시 계정을 확인하므로 오라클 JDK를 사용하기 위해서는 오라클에 여러분의 계정을 등록해야 합니다.

1 내려받기가 완료되면 다음과 같이 명령어를 사용하여 설치를 진행합니다.

```
> sudo dpkg -i jdk-11.0.10_linix-x64_bin.deb
```

2 파일을 다운로드하여 실행하면 ubuntu의 /usr/lib/jvm 폴더에 리눅스용 JDK 11이 설치됩니다. 이 폴더에 jdk 링크를 생성한 후 /etc/profile 파일에 다음과 같이 JAVA_HOME을 추가합니다.

```
> cd /usr/lib/jvm
> sudo ln -s jdk-11.0.10 jdk
> sudo gedit /etc/profile


############ JDK 11 PATH #############
JAVA_HOME=/usr/lib/jvm/jdk
CLASSPATH=.:$JAVA_HOME/lib/tools.jar
PATH=$PATH:$HOME/bin:$JAVA_HOME/bin
export JAVA_HOME CLASSPATH
export PATH
```

```
> source /etc/profile
```

다음과 같은 명령어를 실행하여 올바르게 출력이 되는지 확인합니다.

```
> java -version
```

```
java version "11.0.10" 2021-01-19 LTS
Java(TM) SE Runtime Environment 18.9 (build 11.0.10+8-LTS-162)
Java HotSpot(TM) 64-Bit Server VM 18.9 (build 11.0.10+8-LTS-162, mixed mode)
```

2.2 파이썬 설치

이번 절에서는 파이썬 설치를 설명하도록 하겠습니다. 이 책에서는 파이썬 언어의 자유-오픈소스 배포판인 아나콘다를 사용하겠습니다. 아나콘다 버전은 파이썬 3.9 호환의 64비트 2021-11 입니다. 파이썬은 버전에 많이 민감합니다. 이 책을 쓰는 시기에 각 서비스에 호환되는 버전의 파이썬을 설치하여 사용하였습니다. 하지만 여러분이 실습을 수행 시 파이썬 모듈의 최신 버전을 다운로드하여 실행하면 호환성에서 문제가 발생할 가능성이 있습니다. 이 점을 참조하여 실습을 수행하시기를 권합니다.

윈도우 11

https://www.anaconda.com/products/individual 에서 아나콘다 배포판을 내려받습니다.

1 파이썬 3.9호환의 64비트 설치 파일을 다운로드해서 실행합니다. 먼저 버전을 확인하고 저작권에 동의하는 절차를 진행합니다.

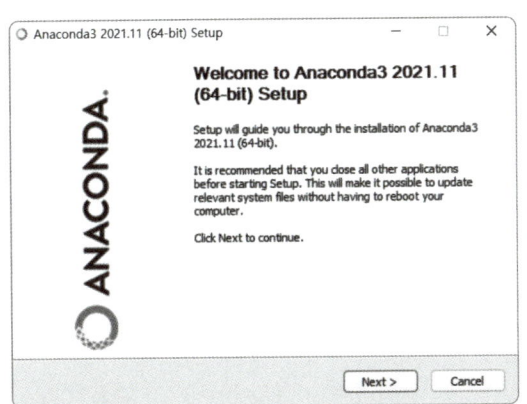
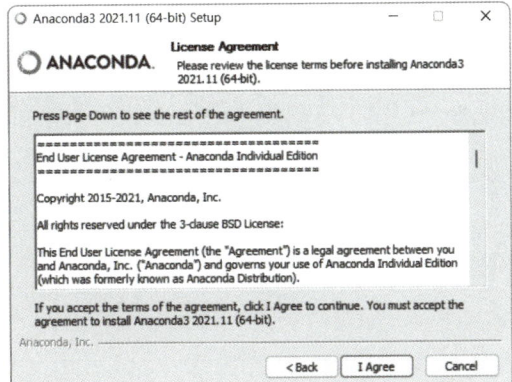

2 사용자로는 [Just Me]를 선택하고 설치 폴더를 지정합니다. 필자는 C:\ 폴더에 관리자 권한으로 C:\Anaconda3 폴더를 먼저 생성하고 이를 설치 폴더로 설정했습니다.

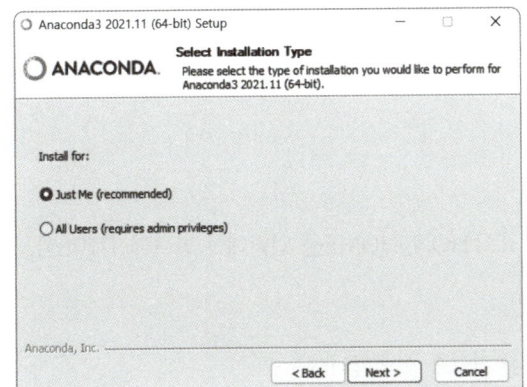
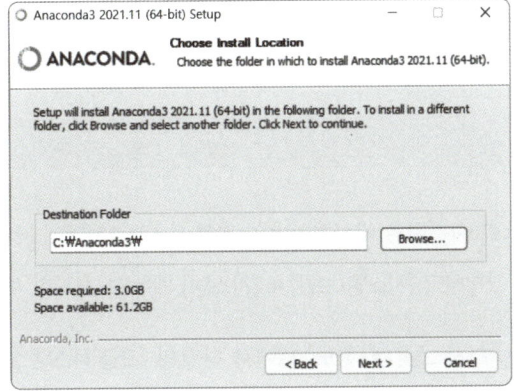

3 [Add Anaconda3 to my PATH environment variable]와 [Register Anaconda3 as my default Python 3.9] 체크박스를 선택합니다. 상단의 [Add Anaconda3 to….] 체크박스는 자동으로 윈도우 경로에 아나콘다 경로를 설정하는 옵션입니다. 다른 파이썬이 설치되어 있으면 오류가 생길 수 있다는 문구를 표시하지만 다른 파이썬이 여러분의 컴퓨터에 설치되어 있지 않으면 무방합니다.

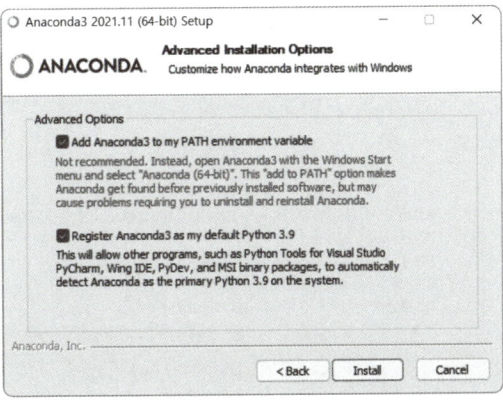

4 설치가 진행되어 완료됩니다.

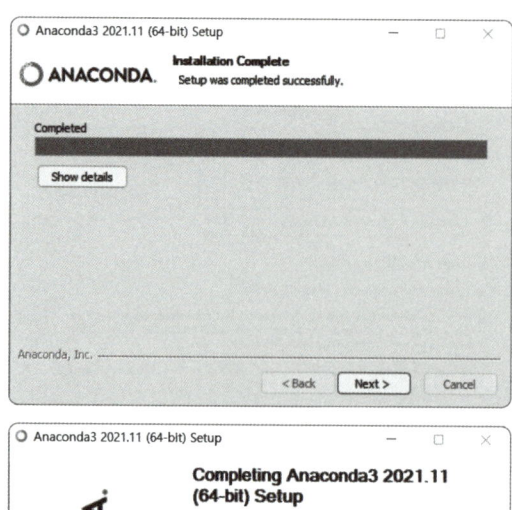

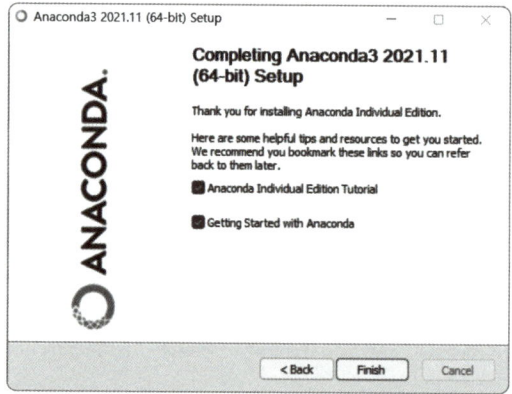

5 이클립스 개발환경과의 호환을 위해 환경변수에 PYTHON_HOME를 입력해야 합니다. [제어판]을 실행하고 [시스템/보안] ➡ [시스템] 메뉴를 클릭합니다.

6 [시스템] ➡ [정보] 탭에서 하단의 [고급 시스템 설정] 링크를 선택합니다.

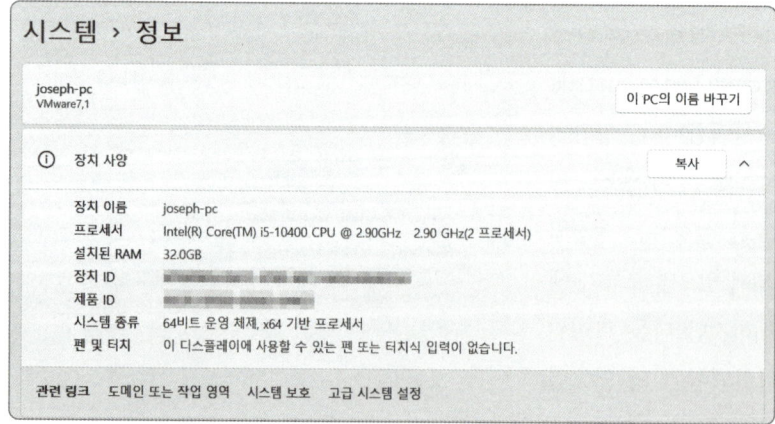

7 그리고 [시스템 속성] 창에서 하단의 [환경 변수] 버튼을 선택합니다.

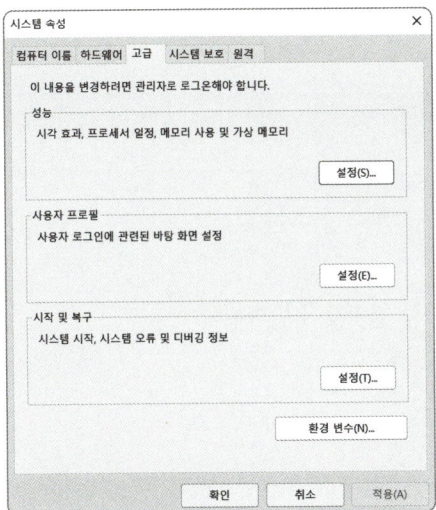

8 [환경 변수] 창의 여러분의 유저에 대한 사용자 변수에서 [새로 만들기] 버튼을 선택합니다.

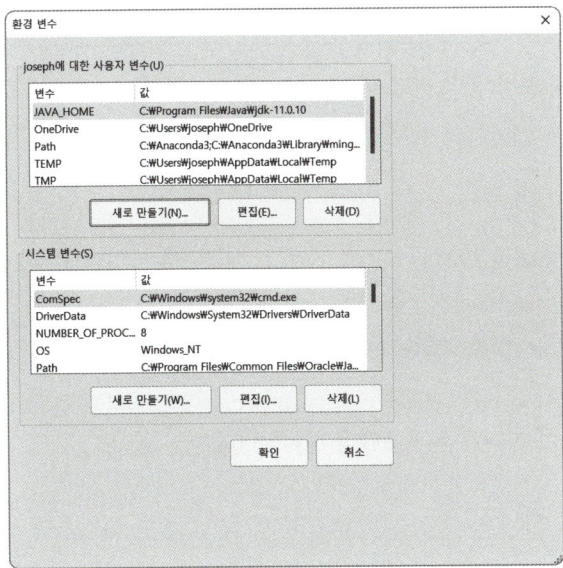

⑨ 아래와 같이 변수 이름으로 PYTHON_HOME이라 입력하고 [디렉터리 찾아보기]를 클릭하여 anaconda가 설치된 폴더를 설정합니다. 필자의 경우 'C:\Anaconda3'입니다.

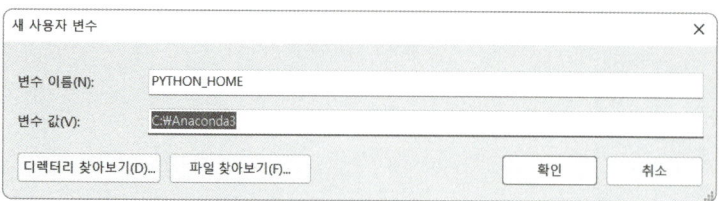

⑩ 명령 프롬프트에서 다음과 같이 명령어를 실행하면 올바른 결괏값이 반환됩니다.

```
> python --version
```

```
Python 3.9.5
```

우분투 22.04

① 우분투에는 파이썬이 기본으로 설치되어 있습니다. 그리고 내장된 파이썬을 삭제하면 우분투의 작동에도 문제가 생깁니다. 하지만 이 책에서는 개발자의 요구사항에 알맞은 파이썬 배포판을 설치하는 방법을 설명하도록 하겠습니다.

② 다음의 'wget' 명령어를 사용하여 anaconda 3 버전 2020.11 리눅스 64비트 배포판을 내려받습니다.

```
$ wget https://repo.anaconda.com/archive/Anaconda3-2021.11-Linux-x86_64.sh
```

③ 파일을 내려받은 후 'bash' 명령어를 실행하여 아나콘다 배포판을 설치합니다.

```
$ sudo bash Anaconda3-2021.11-Linux-x86_64.sh
```

```
Welcome to Anaconda3 2021.11

In order to continue the installation process, please review the license
agreement.
Please, press ENTER to continue
>>>
```

```
… …
… …
Do you accept the license terms? [yes|no]
[no] >>> yes        ( --> 라이선스를 승락합니다.)

Anaconda3 will now be installed into this location:
/root/anaconda3

  - Press ENTER to confirm the location
  - Press CTRL-C to abort the installation
- Or specify a different location below
[/root/anaconda3] >>> /usr/lib/python/anaconda3 ( -->새로운 폴더에 anaconda를 설치합니다.)
Do you wish the installer to initialize Anaconda3
by running conda init? [yes|no]
[no] >>> yes
```

4 /etc/profile 파일을 다음과 같이 편집합니다.

```
# sudo gedit /etc/profile
```

```
######### PYTHON PATH ############
PYTHON_HOME=/usr/lib/python/anaconda3
export PATH=$PATH:$PYTHON_HOME/bin
```

```
# source /etc/profile
```

5 올바르게 설치되었는지 확인합니다.

```
# python --version
```

```
Python 3.9.5
```

2.3 이클립스 설치 및 설정

통합된 개발환경으로 이클립스를 사용합니다. 자바의 경우 메이븐을 이용하여 빌드를 하겠습니다. 또한 파이썬의 개발에는 **PyDev**를 사용하여 이클립스에서 빌드함으로써 편리하게 단일 환경에서 모든 작업이 가능하도록 설정하였습니다.

윈도우 11

https://www.eclipse.org/downloads/에서 이클립스를 다운로드받습니다. 집필 시에 최신 버전은 이클립스 IDE 2022-03입니다. 이후에는 업데이트를 갱신하여 최신 버전을 다운로드하면 됩니다. 버전이 올라가면 기본값으로 JDK 17만 사용해야 하므로 이 점에 주의하기 바랍니다. 64비트 윈도우 설치 파일을 실행합니다.

1 설치 가능한 목록에서 [Eclipse IDE for Enterprise Java and Web Developers]를 선택합니다.

2 이클립스 설치 파일이 자동으로 JAVA_HOME을 인식합니다. 설치 폴더는 필자의 경우 C:\jee-2022-03 폴더로 지정합니다. C:\에서 폴더를 생성할 경우 관리자 권한으로 실행해야 하므로, 이 책에서는 이미 c:\에서 jee-2022-03 폴더를 관리자 권한으로 생성하였습니다. 만일 미리 생성하지 않을 경우라면 이클립스 설치 파일을 선택한 후 마우스 오른쪽 버튼에서 관리자 권한으로 실행하면 자동으로 폴더가 생성됩니다.

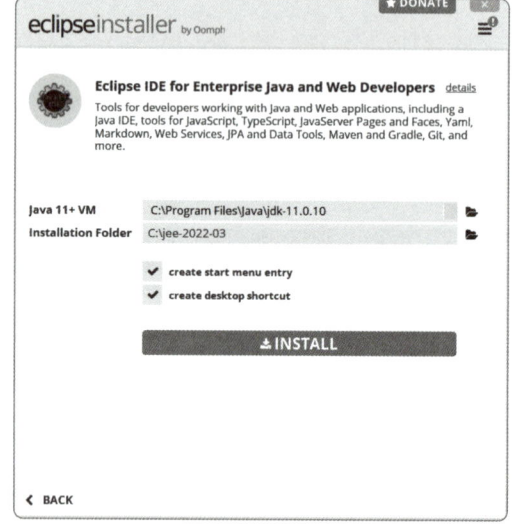

3 설치가 진행되고 이클립스를 설치합니다.

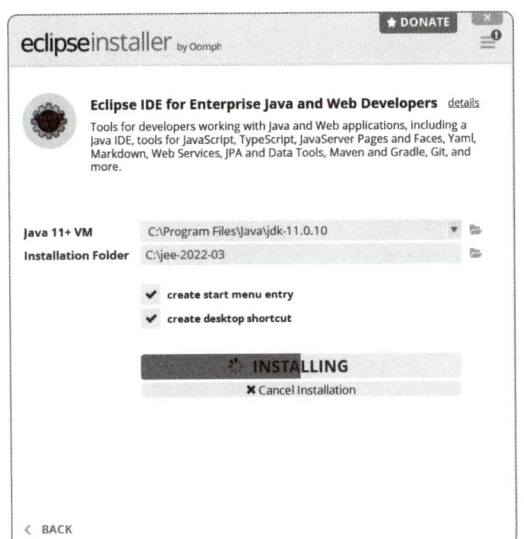 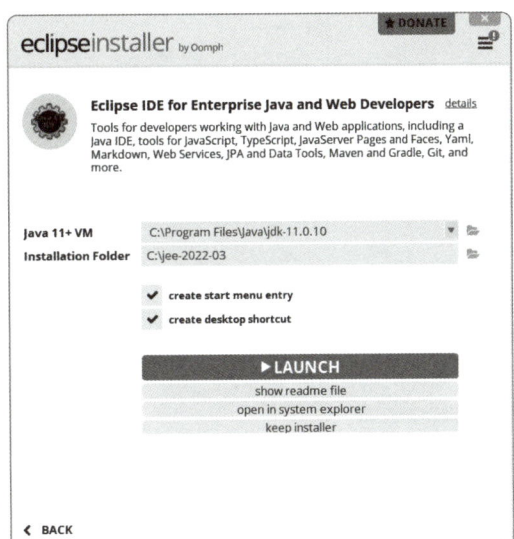

4 작업 폴더를 지정합니다. 필자는 c:\eclipse-workspace로 지정했습니다.

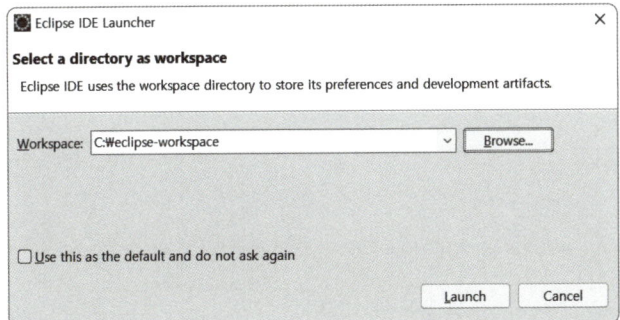

5 이클립스를 실행한 후 [Window] ➡ [Preferences]를 선택합니다. 자바 개발을 Maven에서 빌드하기 위해 좌측 패널에서 [Maven]을 선택하고 Maven 창에서 [Download repository index updates on startup] 체크박스와 [Update Maven projects on startup] 체크박스를 선택합니다. [Download repository index updates on startup]는 여러분이 이클립스를 시작할 때마다 pom.xml 파일에서 사용될 수 있는 jar 파일의 인덱스를 업데이트합니다. 이 옵션을 선택하고 처음 이클립스가 실행될 때는 인덱스를 업데이트하는 데 다소 시간이 소요될 수 있습니다. 그리고 [Update Maven projects on startup]은 이클립스 실행 시에 메이븐 프로젝트를 업데이트합니다.

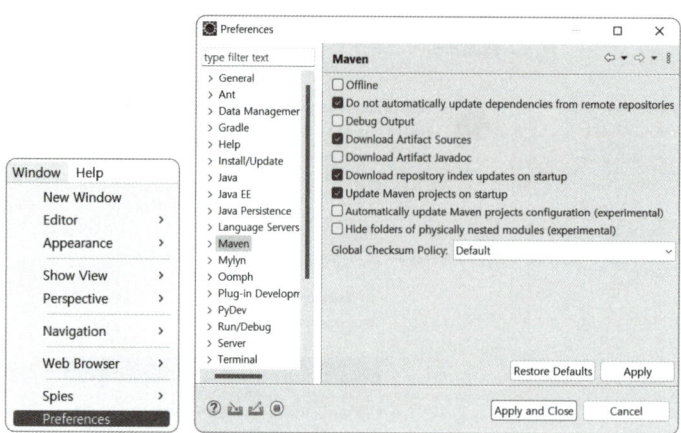

6 이번에는 파이썬 언어를 이클립스에서 빌드할 수 있도록 환경을 설정하겠습니다. 이클립스를 실행한 후 [Help] ➡ [Install New Software]를 선택합니다. [Work with] 텍스트 박스에 http://pydev.org/updates을 입력합니다. 설치 가능한 PyDev 모듈 중에 PyDev를 선택하여 설치합니다.

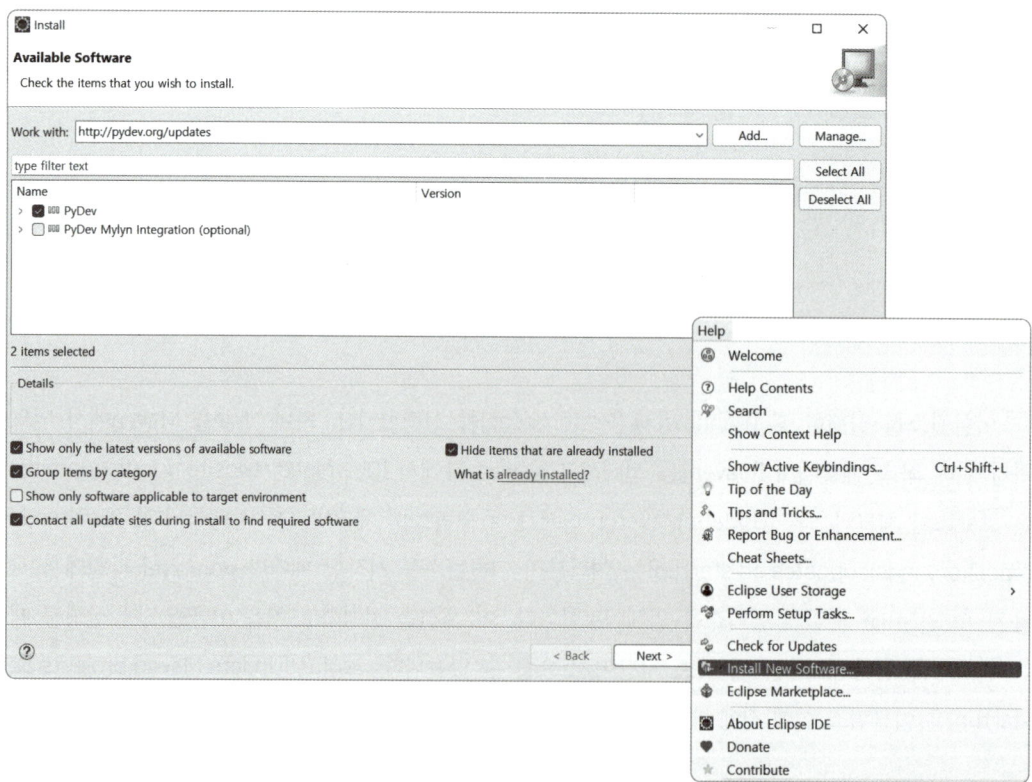

7 설치 과정 중에 특허와 저작권에 대한 수락 여부를 확인하는 창이 표시됩니다. 모두 수락하는 버튼을 선택합니다.

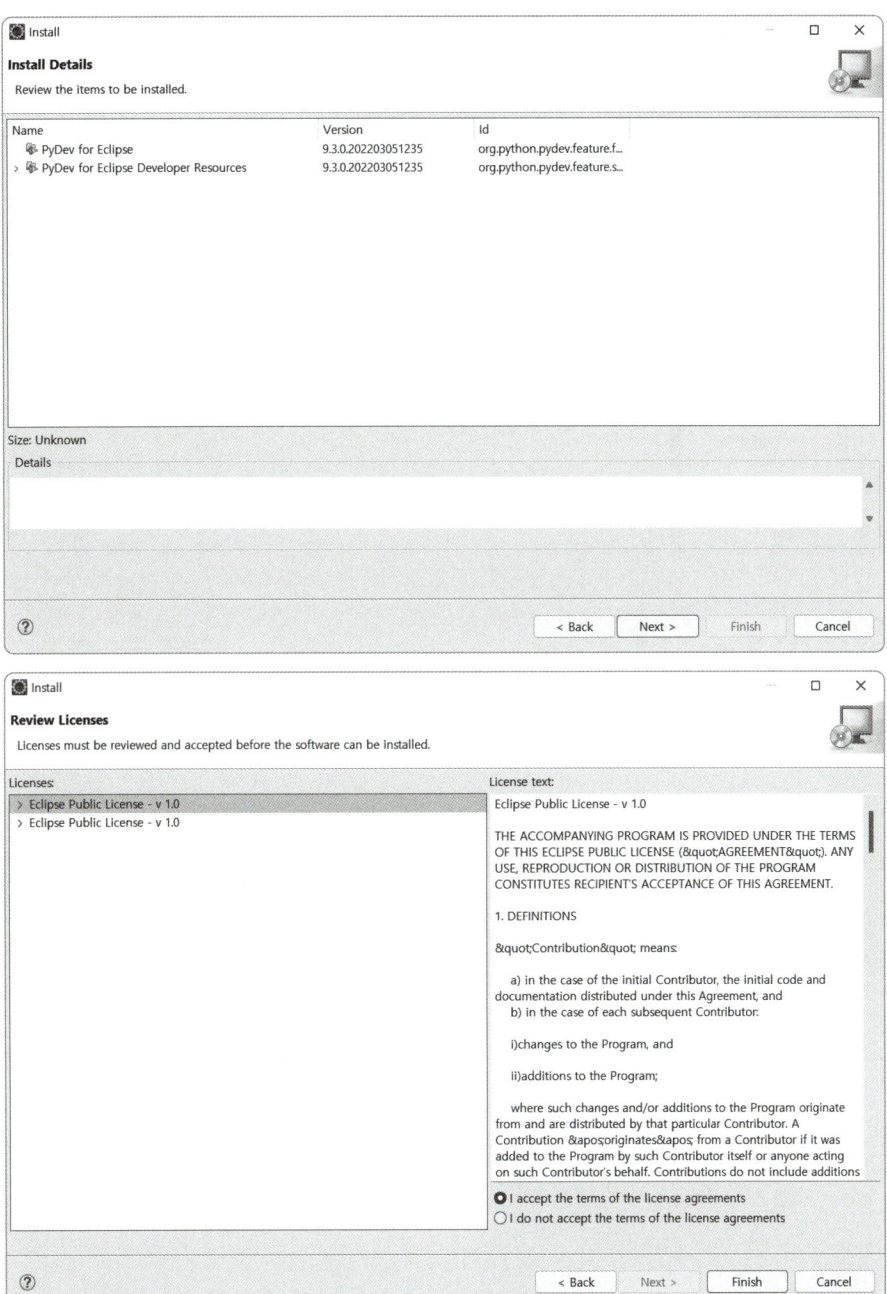

8 이클립스 통합 개발환경을 재 시작하여 PyDev를 활성화합니다.

9 이클립스를 실행한 후 [Window] ➡ [Preferences]를 클릭합니다. 좌측 패널에서 [PyDev] ➡ [Interpreters] ➡ [Python Interpreter]를 선택합니다.

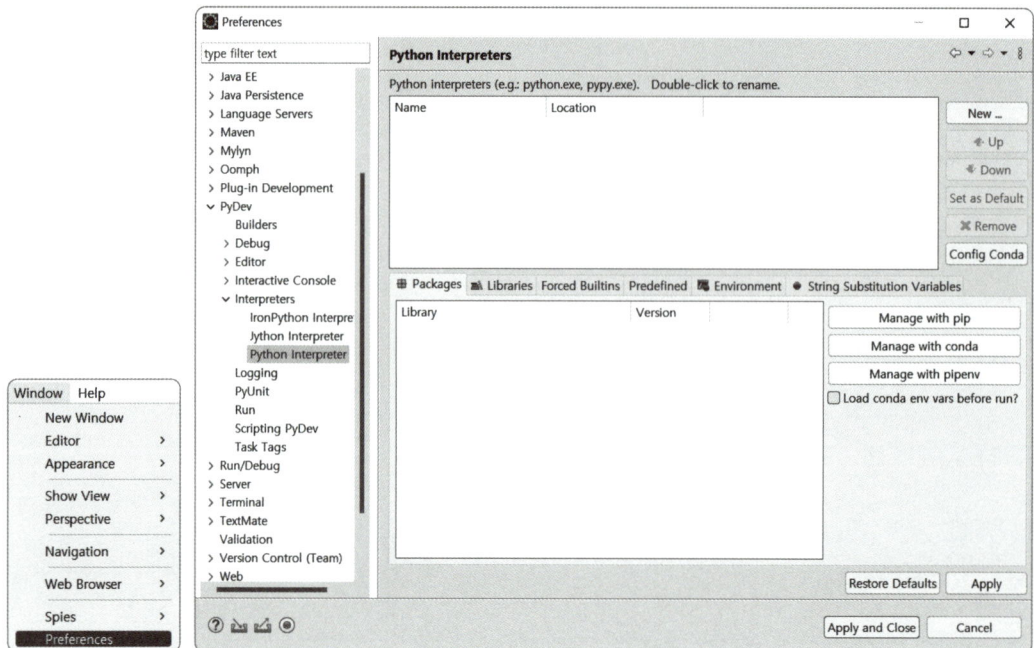

11 우측의 [New] 버튼을 클릭하여 서브 메뉴 중 [Config first in PATH]를 선택합니다.

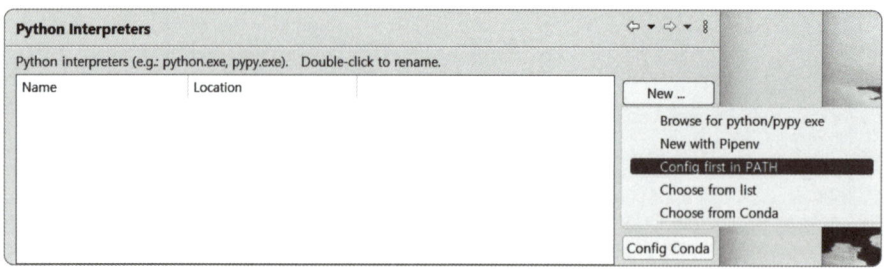

12 다음과 같이 위 절에서 설정한 아나콘다를 불러와 연동합니다.

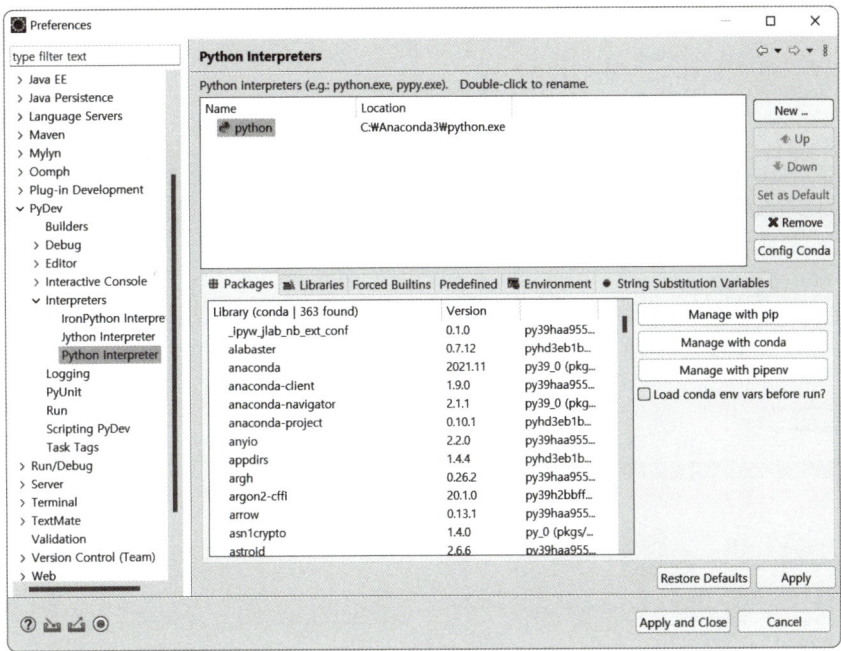

우분투 22.04

https://www.eclipse.org/downloads/에서 리눅스용 이클립스를 다운로드합니다. 집필 시 최상위 버전은 이클립스 IDE 2022-03입니다. 우분투의 이클립스 설치 시에도 버전이 올라가면 기본값으로 JDK 17만 설정되므로 이 점에 주의하기 바랍니다.

1 압축 파일을 풀고 eclipse-inst 실행 파일을 실행합니다. 설치 가능한 목록에서 [Eclipse IDE for Enterprise Java Developers]를 선택합니다.

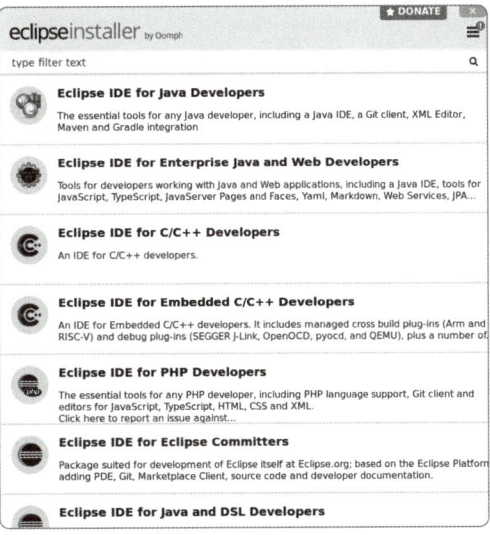

2 설치 관리자는 JDK는 앞 절에서 설치한 KDK 11을 자동으로 인식합니다. 설치 폴더를 확인한 후 [INSTALL] 버튼을 클릭하여 이클립스를 설치합니다.

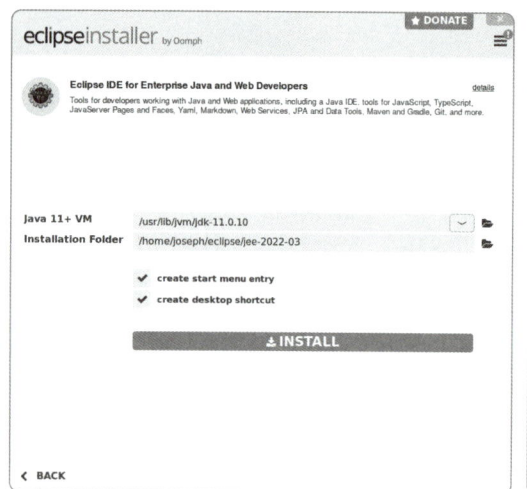 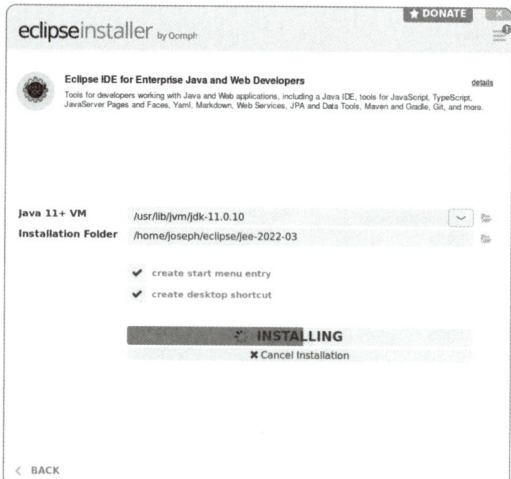

3 설치가 완료되면 [Launch]를 선택하여 이클립스를 실행합니다.

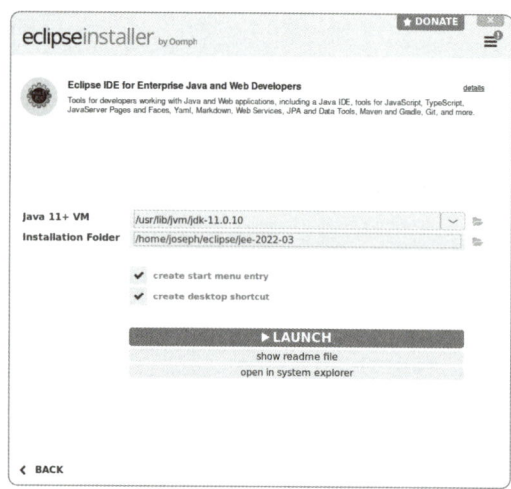

4 이클립스의 [Window] ➡ [Preferences]를 선택합니다. 윈도우 환경과 동일하게 자바 개발을 Maven에서 빌드합니다. 좌측 패널에서 [Maven]을 선택하고 Maven 창에서 [Download repository index updates on startup] 체크박스를 선택합니다. 이클립스를 시작할 때마다 pom.xml 파일에서 사용될 수 있는 의존성dependency의 인덱스를 업데이트합니다.

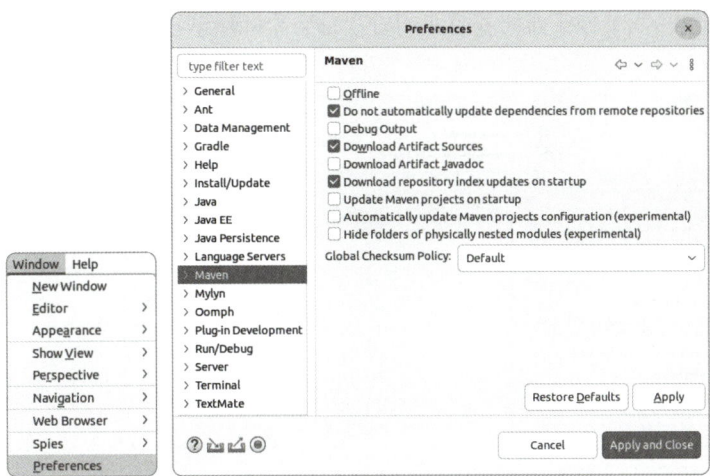

5 이클립스에서 파이썬 언어를 빌드할 수 있도록 환경을 설정합니다. [Help] ➡ [Install New Software]를 선택하고 [Work with] 텍스트 박스에서 http://pydev.org/updates를 입력합니다. 설치 가능한 PyDev 모듈 중에 PyDev를 선택하여 설치합니다.

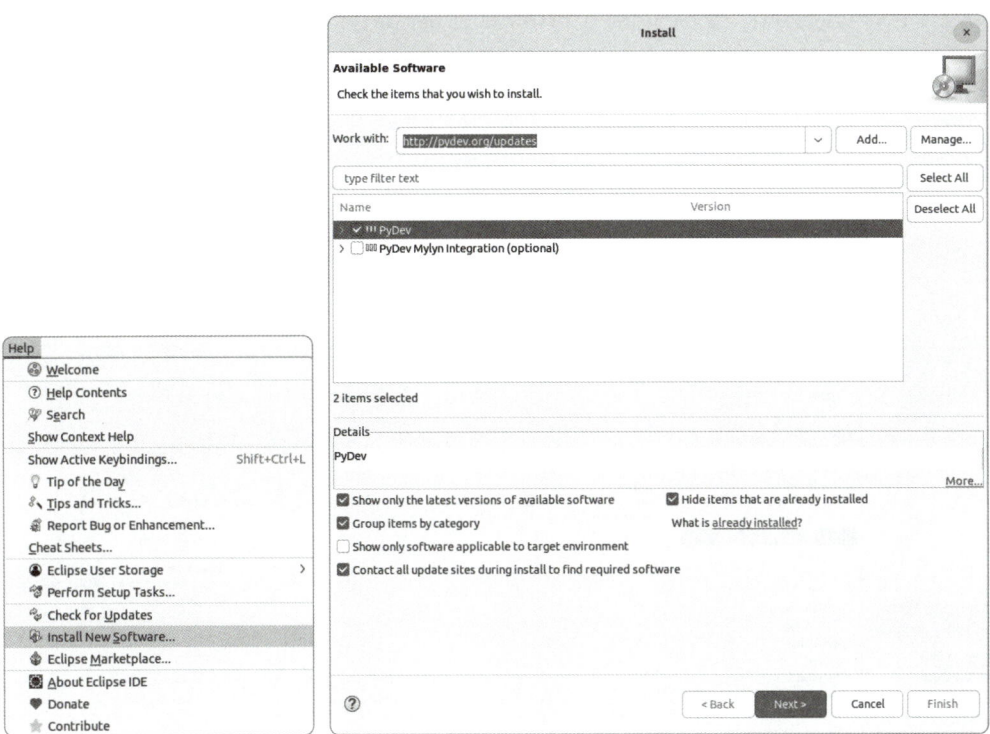

2.3 이클립스 설치 및 설정

6 PyDev 설치 과정에서 특허권이나 저작권에 대한 창이 표시되면 모두 수락합니다.

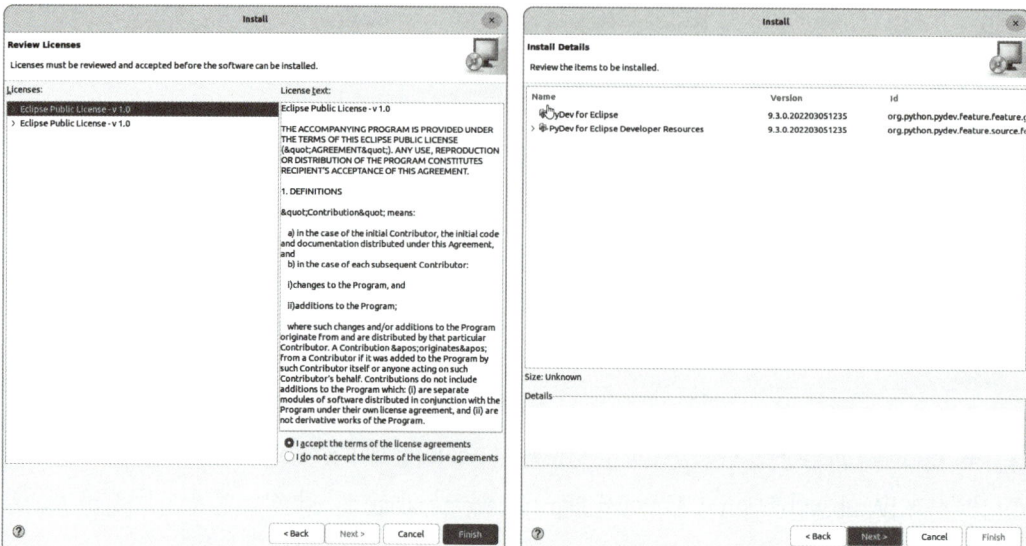

7 설치가 완료되면 이클립스를 재시작하여 PyDev를 활성화합니다.

8 PyDev를 설정하기 위해 [Window] ➡ [Preferences]를 선택합니다. 좌측 패널에서 [PyDev] ➡ [Interpreters] ➡ [Python Interpreter]를 선택합니다.

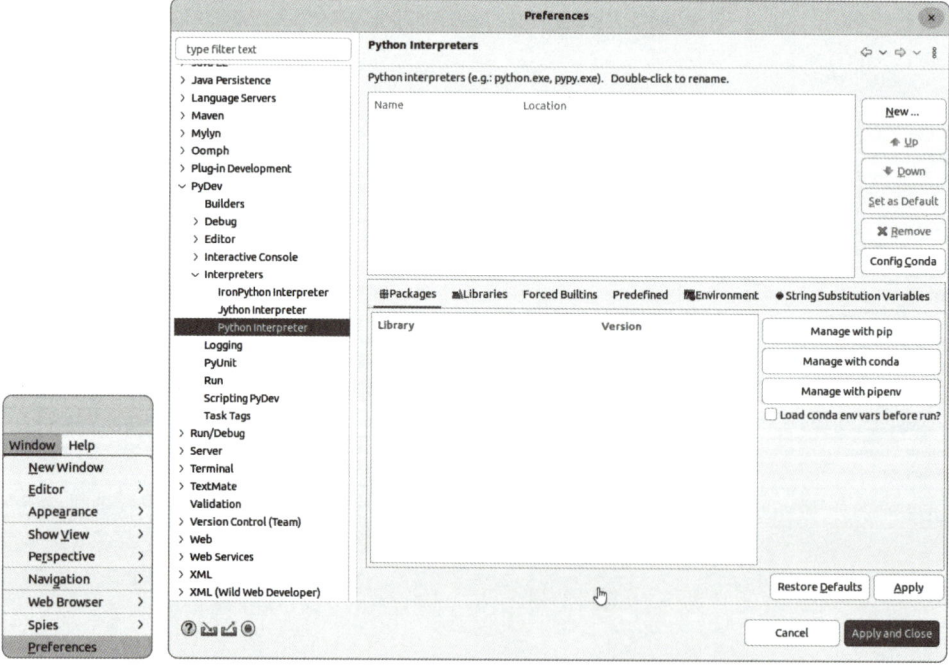

⑨ 우측의 [New] 버튼을 선택하여 서브 메뉴 중 [Config first in PATH]를 클릭합니다.

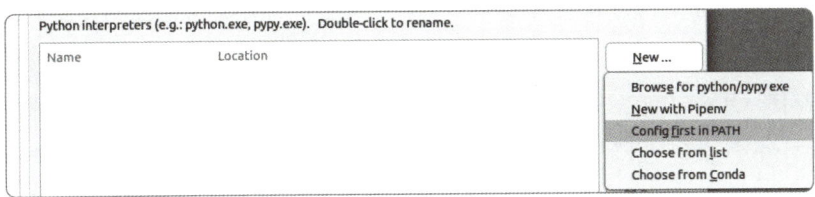

⑩ 아래와 같이 앞 절의 /etc/profile에 설정한 PYTHON_HOME 값을 읽어와 anaconda3와 연동을 지정합니다.

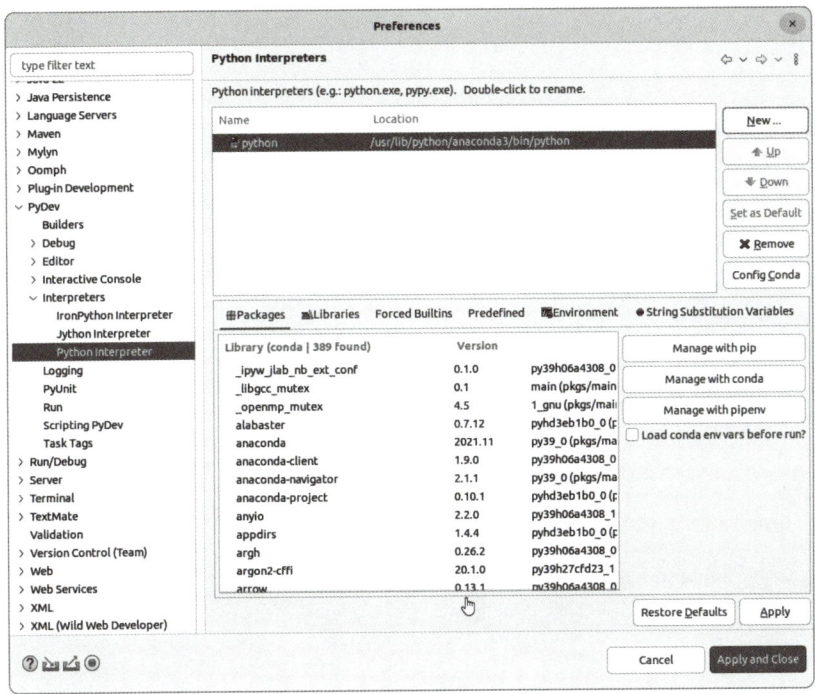

⑪ 여러분의 우분투 사용자 홈 디렉터리에서 .bashrc파일를 편집하여 다음과 같이 경로를 지정합니다.

> gedit .bashrc

########## ECLIPSE PATH ############
ECLIPSE_HOME=/home/joseph/eclipse/jee-2022-03/eclipse
export PATH=$PATH:$ECLIPSE_HOME

> source .bashrc

2.3.1 lombok 설치

Lombok은 객체지향 프로그래밍의 가독성을 높이고 코딩을 수월하게 해주는 기능을 제공합니다. Lombok은 자바의 객체지향 프로그래밍에서 필요한 getter/setter 메서드 생성과 각 멤버변수를 이용한 생성자, toString 메서드 Overriding 등을 몇 개의 어노테이션을 사용하여 구현할 수 있도록 해줍니다. 이클립스와 연동하여 손쉽고 직관적인 코딩을 지원합니다. 이번 절에서는 이클립스 개발환경과 Lombok의 연동을 설명하겠습니다. https://www.projectlombok.org/download 에서 lombok.jar 파일을 다운로드합니다.

다운로드한 lombok.jar 파일을 다음과 같이 실행합니다.

```
> java -jar lombok.jar
```

다음과 같은 설치화면이 보여집니다.

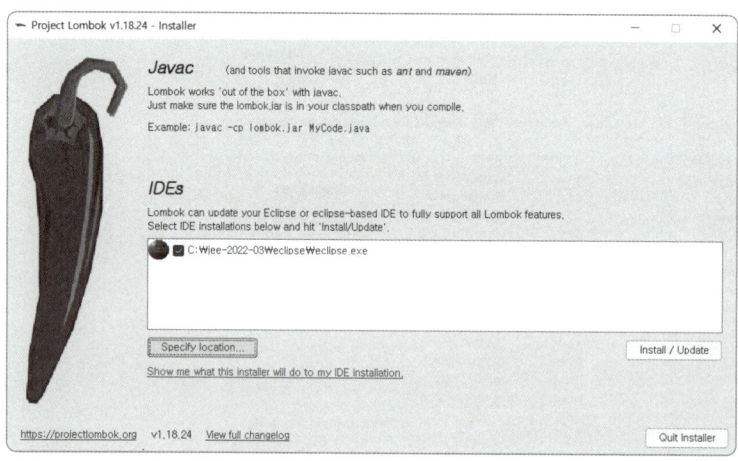

필자가 설치한 윈도우 환경에서는 이클립스 개발환경이 C:\jee-2022-03\eclipse 폴더에 설치되어 있으므로 위와 같은 경로가 보여집니다. 우분투의 경우에는 /home/joseph/eclipse/eclipse-jee-2022-03/eclipse 폴더에 이클립스가 설치되었으므로 이 폴더 경로가 보여집니다. 만일 이클립스 설치경로가 표시되지 않으면 [Specify location] 버튼을 클릭하여 이클립스의 설치경로를 불러옵니다. Install/Update 버튼을 눌러 설치합니다. 다음과 같이 설치가 완료되었다는 창이 보이면 [Quit Installer] 버튼을 선택하여 설치를 마무리합니다.

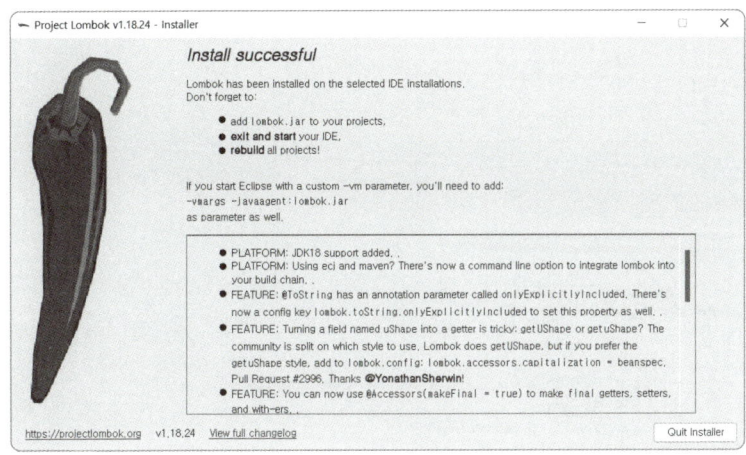

2.4 저장소 설치

2.4.1 MySQL 설치

윈도우 11

1 https://dev.mysql.com/downloads/installer 에서 MySQL 설치 파일을 다운로드받습니다. 다운로드 링크에는 Windows(x86, 32-bit), MSI Installer로 표시되지만 운영체제가 64비트인 경우는 자동으로 64비트로 설치됩니다. 하단의 [No thanks, just start my download] 링크를 클릭하면 로그인을 하지 않아도 설치 파일을 내려받을 수 있습니다.

2 설치 파일을 실행하여 MySQL 설치를 진행합니다. Choosing a Setup Type에서 [Developer Default]를 선택합니다.

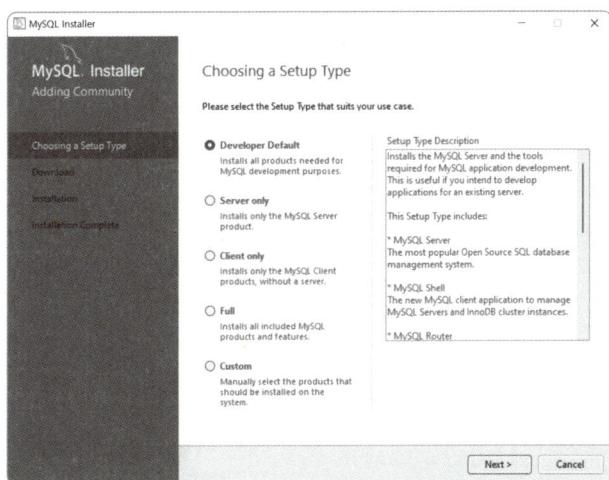

3 [Check Requirements]에서 하단의 [Next] 버튼을 선택합니다. 설치 여부를 확인하는 창에서 [Yes]를 클릭하여 무시합니다.

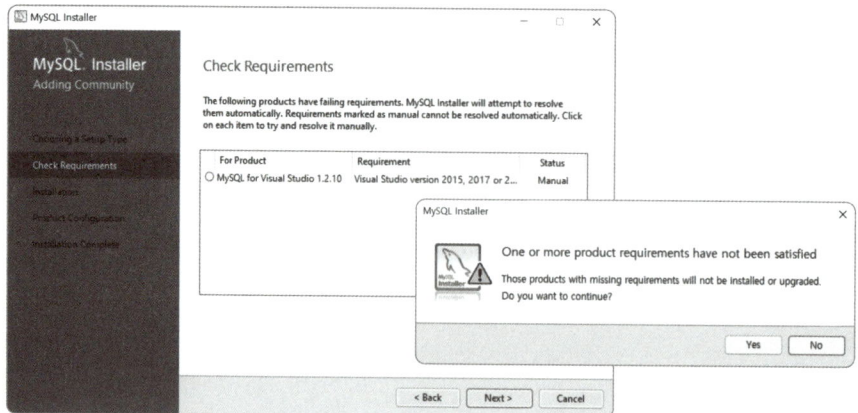

4 Installation 항목에서 [Execute] 버튼을 누르면 모든 항목이 설치됩니다.

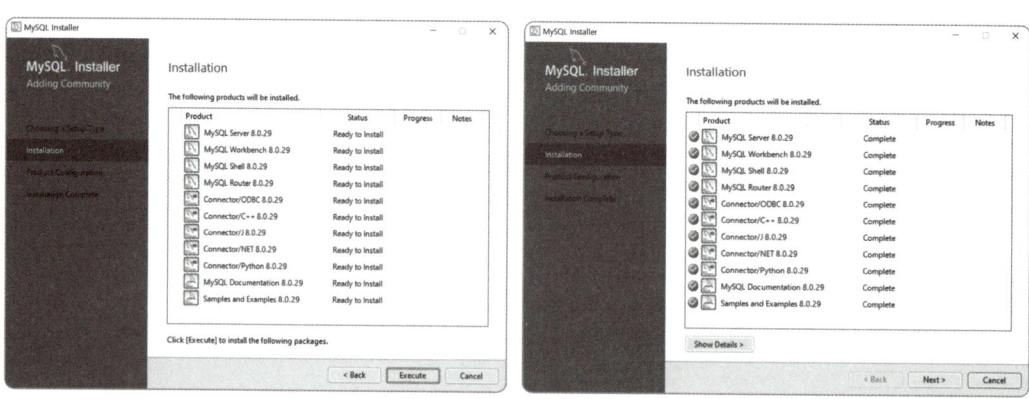

5 Product Configuration에서 [Next]를 클릭하여 제품에 대한 설정작업을 수행합니다.

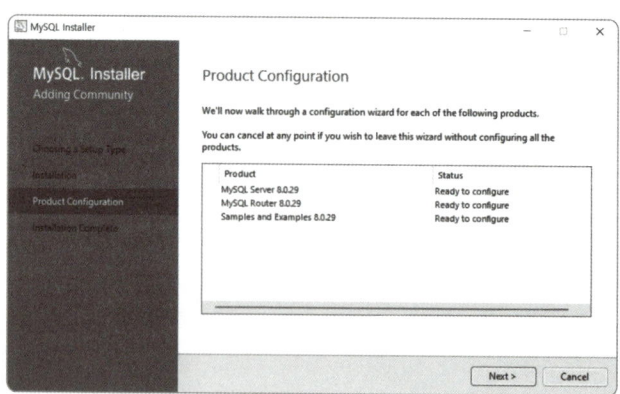

6 먼저 MySQL 서버에 대한 설정을 진행해서 기본값으로 서버 타입과 네트워크를 지정합니다. 그리고 Authentication Method에서도 기본값을 사용합니다.

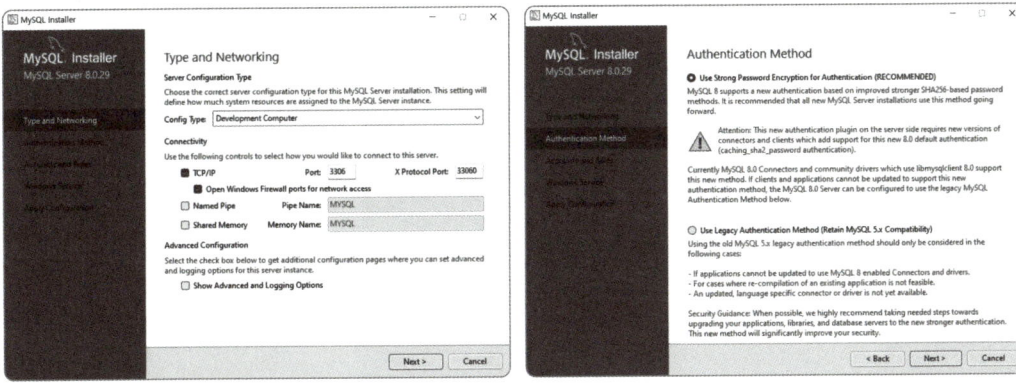

7 Accounts and Roles에서 Root 사용자에 대한 암호를 지정합니다. 그리고 윈도우 서비스에서 서비스 이름은 기본값을 사용합니다.

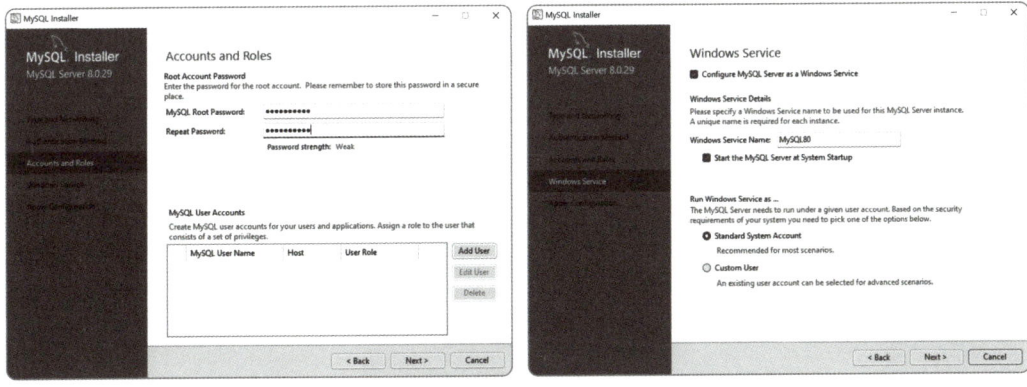

8 Apply Configuration에서 [Execute] 버튼을 클릭하여 설정을 완료합니다.

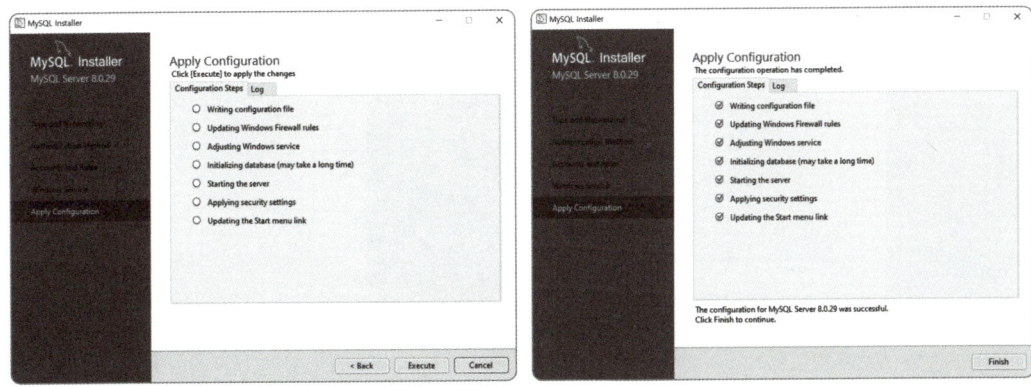

2.4 저장소 설치

⑨ Product Configuration에서 [Next]를 클릭하여 MySQL Router 제품에 대한 설정작업을 수행합니다. 우리는 단일 MySQL 서버만으로 프로젝트를 진행할 것이므로 기본값으로 선택하면 됩니다.

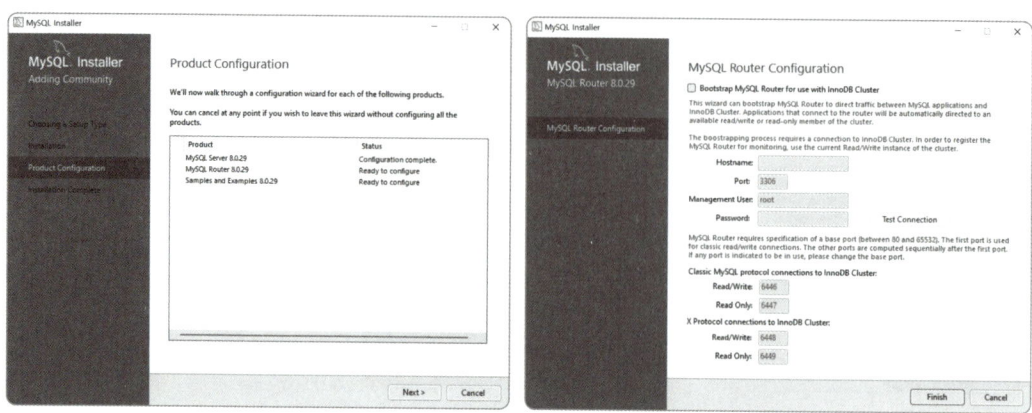

⑩ 마지막으로 Product Configuration에서 [Next] 버튼을 클릭하여 [Sample and Examples]를 설치합니다. 앞의 ⑦에서 입력하였던 암호를 입력하여 연결이 올바르게 이루어졌는지 체크합니다. 그리고 [Execute] 버튼을 클릭하여 생성된 스크립트를 모두 실행합니다.

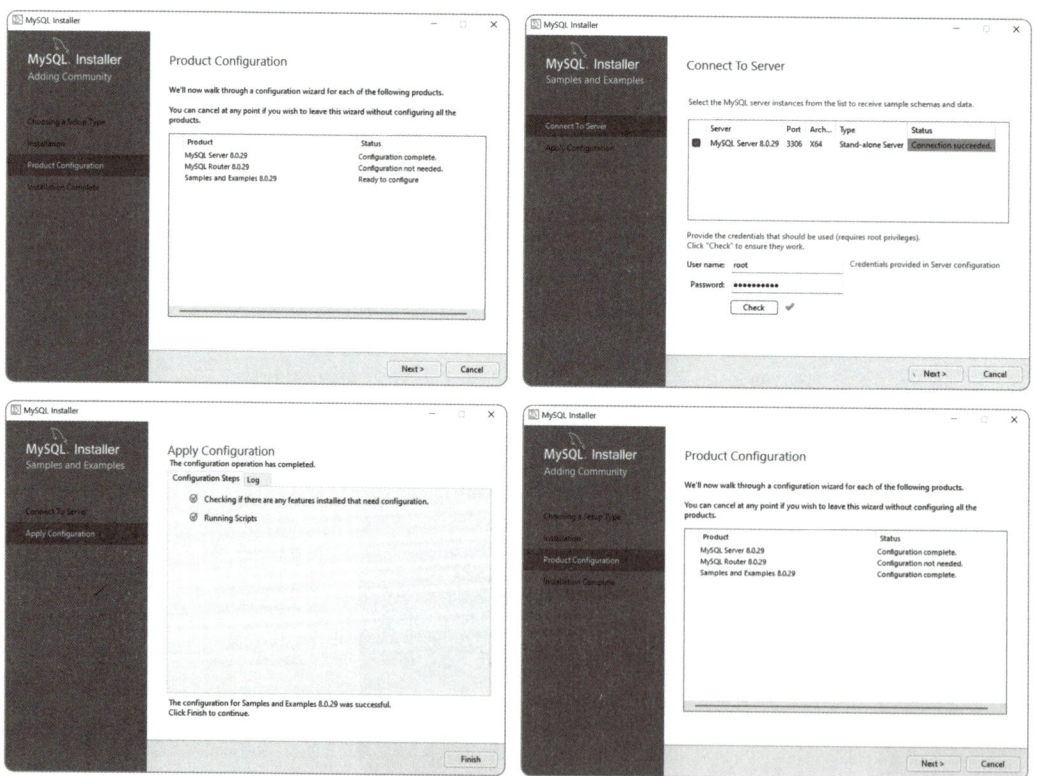

11 [Finish] 버튼을 선택하여 설치를 완료합니다.

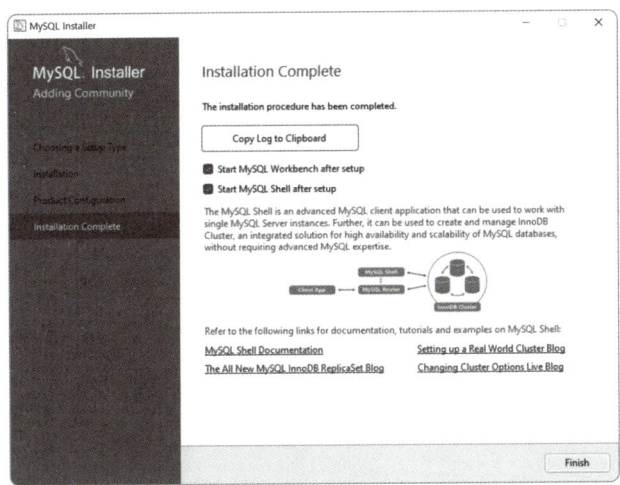

12 MySQL workbench에서 우리가 사용할 데이터베이스를 생성하도록 하겠습니다. 중간의 [Local instance MySQL80] 버튼을 선택하고 앞에서 설정한 암호를 입력하여 연결을 만듭니다.

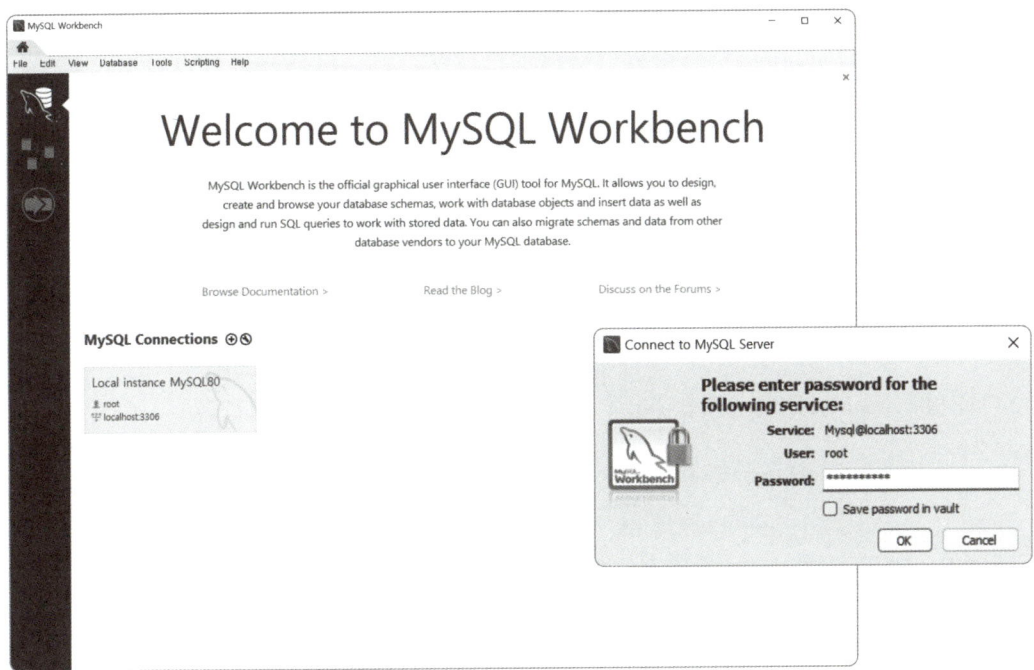

13 Query 1창에서 다음과 같이 데이터베이스를 생성하는 SQL을 입력하려고 합니다. ⚡ 버튼을 선택하여 실행합니다.

```
CREATE DATABASE IF NOT EXISTS etlmysql;
```

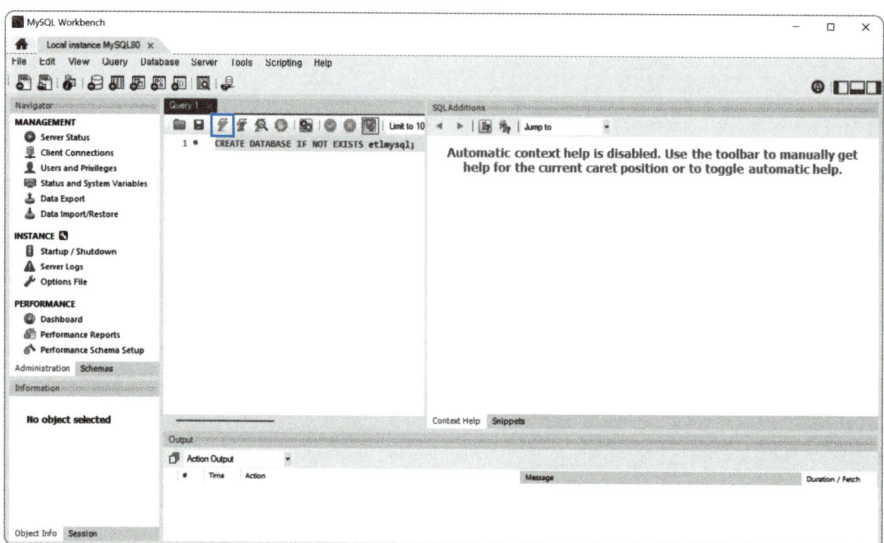

우분투 22.04

1 우분투의 패키지를 업데이트합니다.

```
> sudo apt-get update
```

2 다음 명령어로 MySQL을 설치합니다.

```
> sudo apt-get install mysql-server -y
```

3 보안을 위해 secure installation을 설치합니다.

```
> sudo mysql_secure_installation
```

4 암호 검증 여부를 확인합니다. 'y'를 입력합니다.

```
Securing the MySQL server deployment.

Connecting to MySQL using a blank password.

VALIDATE PASSWORD COMPONENT can be used to test passwords
and improve security. It checks the strength of password
and allows the users to set only those passwords which are
secure enough. Would you like to setup VALIDATE PASSWORD component?

Press y|Y for Yes, any other key for No :
```

5 암호 생성 시 암호의 복잡도를 지정합니다. 지정 후 root 계정에 대한 암호를 2번 입력하여 생성합니다.

```
There are three levels of password validation policy:

LOW    Length >= 8
MEDIUM Length >= 8, numeric, mixed case, and special characters
STRONG Length >= 8, numeric, mixed case, special characters and dictionary file

Please enter 0 = LOW, 1 = MEDIUM and 2 = STRONG:

Please set the password for root here.

New password:
Re-enter new password:

Estimated strength of the password: 25
Do you wish to continue with the password provided? (Press y|Y for Yes, any other key for No) :
```

이때 다음과 같은 오류가 발생할 수도 있습니다.

```
... Failed! Error: SET PASSWORD has no significance for user 'root'@'localhost' as the
authentication method used doesn't store authentication data in the MySQL server. Please
consider using ALTER USER instead if you want to change authentication parameters.
```

이럴 경우 다른 셸을 열어 다음과 같이 실행하여 암호를 지정하고 다시 mysql_secure_installation을 실행합니다.

```
> sudo mysql

>> ALTER USER 'root'@'localhost' IDENTIFIED WITH mysql_native_password by 'pa$$w0rd';
>> FLUSH PRIVILEGES;

> sudo mysql_secure_installation
```

6 MySQL이 기본적으로 제공하는 익명 유저anonymous user에 대해 삭제 여부를 묻습니다. 삭제하기 위해 'y'를 입력합니다.

```
By default, a MySQL installation has an anonymous user,
allowing anyone to log into MySQL without having to have
a user account created for them. This is intended only for
testing, and to make the installation go a bit smoother.
You should remove them before moving into a production
environment.

Remove anonymous users? (Press y|Y for Yes, any other key for No) : y
Success.
```

7 기본설정에서 MySQL의 root 계정은 localhost에서만 접근을 허가합니다. 외부로부터 접근을 허용할지 여부를 묻습니다. 이때 외부에서의 접근을 막고자 한다면 'y'를 입력해야 합니다.

```
Normally, root should only be allowed to connect from
'localhost'. This ensures that someone cannot guess at
the root password from the network.

Disallow root login remotely? (Press y|Y for Yes, any other key for No) : y
Success.
```

8 기본적으로 생성된 test 데이터베이스에 대한 접근과 삭제 여부를 결정합니다. 말 그대로 테스트용이어서 삭제합니다.

```
By default, MySQL comes with a database named 'test' that
anyone can access. This is also intended only for testing,
and should be removed before moving into a production
environment.

Remove test database and access to it? (Press y|Y for Yes, any other key for No) : y
 - Dropping test database...
Success.

 - Removing privileges on test database...
Success.
```

9 여태까지 지정한 설정을 적용할지 여부를 지정합니다. 'y'를 입력합니다.

```
Reloading the privilege tables will ensure that all changes
made so far will take effect immediately.
```

```
Reload privilege tables now? (Press y|Y for Yes, any other key for No) : y
Success.

All done!
```

10 다음 명령어를 입력하여 MySQL 데이터베이스를 테스트합니다.

```
> sudo mysql -u root -p
```

11 다음과 같이 데이터베이스 생성 SQL을 입력하여 우리가 테스트할 데이터베이스를 생성합니다. 그리고 현재 유저(필자의 경우는 'joseph')를 생성하고 데이터베이스에 대한 권한을 지정합니다.

```
mysql> CREATE DATABASE IF NOT EXISTS etlmysql;
```

```
Query OK, 1 row affected (0.00 sec)
```

```
mysql> show databases;
```

```
+--------------------+
| Database           |
+--------------------+
| information_schema |
| mysql              |
| performance_schema |
| sys                |
| etlmysql           |
+--------------------+
5 rows in set (0.00 sec)
```

```
> CREATE USER 'joseph'@'localhost' IDENTIFIED BY 'pa$$w0rd';
> FLUSH PRIVILEGES;
> GRANT ALL PRIVILEGES ON ETLMySQL.* to joseph@'localhost';
> FLUSH PRIVILEGES;
> SHOW GRANTS FOR 'joseph'@'localhost';
```

12 MySQL과 자바 연동을 위해 https://dev.mysql.com/downloads/connector/j/에서 MySQL JDBC 드라이버 mysql-connector-java_8.0.30-1ubuntu22.04_all.deb 파일을 내려받아 설치합니다. 설치를 완료하면 해당 폴더(/usr/share/java/)에 jar 드라이버 파일이 생성됩니다.

```
> sudo dpkg -i mysql-connector-java_8.0.30-1ubuntu22.04_all.deb
> ls -l /usr/share/java/mysql-connector-java-8.0.30.jar
```

```
-rw-r--r-- 1 root root 2415192 12월  2 01:30 /usr/share/java/mysql-connector-java-8.0.30.jar
```

2.4.2 몽고디비 설치

윈도우 11

1 https://www.mongodb.com/try/download/community 에서 몽고디비 커뮤니티 버전의 윈도우 설치 파일을 내려받습니다.

2 설치 파일을 다운로드하면 파일을 실행합니다. 먼저 저작권 지침에 대해 동의합니다.

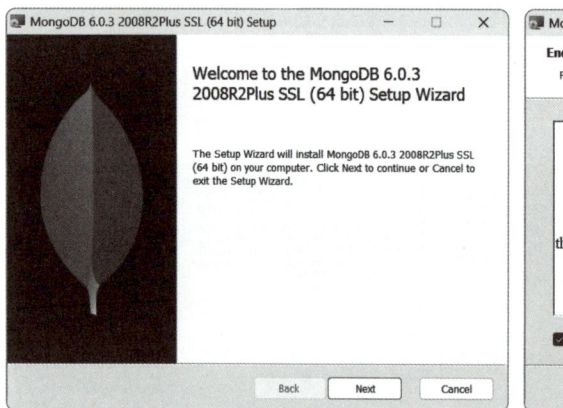
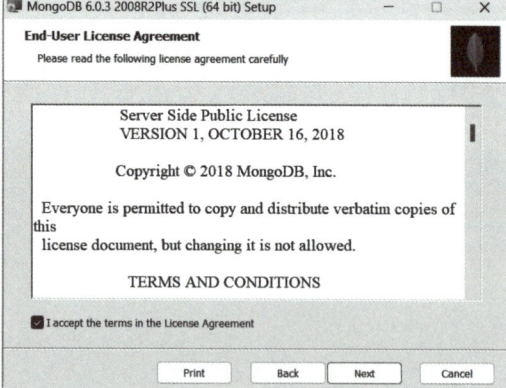

3 설치 유형에서 [complete]를 선택한 후 몽고디비를 서비스로 지정하여 설치합니다.

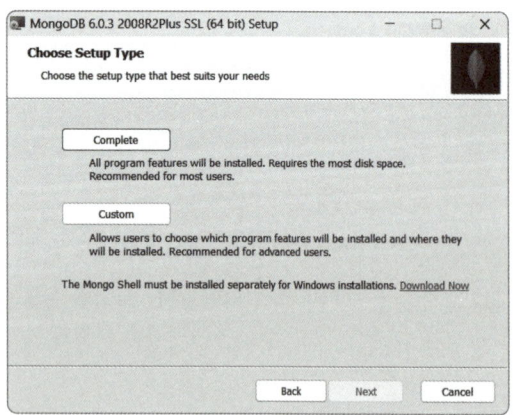
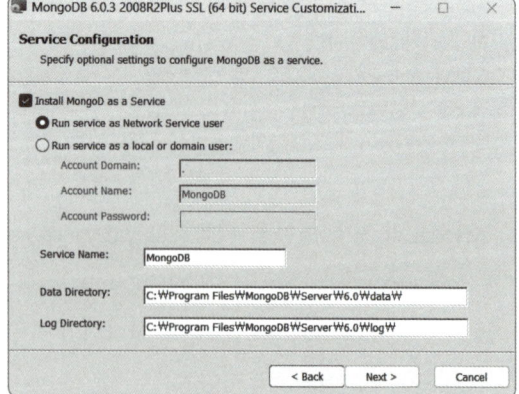

4 나머지는 기본값으로 설치를 진행합니다. 좌측 하단에 [Install MongoDB Compass] 체크박스가 선택되어 있는지 확인하여 MongoDB Compass를 설치 항목에 반드시 포함해야 합니다. 그리고 [Install] 버튼을 클릭하여 설치를 진행합니다.

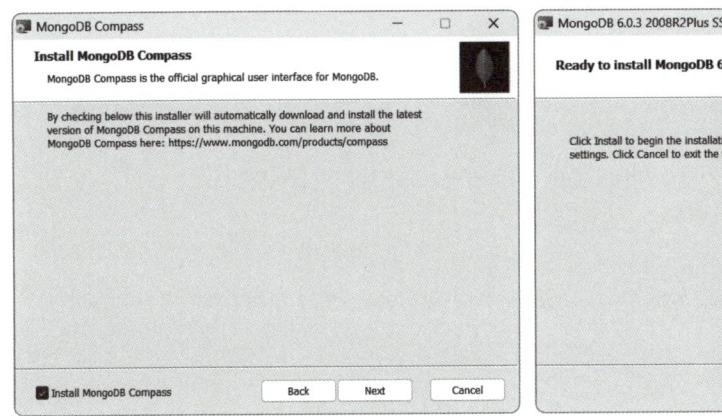
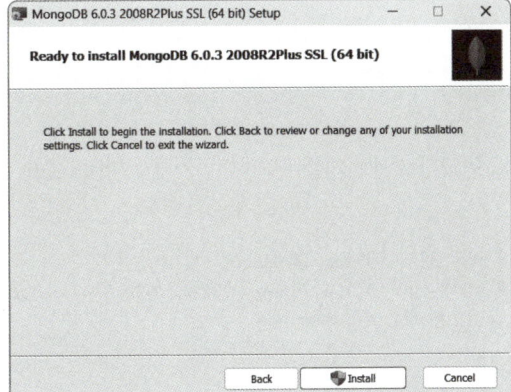

5 설치 과정을 진행하여 몽고디비를 설치합니다.

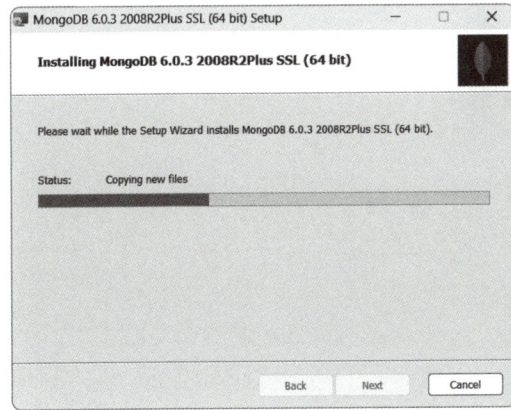
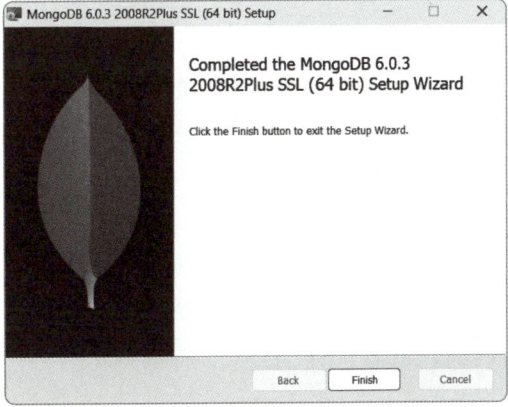

6 MongoDB Compass가 실행되지 않는 경우 https://www.mongodb.com/products/compass 에서 직접 내려받아 설치합니다.

우분투 22.04

1 이번 절에서는 우분투 22.04에서 몽고디비 6.0을 설치하는 과정을 설명합니다. 설치 계정은 su에서 실행합니다.

```
> su
```

2 몽고디비 패키지를 설치하기 전 몽고디비 6.0에 대한 공용 키를 내려받습니다.

```
# apt-get install gnupg
# wget -qO- https://www.mongodb.org/static/pgp/server-6.0.asc | gpg --dearmor > /etc/apt/trusted.gpg.d/mongo.gpg
```

3 그리고 몽고디비를 위한 리스트 파일을 생성합니다.

```
# echo "deb [ arch=amd64,arm64 ] https://repo.mongodb.org/apt/ubuntu jammy/mongodb-org/6.0 multiverse" | sudo tee /etc/apt/sources.list.d/mongodb-org-6.0.list
```

4 다음 명령어를 실행하여 필요한 패키지를 내려받습니다.

```
# apt-get update -y
```

5 몽고디비를 설치합니다.

```
# sudo apt-get install -y mongodb-org
```

6 시스템 데몬을 다시 로딩한 후 몽고디비 서비스를 실행합니다.

```
# systemctl daemon-reload
# systemctl start mongod
# systemctl status mongod
```

7 이번에는 MongoDB Compass를 내려받습니다.

```
# wget https://downloads.mongodb.com/compass/mongodb-compass_1.35.0_amd64.deb
```

8 MongoDB Compass를 설치하고 실행합니다.

```
# dpkg -i mongodb-compass_1.35.0_amd64.deb
# mongodb-compass
```

설치 시 다음과 같은 오류가 발생할 경우 root 권한으로 필요한 패키지를 설치한 후 다시 시도합니다.

```
dpkg: 종속성 문제로 mongodb-compass의 구성이 차단되었습니다:
mongodb-compass 패키지는 다음 패키지에 의존: libgconf-2-4 | libgconf2-4: 하지만:
libgconf-2-4 패키지는 설치하지 않았습니다.
libgconf2-4 패키지는 설치하지 않았습니다.
mongodb-compass 패키지는 다음 패키지에 의존: libgconf-2-4: 하지만:
libgconf-2-4 패키지는 설치하지 않았습니다.
```

아래 명령어를 실행한 후 다시 mongodb-compass를 설치 시도합니다.

```
# apt-get install libgconf-2-4
# apt --fix-broken install
```

2.5 실습 데이터

2.5.1 데이터 구조

이제 이 책에서 사용할 데이터에 대해 설명하겠습니다. 실습에 사용되는 데이터는 미국의 세인트루이스 연방준비은행에서 관리하고 제공하는 경제통계 시계열 데이터입니다. 이를 영어로 풀면 세인트루이스 연방준비은행Federal Reserve Bank of St. Louis에서 제공하는 경제 데이터Economic Data인데, 줄여서 FRED라고 합니다. 이 책에서 사용될 데이터 레이크의 개념이 바로 FRED입니다. FRED에서 데이터를 내려받아 가공하여 변환하고 이를 우리가 원하는 저장소에 저장하여 이용하도록 지속적인 데이터를 공급할 것입니다. FRED를 관리, 배포하는 사이트는 https://fred.stlouisfed.org/ 입니다.

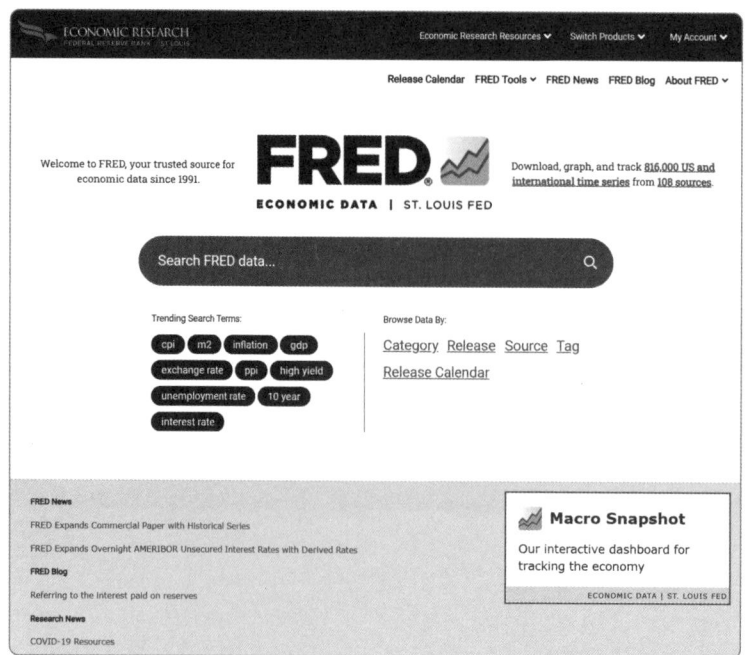

여러분이 FRED를 마음껏 사용하여 실습하기 위해서는 우측 상단의 [MY ACCOUNT]를 이용하여 계정을 생성해야 합니다. FRED 사이트에 회원가입을 하여 계정을 생성하면 난수로 만들어진 FRED_API_KEY가 생성됩니다. 이 KEY는 자바 혹은 파이썬으로 FRED에 접속할 때 이용됩니다. 반드시 사용자별로 FRED_API_KEY를 생성해야 합니다. 또 하나 중요한 사항은 FRED 홈페이지의 하단에 있는 [TOOLS] 메뉴 중 [Developer/APIs] 링크입니다. FRED는 전세계 경제 데이터 제공 기능만 아니라 이 데이터에 접근하여 데이터를 가공할 수 있는 개발자 전용의 API를 제공합니다. [Developer/APIs] 링크를 통하거나 https://fred.stlouisfed.org/docs/api/fred/ 에서 해당 사이트로 접근하면 API에 대한 다양한 문서들을 볼 수 있습니다.

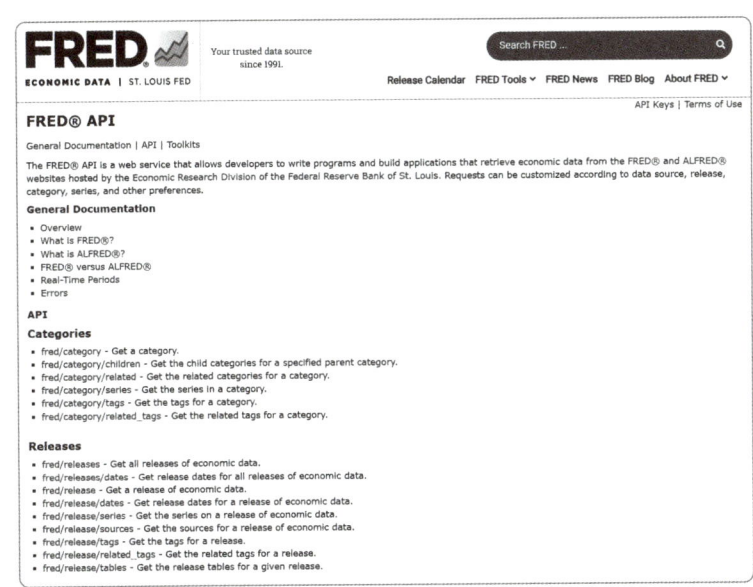

우리가 앞으로 자바와 파이썬을 이용하여 데이터를 추출하고 가공하기 위해서는 이 개발자 전용의 커넥터와 FRED의 데이터 구조에 대하여 기본적인 지식을 가지고 있어야 합니다. FRED는 몇 가지 기준에 의해 관리됩니다. 각 관리 기준은 다음과 같습니다.

기준	설명	REST api 예시
범주 (Category)	데이터를 범주에 따라 분리하고 관리합니다. FRED의 범주에는 'Money, Banking, & Finance', 'Population, Employment & Labor Markets', 'National Account', 'Production & Business Activity', 'Price' 등의 많은 범주가 있으며 각 범주마다 자식 범주를 가지고 있습니다.	• fred/category 범주를 반환 • fred/category/children 자식 범주를 반환 • fred/category/series 해당 범주의 시리즈를 반환 • fred/category/tags 해당 범주의 태그를 반환
배포 (Release)	FRED에서 서비스하는 배포에 대한 속성으로 데이터를 관리하고 배포합니다. 배포를 요청하면 배포 아이디, 배포 이름, 통계 연도, 이 서비스를 배포하는 관련 링크 값을 반환합니다.	• fred/releases 모든 배포 정보를 반환 • fred/release 해당 데이터에 대한 배포 정보 반환 • fred/release/series 해당 배포 데이터의 시리즈를 모두 반환
시리즈 (Series)	사실상 FRED의 통계 데이터를 제공하는 단위 값입니다. 단위 시리즈에 아이디와 타이틀 같은 속성값과 함께 데이터를 필터링하여 가공할 수 있는 다양한 함수를 사용할 수 있습니다.	• fred/series 경제 데이터의 시리즈를 반환 • fred/series/categories 해당 데이터 시리즈의 범주를 반환 • fred/series/release 해당 데이터 시리즈의 배포 속성을 반환 • fred/series/search 데이터 시리즈 검색 • fred/series/observations 해당 데이터 시리즈가 보유하는 시계열 데이터 값을 반환. 실질적인 데이터 추출 URI(Uniform Resource Identifier)
태그 (Tag)	태그를 사용하여 데이터를 분류하고 배포할 수 있습니다.	• fred/tags 모든 태그 반환 • fred/tags/series 해당 태그에 해당하는 태그 반환

이 책의 내용에서는 시리즈의 타이틀 값을 fred/series/search에 매개변수로 부여하여 시리즈의 아이디를 구하고 이 아이디 값을 다시 fred/series/observation URI에 입력하여 시계열 데이터 값을 구하도록 하겠습니다.

우선 FRED는 파이썬을 이용하여 다양한 API를 제공하고 있습니다. 다음과 같이 모두 6개의 파이썬 모듈을 사용할 수 있습니다.

- 7astro7/full_fred
- avelkoski/FRB,
- jjotterson/datapungi_fed
- letsgoexploring/fredpy
- mortada/fredapi
- zachwill/fred

우리는 이 중에서 mortada/fredapi를 사용하겠습니다. 자바의 경우는 아쉽게도 만족할 만한 API를 제공하지 않습니다. 하지만 FRED는 REST API를 사용하여 데이터를 json 타입이나 xml 타입으로 반환하는 기능을 제공합니다. 우리는 이 REST API를 사용하여 자바 클라이언트를 생성하겠습니다. FRED의 REST API로 제공되는 json과 xml 타입의 데이터를 자바 객체와 바인딩하고 변환하기 위해 자바 Jackson 라이브러리를 사용하도록 하겠습니다. 이 Jackson 라이브러리는 json과 xml 타입의 데이터부터 YAML, CSV 형식의 다양한 데이터에 대한 직렬화/역직렬화 기능을 지원합니다.

다음은 데이터를 불러올 때 이용되는 매개변수입니다.

매개변수 명	설명	예시 및 참조사항
api_key	사용자가 보유한 유일한 FRED 키값	32문자로 이루어진 난수값이며 FRED 접속을 가능하게 합니다.
file_type	반환되는 값의 형태를 지정	'xml', 'json', 'txt', 'xls' 값을 갖습니다. 기본값은 'xml'입니다.
id	시리즈 아이디	문자열로 이루어졌으며 필수값입니다.
realtime_start	실시간 주기의 시작시간	YYYY-MM-DD 형식이며 선택값입니다.
realtime_end	실시간 주기의 마침시간	YYYY-MM-DD 형식이며 선택값입니다.
limit	반환값의 최대 개수를 지정	정수로 1부터 100,000이며 선택값이고 기본은 100,000 입니다.
observation_start	조사 시작일	YYYY-MM-DD 형식이며 선택값입니다.
observation_end	조사 마감일	YYYY-MM-DD 형식이며 선택값입니다.

매개변수 명	설명	예시 및 참조사항
units	속성의 단위값	units_short으로 약자를 배포할 수 있습니다.
frequency	데이터의 조사주기	frequency-short으로 약자로 표현할 있습니다. a = annual, q = quarterly, m = monthly, w = weekly, d = daily 등의 값을 갖습니다.
aggregation_method	frequency의 값을 aggregate할 수 있는 함수를 제공	• avg = Average • sum = Sum • eop = End of Period의 값을 갖습니다.
seasonal_adjustment	계절의 보정값 여부를 지정	seasonal_adjustment_short로 약자를 반환할 수 있습니다. • NSA: Not Seasonally Adjusted • SA: Seasonally Adjusted
title	시리즈의 타이틀 값	없음
last_updated	최근 업데이트 날짜를 반환	YYYY-MM-DD 형식을 갖습니다.
notes	해당 시리즈의 설명을 반환	옵션 값으로 null 값을 허용합니다.

다음은 FRED의 REST 웹 서비스로부터 Json 형태의 값을 반환하기 위한 URL의 한 예제입니다.

```
https://api.stlouisfed.org/fred/series/observations?series_id=LAUST010000000000003A&api_key=abcdefghijklmnopqrstuvwxyz0123456789&file_type=json&observation_start=2007-01-01&observation_end=2018-01-01
```

2.5.2 Java

자바 Jackson 라이브러리를 자바 메이븐에서 사용하기 위해 pom.xml에 다음과 같은 의존성을 추가합니다.

```xml
<!-- https://mvnrepository.com/artifact/com.fasterxml.jackson.core/jackson-databind -->
<dependency>
    <groupId>com.fasterxml.jackson.core</groupId>
    <artifactId>jackson-databind</artifactId>
    <version>2.12.2</version>
</dependency>
```

추가가 완료되어 pom.xml 파일을 저장하면 다음의 라이브러리가 클래스패스에 자체적으로 추가됩니다. 주의할 점은 이 클래스가 뒷장에서 아파치 스파크의 API와 연동된다는 것입니다. 이때 호환성을 위해 버전이 2.12보다 같거나 높아야 하고 2.13보다는 작아야 합니다. 이 책에서는 2.12.2로 하겠습니다.

- jackson-annotstions-2.12.2.jar
- jackson-core-2.12.2.jar
- jackson-databind-2.12.2.jar

Jackson 라이브러리에서 중요한 클래스는 다음과 같습니다.

```
com.fasterxml.jackson.databind.ObjectMapper;
com.fasterxml.jackson.databind.JsonNode;
com.fasterxml.jackson.databind.node.ArrayNode;
com.fasterxml.jackson.dataformat.csv.CsvMapper;
com.fasterxml.jackson.dataformat.csv.CsvSchema;
```

특히 `ObjectMapper` 클래스는 Json 타입의 데이터를 읽고 쓸 수 있을 뿐만 아니라 Json 타입 데이터를 기본적인 자바 POJO_{Plain Old Java Objects}와 바인딩할 수 있습니다. 그리고 Json 트리 모델(JsonNode 클래스)로 변환이 가능합니다.

1 ObjectMapper 클래스
▶ readValue 메서드

반환값	매개변수	설명
<T> T	byte[] src, Class<T> valueType	src 바이트를 valueType T 클래스로 반환
	byte[] src, int offset, int len, Class<T> valueType	src 바이트를 offset에서 len만큼 valueType T 클래스로 반환
	byte[] src, int offset, int len, JavaType valueType	src 바이트를 offset에서 len만큼 JavaType 클래스로 반환
	byte[] src, int offset, int len, TypeReference valueTypeRef	src 바이트를 offset에서 len만큼 TypeReference 클래스로 반환
	byte[] src, JavaType valueType	src 바이트를 자바 Type 클래스로 반환
	byte[] src, TypeReference valueTypeRef	src 바이트를 TypeReference 클래스로 반환
	File src, Class<T> valueType	파일 src로부터 valueType T 클래스로 반환
	File src, JavaType valueType	파일 src로부터 자바 Type 클래스로 반환
	File src, TypeReference valueTypeRef	파일 src로부터 TypeReference 클래스로 반환
	InputStream src, Class<T> valueType	입력 스트림 src로부터 valueType T 클래스로 반환
	InputStream src, JavaType valueType	입력 스트림 src로부터 자바 Type 클래스로 반환
	InputStream src, TypeReference valueTypeRef	입력 스트림 src로부터 TypeReference 클래스로 반환
	JsonParser jp, Class<T> valueType	Json값을 JsonParser로 역직렬화하여 valueType T 클래스로 반환

반환값	매개변수	설명
<T> T	JsonParser jp, TypeReference valueTypeRef	Json값을 JsonParser로 역직렬화하여 TypeReference 클래스로 반환
	String content, Class<T> valueType	문자열 content로부터 valueType T 클래스로 반환
	String content, JavaType valueType	문자열 content로부터 자바 Type 클래스로 반환
	String content, TypeReference valueTypeRef	문자열 content로부터 TypeReference 클래스로 반환
	URL src, Class<T> valueType	URL src로부터 valueType T 클래스로 반환
	URL src, JavaType valueType	URL src로부터 자바 Type 클래스로 반환
	URL src, TypeReference valueTypeRef	URL src로부터 TypeReference 클래스로 반환

예제 1 ▼

예제로 사용할 자바 클래스를 생성합니다.

```
public class Car {
    private String brand;
    private int price;

    …… getter/setter method
}
```

Json 바이트 배열로부터 자바 객체를 변환합니다.

```
ObjectMapper objectMapper = new ObjectMapper();
String carJson = "{ \"brand\" : \"Mercedes\", \"price\" : 100 }";
byte[] bytes = carJson.getBytes("UTF-8");
Car car = objectMapper.readValue(bytes, Car.class);

System.out.println(car);
```

```
Car(brand=Mercedes, price=100)
```

예제 2 ▼

Json 입력 스트림으로부터 자바 객체를 변환합니다.

car.json

```
{
    "brand": "Hyundai",
    "price": 70
}
```

```
ObjectMapper objectMapper = new ObjectMapper();
InputStream is = new FileInputStream("src\\data\\car.json"); // 우분투에서는 "src/data/car.json"으로 표기
Car car = objectMapper.readValue(is, Car.class);

System.out.println(car);
```

```
Car(brand=Hyundai, price=70)
```

예제 3 ▼

Json 파일로부터 자바 List 객체를 변환합니다.

cars.json

```
[{
    "brand": "Kia",
    "price": 60
}, {
    "brand": "BMW",
    "price": 90
}]
```

```
ObjectMapper objectMapper = new ObjectMapper();
File file = new File("src\\data\\cars.json"); // 우분투에서는 "src/data/cars.json"으로 표기
List<Car> cars = objectMapper.readValue(file, new TypeReference<List<Car>>(){});

System.out.println(cars);
```

```
[Car(brand=Kia, price=60), Car(brand=BMW, price=90)]
```

예제 4 ▼

Json값을 JsonParser로 역직렬화하여 TypeReference 클래스로 반환합니다.

```
ObjectMapper objectMapper = new ObjectMapper();
String jsonArray = "[{\"brand\":\"Genesis\", \"price\" : 90},
{\"brand\":\"Volkswagen\", \"price\" : 40}]";
JsonParser jp = new JsonFactory().createParser(jsonArray);
List<Car> cars = objectMapper.readValue(jp, new TypeReference<List<Car>>(){});

System.out.println(cars);
```

```
[Car(brand=Genesis, price=90), Car(brand=Volkswagen, price=40)]
```

예제 5 ▼

Json 배열 문자열로부터 자바 List 객체를 변환합니다.

```
ObjectMapper objectMapper = new ObjectMapper();
String jsonArray = "[{\"brand\":\"ford\", \"price\" : 100},
{\"brand\":\"Fiat\", \"price\" : 50}]";
List<Car> cars = objectMapper.readValue(jsonArray, new TypeReference<List<Car>>(){});

System.out.println(cars);
```

```
[Car(brand=ford, price=100), Car(brand=Fiat, price=50)]
```

예제 6 ▼

Java URL 객체로부터 자바 List 객체를 변환합니다.

```
ObjectMapper objectMapper = new ObjectMapper();
URL url = new URL("file:src/data/cars.json");
List<Car> cars = objectMapper.readValue(url, new TypeReference<List<Car>>(){});

System.out.println(cars);
```

```
[Car(brand=Kia, price=60), Car(brand=BMW, price=90)]
```

▶ readTree 메서드

반환값	매개변수	설명
JsonNode	byte[] src	src 바이트를 JsonNode 클래스로 반환
	File src	파일 src로부터 JsonNode 클래스로 반환
	InputStream src	입력 스트림 src로부터 JsonNode 클래스로 반환
	JsonParser jp	Json Parser로부터 JsonNode 클래스 반환
	String content	문자열 content로부터 JsonNode 클래스로 반환
	URL src	URL src로부터 JsonNode 클래스로 반환

예제 1 ▼

예제로 사용할 자바 클래스를 생성합니다.

```java
public class Car {
    private String brand;
    private int price;

    ……..getter/setter method
}
```

Json 바이트 배열로부터 JsonNode 객체를 변환합니다.

```java
ObjectMapper objectMapper = new ObjectMapper();
String carJson = "{ \"brand\" : \"Mercedes\", \"price\" : 100 }";
byte[] bytes = carJson.getBytes("UTF-8");
JsonNode jnode = objectMapper.readTree(bytes);

System.out.println(jnode);
```

```
{"brand":"Mercedes","price":100}
```

예제 2 ▼

Json 파일로부터 JsonNode 객체를 변환합니다.

cars.json
```json
[{
    "brand": "Kia",
    "price": 60
}, {
    "brand": "BMW",
    "price": 90
}]
```

```java
ObjectMapper objectMapper = new ObjectMapper();
File file = new File("src\\data\\cars.json"); // 우분투에서는 "src/data/cars.json"으로 표기
JsonNode jnode = objectMapper.readTree(file);

System.out.println(jnode);
```

```
[{"brand":"Kia","price":60},{"brand":"BMW","price":90}]
```

예제 3 ▼

Json 입력 스트림으로부터 JsonNode 객체를 변환합니다.

```
ObjectMapper objectMapper = new ObjectMapper();
InputStream is = new FileInputStream("src\\data\\cars.json"); // 우분투에서는 "src/data/
cars.json"으로 표기
JsonNode jnode = objectMapper.readTree(is);

System.out.println(jnode);
```

```
[{"brand":"Kia","price":60},{"brand":"BMW","price":90}]
```

예제 4 ▼

Json 배열 문자열로부터 JsonNode 객체를 변환합니다.

```
ObjectMapper objectMapper = new ObjectMapper();
String jsonArray = "[{\"brand\":\"audi\", \"price\" : 100},
{\"brand\":\"GM\", \"price\" : 70}]";
JsonNode jnode = objectMapper.readTree(jsonArray);

System.out.println(jnode);
```

```
[{"brand":"audi","price":100},{"brand":"GM","price":70}]
```

예제 5 ▼

Json Parser로부터 JsonNode 클래스를 변환합니다.

```
ObjectMapper objectMapper = new ObjectMapper();
String jsonArray = "[{\"brand\":\"Peugeot\", \"price\" : 60},
{\"brand\":\"Kia\", \"price\" : 80}]";
JsonParser jp = new JsonFactory().createParser(jsonArray);
JsonNode jnode = objectMapper.readTree(jp);

System.out.println(jnode);
```

```
[{"brand":"Peugeot","price":60},{"brand":"Kia","price":80}]
```

[예제 6 ▼]

Java URL 객체로부터 JsonNode 객체를 변환합니다.

```
ObjectMapper objectMapper = new ObjectMapper();
URL url = new URL("file:src/data/cars.json");
JsonNode jnode = objectMapper.readTree(url);

System.out.println(jnode);
```

```
[{"brand":"Kia","price":60},{"brand":"BMW","price":90}]
```

▶ writeTree 메서드

반환값	매개변수	설명
void	JsonGenerator jgen, JsonNode rootNode	매개변수 rootNode 객체를 jgen 방식으로 출력

[예제 ▼]

```
ObjectMapper mapper = new ObjectMapper();
JsonGenerator generator = mapper.getFactory().createGenerator(System.out);

JsonNode jNode = mapper.createObjectNode();
((ObjectNode) jNode).put("brand", "porsche");
((ObjectNode) jNode).put("price", "90");

mapper.writeTree(generator, jNode);
```

```
{"brand":"porsche","price":"90"}
```

▶ writeValue 메서드

반환값	매개변수	설명
void	File target, Object value	value 자바 객체를 target 파일로 출력
	OutputStream target, Object value	value 자바 객체를 target 출력 스트림으로 출력

[예제 1 ▼]

자바 File 객체를 이용하여 자바 value를 json 타입으로 변환하여 파일로 출력합니다.

```
ObjectMapper objectMapper = new ObjectMapper();
Car car = new Car("renault", 70);
objectMapper.writeValue(new File("src\\data\\target.json"), car); // 우분투에서는 "src/data/
target.json"으로 표기
```

target.json

```
{"brand":"renault","price":70}
```

예제 2 ▼

자바 value를 json 타입으로 변환하여 자바 출력 스트림으로 출력합니다.

```
ObjectMapper objectMapper = new ObjectMapper();
Car car = new Car("Benz", 90);
objectMapper.writeValue(System.out, car);
```

```
{"brand":"Benz","price":90}
```

▶ writeValueAsBytes 메서드

반환값	매개변수	설명
byte[]	Object value	value 자바 객체를 바이트 행렬로 출력

예제 ▼

```
ObjectMapper objectMapper = new ObjectMapper();
Car car = new Car("Rolls-Royce", 110);
byte[] result = objectMapper.writeValueAsBytes(car);

System.out.println(new String(result));
```

```
{"brand":"Rolls-Royce","price":110}
```

▶ writeValueAsString 메서드

반환값	매개변수	설명
String	Object value	value 자바 객체를 문자열로 출력

예제 ▼

```
ObjectMapper objectMapper = new ObjectMapper();
Car car = new Car("Genesis", 90);
String result = objectMapper.writeValueAsString(car);

System.out.println(result);
```

```
{"brand":"Genesis","price":90}
```

2 JsonNode 클래스

Jackson 라이브러리에서 제공하는 객체로서 Json 형식의 데이터를 담고 있습니다. `JsonNode` 클래스는 저장하고 있는 `Json` 값을 변경할 수 없습니다. 값을 변경하기 위해서는 `ObjectNode`로 형 변환을 하여야 합니다.

▶ asBoolean/asDouble/asInt/asLong/asText() 메서드

asXXX 형태로서 Json 노드를 지정된 Java XXX 형태로 반환합니다.

예제 ▼

```
ObjectMapper objectMapper = new ObjectMapper();
String carJson = "{ \"brand\" : \"Mercedes\", \"price\" : 100 }";
JsonNode jNode = objectMapper.readTree(carJson);

String keyStr = jNode.get("brand").asText();
Integer valueInt = jNode.get("price").asInt();

System.out.println(keyStr + ":" + valueInt);
```

```
Mercedes:100
```

▶ at 메서드

반환값	매개변수	설명
JsonNode	JsonPointer ptr	주어진 Json 포인터에 대한 Json 노드를 반환
	String jsonPtrExpr	Json 표현식에 대한 Json 노드 반환

예제 ▼

```
ObjectMapper objectMapper = new ObjectMapper();
String jsonArray = "{\"brand\":\"genesis\", \"price\" : 100}";
JsonNode jNode = objectMapper.readTree(jsonArray);
```

```
String str = jNode.at("/brand").asText();
Integer val = jNode.at("/price").asInt();

System.out.println(str + ":" + val);
```

```
genesis:100
```

▶ findPath 메서드

반환값	매개변수	설명
abstact JsonNode	String filedName	주어진 fieldName에 해당하는 경로 출력

예제 ▼

```
ObjectMapper objectMapper = new ObjectMapper();
String jsonArray = "[{\"brand\":\"audi\", \"price\" : 100},
{\"brand\":\"GM\", \"price\" : 70}]";
JsonNode jnode = objectMapper.readTree(jsonArray);

JsonNode nodePath = jnode.get(1).findPath("price");
System.out.println(nodePath.asText());
```

```
70
```

▶ findValue 메서드

반환값	매개변수	설명
abstact JsonNode	String fieldName	주어진 fieldName에 해당하는 필드값 출력

예제 ▼

```
ObjectMapper objectMapper = new ObjectMapper();
String jsonArray = "[{\"brand\":\"renault\", \"price\" : 70},
{\"brand\":\"BMW\", \"price\" : 90}]";
JsonNode jnode = objectMapper.readTree(jsonArray);

JsonNode nodePath = jnode.get(1).findValue("brand");
System.out.println(nodePath.asText());
```

```
BMW
```

▶ findValues 메서드

반환값	매개변수	설명
List<JsonNode>	String fieldName	주어진 fieldName에 해당하는 필드값 List 출력

예제 ▼

```
ObjectMapper objectMapper = new ObjectMapper();
String jsonArray = "[{\"brand\":\"renault\", \"price\" : 70},
{\"brand\":\"BMW\", \"price\" : 90}]";
JsonNode jnode = objectMapper.readTree(jsonArray);

List<JsonNode> nodeValues = jnode.findValues("brand");
System.out.println(nodeValues);
```

```
["renault", "BMW"]
```

▶ get 메서드

반환값	매개변수	설명
JsonNode	int index	주어진 index의 Json 노드를 반환
	String fieldName	주어진 fieldName의 Json 노드 반환

예제 ▼

```
ObjectMapper objectMapper = new ObjectMapper();
String jsonArray = "[{\"brand\":\"Peugeot\", \"price\" : 60},
{\"brand\":\"Kia\", \"price\" : 80}]";
JsonNode jnode = objectMapper.readTree(jsonArray);

System.out.println(jnode.get(1));
```

```
{"brand":"Kia","price":80}
```

▶ getNodeType 메서드

예제 ▼

```
ObjectMapper objectMapper = new ObjectMapper();
String jsonArray = "[{\"brand\":\"ford\", \"price\" : 100},
{\"brand\":\"Fiat\", \"price\" : 50}]";
JsonNode jnode = objectMapper.readTree(jsonArray);

System.out.println(jnode.getNodeType());
```

`'ARRAY'`

▶ **isArray/isBoolean/isDouble/isFloat/isInt/isLong/isMissingNode/isNull/isTextual 메서드**

isXXX 형태로서 Json 노드값이 XXX 형태인지를 확인합니다.

예제 ▼

```
ObjectMapper objectMapper = new ObjectMapper();
String carJson = "{ \"brand\" : \"Hyundai\", \"price\" : 70 }";
JsonNode jNode = objectMapper.readTree(carJson);

if(jNode.get("brand").isTextual())
    System.out.println("문자열입니다.");
if(jNode.get("price").isInt())
    System.out.println("정수형입니다.");
```

```
"문자열입니다."
"정수형입니다."
```

▶ **path 메서드**

get 메서드와 동일한 메서드이지만 값이 없을 경우 null 대신 "missing node"를 반환합니다. isMissingNode 메서드로 확인이 가능합니다.

예제 ▼

```
ObjectMapper objectMapper = new ObjectMapper();
String jsonArray = "[{\"brand\":\"Hyundai\", \"price\" : 100},
{\"brand\":\"Benz\", \"price\" : 70}]";
JsonNode jnode = objectMapper.readTree(jsonArray);

System.out.println(jnode.path(1));
```

```
{"brand":"Benz","price":70}
```

❸ ArrayNode 클래스

Jackson 라이브러리에서 제공하는 객체로서 행렬 형식의 데이터를 담고 있습니다. 저장하고 있는 배열값을 변경할 수 있고, JsonNode의 자식 클래스이므로 JsonNode 클래스의 모든 메서드를 사용할 수 있습니다.

▶ add/addAll/addArray/addNull/addObject/addPOJO 메서드

주어진 매개변수를 배열값의 맨 마지막에 삽입합니다.

예제 ▼

```
ObjectMapper objectMapper = new ObjectMapper();
String jsonArray = "[{\"brand\":\"Hyundai\", \"price\" : 100},
{\"brand\":\"Benz\", \"price\" : 70}]";
ArrayNode arrNode = (ArrayNode)objectMapper.readTree(jsonArray);

System.out.println(arrNode);

String addJson = "{\"brand\":\"porsche\", \"price\" : 90}";
JsonNode jNode = objectMapper.readTree(addJson);
arrNode.add(jNode);

System.out.println(arrNode);
```

```
[{"brand":"Hyundai","price":100},{"brand":"Benz","price":70}]
[{"brand":"Hyundai","price":100},{"brand":"Benz","price":70},{"brand":"porsche","price":90}]
```

▶ insert/insertArray/insertNull/insertObject/insertPOJO 메서드

주어진 매개변수를 지정한 index에 삽입합니다.

예제 ▼

```
ObjectMapper objectMapper = new ObjectMapper();
String jsonArray = "[{\"brand\":\"Hyundai\", \"price\" : 100},
{\"brand\":\"Benz\", \"price\" : 70}]";
ArrayNode arrNode = (ArrayNode)objectMapper.readTree(jsonArray);

System.out.println(arrNode);

String insertJson = "{ \"brand\" : \"GM\", \"price\" : 80 }";
JsonNode jNode = objectMapper.readTree(insertJson);
arrNode.insert(1, jNode);

System.out.println(arrNode);
```

```
[{"brand":"Hyundai","price":100},{"brand":"Benz","price":70}]
[{"brand":"Hyundai","price":100},{"brand":"GM","price":80},{"brand":"Benz","price":70}]
```

▶ remove 메서드

매개변수로 설정된 인덱스의 Json 노드값을 삭제합니다.

예제 ▼

```
ObjectMapper objectMapper = new ObjectMapper();
String jsonArray = "[{\"brand\":\"Hyundai\", \"price\" : 100},
{\"brand\":\"Benz\", \"price\" : 70}, { \"brand\" : \"GM\", \"price\" : 80 }]";
ArrayNode arrNode = (ArrayNode)objectMapper.readTree(jsonArray);

System.out.println(arrNode); // 출력

arrNode.remove(1);

System.out.println(arrNode); // 출력
```

```
[{"brand":"Hyundai","price":100},{"brand":"Benz","price":70},{"brand":"GM","price":80}]
[{"brand":"Hyundai","price":100},{"brand":"GM","price":80}]
```

❹ CsvMapper 클래스

자바 Jackson API 중에서 csv 파일을 전문으로 다루는 라이브러리는 CsvMapper입니다. 메이븐에서 CsvMapper 클래스를 사용하기 위해서는 다음과 같이 의존체를 추가합니다. 주의할 점은 아파치 스파크와의 호환성을 위해 버전을 2.12.2로 지정해야 한다는 것입니다.

```xml
<!-- https://mvnrepository.com/artifact/com.fasterxml.jackson.dataformat/jackson-dataformat-csv -->
<dependency>
    <groupId>com.fasterxml.jackson.dataformat</groupId>
    <artifactId>jackson-dataformat-csv</artifactId>
    <version>2.12.2</version>
</dependency>
```

그리고 CsvMapper와 항상 같이 사용되는 라이브러리는 csv파일의 스키마를 다루는 CsvSchema 클래스입니다. 이 책에서는 FRED로부터 읽어온 데이터를 로컬환경에서 csv 파일로 저장하기 위하여 이 라이브러리를 사용하도록 하겠습니다. 실제로 페타 또는 제타 단위 파일의 데이터를 하둡파일 시스템이 아니라 로컬에 저장하는 과정은 무의미할 것입니다. 하지만 Java Jackson 라이브러리를 보다 더 폭넓게 이해하고 이 예제의 저장된 데이터의 디버깅을 위해 CsvMapper와 CsvSchema, 두 라이브러리를 사용하여 이 과정을 코딩하도록 하겠습니다.

▶ **schemaFor 메서드**

정해진 POJO 형식으로 CsvSchema를 반환합니다.

반환값	매개변수	설명
CsvSchema	Class<?> pojoType	주어진 POJO 타입의 스키마 반환
	TypeReference<?> pojoTypeRef	주어진 TypeReference의 스키마 반환

▶ **typedSchemaFor 메서드**

POJO에 정해진 형식으로 더 엄격하게 타입을 지정한 CsvSchema를 반환합니다. 예로 숫자 등은 자바 숫자 클래스로 변환됩니다.

반환값	매개변수	설명
CsvSchema	Class<?> pojoType	주어진 POJO 타입의 스키마 반환
	TypeReference<?> pojoTypeRef	주어진 TypeReference의 스키마 반환

▶ **writer 메서드**

데이터를 출력할 수 있는 ObjectWriter 객체를 반환합니다.

▶ **writerFor 메서드**

반환값	매개변수	설명
ObjectWriter	Class<?> rootType	rootType의 객체를 출력하는 ObjectWriter 객체를 반환
	JavaType rootType	자바 타입의 rootType의 객체를 출력하는 ObjectWriter 객체를 반환
	TypeReference<?> rootType	TypeReference 타입의 rootType의 객체를 출력하는 ObjectWriter 객체를 반환

▶ **readerFor 메서드**

반환값	매개변수	설명
ObjectReader	Class<?> type	주어진 type의 객체를 읽어오는 ObjectReader 객체를 반환
	JavaType type	자바 타입의 객체를 읽어오는 ObjectReader 객체를 반환
	TypeReference<?> type	TypeReference 타입의 객체를 읽어오는 ObjectReader 객체를 반환

5 CsvSchema 클래스

▶ emptySchema 메서드

반환값	매개변수	설명
static CsvSchema	없음	csv 스키마 인스턴스를 생성

예제 ▼

예제로 사용할 자바 클래스를 생성합니다.

```java
public class Car {
    private String brand;
    private int price;

    …….getter/setter method
}
```

Json 타입의 데이터를 csv로 출력하는 예제입니다.

```java
01  String jsonArray = "[{\"brand\":\"Genesis\", \"price\" : 100},
                       {\"brand\":\"Fiat\", \"price\" : 50}]";
02  JsonNode jNode = new ObjectMapper().readTree(jsonArray);
03
04  CsvMapper csvMapper = new CsvMapper();
05  CsvSchema csvSchema = csvMapper.schemaFor(Car.class).withColumnSeparator(',').withHeader();
06  ObjectWriter ow = csvMapper.writer(csvSchema);
07  ow.writeValue(System.out, jNode);
```

```
brand,price
Genesis,100
Fiat,50
```

1번 라인에서 Json 형태의 문자열을 생성합니다. 그리고 2번 라인에서 이 문자열을 이용하여 JsonNode 타입의 객체를 생성합니다. 4라인에서 **CsvMapper** 객체를 생성하고 5라인에서 이 객체를 사용하여 **CsvSchema** 객체를 생성합니다. 6라인에서 2라인의 **JsonNode** 객체를 출력할 **ObjectWriter** 객체를 생성하고 7라인에서 표준 `System.out` 스트림으로 **JsonNode** 객체를 csv 타입으로 출력합니다.

예제로 사용할 car.csv 파일입니다.

```
brand,price
BMW,90
Ford,40
```

csv 파일을 읽어와 json 타입의 데이터로 출력하는 예제입니다.

```
01  CsvMapper csvMapper = new CsvMapper();
02  CsvSchema schema = CsvSchema.emptySchema().withHeader();
03
04  ObjectReader oReader = csvMapper.readerFor(Car.class).with(schema);
05  InputStream is = new FileInputStream(new File("src\\data\\car.csv")); <-- 우분투에서는
    "src/data/car.csv"으로 표기
06  MappingIterator<Car> mi = oReader.readValues(is);
07  List<Car> cars = mi.readAll();
08
09  cars.stream().forEach(System.out::println);
10  is.close();
```

```
Car(brand=BMW, price=90)
Car(brand=Ford, price=40)
```

1라인에서 `CsvMapper` 객체를 생성하고 2라인에서는 `CsvSchema` 객체를 생성합니다. 4라인에서 `Car.class` 타입으로 스키마를 갖는 `ObjectReader` 객체를 생성합니다. 5라인에서 csv 파일을 읽어와 만들어진 입력 스트림을 6라인 `ObjectReader`의 `readValues` 매세드의 매개변수로 전달하고 7라인에서 `List` 객체를 생성하여 9라인에서 출력합니다.

6 Jackson Annotation

이번에는 자바 Jackson에서 제공하는 POJO를 위한 애너테이션을 다루어 보겠습니다.

▶ @JsonPropertyOrder 애너테이션

자바 객체를 Json 타입으로 직렬화할 때 각 데이터 이름의 순서를 지정합니다.

예제 ▼

```
@JsonPropertyOrder({"brand", "price"})
public class Car {

    private String brand;
    private int price;
}

Car car = new Car("Genesis", 100);
new ObjectMapper().writeValue(System.out, car);
```

출력값의 데이터 이름이 'brand'와 'price' 순으로 정렬됩니다.

```
{"brand":"Genesis","price":100}
```

▶ **@JsonFormat 애너테이션**

날짜-시간을 표시할 때 형식을 지정합니다.

```java
@JsonPropertyOrder({"brand", "price", "now"})
public class Car {

    private String brand;
    private int price;

    @JsonFormat(shape = JsonFormat.Shape.STRING, pattern = "yyyy-MM-dd")
    private Date now;
}

Car car = new Car("BMW", 50, new Date());
new ObjectMapper().writeValue(System.out, car);
```

```
{"brand":"BMW","price":50,"now":"2022-02-16"}
```

▶ **@JsonProperty 애너테이션**

Json으로 직렬화 시 데이터 이름을 임의로 지정합니다.

```java
@JsonPropertyOrder({"brand", "price", "now"})
public class Car {

    @JsonProperty("car_brand")
    private String brand;

    @JsonProperty("car_price")
    private int price;

    @JsonFormat(shape = JsonFormat.Shape.STRING, pattern = "yyyy-MM-dd")
    @JsonProperty("time_now")
    private Date now;
}

Car car = new Car("Mercedes", 80, new Date());
new ObjectMapper().writeValue(System.out, car);
```

```
{"car_brand":"Mercedes","car_price":80,"time_now":"2022-02-16"}
```

▶ @JsonRootName 애너테이션

Json의 Root Node에 이름을 부여하여 생성합니다. 단, `SerializationFeature.WRAP_ROOT_VALUE`를 활성화하여야 합니다.

```
@JsonRootName("Global_cars")
public class Car {

    private String brand;

    private int price;
}

Car car = new Car("Volkswagen", 50);
new ObjectMapper().enable(SerializationFeature.WRAP_ROOT_VALUE).writeValue(System.out, car);
```

```
{"Global_cars":{"brand":"Volkswagen","price":50}}
```

▶ @JsonSerialize/@JsonDeserialize 애너테이션

Json 데이터를 직렬화 또는 역직렬화할 때 사용되는 클래스를 지정합니다. 메이븐의 pom.xml 파일에 다음과 같이 의존체를 추가합니다. 버전은 아파치 스파크와의 호환성을 위해 2.12.2로 지정합니다.

```xml
<!-- https://mvnrepository.com/artifact/com.fasterxml.jackson.datatype/jackson-datatype-jsr310 -->
<dependency>
    <groupId>com.fasterxml.jackson.datatype</groupId>
    <artifactId>jackson-datatype-jsr310</artifactId>
    <version>2.12.2</version>
</dependency>
```

```java
public class Car {

    private String brand;

    private int price;

    @JsonFormat(pattern = "yyyy-MM-dd")
    @JsonSerialize(using = ToStringSerializer.class)
    @JsonDeserialize(using = LocalDateDeserializer.class)
    private LocalDate now;
}

Car car = new Car("Volkswagen", 50, LocalDate.now());
new ObjectMapper().writeValue(System.out, car);
```

```
{"brand":"Volkswagen","price":50,"now":"2022-02-16"}
```

2.5.3 Python

FRED는 필요한 자료를 읽어올 수 있도록 Python으로 만들어진 API를 제공합니다. 자바의 경우는 FRED에 특화된 API가 없기 때문에 3장에서 실질적으로 이 책에 특화된 자바 API를 만들 겁니다. 하지만 파이썬의 경우는 다양한 API를 제공함으로써 더욱 간결한 코드로 애플리케이션을 코딩할 수 있습니다. 그리고 메서드의 반환값도 파이썬 Pandas의 Series와 DataFrame 형식으로 반환되므로 효율적으로 관리가 가능합니다. 이 절에서는 FRED의 파이썬 API 중 fredapi를 소개하도록 하겠습니다. fredapi의 설치와 코딩은 3장에서 다루고 여기서는 API 목록과 기능에 대해 설명하겠습니다.

▶ Fred 생성자

반환값	매개변수	설명
Fred 객체	apy_key, api_key_file	생성자의 매개변수로 FRED에 회원가입 후 발급된 fred_apy_key 문자열을 제공하거나 파일의 첫 줄에 fred_api_key가 입력된 파일 이름, 또는 환경변수로 'FRED_API_KEY'를 지정하여 문자열을 설정하면 객체가 생성됩니다.

▶ get_series_info 메서드

반환값	매개변수	설명
pandas Series 객체	series_id	FRED의 통계 데이터를 가지고 있는 series의 id 값을 지정하면 series에 대한 정보(타이틀, 주기, 조사 시작/끝 일, 단위 등의 정보)를 반환

▶ get_series 메서드

반환값	매개변수	설명
pandas Series 객체	series_id	사용하고자 하는 FRED 통계 데이터의 series id 값과 조사 시작/끝 날짜를 입력하면 해당 데이터를 반환

▶ get_series_latest_release 메서드

반환값	매개변수	설명
pandas Series 객체	series_id	사용하고자 하는 FRED 통계 데이터의 series id 값을 입력하면 최근에 조사된 데이터를 반환. 위의 get_series와 동일한 역할 수행

▶ get_series_first_release 메서드

반환값	매개변수	설명
pandas Series 객체	series_id	사용하고자 하는 FRED 통계 데이터의 series id 값을 입력하면 처음으로 조사된 데이터를 반환

▶ get_series_as_of_date 메서드

반환값	매개변수	설명
pandas Series 객체	series_id, as_of_date	사용하고자 하는 FRED 통계 데이터의 series id 값과 해당 날짜를 입력하면 그 시간대의 데이터를 반환

▶ get_series_all_releases 메서드

반환값	매개변수	설명
pandas DataFrame 객체	series_id	사용하고자 하는 FRED 통계 데이터의 series id 값을 입력하면 해당 series의 조사 정보를 반환. 3개의 칼럼으로서 'date', 'realtime_start' 그리고 'value' 값을 가진 DataFrame 반환

▶ search 메서드

반환값	매개변수	설명
pandas DataFrame 객체	text, limit, order_by, sort_order, filter	FRED 데이터셋에서 text 값에 대한 모든 정보 값을 반환. limit로 불러올 데이터 개수, order_by는 각 행에 대한 원하는 값을 지정할 수 있고 sort_by는 올림/내림차순을 정할 수 있으며 filter를 지정하여 검색가능

▶ search_by_release 메서드

반환값	매개변수	설명
pandas DataFrame 객체	release_id, limit, order_by, sort_order, filter	FRED 데이터셋에서 release_id 값에 대한 모든 정보 값을 반환. limit로 불러올 데이터 개수, order_by는 각 행에 대한 원하는 값을 지정할 수 있고 sort_by는 올림/내림차순을 정할 수 있으며 filter를 지정하여 검색가능

▶ search_by_category 메서드

반환값	매개변수	설명
pandas DataFrame 객체	category_id, limit, order_by, sort_order, filter	FRED 데이터셋에서 category_id 값에 대한 모든 정보 값을 반환. limit로 불러올 데이터 개수, order_by는 각 행에 대한 원하는 값을 지정할 수 있고 sort_by는 올림/내림차순을 정할 수 있으며 filter를 지정하여 검색가능

CHAPTER 3

하둡 파일 시스템 I

3.1 하둡 구조 및 기능

우리는 1장에서 빅데이터의 개요를 다루면서 하둡의 역사와 장단점 그리고 생태계를 살펴보았습니다. 이번 장에서는 좀 더 구체적으로 빅데이터 기술에서 하둡의 아키텍처와 기능을 설명하도록 하겠습니다. 그리고 하둡을 운용할 수 있는 자바와 파이썬 API 함수를 알아보겠습니다. 이 함수를 이용하여 FRED로부터 하둡 파일시스템으로 데이터를 저장하는 실습 코드는 다음 장에서 작성하겠습니다.

대부분의 빅데이터 기술은 앞의 1.2.1절에서 언급했던 스케일 아웃 방식을 사용하여 클러스터 시스템을 구축합니다. 수 페타 바이트의 빅데이터를 고가의 데이터 서버에 레거시 방식으로 저장하기가 불가능하므로 저렴한 x86 기반의 리눅스를 병렬 클러스터 방식으로 시스템을 구축하고 각 노드에 데이터를 저장합니다. 또한 전통적인 프로그램 방식처럼 데이터를 저장장치에서 호출하고 이를 가공한 후 저장장치에 저장하는 것이 아니라 소스가 각 클러스터의 노드로 이동하여 연산을 수행하고 이를 마스터 노드 인스턴스에서 모아 분석을 수행합니다. 하둡의 아키텍처도 이와 같은 구조와 기능을 수행합니다. 다음은 하둡 생태계 중 하둡의 시스템 아키텍처를 자세히 설명한 그림입니다.

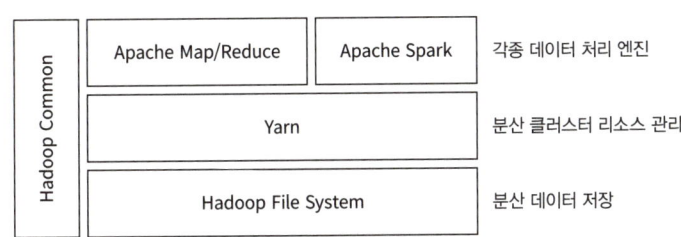

하둡은 클러스터 환경에서 데이터를 저장하는 하둡 분산 파일 시스템Hadoop Distributed File System, HDFS과 클러스터 환경에서 CPU, 메모리, 디스크, 네트워크 같은 사용 가능한 리소스를 관리하고 이를 애플리케이션에 배분하는 YarnYet Another Resource Negotiator으로 구성되어 있습니다. 하둡 분산 파일 시스템은 마스터 역할을 담당하는 Namenode와 데이터를 실제로 저장하는 다수의 슬레이브 Datanode로 구성되어 있습니다.

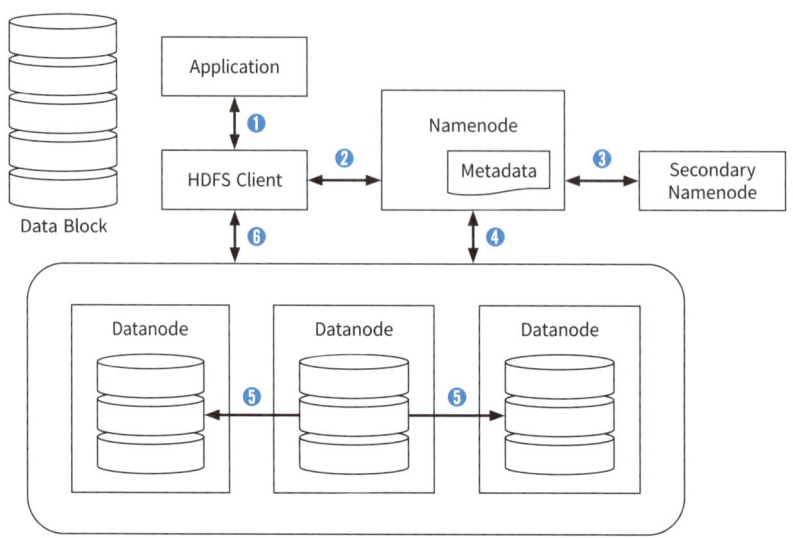

HDFS의 구조는 마스터-슬레이브 구조로 하나의 네임노드가 마스터가 되고 여러 개의 데이터 노드가 슬레이브 역할을 담당합니다. 사용자가 데이터를 HDFS에 저장❶하면 HDFS 클라이언트는 파일의 네임스페이스, 파일명이나 폴더 구조 같은 데이터의 메타 데이터를 네임노드에 저장합니다❷. 네임노드는 데이터 노드 간의 데이터 복제 같은 데이터 관련 명령을 수행하고 데이터 노드는 자신의 상태 정보를 네임노드에 송신합니다❹. 그리고 데이터는 여러 개의 블록으로 나누어져 데이터 노드에 복제 저장합니다❺. 사용자가 데이터를 읽어 올 경우에도 HDFS 클라이언트는 네임노드로부터 파일 블록에 대한 메타데이터 정보를 읽어옵니다❷. 이 메타데이터 정보를 이용하여 클라이언트는 데이터 노드로부터 파일을 읽어 올 수 있습니다❻. 네임노드의 메타데이터에 변화가 생기면 네임노드는 모든 로그를 세컨더리 네임노드의 Edits 파일에 저장합니다❸. 여기서 중요한 점은 클라이언트의 데이터 블록을 단일 고가의 서버에 모두 저장하지 않고 다수의 데이터 노드에 복제하여 분산 저장한다는 점입니다. 이 데이터 노드는 저렴한 x86 기반의 리눅스 서버로서 스케일 아웃 방식으로 확장됩니다.

다음은 Yarn의 구조입니다. Yarn은 몇 개의 데몬으로 구성되어 있습니다.

데몬	기능
Resource Manager	Yarn의 Master 역할을 수행합니다. 클러스터 내의 자원을 총괄하여 관리합니다.
Scheduler	Resource Manager 내의 데몬입니다. Node Manager와 통신하며 Application Master에 자원을 할당하고 스케줄링을 수행합니다.
Application Manager	Resource Manager 내의 데몬입니다. 클러스터 내에서 Application Master를 실행시키고 그 상태를 관리합니다.
Node Manager	클러스트 내 개별 노드에서 동작합니다. Application Container를 실행할 수 있도록 환경을 만들고 각 노드의 상태정보를 모니터링하여 Resource Manager에게 제공합니다.
Application Master	각각의 Application을 관리하는 마스터 역할을 합니다. 할당된 태스크의 실행, 모니터링, 장애 처리 등의 역할을 담당하며 각 Application마다 하나씩 존재하는 데몬입니다.
Container	Application Master가 관리하는 태스크를 수행하는 데몬입니다. 개별 노드에 분산되어 Node Manager에 의해 생성됩니다.

이를 그림으로 나타내면 다음과 같습니다.

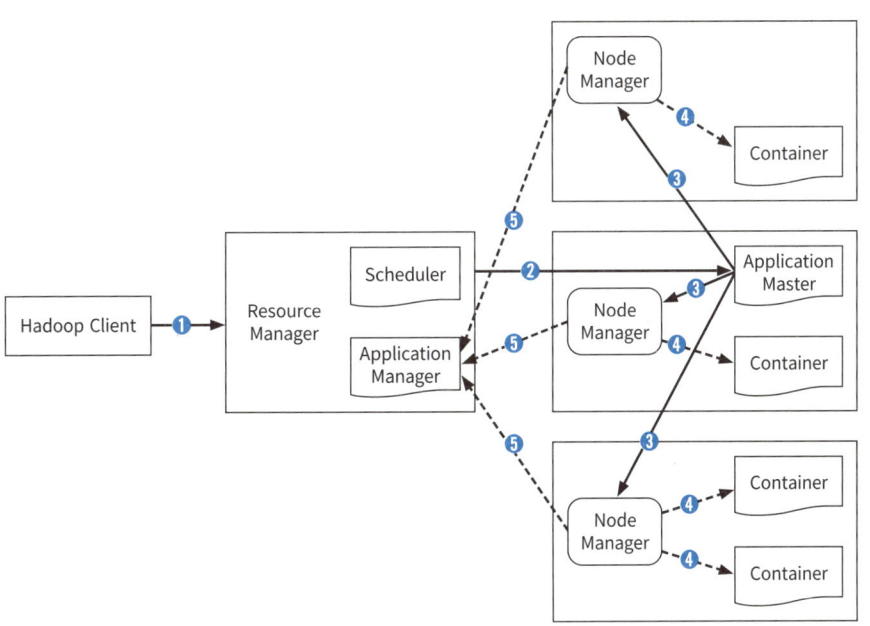

클라이언트가 Application을 제출하면 Resource Manager가 이를 담당합니다(❶). Resource Manager 내의 Application Manager는 Scheduler에게 Application Master를 실행시킬 Node Manager를 할당 받습니다. Application Manager는 클러스터 내 어디에서 해당 Application의 마스터 역할을 수행하는 Application Master를 실행합니다(❷). Application Master는 Scheduler에게 자신의 Application을 실행하는 데 필요한 자원 할당을 요청하고 승인받습니다(❸). Application Master는 개별 작업을 수행

할 각각의 노드의 Node Manager에게 작업 수행을 위한 Container를 요청합니다(❹). Node Manager는 해당 노드에서 Application의 세부 작업을 수행할 Container를 생성하고 실행환경을 만듭니다. Container에서는 세부 작업을 수행하며 진행상황을 Application Master에게 전송합니다. 작업이 진행되는 동안 Node Manager는 각 Node의 상태를 Resource Manager에게 전달합니다(❺).

Hadoop에서 하둡 분산 파일시스템HDFS과 YARN에 대한 통합 구조는 다음과 같습니다.

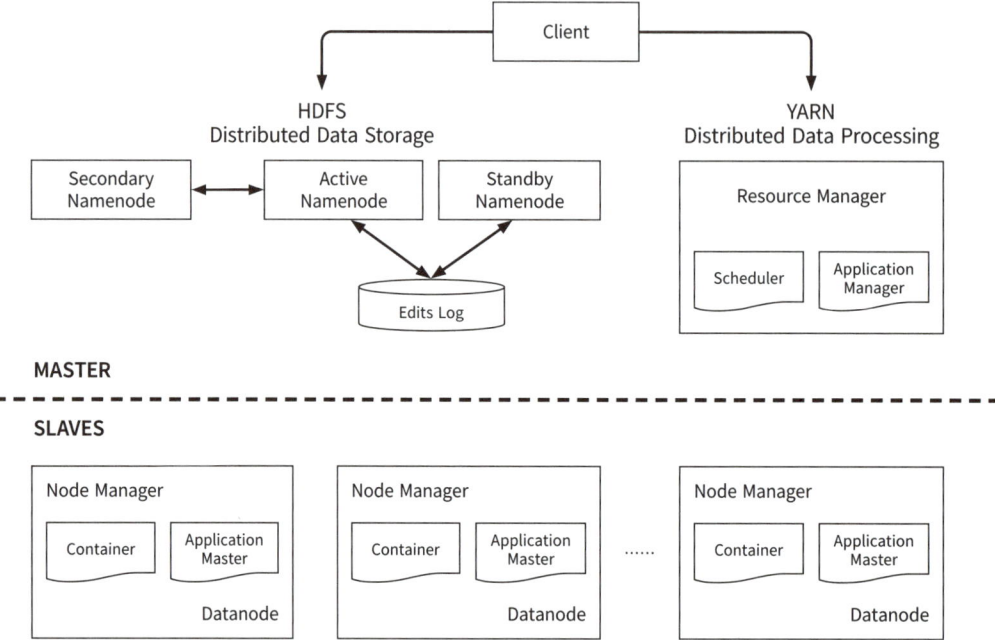

네임노드의 서비스가 예기치 않게 중단될 경우 전체 하둡 시스템이 다운되는 단일 고장점Single Point of Failure이 되는 것을 방지하기 위하여 Hadoop에서는 HDFS 고가용성High Availability과 HDFS 연합Federation 같은 기능을 제공합니다.

하둡이 빅데이터에서 중요한 역할을 담당하는 데는 다음과 같은 이점이 있기 때문입니다.

▶ **스케일 아웃 분산 시스템**Distributed Scale out
앞에서 설명하였듯이 하둡은 성능확장 시 스케일 아웃 방식을 사용합니다. x86 기반의 리눅스 운영체제를 병렬로 증대하여 확장하는 오픈소스이므로 원하는 서비스를 위해 구축하는 데 비용이 저렴하고 효율적입니다.

▶ **장애 복구**Fault Tolerant

하둡의 또 하나 장점은 분산 서버 클러스터에서 노드가 오류를 일으켜도 저장된 데이터가 유실되거나 서비스가 중지되지 않는다는 것입니다. 하둡의 마스터 서버는 슬레이브 서버의 장애를 실시간으로 감지하여 오류가 발생 시 서비스를 우회하거나 다른 노드에 복제된 데이터를 사용할 수 있습니다.

▶ **대용량 데이터**Big Data

장애 복구를 자동으로 수행하는 스케일 아웃 분산 시스템이므로 제타 바이트에 해당하는 빅데이터를 저장하고 관리할 수 있는 시스템으로 최적화되어 있습니다. 또한 한 번 저장된 데이터는 수정이 불가능하고 읽기만 가능하므로 빅데이터에 대한 무결성을 유지할 수 있습니다.

3.2 하둡 파일 시스템 설치 및 설정

윈도우 11

1 https://hadoop.apache.org/releases.html에서 Hadoop 3.3 바이너리 파일을 다운로드합니다.

2 압축 파일을 원하는 폴더로 옮기고 압축을 풀어 하둡을 설치합니다. 이 책에서는 C:\hadoop-3.3.2에 압축을 풀었습니다.

3 윈도우 시스템 환경변수에 경로를 지정합니다. 제어판을 실행하여 [시스템 및 보안] ➡ [시스템] 메뉴를 선택합니다. [시스템] 창에서 좌측의 [고급 시스템 설정] 링크를 클릭합니다.

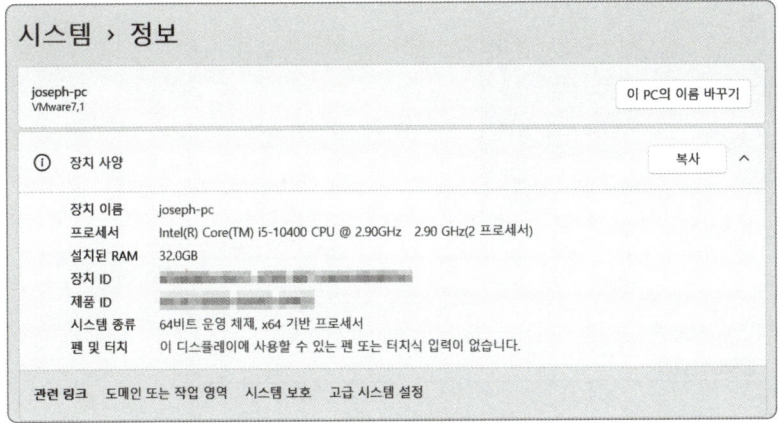

4 [시스템 속성] 창에서 하단의 [환경 변수] 버튼을 클릭합니다.

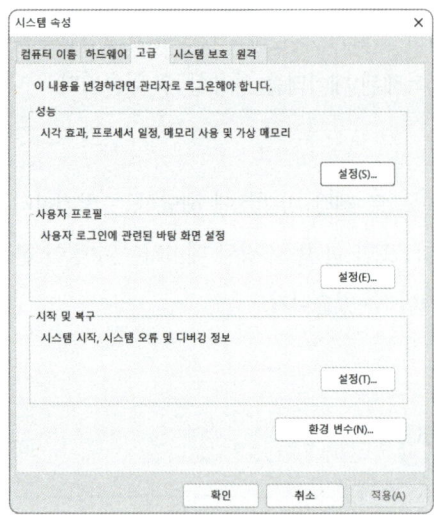

5 [새로 만들기] 버튼을 선택하여 HADOOP_HOME을 지정합니다. 변수 이름에 HADOOP_HOME 을 입력하고 변수 값은 [디렉터리 찾아보기]를 클릭하여 하둡이 설치된 폴더를 불러옵니다.

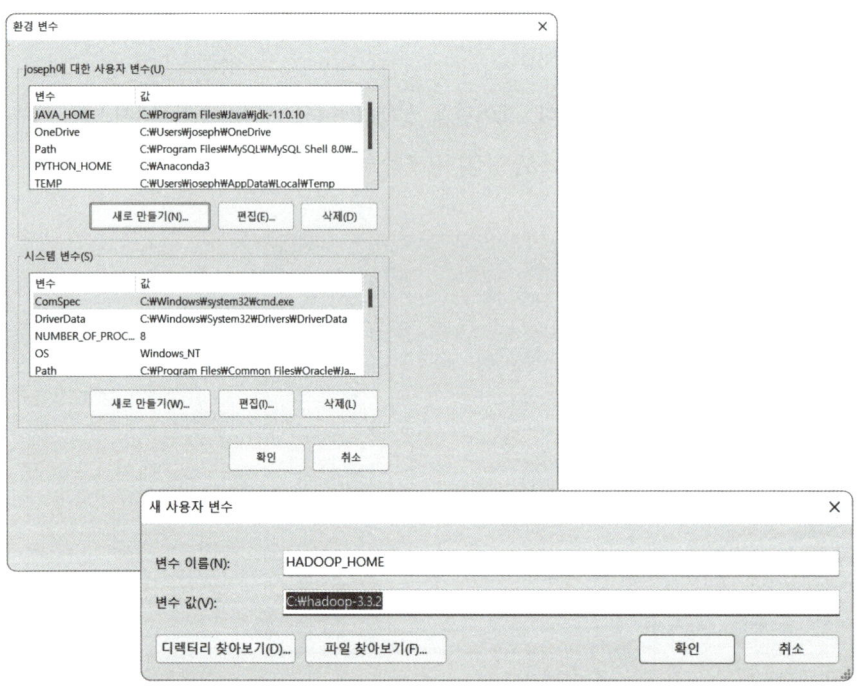

6 Path를 선택하고 [편집] 버튼을 선택합니다.

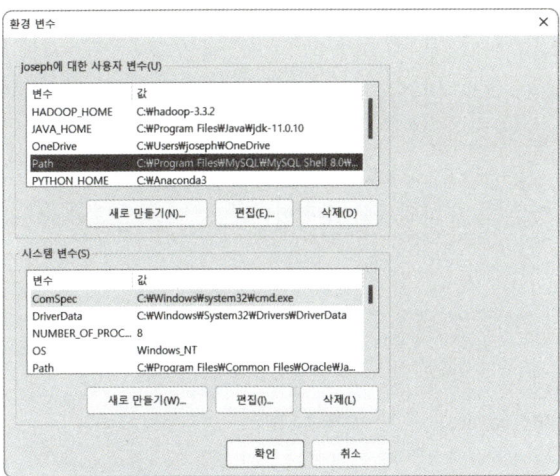

7 [환경 변수 편집]창에서 [새로 만들기] 버튼을 선택하고 HADOOP_HOME에 대한 경로를 입력합니다.

- %HADOOP_HOME%\bin
- %HADOOP_HOME%\sbin

8 HADOOP_HOME 폴더에 다음과 같이 hdfs\namenode와 hdfs\datanode 폴더를 생성합니다.

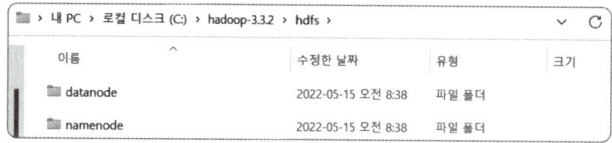

9 %HADOOP_HOME%\etc\hadoop 폴더에 있는 다음 파일들을 수정합니다.

core-site.xml

```
<configuration>
        <property>
                <name>fs.default.name</name>
                <value>hdfs://localhost:9000</value>
        </property>
</configuration>
```

hdfs-site.xml

```
<configuration>
        <property>
                <name>dfs.replication</name>
                <value>1</value>
        </property>
        <property>
                <name>dfs.name.dir</name>
                <value>file:///C:/hadoop-3.3.2/hdfs/namenode</value>
        </property>
        <property>
                <name>dfs.data.dir</name>
                <value>file:///C:/hadoop-3.3.2/hdfs/datanode</value>
        </property>
<!--  아래 3개의 항은 datanode가 1개인 상황에서 datanode의 추가없이
기존 datanode에서 작업을 시행하는 option입니다 -->
        <property>
                <name>dfs.client.block.write.replace-datanode-on-failure.enable</name>
                <value>true</value>
        </property>
        <property>
                <name>dfs.client.block.write.replace-datanode-on-failure.policy</name>
                <value>NEVER</value>
        </property>
        <property>
                <name>dfs.client.block.write.replace-datanode-on-failure.best-effort</name>
                <value>true</value>
        </property>
</configuration>
```

mapred-site.xml

```xml
<configuration>
        <property>
                <name>mapreduce.framework.name</name>
                <value>yarn</value>
        </property>
</configuration>
```

yarn-site.xml

```xml
<configuration>
<!-- Site specific YARN configuration properties -->
        <property>
                <name>yarn.nodemanager.aux-services</name>
                <value>mapreduce_shuffle</value>
        </property>
</configuration>
```

10 역시 동일한 폴더의 hadoop-env.cmd 파일을 열어 다음과 같이 JAVA_HOME을 지정합니다.

```
set JAVA_HOME=C:\Program" "Files\Java\jdk-11.0.10
```

11 명령 프롬프트를 관리자 권한으로 실행하여 다음과 같이 하둡 파일 시스템을 초기화합니다.

```
> hdfs namenode -format
```

12 다음과 같이 오류가 발생합니다. 이는 하둡 3 버전이 윈도우에서 실행되기 위해서는 몇 가지 유틸리티 프로그램이 필요하기 때문입니다.

```
ERROR namenode.NameNode: Failed to start namenode.
java.lang.RuntimeException: java.io.FileNotFoundException: Could not locate Hadoop
executable: C:\hadoop-3.3.0\bin\winutils.exe -see https://wiki.apache.org/hadoop/
WindowsProblems
        at org.apache.hadoop.util.Shell.getWinUtilsPath(Shell.java:736)
        at org.apache.hadoop.util.Shell.getSetPermissionCommand(Shell.java:271)
        at org.apache.hadoop.fs.FileUtil.execSetPermission(FileUtil.java:1332)
        at org.apache.hadoop.fs.FileUtil.setPermission(FileUtil.java:1285)
        at org.apache.hadoop.hdfs.server.common.Storage$StorageDirectory
.clearDirectory(Storage.java:456)
        at org.apache.hadoop.hdfs.server.namenode.NNStorage.format(NNStorage.java:591)
        at org.apache.hadoop.hdfs.server.namenode.NNStorage.format(NNStorage.java:613)
```

```
        at org.apache.hadoop.hdfs.server.namenode.FSImage.format(FSImage.java:188)
        at org.apache.hadoop.hdfs.server.namenode.NameNode.format(NameNode.java:1271)
        at org.apache.hadoop.hdfs.server.namenode.NameNode.createNameNode(NameNode.java:1713)
        at org.apache.hadoop.hdfs.server.namenode.NameNode.main(NameNode.java:1821)
Caused by: java.io.FileNotFoundException: Could not locate Hadoop executable:
C:\hadoop-3.3.0\bin\winutils.exe -see https://wiki.apache.org/hadoop/WindowsProblems
        at org.apache.hadoop.util.Shell.getQualifiedBinInner(Shell.java:619)
        at org.apache.hadoop.util.Shell.getQualifiedBin(Shell.java:592)
        at org.apache.hadoop.util.Shell.<clinit>(Shell.java:689)
        at org.apache.hadoop.util.StringUtils.<clinit>(StringUtils.java:78)
        at org.apache.hadoop.hdfs.server.common.HdfsServerConstants
$RollingUpgradeStartupOption.getAllOptionString(HdfsServerConstants.java:128)
        at org.apache.hadoop.hdfs.server.namenode.NameNode.<clinit>(NameNode.java:346)
```

13 해결책은 https://github.com/selfgrowth/apache-hadoop-3.1.1-winutils에서 **bin** 폴더 안의 파일을 모두 내려받아 %HADOOP_HOME%\bin에 붙여넣기 합니다. overwrite 하든가 원래 폴더를 bin_BAK로 변경한 후 bin 폴더를 통째로 붙여넣기 해도 됩니다.

14 다시 다음과 같이 네임노드에 대한 초기화를 진행합니다.

```
> hdfs namenode -format
```

```
….
2021-03-15 20:01:02,893 INFO namenode.FSImage: Allocated new BlockPoolId:
BP-1813180344-192.168.200.52-1615806062886
2021-03-15 20:01:02,894 INFO common.Storage: Will remove files: []
2021-03-15 20:01:02,932 INFO common.Storage: Storage directory
C:\hadoop-3.3.0\hdfs\namenode has been successfully formatted.
2021-03-15 20:01:02,976 INFO namenode.FSImageFormatProtobuf: Saving image file
C:\hadoop-3.3.0\hdfs\namenode\current\fsimage.ckpt_0000000000000000000 using no compression
2021-03-15 20:01:03,078 INFO namenode.FSImageFormatProtobuf: Image file
C:\hadoop-3.3.0\hdfs\namenode\current\fsimage.ckpt_0000000000000000000 of size 401 bytes
saved in 0 seconds
….
```

15 명령 프롬프트를 관리자 모드로 실행한 후 다음과 같이 하둡 파일 시스템과 **yarn**을 실행합니다.

```
> start-dfs.cmd
> start-yarn.cmd
```

올바르게 실행이 이루어지면 다음과 같이 하둡 관리 사이트로 연결될 수 있습니다.

http://localhost:9870

Overview 'localhost:9000' (✓active)

Started:	Sun May 15 08:53:48 +0900 2022
Version:	3.3.2, r0bcb014209e219273cb6fd4152df7df713cbac61
Compiled:	Tue Feb 22 03:39:00 +0900 2022 by chao from branch-3.3.2
Cluster ID:	CID-7cc292d5-ff11-4813-8695-f5bdd4d9b6ed
Block Pool ID:	BP-382594715-192.168.200.52-1652572367709

Summary

Security is off.
Safemode is off.
1 files and directories, 0 blocks (0 replicated blocks, 0 erasure coded block groups) = 1 total filesystem object(s).
Heap Memory used 115.21 MB of 512 MB Heap Memory. Max Heap Memory is 1000 MB.
Non Heap Memory used 60.97 MB of 63.88 MB Commited Non Heap Memory. Max Non Heap Memory is <unbounded>.

Configured Capacity:	89.27 GB
Configured Remote Capacity:	0 B
DFS Used:	148 B (0%)
Non DFS Used:	42.13 GB
DFS Remaining:	47.13 GB (52.8%)
Block Pool Used:	148 B (0%)
DataNodes usages% (Min/Median/Max/stdDev):	0.00% / 0.00% / 0.00% / 0.00%
Live Nodes	1 (Decommissioned: 0, In Maintenance: 0)
Dead Nodes	0 (Decommissioned: 0, In Maintenance: 0)
Decommissioning Nodes	0
Entering Maintenance Nodes	0
Total Datanode Volume Failures	0 (0 B)
Number of Under-Replicated Blocks	0
Number of Blocks Pending Deletion (including replicas)	0
Block Deletion Start Time	Sun May 15 08:53:48 +0900 2022
Last Checkpoint Time	Sun May 15 08:52:47 +0900 2022
Enabled Erasure Coding Policies	RS-6-3-1024k

NameNode Journal Status

Current transaction ID: 1

Journal Manager	State
FileJournalManager(root=C:\hadoop-3.3.2\hdfs\namenode)	EditLogFileOutputStream(C:\hadoop-3.3.2\hdfs\namenode\current\edits_inprogress_0000000000000000001)

NameNode Storage

Storage Directory	Type	State
C:\hadoop-3.3.2\hdfs\namenode	IMAGE_AND_EDITS	Active

DFS Storage Types

Storage Type	Configured Capacity	Capacity Used	Capacity Remaining	Block Pool Used	Nodes In Service
DISK	89.27 GB	148 B (0%)	47.13 GB (52.8%)	148 B	1

Hadoop, 2022.

http://localhost:9864

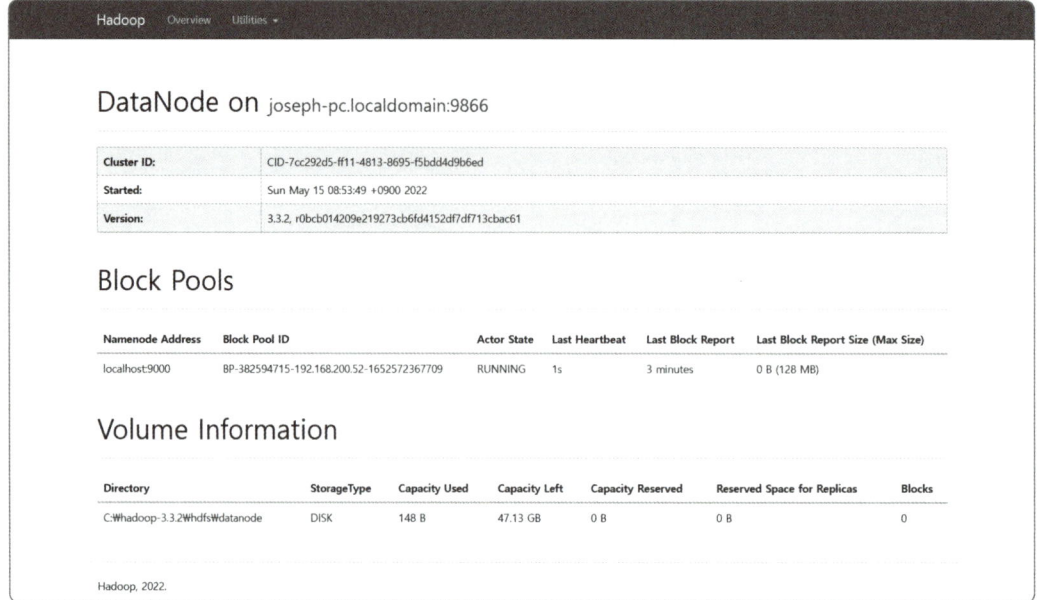

http://localhost:8088

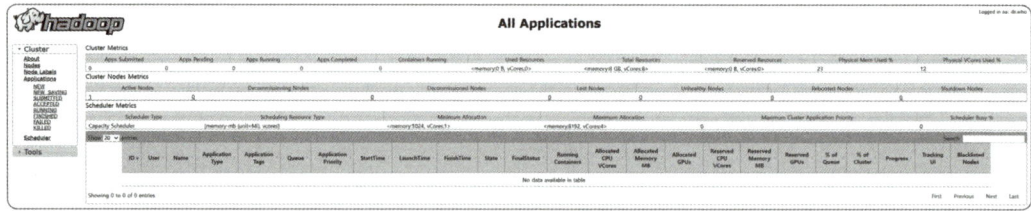

16 서비스를 종료하려면 역시 명령 프롬프트를 관리자 권한으로 실행한 후 다음과 같이 서비스 종료 명령어를 실행합니다.

```
> stop-dfs.cmd
> stop-yarn.cmd
```

17 이 책을 학습하는 동안 컴퓨터를 여러 번 시작하게 될 경우 부팅 때마다 위의 명령어를 실행하는 작업은 매우 번거로운 작업입니다. 그래서 이어서 부팅 시 하둡 파일 시스템과 얀을 자동실행 하는 방법을 설명하겠습니다.

18 〈HADOOP_HOME〉\sbin 폴더에서 다음과 같은 스크립트 배치 파일을 생성합니다.

hdfs-service.bat

```
@echo off

:: 스크립트 파일의 관리자 권한을 구합니다.
:--------------------------------------
REM --> Check for permissions
>nul 2>&1 "%SYSTEMROOT%\system32\cacls.exe" "%SYSTEMROOT%\system32\config\system"
REM --> If error flag set, we do not have admin.
if '%errorlevel%' NEQ '0' (
 echo Requesting administrative privileges...
 goto UACPrompt
) else ( goto gotAdmin )

:UACPrompt
 echo Set UAC = CreateObject^("Shell.Application"^) > "%temp%\getadmin.vbs"
 set params = %*:"=""
 echo UAC.ShellExecute "cmd.exe", "/c %~s0 %params%", "", "runas", 1 >> "%temp%\getadmin.vbs"

 "%temp%\getadmin.vbs"
 del "%temp%\getadmin.vbs"
 exit /B

:gotAdmin
 pushd "%CD%"
 CD /D "%~dp0"
 :--------------------------------------

REM --> 하둡 파일 시스템을 시작합니다.
%HADOOP_HOME%\sbin\start-dfs.cmd
```

yarn-service.bat

```
@echo off

:: 스크립트 파일의 관리자 권한을 구합니다.
:--------------------------------------
REM --> Check for permissions
>nul 2>&1 "%SYSTEMROOT%\system32\cacls.exe" "%SYSTEMROOT%\system32\config\system"
REM --> If error flag set, we do not have admin.
if '%errorlevel%' NEQ '0' (
 echo Requesting administrative privileges...
 goto UACPrompt
) else ( goto gotAdmin )

:UACPrompt
 echo Set UAC = CreateObject^("Shell.Application"^) > "%temp%\getadmin.vbs"
```

```
 set params = %*:"=""
 echo UAC.ShellExecute "cmd.exe", "/c %~s0 %params%", "", "runas", 1 >> "%temp%\getadmin.vbs"

 "%temp%\getadmin.vbs"
 del "%temp%\getadmin.vbs"
 exit /B

:gotAdmin
 pushd "%CD%"
 CD /D "%~dp0"
:--------------------------------------

REM --> 하둡 YARN을 실행합니다.
%HADOOP_HOME%\sbin\start-yarn.cmd
```

hadoop-stop.bat

```
@echo off

:: 스크립트 파일의 관리자 권한을 구합니다.
:--------------------------------------
REM --> Check for permissions
>nul 2>&1 "%SYSTEMROOT%\system32\cacls.exe" "%SYSTEMROOT%\system32\config\system"
REM --> If error flag set, we do not have admin.
if '%errorlevel%' NEQ '0' (
 echo Requesting administrative privileges...
 goto UACPrompt
) else ( goto gotAdmin )

:UACPrompt
 echo Set UAC = CreateObject^("Shell.Application"^) > "%temp%\getadmin.vbs"
 set params = %*:"=""
 echo UAC.ShellExecute "cmd.exe", "/c %~s0 %params%", "", "runas", 1 >> "%temp%\getadmin.vbs"

 "%temp%\getadmin.vbs"
 del "%temp%\getadmin.vbs"
 exit /B

:gotAdmin
 pushd "%CD%"
 CD /D "%~dp0"
:--------------------------------------

REM --> 하둡 YARN을 정지합니다.
start cmd /k %HADOOP_HOME%\sbin\stop-yarn.cmd

REM --> 하둡 파일 시스템을 정지합니다.
start cmd /k %HADOOP_HOME%\sbin\stop-dfs.cmd
```

hdfs-service.bat는 관리자 권한으로 하둡 파일 시스템을 실행시키는 파일이고 yarn-service.bat 파일은 하둡의 yarn을 관리자 권한으로 실행하는 파일입니다. 마지막으로 hadoo-stop.bat 파일은 앞의 두 서비스를 종료하는 스크립트입니다.

19 윈도우 11의 검색창에 gpedit.msc 명령어를 실행합니다.

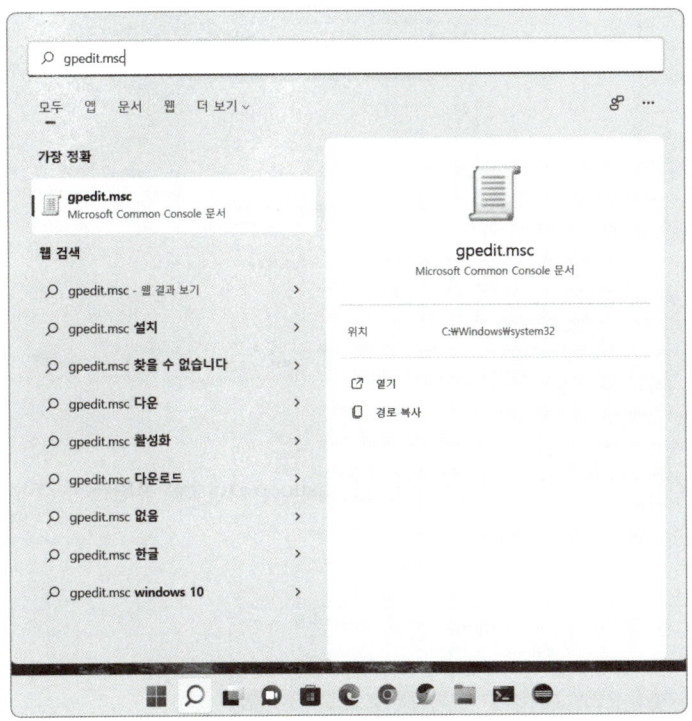

20 화면이 표시되면 [로컬 컴퓨터 정책] ➡ [사용자 구성] ➡ [Windows 설정] ➡ [스크립트 (로그온/로그오프)] 메뉴를 아래와 같이 선택합니다.

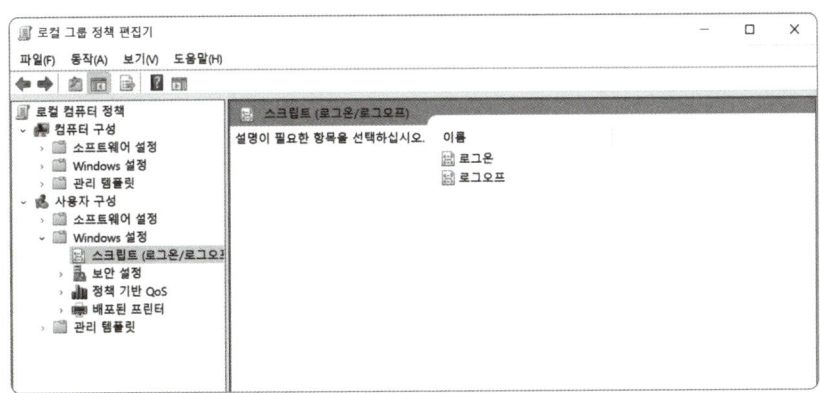

21 [로그온] 링크를 더블클릭하고 로그온 속성창에서 [추가] 버튼을 선택하여 스크립트 추가 창에서 앞의 18 에서 생성한 hdfs-service.bat과 yarn-service.bat 스크립트 파일을 선택하여 추가합니다.

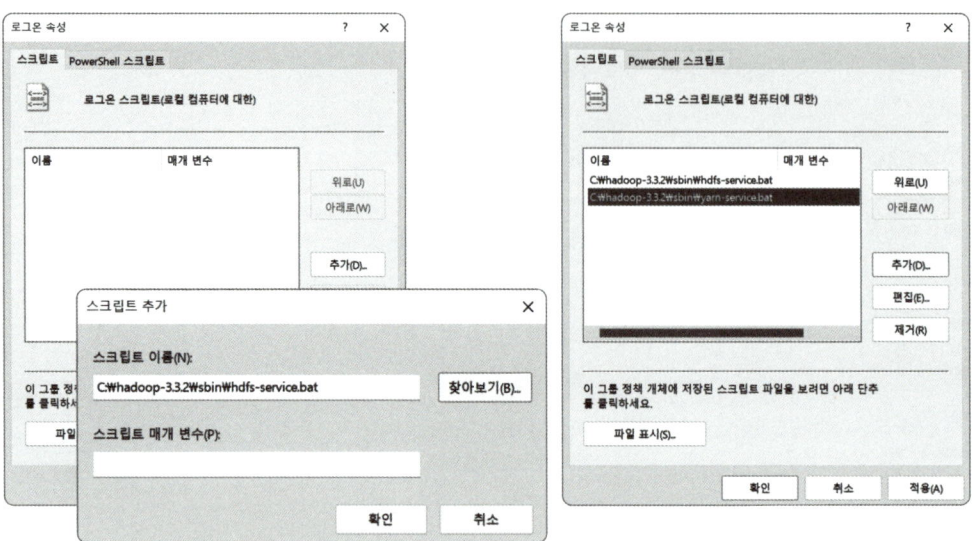

22 이번에는 [로그오프] 링크를 클릭하고 같은 방법으로 18 에서 만든 hadoop-stop.bat 파일을 추가하여 종료 시 하둡 서비스를 종료할 수 있도록 설정합니다.

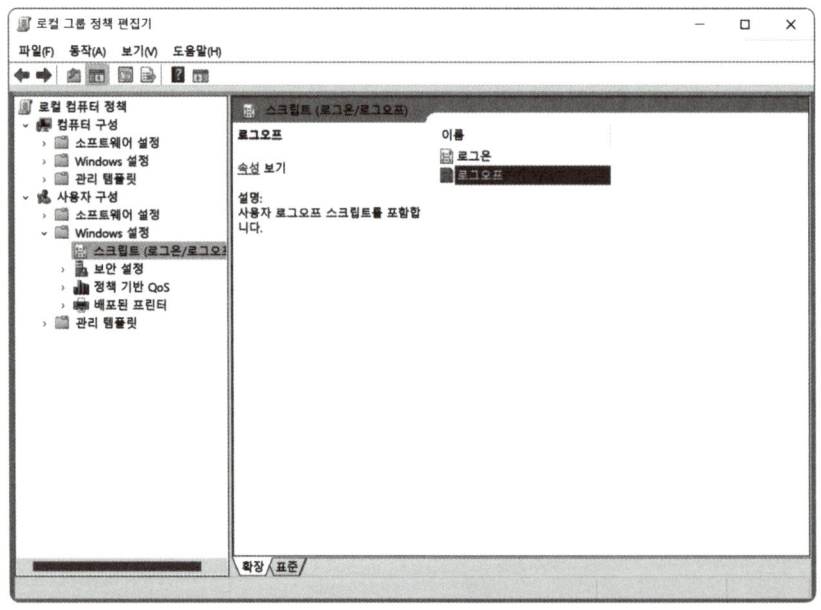

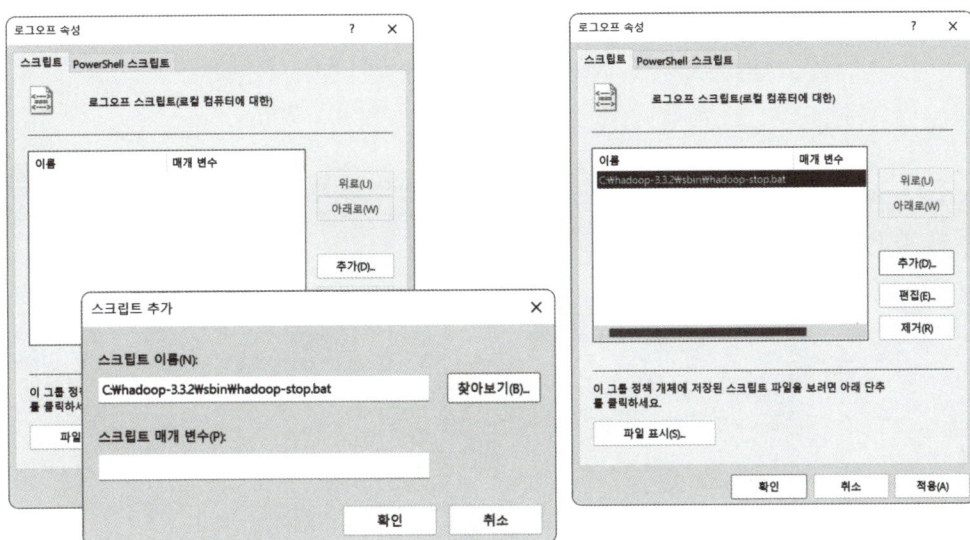

23 이제 윈도우 11을 시작하고 종료할 때마다 자동으로 하둡 서비스가 시작되고 종료하게 됩니다.

우분투 22.04

이번 절에서는 Ubuntu 22.04에서 하둡 3.3 서비스를 설치하고 작동하는 방법을 살펴보겠습니다. 이 책에서는 하둡 서비스의 계정을 필자의 일반 유저(joseph)로 설정하여 설치하겠습니다. 책을 실습할 때는 여러분의 일반 유저에 설치하는 것을 권장합니다.

1 먼저 open-ssh를 설치합니다.

```
> sudo apt install openssh-server openssh-client -y
```

2 다음 명령어를 입력하여 ssh 암호 키를 생성합니다. 키에 대한 암호는 입력하지 않고 [Enter] 키만 누릅니다.

```
> ssh-keygen -t rsa
```

```
Generating public/private rsa key pair.
Enter file in which to save the key (/home/joseph/.ssh/id_rsa):
Created directory '/home/joseph/.ssh'.
Enter passphrase (empty for no passphrase):
```

```
Enter same passphrase again:
Your identification has been saved in /home/joseph/.ssh/id_rsa
Your public key has been saved in /home/joseph/.ssh/id_rsa.pub
The key fingerprint is:
SHA256:iUwIcW+o0kBcw6l/x25UfY0jddWMAxR94JOdfE8nbCA joseph@joseph-virtual-machine
The key's randomart image is:
+---[RSA 3072]----+
|..=+o       E.=+.++|
|.. =.+       . ==+=|
|. . o +    .. @==|
| + . + . o o = =+|
|. +  + S  o . .|
|. . . +          |
|     . +         |
|      o          |
|       .  .      |
+----[SHA256]-----+
```

3 .ssh 폴더로 이동하고 ssh를 이용한 접속이 가능하도록 authorized_keys 파일을 생성합니다.

```
> cd /home/joseph/.ssh
> cp id_rsa.pub authorized_keys
```

4 처음으로 ssh를 이용하여 localhost에 접속합니다. 다음과 같이 설정 여부를 확인하면 yes 값을 입력합니다.

```
> ssh localhost
  Are you sure you want to continue connecting (yes/no/[fingerprint])? yes
```

5 설정이 완료되면 다음과 같이 ssh를 이용하여 localhost에 암호입력 없이 연결이 가능합니다.

```
> ssh localhost
```

6 https://dlcdn.apache.org/hadoop/common/hadoop-3.3.2/hadoop-3.3.2.tar.gz에서 Hadoop-3.3.2 바이너리 파일을 내려받습니다. 아니면 링크 주소를 복사하여 원하는 폴더에서 wget 명령어로 다운로드 받습니다.

```
> wget https://downloads.apache.org/hadoop/common/hadoop-3.3.2/hadoop-3.3.2.tar.gz
```

7 그래픽 인터페이스 환경에서 압축관리자를 사용하여 파일의 압축을 해지하거나 tar 명령어로 설치파일의 압축을 해제합니다. 그리고 관리의 효율성을 위해 설치 폴더에 링크를 생성합니다.

```
> tar zxvf hadoop-3.3.2.tar.gz
> ln -s hadoop-3.3.2 hadoop
```

8 우분투의 유저 홈 디렉터리에서 .bashrc에 다음과 같이 경로를 지정합니다.

```
> gedit .bashrc
```

```
######### HADOOP-3.3.2 PATH ############
HADOOP_HOME=/home/joseph/hadoop
PATH=$PATH:$HADOOP_HOME/bin:$HADOOP_HOME/sbin
export PATH

export HADOOP_MAPRED_HOME=$HADOOP_HOME
export HADOOP_COMMON_HOME=$HADOOP_HOME
export HADOOP_HDFS_HOME=$HADOOP_HOME
export HADOOP_YARN_HOME=$HADOOP_HOME
export HADOOP_CONF_DIR=$HADOOP_HOME/etc/hadoop

export HDFS_NAMENODE_USER=joseph
export HDFS_DATANODE_USER=joseph
export HDFS_SECONDARYNAMENODE_USER=joseph
export YARN_RESOURCEMANAGER_USER=joseph
export YARN_NODEMANAGER_USER=joseph
```

```
> source .bashrc
```

9 하둡 설치 폴더로 이동하여 설치 파일에 다음 라인을 추가하여 수정합니다.

```
> cd /home/joseph/hadoop/etc/hadoop
> gedit hadoop-env.sh
```

```
export JAVA_HOME=/usr/lib/jvm/jdk
```

```
> gedit yarn-env.sh
```

```
export JAVA_HOME=/usr/lib/jvm/jdk
```

```
> gedit core-site.xml
```

core-site.xml

```xml
<configuration>
        <property>
                <name>fs.default.name</name>
                <value>hdfs://localhost:9000</value>
        </property>
        <property>
                <name>hadoop.tmp.dir</name>
                <value>/home/joseph/hadoop/tmp</value>
        </property>
</configuration>
```

```
> gedit hdfs-site.xm
```

hdfs-site.xml

```xml
<configuration>
        <property>
                <name>dfs.replication</name>
                <value>1</value>
        </property>
        <property>
                <name>dfs.name.dir</name>
                <value>file:///home/joseph/hadoop/hdfs/namenode</value>
        </property>
         <property>
                <name>dfs.data.dir</name>
                <value>file:///home/joseph/hadoop/hdfs/datanode</value>
        </property>
        <!-- 아래 3개의 항은 datanode가 1개인 상황에서 datanode의 추가없이
기존 datanode에서 작업을 시행하는 option입니다 -->
        <property>
                <name>dfs.client.block.write.replace-datanode-on-failure.enable</name>
                <value>true</value>
        </property>
        <property>
                <name>dfs.client.block.write.replace-datanode-on-failure.policy</name>
                <value>NEVER</value>
        </property>
        <property>
                <name>dfs.client.block.write.replace-datanode-on-failure.best-effort</name>
                <value>true</value>
        </property>
</configuration>
```

```
> gedit mapred-site.xml
```

mapred-site.xml

```xml
<configuration>
        <property>
                <name>mapreduce.framework.name</name>
                <value>yarn</value>
        </property>
</configuration>
```

```
> gedit yarn-site.xml
```

yarn-site.xml

```xml
<configuration>
<!—Site specific YARN configuration properties ?
        <property>
                <name>yarn.nodemanager.aux-services</name>
                <value>mapreduce_shuffle</value>
        </property>
</configuration>
```

10 hadoop의 namenode와 datanode를 담당할 폴더를 생성합니다.

```
> mkdir -p $HADOOP_HOME/hdfs/namenode
> mkdir -p $HADOOP_HOME/hdfs/datanode
```

11 namenode를 포맷합니다.

```
> hdfs namenode -format
… …
2021-03-18 19:58:55,459 INFO namenode.FSImage: Allocated new BlockPoolId:
BP-1976613792-127.0.1.1-1616065135452
2021-03-18 19:58:55,476 INFO common.Storage: Storage directory /home/joseph/hadoop/hdfs/
namenode has been successfully formatted.
2021-03-18 19:58:55,509 INFO namenode.FSImageFormatProtobuf: Saving image file /home/joseph/
hadoop/hdfs/namenode/current/fsimage.ckpt_0000000000000000000 using no compression
… …
```

12 다음과 같이 명령어를 실행하면 하둡 3이 실행되고 있음을 확인할 수 있습니다.

```
> start-dfs.sh
> start-yarn.sh
> jps
4145 Jps
3650 ResourceManager
3044 NameNode
3211 DataNode
3421 SecondaryNameNode
3791 NodeManager
```

13 하둡 프로세스가 진행되면 다음과 같이 하둡 관리 사이트로 연결됩니다.

http://localhost:9870

Overview 'localhost:9000' (✓active)

Started:	Sun May 15 08:53:48 +0900 2022
Version:	3.3.2, r0bcb014209e219273cb6fd4152df7df713cbac61
Compiled:	Tue Feb 22 03:39:00 +0900 2022 by chao from branch-3.3.2
Cluster ID:	CID-7cc292d5-ff11-4813-8695-f5bdd4d9b6ed
Block Pool ID:	BP-382594715-192.168.200.52-1652572367709

Summary

Security is off.
Safemode is off.
1 files and directories, 0 blocks (0 replicated blocks, 0 erasure coded block groups) = 1 total filesystem object(s).
Heap Memory used 115.21 MB of 512 MB Heap Memory. Max Heap Memory is 1000 MB.
Non Heap Memory used 60.97 MB of 63.88 MB Commited Non Heap Memory. Max Non Heap Memory is <unbounded>.

Configured Capacity:	89.27 GB
Configured Remote Capacity:	0 B
DFS Used:	148 B (0%)
Non DFS Used:	42.13 GB
DFS Remaining:	47.13 GB (52.8%)
Block Pool Used:	148 B (0%)
DataNodes usages% (Min/Median/Max/stdDev):	0.00% / 0.00% / 0.00% / 0.00%
Live Nodes	1 (Decommissioned: 0, In Maintenance: 0)
Dead Nodes	0 (Decommissioned: 0, In Maintenance: 0)
Decommissioning Nodes	0
Entering Maintenance Nodes	0
Total Datanode Volume Failures	0 (0 B)
Number of Under-Replicated Blocks	0
Number of Blocks Pending Deletion (including replicas)	0
Block Deletion Start Time	Sun May 15 08:53:48 +0900 2022
Last Checkpoint Time	Sun May 15 08:52:47 +0900 2022
Enabled Erasure Coding Policies	RS-6-3-1024k

NameNode Journal Status

Current transaction ID: 1

Journal Manager	State
FileJournalManager(root=C:\hadoop-3.3.2\hdfs\namenode)	EditLogFileOutputStream(C:\hadoop-3.3.2\hdfs\namenode\current\edits_inprogress_0000000000000000001)

NameNode Storage

Storage Directory	Type	State
C:\hadoop-3.3.2\hdfs\namenode	IMAGE_AND_EDITS	Active

DFS Storage Types

Storage Type	Configured Capacity	Capacity Used	Capacity Remaining	Block Pool Used	Nodes In Service
DISK	89.27 GB	148 B (0%)	47.13 GB (52.8%)	148 B	1

Hadoop, 2022.

http://localhost:9864

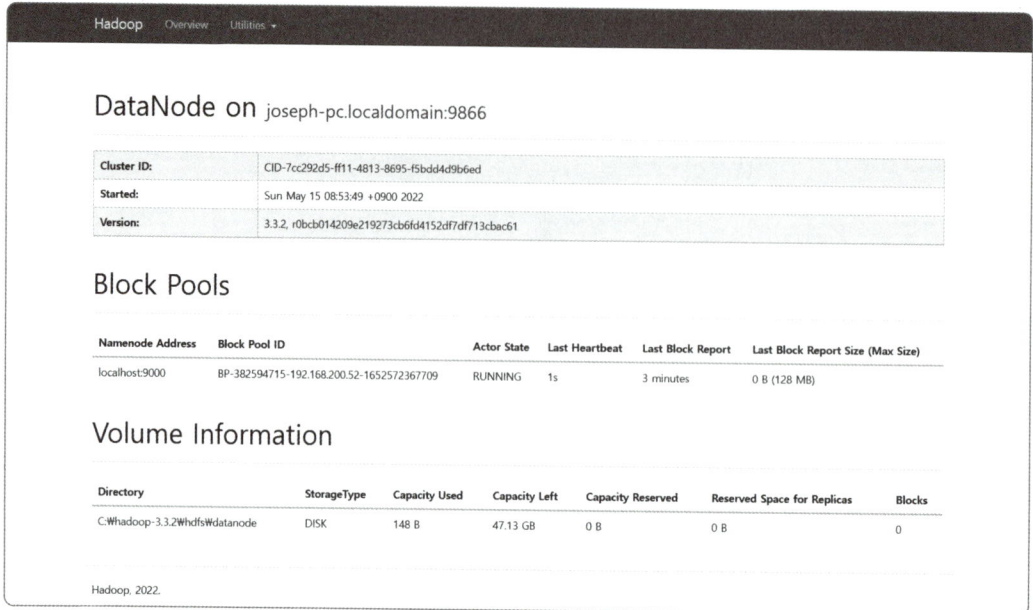

http://localhost:8088

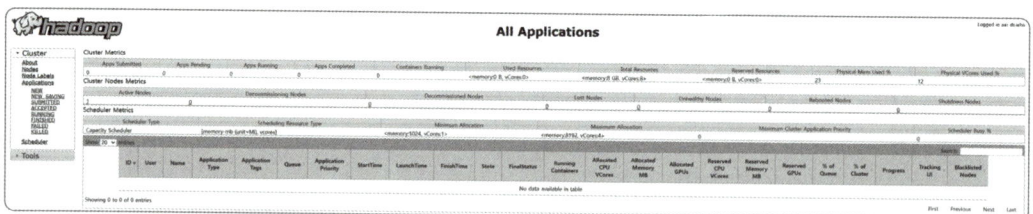

14 앞 절의 윈도우 11에서와 같이 우분투 22.04를 부팅할 때마다 자동으로 하둡 서비스가 실행할 수 있도록 설정을 할 수 있습니다. 먼저 해당 스크립트 파일을 지정된 폴더 위치에서 생성하고 실행권한을 부여합니다.

```
> gedit /home/joseph/hadoop/sbin/hadoop-service.sh
```

```
#!/bin/bash

start() {
    export HADOOP_HOME=/home/joseph/hadoop
    export PATH=$PATH:$HADOOP_HOME/bin:$HADOOP_HOME/sbin

    start-dfs.sh
    start-yarn.sh
}
```

```
stop() {
    export HADOOP_HOME=/home/joseph/hadoop
    export PATH=$PATH:$HADOOP_HOME/bin:$HADOOP_HOME/sbin

    stop-dfs.sh
    stop-yarn.sh
}

case $1 in
    start|stop) "$1" ;;
esac

exit
```

```
> chmod +x /home/joseph/hadoop/sbin/hadoop-service.sh
```

15 우분투의 systemctl에 앞에서 생성한 hadoop-service.sh 명령어를 등록합니다.

```
> sudo gedit /usr/lib/systemd/system/hadoop.service
```

```
[Unit]
Description=Hadoop 3.3.2 Service

[Service]
Type=oneshot

User=joseph
Group=joseph

ExecStart=/home/joseph/hadoop/sbin/hadoop-service.sh start
ExecStop=/home/joseph/hadoop/sbin/hadoop-service.sh stop

RemainAfterExit=yes
#Restart=always

[Install]
WantedBy=multi-user.target
```

16 생성한 hadoop.service를 우분투의 systemctl에 등록합니다. 설정이 완료되면 부팅 시 하둡 프로세스는 시스템 데몬으로 실행이 됩니다.

```
> sudo systemctl enable hadoop
> sudo systemctl start hadoop
> sudo systemctl status hadoop
```

3.3 하둡 파일시스템 API

하둡을 운영하는 방식은 CLI_{Command Line Interface} 방식과 프로그래밍 API를 사용하는 방식이 있습니다. 이 방식은 빅데이터의 다른 기술에 대한 운영방식과도 동일합니다. 이 책은 단일 클러스터에서 프로그래밍 API를 사용하여 빅데이터 시스템을 구축하고 운영하는 내용을 다루는 책이므로 CLI에 대한 방식은 생략하도록 하겠습니다.

3.3.1 자바

하둡 파일 시스템에서 자바 API를 사용하여 클라이언트를 생성하기 위해서는 메이븐의 pom.xml파일에 다음과 같이 의존체를 입력합니다.

```xml
<!-- https://mvnrepository.com/artifact/org.apache.hadoop/hadoop-client -->
<dependency>
    <groupId>org.apache.hadoop</groupId>
    <artifactId>hadoop-client</artifactId>
    <version>3.3.2</version>
</dependency>
```

위 라이브러리에는 많은 클래스와 API가 제공됩니다. 그중 Hadoop File System을 제어하는 클래스로는 아래의 클래스가 중요한 역할을 수행합니다.

```
org.apache.hadoop.conf.Configuration;
org.apache.hadoop.fs.FSDataInputStream;
org.apache.hadoop.fs.FSDataOutputStream;
org.apache.hadoop.fs.FileStatus;
org.apache.hadoop.fs.FileSystem;
org.apache.hadoop.fs.Path;
```

1 Configuration 클래스
하둡 파일 시스템의 리소스와 설정을 지정하는 클래스입니다.

▶ **addResource 메서드**

반환값	매개변수	설명
void	InputStream in	InputStream으로 리소스 값 추가
	InputStream in, String name	InputStream으로 특정 이름에 대한 리소스 값 추가
	Path file	HDFS의 Path로 리소스 값 추가
	String name	특정 문자 리소스 값 추가
	URL url	URL 객체를 사용하여 리소스 값 추가

예제 ▼

```
// 윈도우 11인 경우 하둡의 설정파일 폴더를 지정합니다.
System.setProperty("HADOOP_CONF_DIR", "C:/hadoop-3.3.2/etc/hadoop");
// Ubuntu 22.04 인 경우 하둡의 설정파일 폴더를 지정합니다.
System.setProperty("HADOOP_CONF_DIR", "/home/joseph/hadoop/etc/hadoop");

String HADOOP_CONF_DIR = System.getenv("HADOOP_CONF_DIR");

Configuration configuration = new Configuration();
// 하둡의 설정파일을 추가하여 리소스를 지정합니다.
configuration.addResource(new Path("file:///" + HADOOP_CONF_DIR + "/core-site.xml"));
configuration.addResource(new Path("file:///" + HADOOP_CONF_DIR + "/hdfs-site.xml"));
```

▶ **set 메서드**

반환값	매개변수	설명
void	String name, String value	name 속성에 대한 value 값을 지정

예제 ▼

```
Configuration configuration = new Configuration();
// 하둡의 속성에 대한 값을 지정합니다.
configuration.set("fs.defaultFS", "hdfs://localhost:9000");
configuration.set("fs.hdfs.impl", org.apache.hadoop.hdfs.DistributedFileSystem.class.getName());
configuration.set("fs.file.impl", org.apache.hadoop.fs.LocalFileSystem.class.getName());
```

▶ **clear 메서드**

Configuration 객체의 모든 key 값을 삭제합니다.

2 FileSystem 클래스

하둡 파일 시스템의 핵심 클래스로서 로컬 환경과 하둡 파일 시스템에 대한 인터페이스를 제공합니다.

▶ create 메서드

반환값	매개변수	설명
FSDataOutputStream	Path f	주어진 하둡 경로에 파일을 생성하고 해당 파일에 대한 스트림 생성
	Path f, boolean overwrite	주어진 하둡 경로에 파일을 생성하고 해당 파일에 대한 스트림 생성. 선택사항으로 중첩여부를 지정
	Path f, boolean overwrite, int bufferSize	주어진 하둡 경로에 파일을 생성하고 해당 파일에 대한 스트림 생성. 선택사항으로 중첩여부와 버퍼사이즈를 지정
	Path f, boolean overwrite, int bufferSize, short replication, long blockSize	주어진 하둡 경로에 파일을 생성하고 해당 파일에 대한 스트림 생성. 선택사항으로 중첩여부와 버퍼사이즈, 하둡 클러스터 상에서 복제 개수를 지정
	Path f, short replicaton	주어진 하둡 경로에 파일을 생성하고 해당 파일에 대한 스트림 생성. 선택사항으로 하둡 클러스터 상에서 복제 개수를 지정

▶ get 메서드

반환값	매개변수	설명
Static FileSystem	Configuration conf	설정된 Configuration에 대한 FileSystem을 반환
	URI uri, Configuration conf	설정된 Configuration에 대한 FileSystem을 특정 URI로부터 반환
	URI uri, Configuration conf, String user	지정된 유저와 설정된 Configuration에 대한 FileSystem을 특정 URI로부터 반환

예제 ▼

```
// 윈도우 11인 경우 하둡의 설정파일 폴더를 지정합니다.
System.setProperty("HADOOP_CONF_DIR", "C:/hadoop-3.3.2/etc/hadoop");
// Ubuntu 22.04인 경우 하둡의 설정파일 폴더를 지정합니다.
System.setProperty("HADOOP_CONF_DIR", "/home/joseph/hadoop/etc/hadoop");

String HADOOP_CONF_DIR = System.getenv("HADOOP_CONF_DIR");

Configuration configuration = new Configuration();
// 하둡의 설정파일을 추가하여 리소스를 지정합니다.
configuration.addResource(new Path("file:///" + HADOOP_CONF_DIR + "/core-site.xml"));
configuration.addResource(new Path("file:///" + HADOOP_CONF_DIR + "/hdfs-site.xml"));
```

```
String namenode = "hdfs://localhost:9000";   // 하둡 namenode의 주소값을 지정합니다.

// 하둡 파일 시스템 객체를 생성합니다.
FileSystem hadoopFs = FileSystem.get(new URI(namenode), configuration);
```

▶ **copyFromLocalFile 메서드**

반환값	매개변수	설명
void	boolean delSrc, boolean overwrite, Path src, Path dst	src Path에서 dst Path로 파일 복사. delSrc 옵션으로 복사 후 원본 파일 삭제가 가능하고 overwrite 옵션으로 덮어쓰기 설정이 가능. 단, src Path는 로컬환경의 경로 지정
	boolean delSrc, Path src, Path dst	src Path에서 dst Path로 파일 복사. delSrc 옵션으로 복사 후 원본 파일 삭제 여부 설정
	Path src, Path dst	src Path에서 dst Path로 파일 복사

[예제 ▼]

car.csv

```
brand,price
BMW,90
Ford,40
```

```
Configuration configuration = new Configuration();
configuration.set("fs.defaultFS", "hdfs://localhost:9000");
FileSystem fs = FileSystem.get(configuration);
fs.copyFromLocalFile(false, new Path("src\\data\\car.csv"), new Path("/user/joseph/car.csv"));
// Ubuntu에서는 new Path("src/data/car.csv")로 설정
```

▶ **moveFromLocalFile 메서드**

반환값	매개변수	설명
void	Path src, Path dst	src Path에서 dst Path로 파일 이동. 로컬의 원본 파일은 삭제

[예제 ▼]

```
Configuration configuration = new Configuration();
configuration.set("fs.defaultFS", "hdfs://localhost:9000");

FileSystem fs = FileSystem.get(configuration);
fs.moveFromLocalFile(new Path("src\\data\\car.csv"), new Path("/user/joseph/car.csv"));
// Ubuntu에서는 new Path("src/data/car.csv")로 설정
```

▶ mkdirs 메서드

반환값	매개변수	설명
boolean	Path f	폴더를 생성. 폴더에 대한 권한은 기본값으로 설정

예제 ▼

```
Configuration configuration = new Configuration();
configuration.set("fs.defaultFS", "hdfs://localhost:9000");

FileSystem fs = FileSystem.get(configuration);

if (!fs.exists(new Path("/user/joseph/test"))) {
    fs.mkdirs(new Path("/user/joseph/test"));
}
```

▶ append 메서드

반환값	매개변수	설명
FSDataOutputStream	Path f	이미 존재하는 파일에 내용을 추가
	Path f, int bufferSize	이미 존재하는 파일에 내용을 추가. bufferSize를 부여

예제 ▼

car.csv

```
brand,price
BMW,90
Ford,40
```

```
Configuration configuration = new Configuration();
configuration.set("fs.defaultFS", "hdfs://localhost:9000");
// 이 책에서는 하둡 구조가 클러스터가 아니라 단일 모드이므로 아래와 같이 설정을 해주어야 합니다.
configuration.set("dfs.client.block.write.replace-datanode-on-failure.policy", "ALWAYS");
configuration.set("dfs.client.block.write.replace-datanode-on-failure.best-effort", "True");

// 설정값으로 하둡 FileSystem을 생성합니다.
FileSystem fs = FileSystem.get(configuration);

if (fs.exists(new Path("/user/joseph/car.csv"))) {
    // 지정하는 파일이 존재하는지 여부를 파악합니다.
    FSDataOutputStream fsDataOutStream = fs.append(new Path("/user/joseph/car.csv"));
    BufferedWriter bufferedWriter =
        new BufferedWriter(new OutputStreamWriter(fsDataOutStream,StandardCharsets.UTF_8));
    bufferedWriter.newLine();
    bufferedWriter.write("Kia,100");
```

```
        bufferedWriter.close();
        fsDataOutStream.close();
}
```

▶ open 메서드

반환값	매개변수	설명
FSDataInputStream	Path f	이미 존재하는 파일의 내용을 읽어 올 스트림을 반환
	Path f, int bufferSize	이미 존재하는 파일에 내용을 읽어 올 스트림을 반환. bufferSize를 부여

예제 ▼

```
// 윈도우 11인 경우 하둡의 설정파일 폴더를 지정합니다.
System.setProperty("HADOOP_CONF_DIR", "C:/hadoop-3.3.2/etc/hadoop");
// Ubuntu 22.04 인 경우 하둡의 설정파일 폴더를 지정합니다.
System.setProperty("HADOOP_CONF_DIR", "/home/joseph/hadoop/etc/hadoop");

String HADOOP_CONF_DIR = System.getenv("HADOOP_CONF_DIR");

Configuration configuration = new Configuration();
configuration.addResource(new Path("file:///" + HADOOP_CONF_DIR + "/core-site.xml"));
configuration.addResource(new Path("file:///" + HADOOP_CONF_DIR + "/hdfs-site.xml"));

// 설정값으로 하둡 FileSystem을 생성합니다.
FileSystem fs = FileSystem.get(configuration);

if (fs.exists(new Path("/user/joseph/car.csv"))) {
    // 지정하는 파일이 존재하는지 여부를 파악합니다.
    FSDataInputStream fsDataInStream = fs.open(new Path("/user/joseph/car.csv"));
    String out = IOUtils.toString(fsDataInStream, "UTF-8");
    System.out.println(out);
    fsDataInStream.close();
}
```

```
brand,price
BMW,90
Ford,40
Kia,100
```

▶ delete 메서드

반환값	매개변수	설명
Abstract boolean	Path f, Boolean recursive	주어진 파일을 삭제

> 예제 ▼

```
Configuration configuration = new Configuration();
configuration.set("fs.defaultFS", "hdfs://localhost:9000");

FileSystem fs = FileSystem.get(configuration);
fs.delete(new Path("/user/joseph/car.csv"), false);
```

▶ exists 메서드

반환값	매개변수	설명
boolean	Path f	해당 파일이나 폴더가 하둡 파일 시스템에 존재하는지 여부

> 예제 ▼

```
Configuration configuration = new Configuration();
configuration.set("fs.defaultFS", "hdfs://localhost:9000");

FileSystem fs = FileSystem.get(configuration);

if (fs.exists(new Path("/user/joseph/test"))) {
    System.out.println("파일 또는 디렉터리가 하둡 파일 시스템에 존재합니다.");
}
```

▶ close 메서드

FileSystem 인스턴스를 닫고 사용했던 리소스를 반환합니다.

▶ getFileStatus 메서드

반환값	매개변수	설명
abstract FileStatus	Path f	해당 파일이나 폴더의 FileStatus 인스턴스를 반환

> 예제 ▼

```
FileStatus fileStatus = fs.getFileStatus(new Path("/user/joseph/car.csv"));
System.out.println(fileStatus.isFile());
```

```
true
```

3 Path 클래스

하둡의 파일이나 디렉터리의 경로를 다루는 클래스입니다.

▶ 생성자

반환값	매개변수	설명
	Path parent, Path child	부모 경로에 대한 자식 경로를 지정
	Path parent, String child	부모 경로에 대한 자식 경로를 지정
	String pathString	경로 문자열을 지정
	String parent, Path child	부모 경로에 대한 자식 경로를 지정
	String parent, String child	부모 경로에 대한 자식 경로를 지정
	URI aUri	경로 URI 객체를 지정

▶ getFileSystem 메서드

반환값	매개변수	설명
FileSystem	Configuration conf	해당 Path를 소유하는 FileSystem을 반환

▶ isAbsolute 메서드

Path가 절대 경로인지 여부를 반환합니다.

▶ isRoot 메서드

Path의 경로가 Root인지 여부를 반환합니다.

4 FileDataInputStream 클래스

하둡 파일 시스템의 파일을 열었을 때 파일 내용을 읽어올 수 있는 입력 스트림을 반환합니다.

예제 ▼

```
Configuration conf = new Configuration();


// Configuration 설정값을 입력하여 FileSystem 인스턴스를 불러옵니다.
FileSystem hadoopFs = FileSystem.get(conf);

// 지정된 폴더와 파일을 지정하고 하둡 FileSystem 인스턴스로부터 입력 스트림을 생성합니다.
String fileFolderPath = "/user/joseph";
String fileName = "car.csv";

Path path = new Path(fileFolderPath + "/" + fileName);
```

```java
FSDataInputStream inputStream = hadoopFs.open(path);   // 하둡 입력 스트림을 반환합니다.


///////////////////////////////////
// FSDataInputStream 사용 예제 1

String out= IOUtils.toString(inputStream, "UTF-8");
System.out.println(out);

///////////////////////////////////
// FSDataInputStream 사용 예제 2

BufferedReader br = new BufferedReader(new InputStreamReader(inputStream));
while(br.ready()) {
    String line = br.readLine();
    System.out.println(line);
}

inputStream.close();
hadoopFs.close();
```

사용 예제 1, 2 모두 다음 값을 출력합니다.

```
brand,price
BMW,90
Ford,40
Kia,100
```

5 FileDataOutputStream 클래스

하둡 파일 시스템에 저장된 파일에 출력을 가능하게 하는 스트림을 반환합니다.

예제 ▼

```java
Configuration conf = new Configuration();
conf.set("fs.defaultFS", "hdfs://localhost:9000");
conf.set("dfs.client.block.write.replace-datanode-on-failure.policy", "ALWAYS");
conf.set("dfs.client.block.write.replace-datanode-on-failure.best-effort", "True");

// Configuration 설정값을 입력하여 FileSystem 인스턴스를 불러옵니다.
FileSystem hadoopFs = FileSystem.get(conf);

// 지정된 폴더와 파일을 지정하고 하둡 FileSystem 인스턴스로부터 입력 스트림을 생성합니다.
String fileFolderPath = "/user/joseph";
String fileName = "test.csv";
```

```
Path path = new Path(fileFolderPath + "/" + fileName);

////////////////////////////////////////////////////////////////
// 하둡 파일에 대한 파일 생성 출력 스트림을 반환합니다.
FSDataOutputStream outputStream = hadoopFs.create(path, true);
// 하둡 출력 스트림을 반환합니다.

// FSDataOutputStream 사용 예제
BufferedWriter bufferedWriter =
new BufferedWriter(new OutputStreamWriter(outputStream,StandardCharsets.UTF_8));
bufferedWriter.write("Genesis,100");
bufferedWriter.newLine();

bufferedWriter.close();
outputStream.close();

////////////////////////////////////////////////////////////////
// 하둡 파일에 대한 파일 추가 출력 스트림을 반환합니다.
FSDataOutputStream appendStream = hadoopFs.append(path);   // 하둡 출력 스트림을 반환합니다.

// FSDataOutputStream 사용 예제
BufferedWriter appendWriter =
new BufferedWriter(new OutputStreamWriter(appendStream,StandardCharsets.UTF_8));

appendWriter.write("BMW, 80");
appendWriter.newLine();

appendWriter.close();
appendStream.close();
hadoopFs.close();
```

6 FileStatus 클래스

▶ getBlockSize 메서드

long형의 파일 블록 사이즈 값을 반환합니다.

▶ get/setGroup 메서드

문자열로 하둡 파일이나 디렉터리에 대한 그룹을 불러오거나(get) 지정합니다(set).

▶ getLen 메서드

파일의 길이를 long형 바이트로 반환

▶ get/setOwner 메서드

하둡 파일이나 디렉터리에 대한 소유자를 불러오거나(get) 지정합니다(set).

▶ **get/setPath 메서드**

하둡 파일이나 디렉터리의 경로를 Path 객체로 불러오거나(get) 지정합니다(set).

▶ **isDirectory 메서드**

해당 인스턴스가 디렉터리인지 여부를 반환합니다.

▶ **isFile 메서드**

해당 인스턴스가 파일인지 여부를 반환합니다.

예제 ▼

```java
Configuration conf = new Configuration();
conf.set("fs.defaultFS", "hdfs://localhost:9000");

// Configuration 설정값을 입력하여 FileSystem 인스턴스를 불러옵니다.
FileSystem hadoopFs = FileSystem.get(conf);

// 지정된 폴더와 파일을 지정하고 하둡 FileSystem 인스턴스로부터 입력 스트림을 생성합니다.
String fileFolderPath = "/user/joseph";
String fileName = "test.csv";

Path path = new Path(fileFolderPath + "/" + fileName);

// 생성된 FileSystem 인스턴스로부터 FileStatus 인스턴스를 얻어와 속성을 파악합니다.
FileStatus fStatus = hadoopFs.getFileStatus(path);

if(fStatus.isFile()) {
    System.out.println("File Block Size : " + fStatus.getBlockSize());
    System.out.println("Group of file   : " + fStatus.getGroup());
    System.out.println("Owner of file   : " + fStatus.getOwner());
    System.out.println("File Length     : " + fStatus.getLen());
}
```

3.3.2 파이썬

파이썬으로 하둡을 제어하기 위해 이 책에서는 PyArrow 패키지를 사용합니다. 먼저 Apache Arrow (https://arrow.apache.org/) 프로젝트를 간단하게 설명해보겠습니다.

이 프로젝트는 한 언어에 종속적이지 않은 인-메모리 분석 프레임워크입니다. Columnar In-Memory 방식을 사용하므로 빠른 빅데이터 분석에 적합하고 pandas, spark 등 여러 시스템에서 같은 메모리 포맷을 공유합니다. 또한 Hadoop File System에 대한 지원도 제공하고 있다. 제공하는 API는 거의 모든 언어에 걸쳐 있습니다. C, C++, C#, Go, Java, JavaScript, MATLAB, Python, R, Ruby, Rust

에 대해 API를 제공하며 Apache Parquet, Apache Spark, NumPy, PySpark, pandas 외에도 많은 분석 라이브러리를 제공합니다. 이 중에서 우리는 PyArrow를 사용하여 Hadoop File System을 제어하는 방법을 알아볼 것입니다.

PyArrow의 프로젝트 중 하둡 파일시스템과 연동되는 클래스는 다음과 같습니다.

```
pyarrow.fs.HadoopFileSystem
```

위 클래스는 다음과 같은 API를 제공합니다.

▶ **pyarrow.fs.HadoopFileSystem 생성자**

반환값	매개변수	설명
abstract FileStatus	host : str, port : int, 기본 8020, user : str, 기본 None, replication : int, 기본 3, buffer_size : int, 기본 0, extra_conf : dict, 기본 0	host는 하둡 파일 시스템 호스트로서 기본값은 core-site.xml 파일에 입력된 fs.defaultFS값. port는 HDFS의 포트 번호이고 user는 hdfs의 유저 이름 지정. 기본값은 로그인 유저 이름을 사용. replication은 각 블록의 복사 개수. 이 외에도 extra_conf 매개변수를 사용하여 속성을 지정. 기본값은 hdfs-site.xml 파일의 설정값

예제 ▼

```
from pyarrow import fs
hdfs = fs.HadoopFileSystem('localhost', port=9000, user='joseph')
```

▶ **copy_file 메서드**

반환값	매개변수	설명
void	scr : str, dest : str	scr에서 dest로 파일을 복사

▶ **create_dir 메서드**

반환값	매개변수	설명
void	path : str bool recursive = True	디렉터리와 그 하부 디렉터리 생성

▶ **delete_dir 메서드**

반환값	매개변수	설명
void	path : str	디렉터리와 그 내용 삭제

▶ delete_dir_contents 메서드

반환값	매개변수	설명
void	path : str, bool accept_root_dir=False	디렉터리를 재귀적으로 삭제, 루트 디렉터리의 내용물 삭제 가능

▶ delete_file 메서드

반환값	매개변수	설명
void	path : str	파일의 경로 삭제

▶ static from_uri 메서드

반환값	매개변수	설명
HadoopFileSystem	uri : str	해당 URI의 Hadoop File System 객체 반환

[예제 ▼]

생성자의 예제와 동일합니다.

```
from pyarrow import fs
hdfs = HadoopFileSystem.from_uri('hdfs://localhost:9000/?user=joseph')
```

▶ get_file_info 메서드

반환값	매개변수	설명
FileInfo 또는 FileInfo list	path 또는 FileSelector	파일에 대한 정보를 반환

▶ move 메서드

반환값	매개변수	설명
void	src : str, dest : str	파일 이동

▶ open_append_stream 메서드

반환값	매개변수	설명
stream : NativeFile	path : str, compression : str, buffer_size : int	파일 컨텐츠를 추가하기 위해 스트림 반환, compression 매개변수로 데이터를 압축

▶ open_input_file 메서드

반환값	매개변수	설명
stream : NativeFile	path : str	파일에 대한 읽기 접근 생성

▶ open_input_stream 메서드

반환값	매개변수	설명
stream : NativeFile	path : str, compression : str, buffer_size : int	연속적인 읽기를 위한 스트림 반환, compression 매개변수로 데이터를 압축

▶ open_output_stream 메서드

반환값	매개변수	설명
stream : NativeFile	path : str, compression : str, buffer_size : int	연속적인 쓰기를 위한 스트림 반환, compression 매개변수로 데이터를 압축

CHAPTER 4

하둡 파일 시스템 II

4.1 자바 실습 프로젝트

이 절에서는 FRED로부터 데이터를 읽어와 하둡 파일 시스템에 저장하는 과정을 실습하도록 하겠습니다. 1장에서 설명한 데이터 레이크의 역할을 FRED가 맡고 데이터를 추출Extract하여 변환Transform하고 분산 클러스터 환경에서 빅데이터를 저장Load하는 ETL 스트림 프로세스의 출발점을 하둡이 담당합니다.

1 이클립스를 실행하고 [Java EE] perspective에서 [File] ➡ [New] ➡ [Maven Project]를 선택합니다.

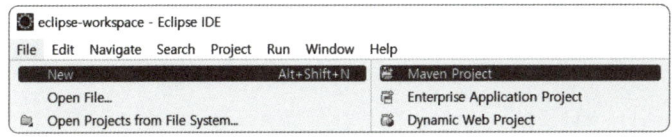

2 [Use default Workspace location] 체크박스를 선택하고 [Next]를 선택합니다.

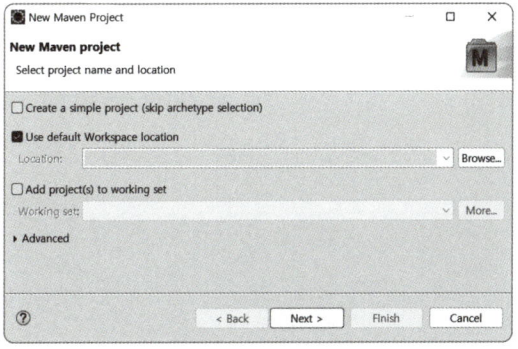

3 새로운 메이븐 프로젝트 템플릿 중 maven-archetype-quickstart를 선택합니다.

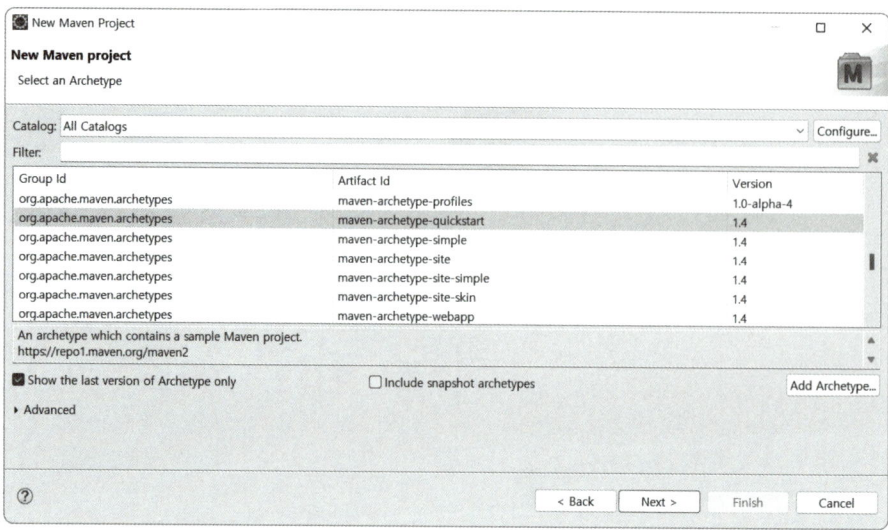

4 Group Id와 Artifact Id를 입력합니다. Group Id는 도메인을 이용한 패키지 값을 입력하고 Artifact Id는 프로젝트 이름을 입력하여 프로젝트를 완성합니다. 필자는 다음과 같이 설정했습니다. 그리고 Package에서 자동으로 생성된 ETL_Stream_Java 문자열은 삭제하였습니다.

- Group Id: com.aaa.etl
- Artifact Id: ETL-Stream-Java
- Package: com.aaa.etl

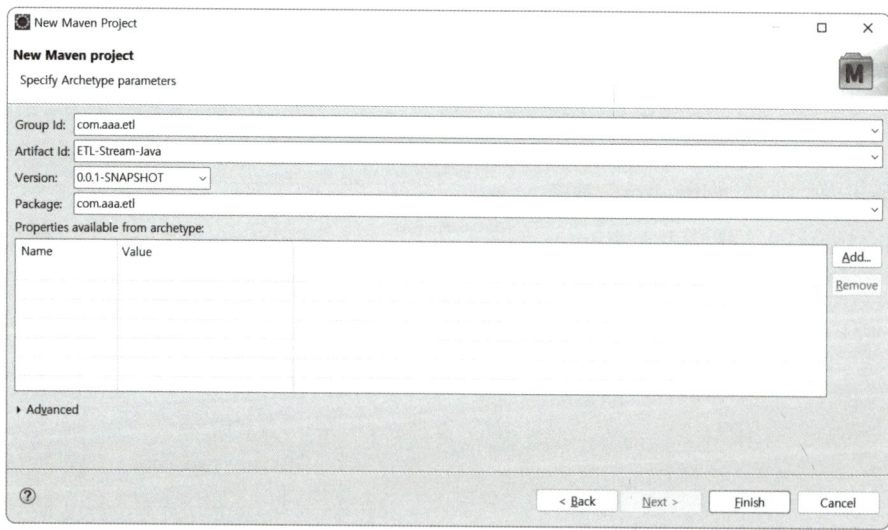

5 생성된 메이븐 프로젝트의 JRE 버전이 우리가 설치한 JRE 버전과 일치하지 않습니다. 이를 수정하기 위해 pom.xml 파일을 더블 클릭합니다.

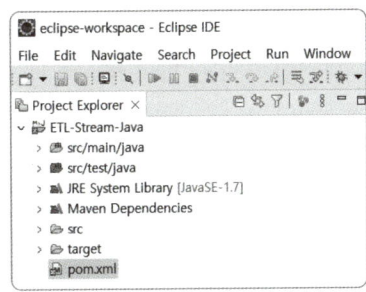

6 pom.xml 파일 관리 창이 표시됩니다. 하단의 [Overview] 탭을 선택하고 그중에 [Properties] 탭을 열어 [Create] 버튼을 클릭합니다.

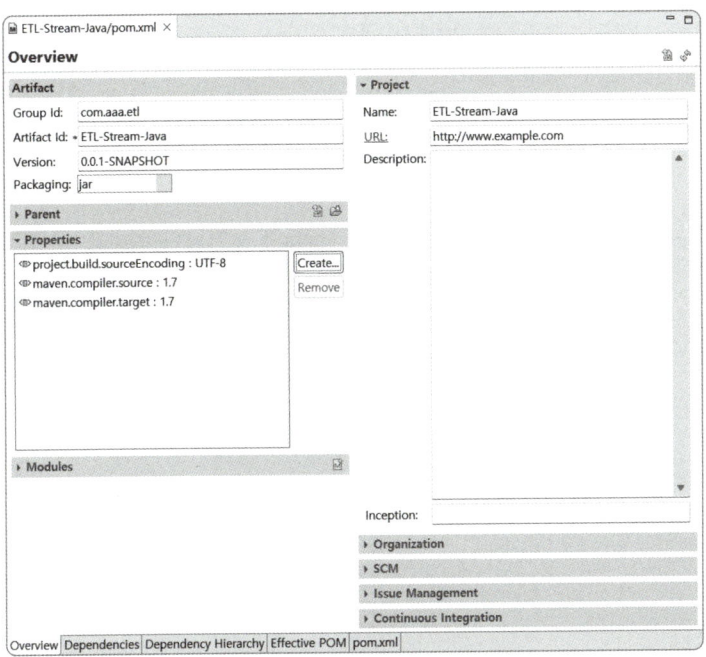

7 오른쪽과 같이 Name과 Value를 지정합니다. [OK] 버튼을 클릭하여 값을 업데이트하고 파일을 저장합니다.

Name	Value
maven.compiler.source	11
maven.compiler.target	11

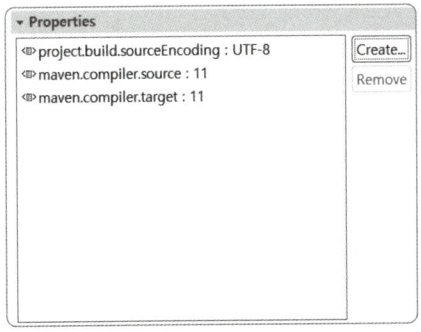
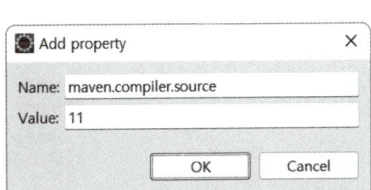

4.1 자바 실습 프로젝트

8 이번에는 생성된 메이븐 프로젝트의 기본값인 JRE System Library [JavaSE-1.7]의 설정을 수정합니다. JRE System Library를 선택하고 마우스 오른쪽 버튼으로 [Build Path] ➡ [Configure Build Path]를 클릭합니다

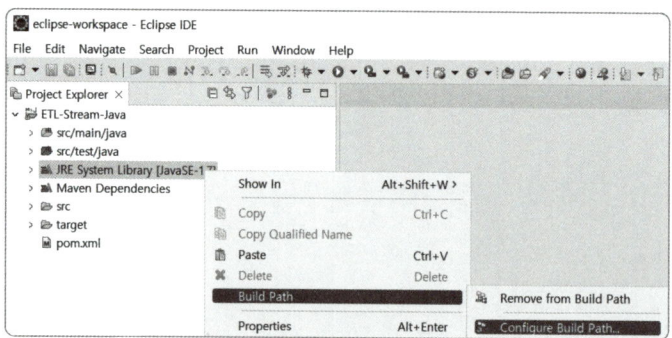

9 Java Build Path 창에서 [Libraries] 탭의 JRE System Library [JavaSE-1.7]를 선택하고 우측의 [Edit] 버튼을 클릭합니다.

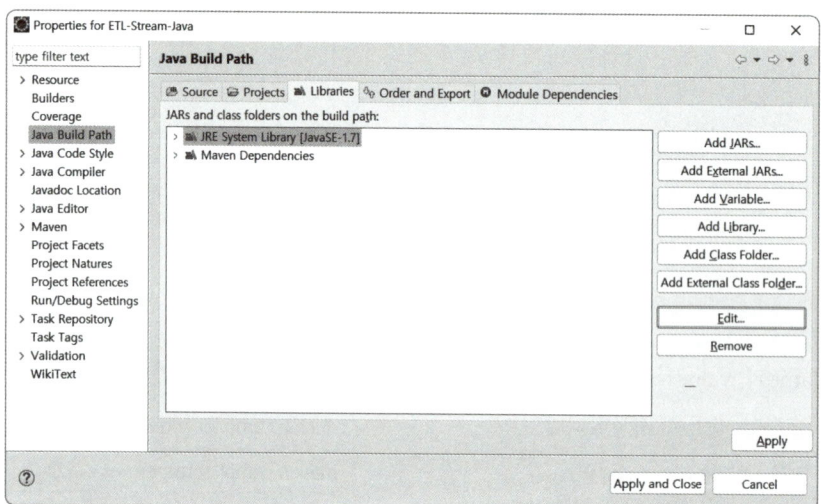

10 JRE System Library에서 상단의 [Execution environment]를 Java SE-11 (jdk-11.0.10)으로 선택합니다.

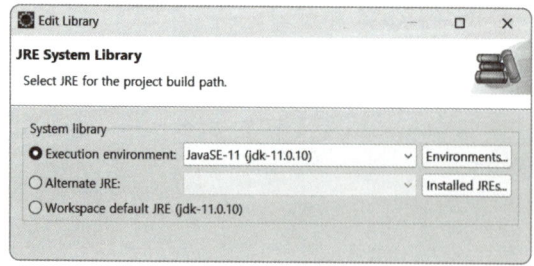

11 다음과 같이 JRE System Library가 변경됩니다.

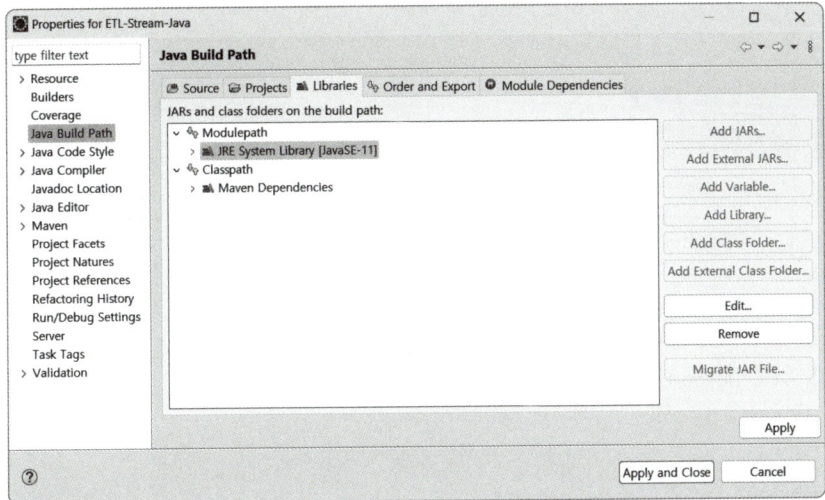

12 이제 자바 프로젝트 코딩을 위해 필요한 의존체를 불러오도록 하겠습니다. 프로젝트의 pom.xml 을 더블 클릭하여 관리창을 표시합니다. 그리고 하단의 [Dependencies] 탭을 선택합니다.

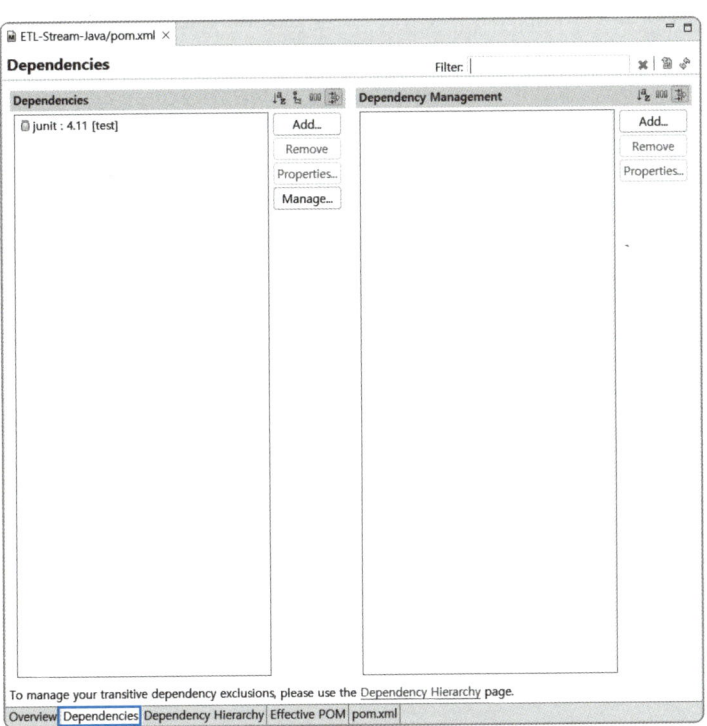

13 [Add] 버튼을 선택합니다.

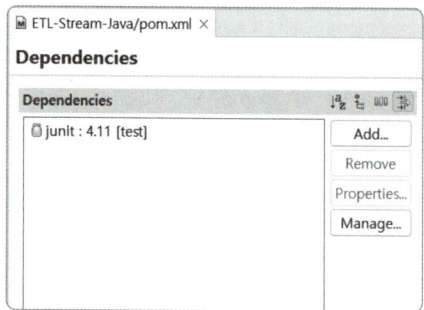

14 pom.xml에 다음의 의존성dependency을 추가합니다.

```
<dependency>
    <groupId>com.fasterxml.jackson.core</groupId>
    <artifactId>jackson-databind</artifactId>
    <version>2.13.0</version>
</dependency>
```

[Enter groupId, artifactId or sha 1 prefix or pattern] 텍스트 박스에 jackson-databind를 입력하면 하단의 [Search Results] 텍스트 창에 모든 해당 의존성이 표시됩니다. 이 중에서 com.fasterxml. jackson.core를 선택하여 추가합니다. 그리고 버전은 호환성을 위해 2.13.0으로 지정합니다. 다른 방법으로 pom.xml 파일에 위의 XML 코드를 붙여넣기 해도 됩니다.

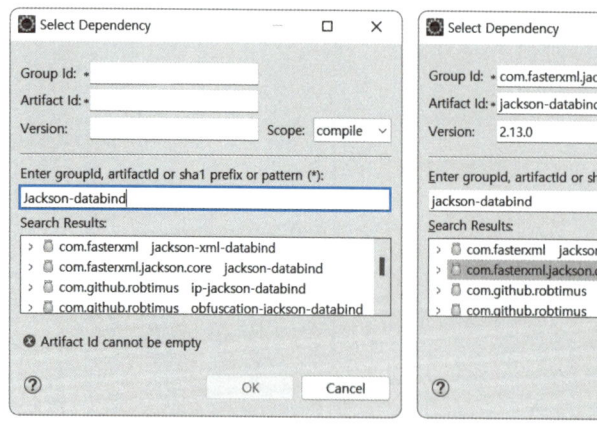

포함된 의존성이 아래와 같이 번들인 경우 [Properties] 버튼을 클릭하여 Type을 jar로 변경합니다.

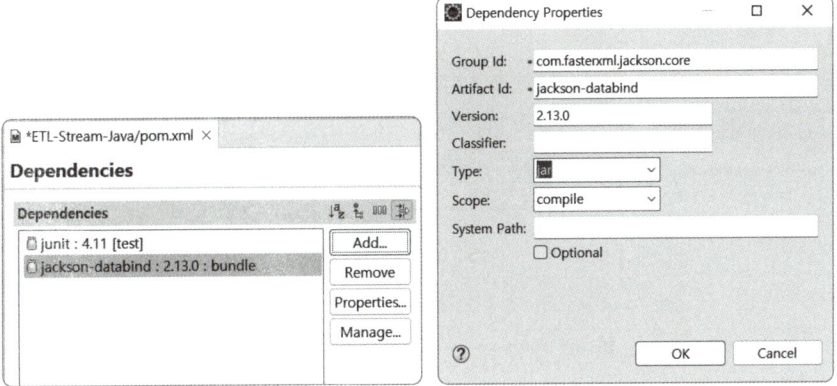

15 위와 동일한 방법으로 `artifactId`가 jackson-dataformat-csv와 jackson-datatype-jsr310, jackson-module-scala_2.12를 pom.xml에 포함시킵니다. 버전은 동일하게 2.13.0입니다.

```
<dependency>
    <groupId>com.fasterxml.jackson.dataformat</groupId>
    <artifactId>jackson-dataformat-csv</artifactId>
    <version>2.13.0</version>
</dependency>
<dependency>
    <groupId>com.fasterxml.jackson.datatype</groupId>
    <artifactId>jackson-datatype-jsr310</artifactId>
    <version>2.13.0</version>
</dependency>
<dependency>
    <groupId>com.fasterxml.jackson.module</groupId>
    <artifactId>jackson-module-scala_2.12</artifactId>
    <version>2.13.0</version>
</dependency>
```

16 그리고 lombok 의존성, log4j-core 의존성과 hadoop-client 의존성을 pom.xml에 포함시킵니다. 먼저 [Enter groupId, artifactId or sha 1 prefix or pattern] 텍스트 박스에 lombok을 입력하고 검색창에서 org.projectlombok을 선택합니다. 그리고 역시 [Enter groupId, artifactId or sha 1 prefix or pattern] 텍스트 박스에 hadoop-client를 입력하고 동일한 방법으로 검색창에서 org.apache.hadoop의 hadoop-client를 불러옵니다. 마지막으로 log4j-core를 동일한 방법으로 pom.xml에 포함시킵니다.

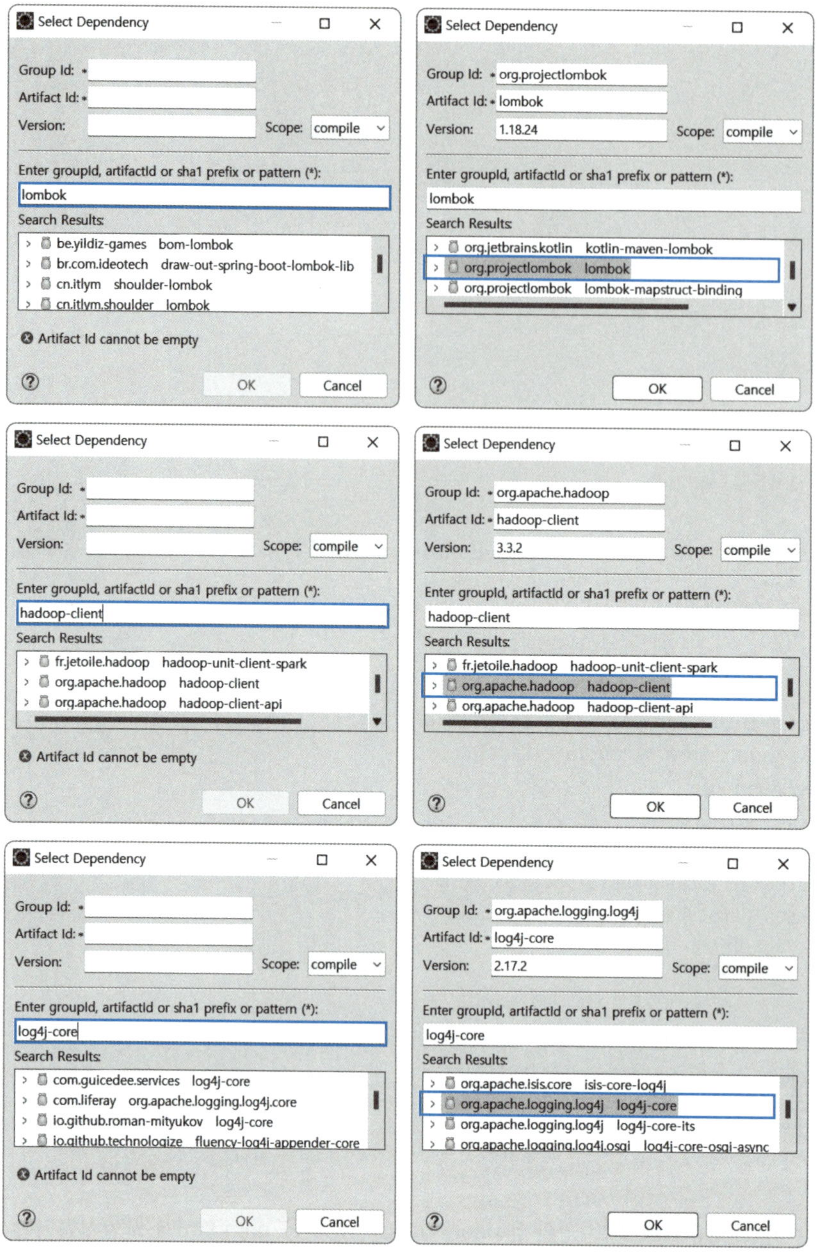

17 모든 의존성이 포함되면 pom.xml 파일은 다음과 같이 표시됩니다. 그리고 파일을 저장합니다.

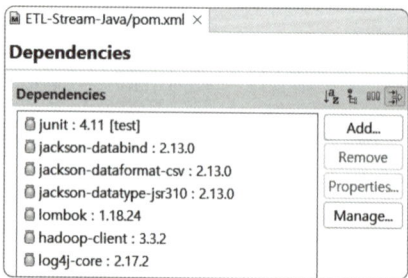

18 이제 자바로 이루어진 ETL 코드를 작성하겠습니다. 그전에 용이한 관리를 위해 자동으로 만들어진 com.aaa.etl 패키지의 App.java 파일을 삭제합니다.

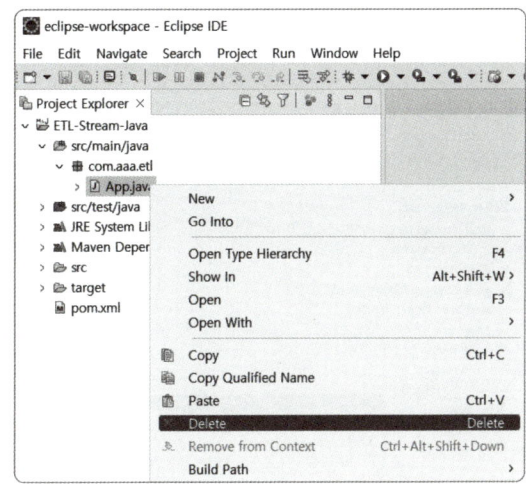

19 ETL-Stream-Java프로젝트의 src\main 폴더를 선택하고 마우스 오른쪽 버튼으로 [New] ➡ [Folder] 메뉴를 선택합니다. 그리고 Folder Name을 resources로 입력하여 폴더를 생성합니다.

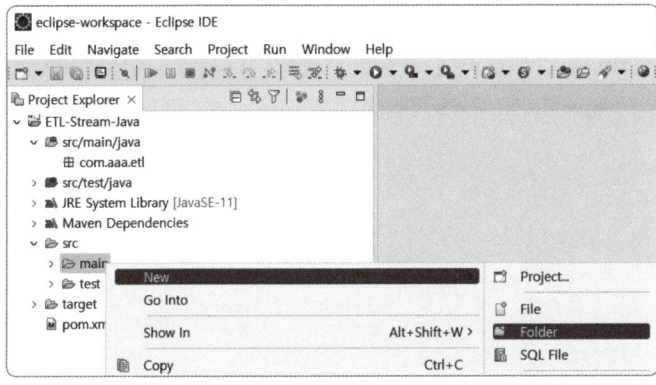

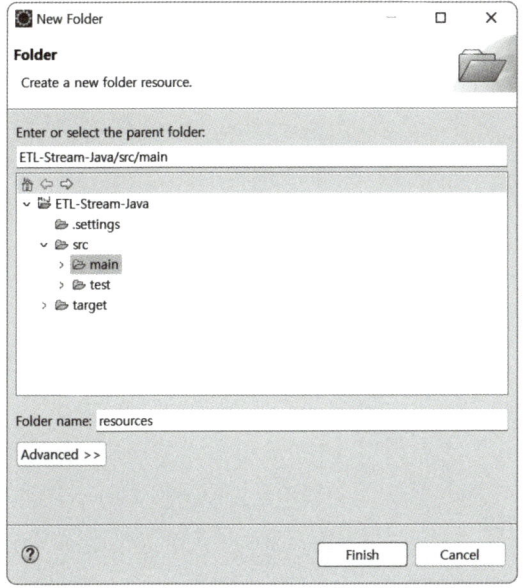

20 새롭게 생성된 resources 폴더에서 마우스 오른쪽 버튼으로 [New] ➡ [File] 메뉴를 선택합니다.

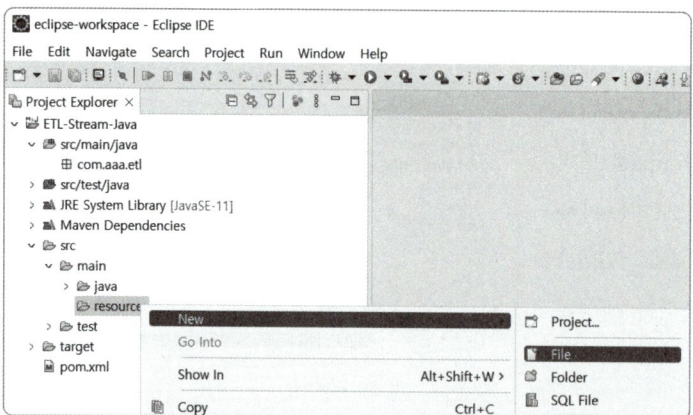

21 File name에서 SystemConfig.properties로 입력을 하여 파일을 생성하고 다음과 같이 시스템 속성을 생성합니다. 이 파일은 시스템에 사용할 각종 속성값을 관리하는 파일입니다.

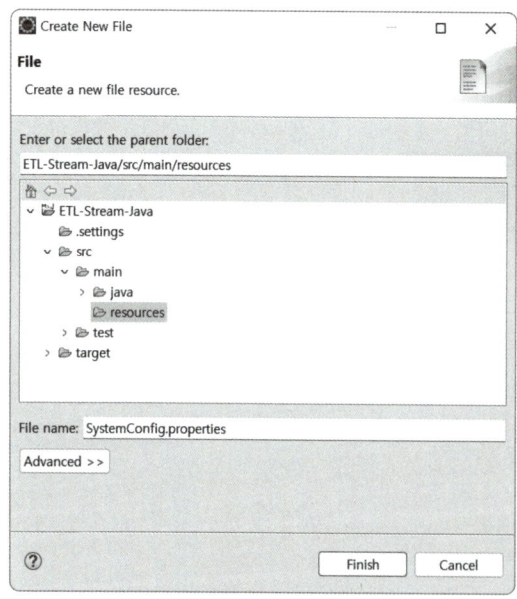

```
# FRED SITE API KEY AND URL PROPERTIES
fred.url=https://api.stlouisfed.org/fred/
fred.apiKey= abcdefghijklmnopqrstuvwxyz0123456789

# HADOOD DISTRIBUTE FILE SYSTEM CONFIGURATION PROPERTIES
```

```
hdfs.namenode.url=hdfs://localhost:9000
hadoop.conf.dir=C:/hadoop-3.3.2/etc/hadoop
# Ubuntu의 경우
# hadoop.conf.dir=/home/joseph/hadoop/etc/hadoop
```

22 동일한 방식으로 이번에는 log4j.properties 파일을 생성하고 내용을 다음과 같이 입력합니다.

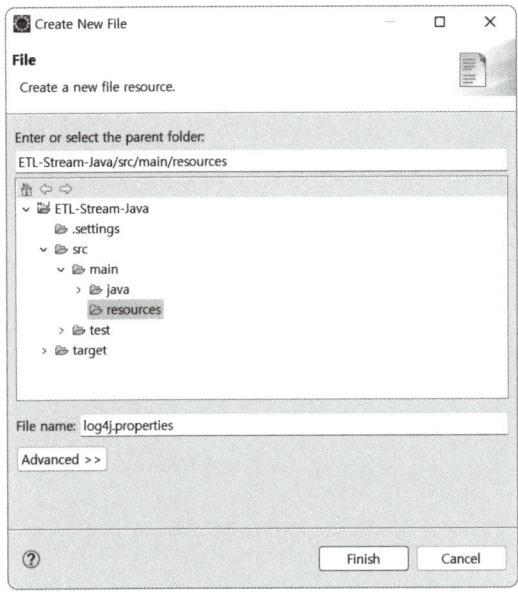

```
# 루트 로깅 시 옵션...~
log4j.rootLogger=INFO, file, stdout

# 로그 메시지를 직접 파일로 저장
log4j.appender.file=org.apache.log4j.RollingFileAppender
log4j.appender.file.File=C:\ETL-Stream-Java\logs\etl-system.log
log4j.appender.file.MaxFileSize=10MB
log4j.appender.file.MaxBackupIndex=10
log4j.appender.file.layout=org.apache.log4j.PatternLayout
log4j.appender.file.layout.ConversionPattern=%d{yyyy-MM-dd HH:mm:ss} %-5p %c{1}:%L - %m%n

# 로그 메시지를 표준 출력 장치로 직접 출력
log4j.appender.stdout=org.apache.log4j.ConsoleAppender
log4j.appender.stdout.Target=System.out
log4j.appender.stdout.layout=org.apache.log4j.PatternLayout
log4j.appender.stdout.layout.ConversionPattern=%d{yyyy-MM-dd HH:mm:ss} %-5p %c{1}:%L - %m%n
```

23 프로젝트에서 사용할 유틸리티 클래스를 생성합니다. com.aaa.etl 패키지를 선택하고 마우스 오른쪽 버튼으로 [New] ➡ [Class]를 선택합니다. Package를 com.aaa.etl.util로 설정하고 Name을 PropertyFileReader로 지정합니다.

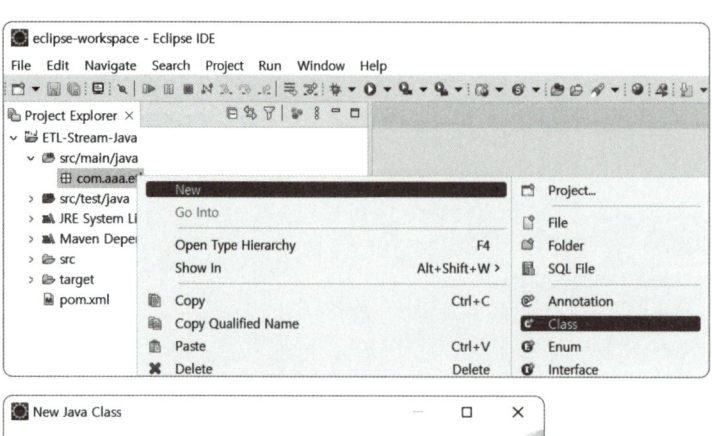

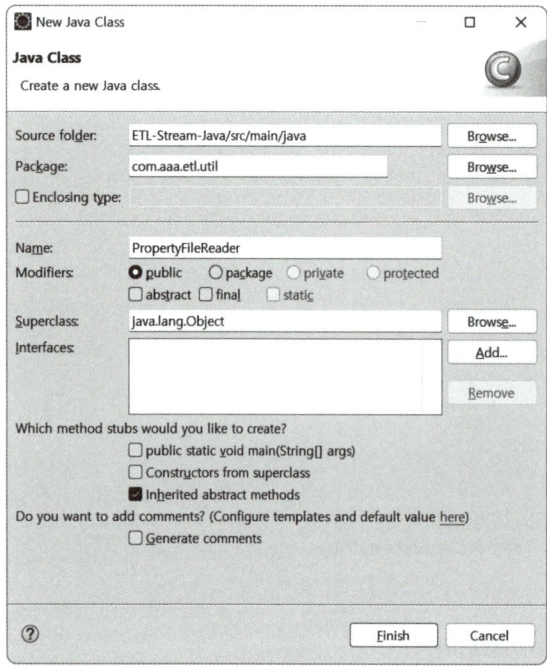

```
01  package com.aaa.etl.util;
02
03  import java.io.IOException;
04  import java.io.InputStream;
05  import java.util.Properties;
06
07  public class PropertyFileReader {
```

```
08     private static Properties prop = new Properties();
09
10     public static Properties readPropertyFile(String file) throws Exception {
11         if(prop.isEmpty()) {
12             // 주어진 파일 이름으로부터 속성값을 읽어와 Property 객체에 저장합니다.
13             InputStream input =
                   PropertyFileReader.class.getClassLoader().getResourceAsStream(file);
14
15             try {
16                 prop.load(input);
17             } catch (IOException ex) {
18                 throw ex;
19             } finally {
20                 if(input != null) {
21                     input.close();
22                 }
23             }
24         }
25
26         return prop;
27     }
28 }
```

13라인에서 매개변수로 불러온 파일 이름을 사용하여 파일 내의 속성 값을 Properties 객체에 저장합니다.

24 FRED에서 값을 불러올 때 가끔 숫자가 아닌 '.' 값만 반환되는 경우가 있습니다. 이럴 경우 '.' 값을 객체 Null로 변환시키기 위해 com.aaa.etl.util 패키지에서 다음과 같은 Json 역직렬화 클래스를 생성합니다. 패키지 com.aaa.etl.util을 선택하고 마우스 오른쪽 버튼으로 [New] ➡ [Class]를 선택합니다.

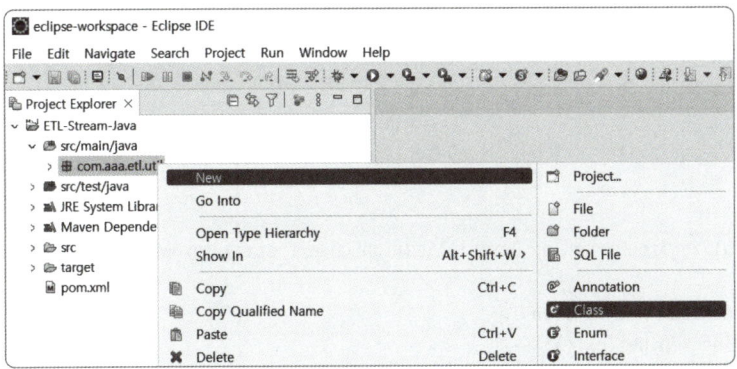

25 Superclass에서 부모 클래스를 com.fasterxml.jackson.databind.JsonDeserializer를 선택하고 템플릿 클래스를 Float으로 지정합니다. 클래스 이름은 CustomFloatDeserializer로 명명합니다.

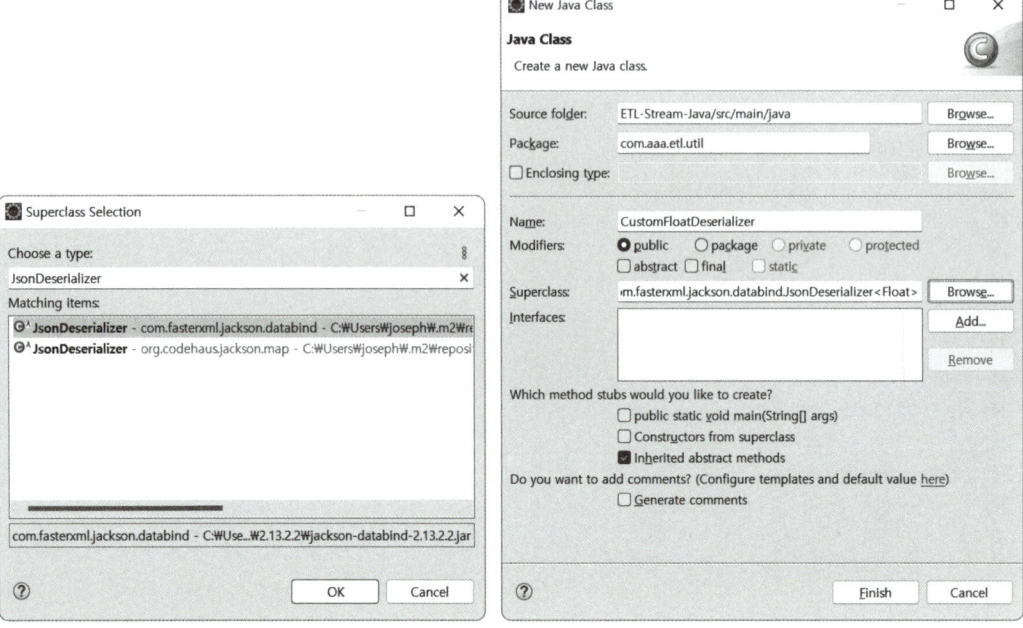

26 파일 내용은 다음과 같습니다.

```
01  package com.aaa.etl.util;
02
03  import java.io.IOException;
04
05  import com.fasterxml.jackson.core.JacksonException;
06  import com.fasterxml.jackson.core.JsonParser;
07  import com.fasterxml.jackson.databind.DeserializationContext;
08  import com.fasterxml.jackson.databind.JsonDeserializer;
09
10  public class CustomFloatDeserializer extends JsonDeserializer<Float> {
11
12      @Override
13      public Float deserialize(JsonParser p, DeserializationContext ctxt) throws IOException, JacksonException {
14          // TODO Auto-generated method stub
15          String floatString = p.getText();
16          if(floatString.equals(".")) {
17              return null;
18          }
```

```
19
20          return Float.valueOf(floatString);
21      }
22
23 }
```

16~17라인에서 '.'으로 입력값이 들어오면 객체 null을 반환하는 역직렬화 함수를 생성합니다.

27 참고로 자바 8부터는 java.util.Date나 java.util.Calendar 대신 java.time 패키지를 사용합니다. 그래서 이 예제에서도 java.time.LocalDateTime을 사용합니다. 다음은 FRED의 시간대 값들을 java.time.LocalDateTime으로 역직렬화하는 함수를 생성하는 클래스입니다. com.aaa.etl.util 패키지를 선택하고 마우스 오른 버튼으로 [New] ➡ [Class]를 클릭합니다.

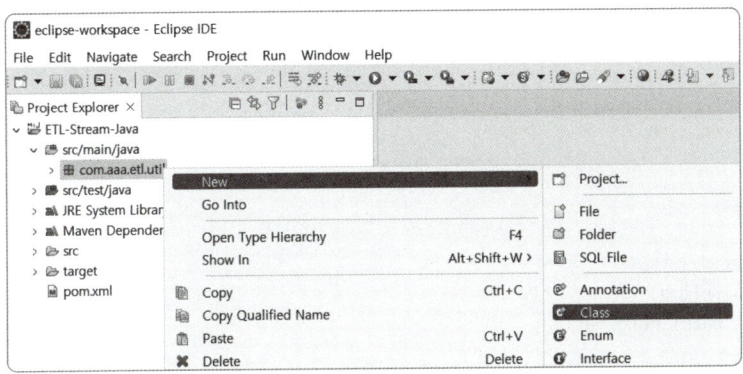

28 클래스 이름은 DefaultLocalDateTimeDeserializer로 입력하고 Superclass에서 부모 클래스를 com.fasterxml.jackson.databind.JsonDeserializer를 선택하고 템플릿 클래스를 java.time.LocalDateTime으로 지정합니다. 파일 내용은 다음과 같습니다.

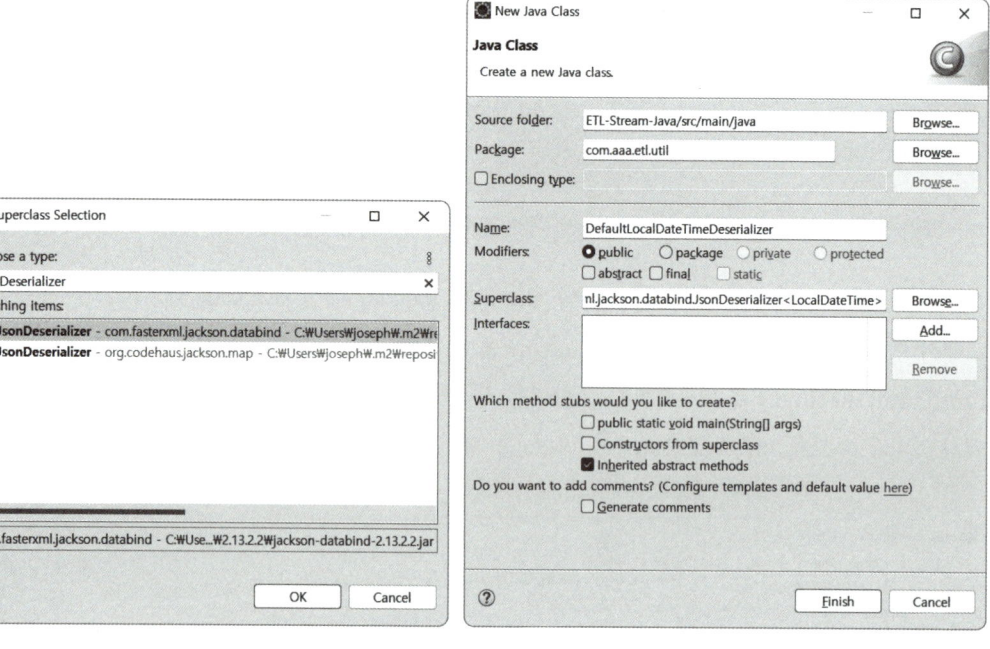

```
01  package com.aaa.etl.util;
02
03  import java.io.IOException;
04  import java.time.LocalDateTime;
05  import java.time.format.DateTimeFormatter;
06
07  import com.fasterxml.jackson.core.JacksonException;
08  import com.fasterxml.jackson.core.JsonParser;
09  import com.fasterxml.jackson.databind.DeserializationContext;
10  import com.fasterxml.jackson.databind.JsonDeserializer;
11
12  public class DefaultLocalDateTimeDeserializer extends JsonDeserializer<LocalDateTime> {
13
14      @Override
15      public LocalDateTime deserialize(JsonParser p, DeserializationContext ctxt)
    throws IOException, JacksonException {
16          // TODO Auto-generated method stub
17          String input = p.getText().replace(" ", "T");
18          DateTimeFormatter formatter = DateTimeFormatter.ISO_OFFSET_DATE_TIME;
19          LocalDateTime localDateTime = LocalDateTime.parse(input, formatter);
20
21          return localDateTime;
22      }
23
24  }
```

19라인에서 input 문자열 값과 DateTimeFormat을 사용하여 java.time.LocalDateTime 값을 반환합니다.

29 유틸 클래스에서 미국의 각 주에 대한 ENUM 객체를 생성합니다. com.aaa.etl.util 패키지를 선택하고 마우스 오른쪽 버튼으로 [New] ➡ [Enum]을 선택합니다.

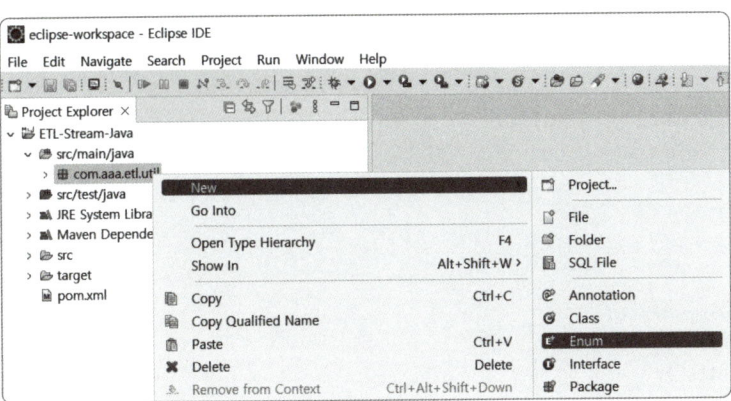

30 Name을 US_STATES로 입력하고 내용을 다음과 같이 코딩합니다.

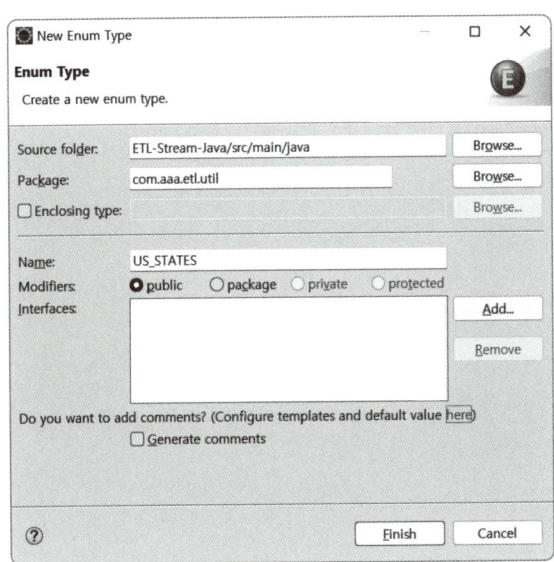

```
01  package com.aaa.etl.util;
02
03  public enum US_STATES {
04
05      AK("AK", "Alaska"),
06      AL("AL", "Alabama"),
07      AR("AR", "Arkansas"),
08      AZ("AZ", "Arizona"),
```

4.1 자바 실습 프로젝트

```
09    CA("CA", "California"),
10    CO("CO", "Colorado"),
11    CT("CT", "Connecticut"),
12    //DC("DC", "the District of Columbia"),
13    DE("DE", "Delaware"),
14    FL("FL", "Florida"),
15    GA("GA", "Georgia"),
16    HI("HI", "Hawaii"),
17    IA("IA", "Iowa"),
18    ID("ID", "Idaho"),
19    IL("IL", "Illinois"),
20    IN("IN", "Indiana"),
21    KS("KS", "Kansas"),
22    KY("KY", "Kentucky"),
23    LA("LA", "Louisiana"),
24    MA("MA", "Massachusetts"),
25    MD("MD", "Maryland"),
26    ME("ME", "Maine"),
27    MI("MI", "Michigan"),
28    MN("MN", "Minnesota"),
29    MO("MO", "Missouri"),
30    MS("MS", "Mississippi"),
31    MT("MT", "Montana"),
32    NC("NC", "North Carolina"),
33    ND("ND", "North Dakota"),
34    NE("NE", "Nebraska"),
35    NH("NH", "New Hampshire"),
36    NJ("NJ", "New Jersey"),
37    NM("NM", "New Mexico"),
38    NV("NV", "Nevada"),
39    NY("NY", "New York"),
40    OH("OH", "Ohio"),
41    OK("OK", "Oklahoma"),
42    OR("OR", "Oregon"),
43    PA("PA", "Pennsylvania"),
44    RI("RI", "Rhode Island"),
45    SC("SC", "South Carolina"),
46    SD("SD", "South Dakota"),
47    TN("TN", "Tennessee"),
48    TX("TX", "Texas"),
49    UT("UT", "Utah"),
50    VA("VA", "Virginia"),
51    VT("VT", "Vermont"),
52    WA("WA", "Washington"),
53    WI("WI", "Wisconsin"),
54    WV("WV", "West Virginia"),
55    WY("WY", "Wyoming");
56
```

```
57      private String keyAbbreviation;
58      private String valueFullname;
59
60      US_STATES(String keyAbbreviation, String valueFullname) {
61          this.keyAbbreviation = keyAbbreviation;
62          this.valueFullname = valueFullname;
63      }
64
65      public String getKeyAbbreviation() {
66          return keyAbbreviation;
67      }
68
69      public String getValueFullname() {
70          return valueFullname;
71      }
72
73      public static US_STATES parse(String input) {
74          if (input == null) {
75              return null;
76          }
77
78          input = input.trim();
79          for (US_STATES state : values()) {
80              if (state.keyAbbreviation.equalsIgnoreCase(input) || state.valueFullname
    .equalsIgnoreCase(input)) {
81                  return state;
82              }
83          }
84
85          return null;
86      }
87  }
```

79라인부터 for 루프는 입력 값에 대해 미국 각 주의 이름과 약자를 파싱하는 메서드입니다.

31 다음으로 FRED의 REST API 로부터 반환되어 온 Json 값을 매핑할 POJO를 생성하도록 하겠습니다. 생성할 POJO 클래스는 모두 2개로 FredColumnPojo와 EtlColumnPojo입니다. FredColumnPojo 는 'fred/series/search' URI를 통해서 검색할 내용을 담은 문자열에 대해 반환된 Json 값에 대한 POJO 매핑 클래스입니다. 이 FredColumnPojo 클래스에는 Series의 ID 값과 매핑하는 멤버변수가 있습니다. 두 번째는 'fred/series/observations' URI에 이 Series ID 값을 매개변수로 삽입하여 우리가 원하는 데이터를 읽어오고 그 Json 값을 EtlColumnPojo와 매핑합니다. 이 매핑된 EtlColumnPojo 객체의 값은 하둡 파일 시스템에 csv 타입으로 저장됩니다.

32 src/main/java 폴더를 선택하고 마우스 오른 버튼에서 [New] ➡ [Class]를 선택합니다.

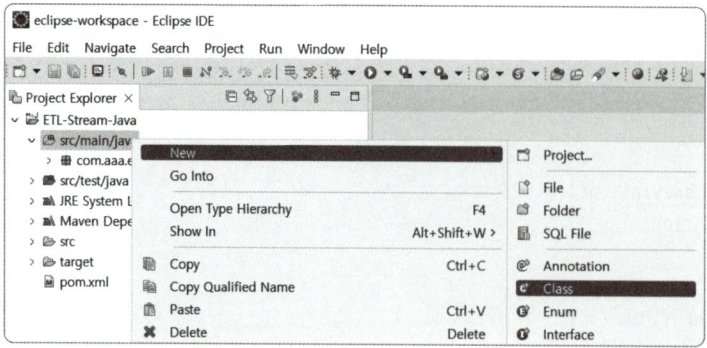

33 Package를 com.aaa.etl.pojo로 입력하고 Name을 FredColumnPojo로 명명합니다.

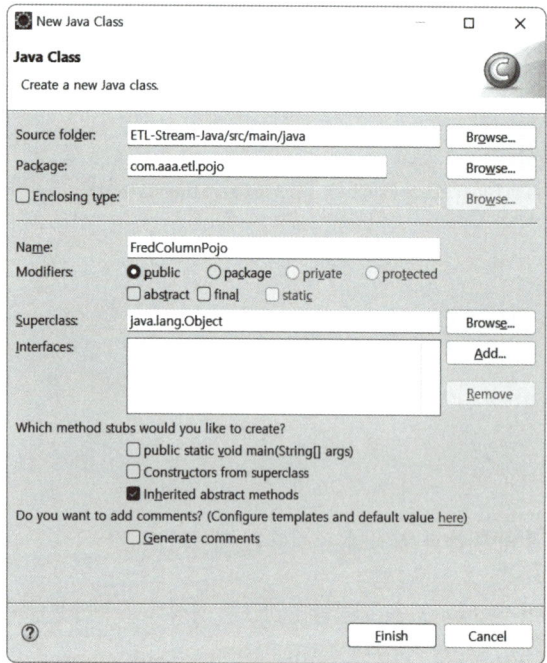

34 파일은 다음과 같이 코딩합니다.

```
01  package com.aaa.etl.pojo;
02
03  import java.time.LocalDate;
04  import java.time.LocalDateTime;
05
```

```java
06  import com.aaa.etl.util.DefaultLocalDateTimeDeserializer;
07  import com.fasterxml.jackson.annotation.JsonFormat;
08  import com.fasterxml.jackson.annotation.JsonProperty;
09  import com.fasterxml.jackson.annotation.JsonPropertyOrder;
10  import com.fasterxml.jackson.databind.annotation.JsonDeserialize;
11  import com.fasterxml.jackson.datatype.jsr310.deser.LocalDateDeserializer;
12
13  import lombok.Data;
14  import lombok.Getter;
15  import lombok.Setter;
16
17  @Data
18  @Getter
19  @Setter
20  @JsonPropertyOrder({"id", "realtime_start", "realtime_end", "title" ,"observation_start",
21  "observation_end", "frequency", "frequency_short", "units", "units_short",
22  "seasonal_adjustment", "seasonal_adjustment_short", "last_updated", "popularity",
23  "group_popularity", "notes"})
24  public class FredColumnPojo {
25
26      @JsonProperty("id")
27      private String id;   // Series의 ID와 매핑하는 멤버변수입니다.
28
29      @JsonProperty("realtime_start")
30      @JsonFormat(pattern = "yyyy-MM-dd")
31      @JsonDeserialize(using = LocalDateDeserializer.class)
32      private LocalDate realtime_start;
33
34      @JsonProperty("realtime_end")
35      @JsonFormat(shape = JsonFormat.Shape.STRING, pattern = "yyyy-MM-dd")
36      @JsonDeserialize(using = LocalDateDeserializer.class)
37      private LocalDate realtime_end;
38
39      @JsonProperty("title")
40      private String title;    // 검색된 Series의 title을 매핑하는 멤버변수입니다.
41
42      @JsonProperty("observation_start")
43      @JsonFormat(shape = JsonFormat.Shape.STRING, pattern = "yyyy-MM-dd")
44      @JsonDeserialize(using = LocalDateDeserializer.class)
45      private LocalDate observation_start;
46
47      @JsonProperty("observation_end")
48      @JsonFormat(shape = JsonFormat.Shape.STRING, pattern = "yyyy-MM-dd")
49      @JsonDeserialize(using = LocalDateDeserializer.class)
50      private LocalDate observation_end;
51
52      @JsonProperty("frequency")
53      private String frequency;
54
```

```java
55      @JsonProperty("frequency_short")
56      private String frequency_short;
57
58      @JsonProperty("units")
59      private String units;
60
61      @JsonProperty("units_short")
62      private String units_short;
63
64      @JsonProperty("seasonal_adjustment")
65      private String seasonal_adjustment;
66
67      @JsonProperty("seasonal_adjustment_short")
68      private String seasonal_adjustment_short;
69
70      @JsonProperty("last_updated")
71      // FRED의 시간대 변수를 실습에 적합한 Time 형식으로 역직렬화 하도록 설정합니다.
72      @JsonDeserialize(using = DefaultLocalDateTimeDeserializer.class)
73      private LocalDateTime last_updated;
74
75      @JsonProperty("popularity")
76      private short popularity;
77
78      @JsonProperty("group_popularity")
79      private short group_popularity;
80
81      @JsonProperty("notes")
82      private String notes;
83
84      @Override
85      public String toString() {
86          return "FredColumnPojo [id=" + id + ", realtime_start=" + realtime_start
87                  + ", realtime_end=" + realtime_end + ", title=" + title
88                  + ", observation_start=" + observation_start
89                  + ", observation_end=" + observation_end
90                  + ", frequency=" + frequency + ", frequency_short=" + frequency_short
91                  + ", units=" + units + ", units_short=" + units_short
92                  + ", seasonal_adjustment=" + seasonal_adjustment
93                  + ", seasonal_adjustment_short=" + seasonal_adjustment_short
94                  + ", last_updated=" + last_updated + ", popularity=" + popularity
95                  + ", group_popularity=" + group_popularity + ", notes=" + notes + "]";
96      }
97  }
```

27라인의 id는 검색대상의 Series에 대한 ID와 매핑합니다. 이 ID를 이용하여 FRED로부터 검색 대상의 Value 값을 불러올 수 있습니다. 72라인은 FRED에서 반환되는 시간대를 앞 28항의 역직렬화 클래스를 사용하여 변환시키는 애노테이션입니다.

35 이번에는 EtlColumnPojo를 생성하겠습니다. com.aaa.etl.pojo 패키지를 선택하고 마우스 오른쪽 버튼으로 [New]➡[Class]를 클릭하여 생성합니다.

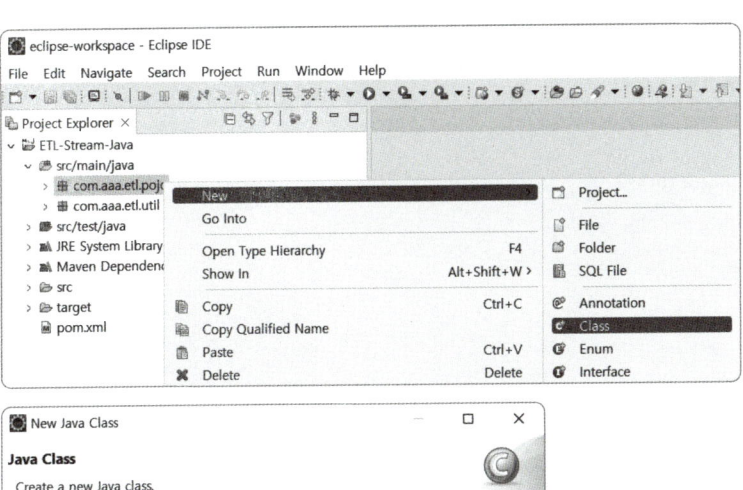

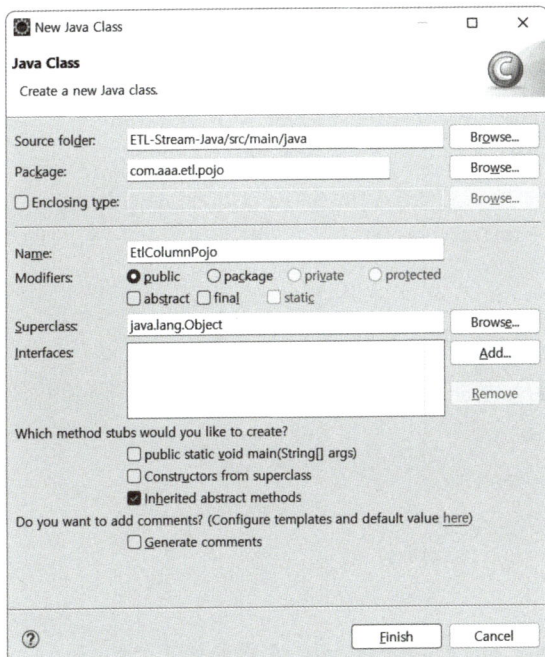

36 파일의 내용은 다음과 같이 코딩합니다.

```
01  package com.aaa.etl.pojo;
02
03  import java.time.LocalDate;
04
```

```
05  import com.aaa.etl.util.CustomFloatDeserializer;
06  import com.fasterxml.jackson.annotation.JsonFormat;
07  import com.fasterxml.jackson.annotation.JsonIgnore;
08  import com.fasterxml.jackson.annotation.JsonProperty;
09  import com.fasterxml.jackson.annotation.JsonPropertyOrder;
10  import com.fasterxml.jackson.databind.annotation.JsonDeserialize;
11  import com.fasterxml.jackson.datatype.jsr310.deser.LocalDateDeserializer;
12
13  import lombok.AllArgsConstructor;
14  import lombok.Data;
15  import lombok.Getter;
16  import lombok.NoArgsConstructor;
17  import lombok.Setter;
18
19  @Data
20  @AllArgsConstructor
21  @NoArgsConstructor
22  @Getter
23  @Setter
24  @JsonPropertyOrder({"realtime_start", "realtime_end", "date", "value", "id", "title",
25      "state", "frequency_short", "units_short", "seasonal_adjustment_short"})
26  public class EtlColumnPojo {
27
28      @JsonProperty("realtime_start")
29      @JsonFormat(pattern="yyyy-MM-dd")
30      @JsonDeserialize(using = LocalDateDeserializer.class)
31      private LocalDate realtime_start;
32
33      @JsonProperty("realtime_end")
34      @JsonFormat(pattern="yyyy-MM-dd")
35      @JsonDeserialize(using = LocalDateDeserializer.class)
36      private LocalDate realtime_end;
37
38      @JsonProperty("date")
39      @JsonFormat(pattern="yyyy-MM-dd")
40      @JsonDeserialize(using = LocalDateDeserializer.class)
41      private LocalDate date;
42
43      @JsonDeserialize(using = CustomFloatDeserializer.class)   // "." 값에 대한 역직렬화
44      @JsonProperty("value")
45      private Float value;
46
47      @JsonProperty("id")
48      private String id;
49
50      @JsonProperty("title")
51      private String title;
52
```

```java
53      @JsonProperty("state")
54      private String state;
55
56      @JsonProperty("frequency_short")
57      private String frequency_short;
58
59      @JsonProperty("units_short")
60      private String units_short;
61
62      @JsonProperty("seasonal_adjustment_short")
63      private String seasonal_adjustment_short;
64
65      @Override
66      public String toString() {
67          return "EtlColumnPojo [realtime_start=" + realtime_start
68          + ", realtime_end=" + realtime_end
69          + ", date=" + date + ", value=" + value + ", id=" + id
70          + ", title=" + title + ", state=" + state
71          + ", frequency_short=" + frequency_short + ", units_short=" + units_short
72          + ", seasonal_adjustment_short=" + seasonal_adjustment_short + "]";
73      }
74
75      @JsonIgnore
76      public String getValues() {
77          String values = realtime_start + "," + realtime_end + "," + date + ","
78          + value + "," + id + "," + title + "," + state + "," + frequency_short
79          + "," + units_short + "," + seasonal_adjustment_short;
80          return values;
81      }
82
83      @JsonIgnore
84      public String getColumns() {
85          String columns = "realtime_start" + "," + "realtime_end" + "," + "date" + ","
86          + "value" + "," + "id" + "," + "title" + "," + "state" + "," + "frequency_short"
87          + "," + "units_short" + "," + "seasonal_adjustment_short";
88          return columns;
89      }
90  }
```

41라인의 date가 FRED의 시계열 데이터의 시간을 매핑하는 멤버변수이고 45라인의 value가 해당 시간의 값을 매핑하는 변수입니다.

37 FRED로부터 데이터를 추출하는 데 필요한 유틸리티 클래스와 POJO 클래스를 생성하였으므로 이제는 데이터를 추출Extract하여 가공Transform하고 이를 하둡 파일 시스템으로 저장Load하는 클래스를 만들겠습니다.

38 src/main/java 폴더를 선택하고 마우스 오른쪽 버튼으로 [New] ➡ [Class]를 클릭합니다. Package를 com.aaa.etl.processor로 입력하고 Name을 Fred2Hdfs로 명명합니다.

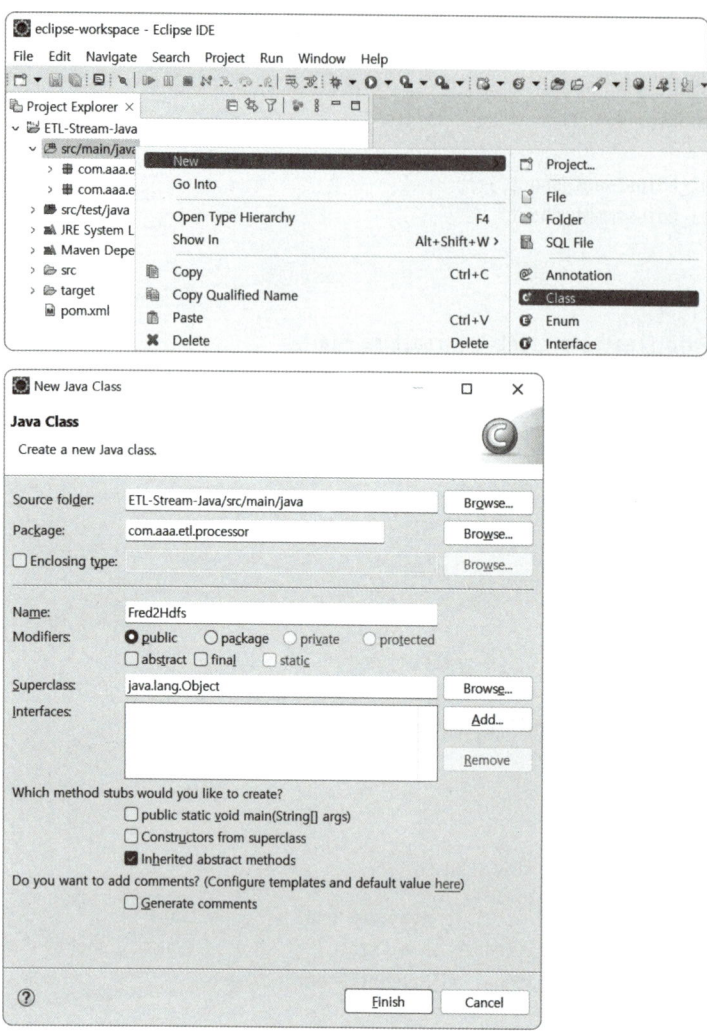

39 다음은 Fred2Hdfs 클래스의 생성자 코드입니다.

```
01  package com.aaa.etl.processor;
02
03  import java.net.URI;
04  import java.util.Properties;
05
06  import org.apache.hadoop.conf.Configuration;
07  import org.apache.hadoop.fs.FileSystem;
08  import org.apache.hadoop.fs.Path;
```

```java
09
10  import com.aaa.etl.util.PropertyFileReader;
11  import com.fasterxml.jackson.databind.ObjectMapper;
12
13  public class Fred2Hdfs {
14
15      public enum APITYPE {
16          SEARCH("series/search"),
17          OBSERVATION("series/observations");
18
19          private String apiType;
20
21          APITYPE(String apiType) {
22              this.apiType = apiType;
23          }
24      }
25
26      public enum FREQUENCY {
27          MONTH('M'),
28          YEAR('A');
29
30          private char freq;
31
32          FREQUENCY(char freq) {
33              this.freq = freq;
34          }
35      }
36
37      // 시스템 속성을 저장하는 객체
38      private Properties fredProp = null;
39
40      // FRED의 Json 타입의 데이터를 EtlColumnPojo로 매핑하여 변환시키는 객체
41      private ObjectMapper mapper = null;
42
43      // 하둡 파일 시스템을 관리하는 객체
44      private FileSystem hadoopFs = null;
45
46      public Fred2Hdfs() throws Exception{
47          fredProp = PropertyFileReader.readPropertyFile("SystemConfig.properties");
48          String HADOOP_CONF_DIR = fredProp.getProperty("hadoop.conf.dir");
49
50          mapper = new ObjectMapper();
51
52          Configuration conf = new Configuration();
53          conf.addResource(new Path("file:///" + HADOOP_CONF_DIR + "/core-site.xml"));
54          conf.addResource(new Path("file:///" + HADOOP_CONF_DIR + "/hdfs-site.xml"));
55
56          String namenode = fredProp.getProperty("hdfs.namenode.url");
57          hadoopFs = FileSystem.get(new URI(namenode), conf);
58      }
59  ... ... ...
```

15라인부터 35라인은 클래스 내부에서 사용하는 열거형 타입을 지정하였습니다. 38라인, 41라인과 44라인은 Fred2Hdfs 클래스에서 사용할 멤버변수를 만듭니다. 그리고 46라인부터의 생성자에서 각 객체를 생성합니다.

<u>40</u> 다음은 FRED에서 값을 읽어와 EtlColumnPojo 클래스에 매핑하여 EtlColumnPojo의 List 객체를 반환하는 메서드입니다.

```
01  package com.aaa.etl.processor;
02
03  import java.net.URI;
04  import java.net.URL;
05  import java.util.List;
06  import java.util.Properties;
07  import java.util.function.Predicate;
08  import java.util.stream.Collectors;
09
10  import org.apache.hadoop.conf.Configuration;
11  import org.apache.hadoop.fs.FileSystem;
12  import org.apache.hadoop.fs.Path;
13
14  import com.aaa.etl.pojo.EtlColumnPojo;
15  import com.aaa.etl.pojo.FredColumnPojo;
16  import com.aaa.etl.util.PropertyFileReader;
17  import com.aaa.etl.util.US_STATES;
18  import com.fasterxml.jackson.core.type.TypeReference;
19  import com.fasterxml.jackson.databind.JsonNode;
20  import com.fasterxml.jackson.databind.ObjectMapper;
21  import com.fasterxml.jackson.databind.node.ArrayNode;
22
23  ........................
24  ........................
25
26  public List<EtlColumnPojo> getEtlListData(FREQUENCY freq, US_STATES state, String searchText)
    throws Exception {
27      String fredUrl = fredProp.getProperty("fred.url");
28      String apiKey = fredProp.getProperty("fred.apiKey");
29      String fileType = "json";
30      String searchUrl = fredUrl + APITYPE.valueOf("SEARCH").apiType + "?search_text=" +
31      searchText.replace(' ', '+') + state.getValueFullname().replaceAll(" ", "+") +
32      "&api_key=" + apiKey +  "&file_type=" + fileType;
33
34      System.out.println(searchUrl);
35
36      JsonNode rootNode = mapper.readTree(new URL(searchUrl));
37      Thread.sleep(500);
38      ArrayNode nodeSeriess = (ArrayNode)rootNode.get("seriess");
39      List<FredColumnPojo> listFredData =
40      mapper.readValue(nodeSeriess.traverse(), new TypeReference<List<FredColumnPojo>>(){});
41
```

```java
42      Predicate<FredColumnPojo> predi =
43          fred -> (fred.getTitle().equals (searchText + state.getValueFullname())) &&
44              (fred.getFrequency_short().charAt(0) == freq.freq) &&
45              fred.getSeasonal_adjustment_short().equals("NSA"));
46
47      List<EtlColumnPojo> listData = listFredData.stream().filter(predi).flatMap(pojo -> {
48          String observUrl = fredUrl + APITYPE.valueOf("OBSERVATION").apiType +
49              "?series_id=" + pojo.getId() + "&api_key=" + apiKey + "&file_type=" + fileType;
50
51          System.out.println(observUrl);
52
53          try {
54              JsonNode nodeValue = mapper.readTree(new URL(observUrl));
55              Thread.sleep(500);
56              ArrayNode nodeValueObserv = (ArrayNode)nodeValue.get("observations");
57              List<EtlColumnPojo> listEtlData = mapper.readValue(nodeValueObserv.traverse(),
58                  new TypeReference<List<EtlColumnPojo>>(){});
59
60              for (EtlColumnPojo valuePojo : listEtlData) {
61                  valuePojo.setState(state.getValueFullname());
62                  valuePojo.setId(pojo.getId());
63                  valuePojo.setTitle(pojo.getTitle().replace(',', '_'));
64                  valuePojo.setFrequency_short(pojo.getFrequency_short());
65                  valuePojo.setUnits_short(pojo.getUnits_short());
66                  valuePojo.setSeasonal_adjustment_short(pojo.getSeasonal_adjustment_short());
67              }
68
69              return listEtlData.stream();
70          } catch (Exception e) {
71              e.printStackTrace();
72          }
73
74          return null;
75      }).collect(Collectors.toList());
76
77      return listData;
78  }
79  … … … …
```

30~32라인에서 FRED에서 검색을 시행할 문자열을 만듭니다. 이 문자열은 우리가 분석에 사용할 특정 시계열 시리즈에 대한 Series ID를 불러오기 위한 문자열입니다. 그리고 34라인에서 콘솔에 검색 문자열을 출력합니다. 36라인에서 URL 객체에 검색 문자열을 매개변수로 지정하여 Json 타입의 값을 불러오고 이를 JsonNode 객체에 담아 반환합니다. 37라인의 Thread.sleep(500)은 FRED로부터 값을 읽어올 때 너무 짧은 시간에 읽기와 쓰기를 시행하면 오류가 발생하기 때문에 이를 방지하기 위해 이 라인을 삽입합니다. 38라인은 36라인에서 불러온 JsonNode 값 중에 "seriess" 항목에 대한 값만을 불러와 ArrayNode에 담습니다. 39~40라인에서 ArrayNode 값을 FredColumnPojo List

객체에 담습니다. 42~45라인에서 분석 대상이 되는 값만을 필터링하기 위해 Predicate를 생성합니다. 47~77라인은 FredColumnPojo List 객체를 EtlColumnPojo List 객체로 변환시키는 람다 형식의 코딩 라인입니다. 49라인에서 분석 대상 시리즈의 id를 설정하여(?series_id=pojo.getId()) FRED에 대해 결괏값을 호출하는 문자열을 생성합니다. 54라인에서 FRED로 한 번 더 쿼리를 전송하여 JsonNode 값을 생성합니다. 56라인에서 "observation"에 해당되는 값만을 불러온 후 57~58라인에서 이 ArrayNode를 EtlColumnPojo로 변환시킵니다. 60~66라인에서는 EtlColumnPojo 객체에서 각 변숫값을 지정한 후 77라인에서 List 객체를 반환합니다.

41 다음은 FRED로부터 추출하고 가공한 데이터를 로컬환경과 하둡 파일 시스템에서 파일로 출력하는 메서드를 구현하겠습니다.

```java
001  package com.aaa.etl.processor;
002
003  import java.io.BufferedWriter;
004  import java.io.File;
005  import java.io.FileOutputStream;
006  import java.io.OutputStream;
007  import java.io.OutputStreamWriter;
008  import java.net.URI;
009  import java.net.URL;
010  import java.nio.charset.StandardCharsets;
011  import java.util.List;
012  import java.util.Properties;
013  import java.util.function.Predicate;
014  import java.util.stream.Collectors;
015
016  import org.apache.hadoop.conf.Configuration;
017  import org.apache.hadoop.fs.FSDataOutputStream;
018  import org.apache.hadoop.fs.FileSystem;
019  import org.apache.hadoop.fs.Path;
020
021  import com.aaa.etl.pojo.EtlColumnPojo;
022  import com.aaa.etl.pojo.FredColumnPojo;
023  import com.aaa.etl.util.PropertyFileReader;
024  import com.aaa.etl.util.US_STATES;
025  import com.fasterxml.jackson.core.JsonGenerator;
026  import com.fasterxml.jackson.core.type.TypeReference;
027  import com.fasterxml.jackson.databind.JsonNode;
028  import com.fasterxml.jackson.databind.ObjectMapper;
029  import com.fasterxml.jackson.databind.ObjectWriter;
030  import com.fasterxml.jackson.databind.SerializationFeature;
031  import com.fasterxml.jackson.databind.node.ArrayNode;
032  import com.fasterxml.jackson.dataformat.csv.CsvMapper;
033  import com.fasterxml.jackson.dataformat.csv.CsvSchema;
```

```
034
035    ........................
036    ........................
037
038    public void writeCsv2Hdfs(String filename, List<EtlColumnPojo> nodeList) throws Exception {
039        Path hadoopPath = new Path(filename);
040
041        FSDataOutputStream hadoopOutStream = null;
042        BufferedWriter bw = null;
043
044        if(nodeList.size() != 0) {
045            if(hadoopFs.exists(hadoopPath)) {
046                hadoopOutStream =hadoopFs.append(hadoopPath);
047                bw = new BufferedWriter(new OutputStreamWriter(hadoopOutStream,
048                    StandardCharsets.UTF_8));
049            } else {
050                hadoopOutStream = hadoopFs.create(hadoopPath, true);
051                bw = new BufferedWriter(new OutputStreamWriter(hadoopOutStream,
052                    StandardCharsets.UTF_8));
053                bw.write(nodeList.get(0).getColumns());
054                bw.newLine();
055            }
056
057            for (EtlColumnPojo pojo : nodeList) {
058                bw.write(pojo.getValues());
059                bw.newLine();
060            }
061
062            bw.close();
063            hadoopOutStream.close();
064        }
065    }
066
067    public void writeCsv2Local(boolean first, String path, String filename,
068    List<EtlColumnPojo> nodeList) throws Exception{
069        CsvMapper csvMapper = new CsvMapper();
070        csvMapper.configure(JsonGenerator.Feature.IGNORE_UNKNOWN, true);
071        csvMapper.findAndRegisterModules();
072        csvMapper.disable(SerializationFeature.WRITE_DATES_AS_TIMESTAMPS);
073
074        CsvSchema schema = csvMapper.schemaFor(EtlColumnPojo.class).
075        withColumnSeparator(',');
076        if (first) {
077            schema = schema.withHeader();
078        } else {
079            schema = schema.withoutHeader();
080        }
081
082        File outputFile = new File(path + filename);
083        OutputStream os = new FileOutputStream(outputFile, true);
```

```
084
085        ObjectWriter ow = csvMapper.writer(schema);
086        ow.writeValue(os, nodeList);
087        os.close();
088    }
089
090    public void clearInputFiles(String path, String filename) throws Exception {
091        Path hadoopPath = new Path(filename);
092
093        if(hadoopFs.exists(hadoopPath)) {
094            hadoopFs.delete(hadoopPath, true);
095            System.out.println("Hadoop File System에서 " + hadoopPath.getName() +
096            " 파일이 삭제되었습니다.");
097        }
098
099        File localPath = new File(path + filename);
100        if(localPath.exists()) {
101            localPath.delete();System.out.println("Local 환경에서 " + localPath.getName() +
102            " 파일이 삭제되었습니다.");
103        }
104    }
105
106    public void closeStream() throws Exception{
107        if(hadoopFs != null) {
108            hadoopFs.close();
109        }
110
111    }
```

38라인의 writeCsv2Hdfs 메서드는 FRED에서 추출하여 가공한 데이터를 하둡 파일 시스템에 저장하는 메서드입니다. 39라인에서 하둡 경로를 생성하고 44라인에서 하둡에 경로가 존재할 경우 하둡 API의 append 메서드를 사용하여 스트림을 생성합니다. 경로가 존재하지 않을 경우 50라인에서 파일을 생성하고 53라인에서 첫 번째 열의 칼럼 이름을 파일에 기록합니다. 57~59라인에서 EtlColumnPojoList를 파일로 출력합니다. 62~63라인에서 열려 있는 스트림을 모두 닫고 리소스를 반환합니다. 67라인의 writeCsv2Local 메서드는 가공한 데이터를 로컬에 파일로 출력하는 메서드입니다. csv 형식으로 출력하기 위해 CsvMapper 클래스를 사용합니다. 74라인에서 CsvSchema를 생성하고 첫 번째 입력인 경우 헤더를 포함시키며 그 이후로는 헤더를 포함하지 않습니다. 82라인에서 파일 객체를 생성한 후 85~86라인에서 값을 출력합니다. 90라인의 clearInputFiles은 매개변수로 지정된 경로와 파일을 하둡 파일 시스템과 로컬 환경에서 삭제하는 메서드입니다. 마지막으로 106라인의 closeStream 메서드에서는 하둡 파일 시스템에 대한 리소스를 해제합니다.

42 이번에는 하둡 파일 시스템으로부터 파일을 읽어오는 클래스를 생성하겠습니다. 앞에서 만든 프로세스가 FRED로부터 데이터를 읽어와 가공하여 하둡 파일 시스템에 저장하면 이번 프로세스는 하둡 파일 시스템에서 파일을 읽어와 카프카를 통해 목표 시스템으로 데이터를 전송하는 역할을 담당합니다. 카프카로 전송하는 기능은 5장에서 설명하도록 하고 이 장에서는 하둡 파일 시스템에서 데이터를 읽어오는 기능까지만을 구현하도록 하겠습니다.

43 Eclipse IDE에서 com.aaa.etl.processor 패키지를 선택하고 마우스 오른쪽 버튼으로 [New] ➡ [Class]를 클릭합니다. Name을 Hdfs2Kafka로 설정합니다.

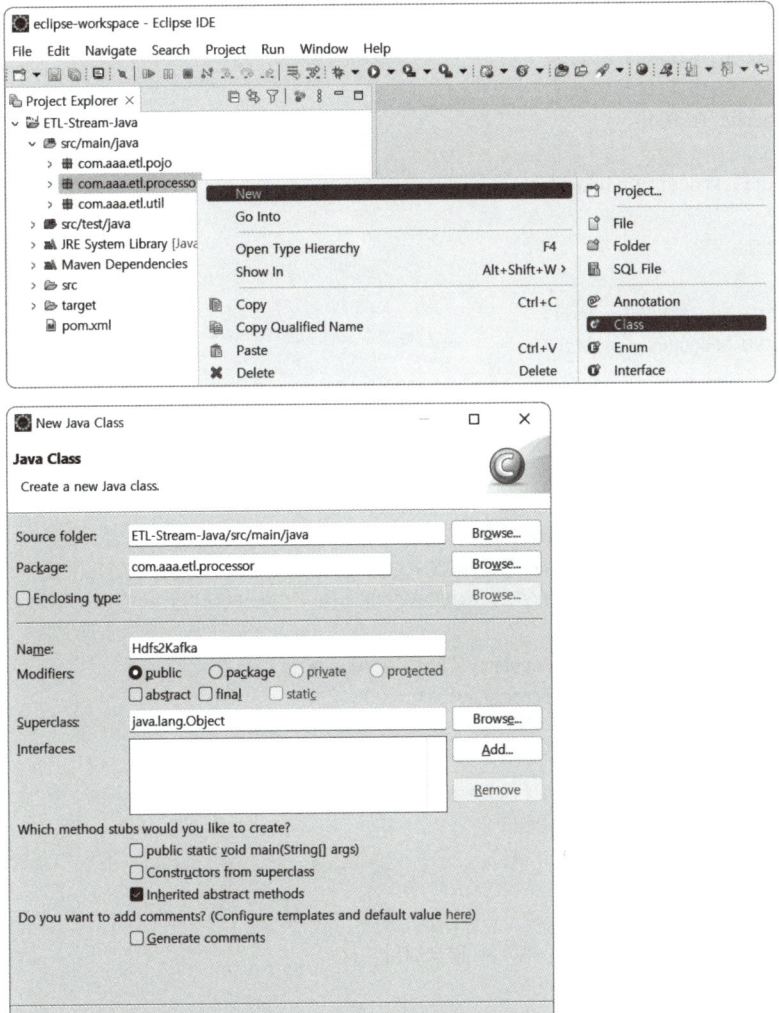

44 Hdfs2Kafka의 코딩 내용은 다음과 같습니다.

```java
01  package com.aaa.etl.processor;
02
03  import java.io.BufferedReader;
04  import java.io.InputStreamReader;
05  import java.net.URI;
06  import java.util.ArrayList;
07  import java.util.List;
08  import java.util.Properties;
09
10  import org.apache.hadoop.conf.Configuration;
11  import org.apache.hadoop.fs.FSDataInputStream;
12  import org.apache.hadoop.fs.FileStatus;
13  import org.apache.hadoop.fs.FileSystem;
14  import org.apache.hadoop.fs.Path;
15
16  import com.aaa.etl.util.PropertyFileReader;
17
18  public class Hdfs2Kafka {
19
20      private Properties systemProp = null;
21      private FileSystem hadoopFs = null;
22
23      public Hdfs2Kafka() throws Exception {
24          systemProp = PropertyFileReader.readPropertyFile("SystemConfig.properties");
25          String HADOOP_CONF_DIR = systemProp.getProperty("hadoop.conf.dir");
26
27          Configuration conf = new Configuration();
28          conf.addResource(new Path("file:///" + HADOOP_CONF_DIR + "/core-site.xml"));
29          conf.addResource(new Path("file:///" + HADOOP_CONF_DIR + "/hdfs-site.xml"));
30
31          String namenode = systemProp.getProperty("hdfs.namenode.url");
32          hadoopFs = FileSystem.get(new URI(namenode), conf);
33      }
34
35      public List<String> readHdFile(String filename) throws Exception {
36          Path path = new Path(filename);
37          List<String> lines = new ArrayList<>();
38
39          if(!hadoopFs.exists(path)) {
40              System.out.println("파일이 존재하지 않습니다.");
41              return null;
42          }
43
44          FSDataInputStream input = hadoopFs.open(path);
45          BufferedReader br = new BufferedReader(new InputStreamReader(input));
```

```
46
47          while(br.ready()) {
48              String[] line = br.readLine().split(",");
49              lines.add(line[2] + "," + line[3] + "," + line[4] + "," + line[5] + "," +
50              line[6] + "," + line[7] + "," + line[8] + "," + line[9]);
51          }
52
53          br.close();
54          input.close();
55          return lines;
56      }
57
58      public void getHdFilesInfo(String filename) throws Exception{
59          Path path = new Path(filename);
60
61          FileStatus fStatus = hadoopFs.getFileStatus(path);
62          if(fStatus.isFile()) {
63              System.out.println("파일 블럭 사이즈 : " + fStatus.getBlockSize());
64              System.out.println("파일 Group : " + fStatus.getGroup());
65              System.out.println("파일 Owner : " + fStatus.getOwner());
66              System.out.println("파일 길이 : " + fStatus.getLen());
67          } else {
68              System.out.println("파일이 아닙니다.!!");
69          }
70      }
71
72      public void sendLines2Kafka(String topic, String line){
73          System.out.println(line);
74      }
75
76      public void closeStream() throws Exception {
77          if(hadoopFs != null) {
78                  hadoopFs.close();
79          }
80      }
81  }
```

20라인과 21라인의 멤버변수는 시스템 설정값을 다루는 Properties 객체와 하둡 파일 시스템을 담당하는 객체입니다. 23라인부터의 생성자에서 하둡 파일 시스템에 멤버변수 객체를 생성합니다. 35라인의 readHDFile 메서드는 44라인에서 하둡 파일 시스템에 파일이 존재할 경우 입력 스트림을 생성하여 파일을 읽어옵니다. 47~50라인에서는 읽어온 파일을 csv 형식의 문자열로 변환하고 이를 55라인에서 반환합니다. 58라인의 getHDFilesInfo는 하둡 파일에 대한 상태를 출력하는 메서드입니다. 72라인에서 sendLines2Kafka 메서드는 읽어온 라인을 Kafka로 전송하는 메서드이지만 이 장에서는 단순히 콘솔에 출력하는 기능만을 수행합니다.

45 로컬의 파일을 저장하기 위해 **src/main** 폴더를 선택하고 마우스 오른쪽 버튼으로 [New] ➡ [Folder] 메뉴를 선택한 다음 폴더 이름을 **outputs**로 입력합니다.

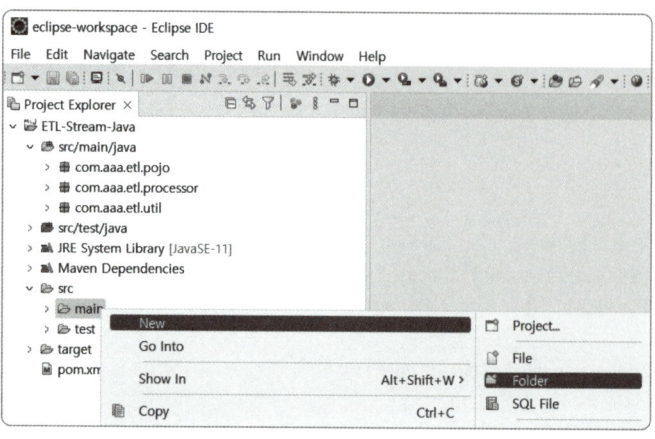

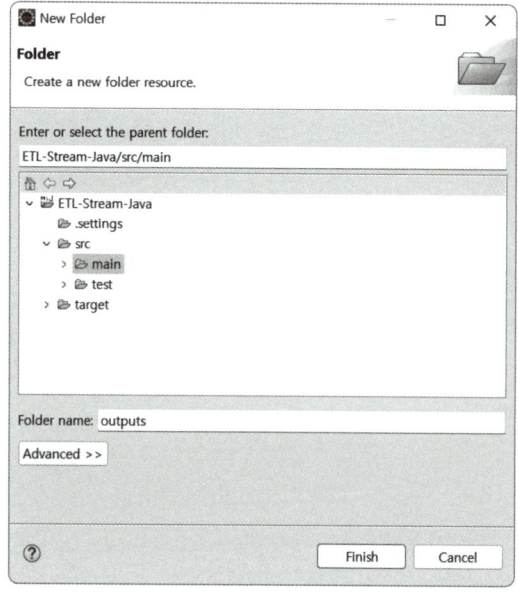

46 마지막으로 위에서 생성한 클래스를 사용하는 실행 파일을 만들어 보겠습니다. Project Explorer 에서 ETL-Stream-Java 프로젝트의 src/main/java 폴더를 선택하고 마우스 오른쪽 버튼으로 [New] ➡ [Class]를 클릭합니다. package를 com.aaa.etl.load로 입력하고 Name을 EtlFileUploader2Hdfs로 지정합니다. 이때 **public static void main(String[ ] args)** 체크박스를 선택합니다.

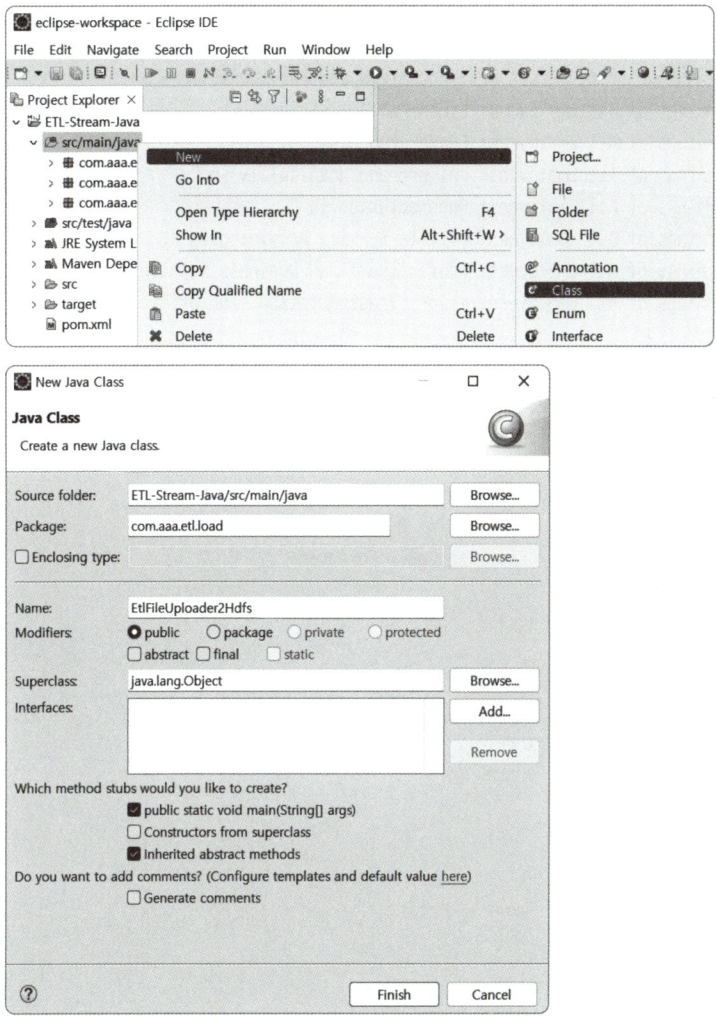

47 파일 코드는 다음과 같습니다.

```
001  package com.aaa.etl.load;
002
003  import java.util.Arrays;
004  import java.util.List;
005
006  import com.aaa.etl.pojo.EtlColumnPojo;
007  import com.aaa.etl.processor.Fred2Hdfs;
008  import com.aaa.etl.processor.Fred2Hdfs.FREQUENCY;
009  import com.aaa.etl.util.US_STATES;
010
011  public class EtlFileUploader2Hdfs {
012
```

```java
013     private static List<String> titleEarningsList = Arrays.asList(
014         "Average Hourly Earnings of All Employees: Construction in ",
015         //"Average Hourly Earnings of All Employees: Education and Health Services in ",
016         "Average Hourly Earnings of All Employees: Financial Activities in ",
017         "Average Hourly Earnings of All Employees: Goods Producing in ",
018         "Average Hourly Earnings of All Employees: Leisure and Hospitality in ",
019         "Average Hourly Earnings of All Employees: Manufacturing in ",
020         "Average Hourly Earnings of All Employees: Private Service Providing in ",
021         "Average Hourly Earnings of All Employees: Professional and Business Services in ",
022         "Average Hourly Earnings of All Employees: Trade, Transportation, and Utilities in "
023     );
024
025     private static String titlePoverty = "Estimated Percent of People of All Ages in Poverty for ";
026     private static String titleRealGDP = "Real Gross Domestic Product: All Industry Total in ";
027     private static String titleUnemployee = "Unemployment Rate in ";
028     private static String titleHouseholdIncome = "Real Median Household Income in ";
029     private static String titleTaxExemption = "Total Tax Exemptions for ";
030     private static String titleLaborForce = "Civilian Labor Force in ";
031
032     public static String getFilename(String str) {
033         int istart = str.indexOf(":") + 2;
034         int iend = str.indexOf(" in");
035         String title = str.substring(istart, iend).replace(" ", "_").replace(",", "");
036         String filename = "earnings_" + title + ".csv";
037
038         return filename;
039     }
040
041     public static void main(String[] args) throws Exception{
042         // TODO Auto-generated method stub
043         Fred2Hdfs fred = new Fred2Hdfs();
044
045         System.out.println("====================== Unemployee Annual");
046
047         fred.clearInputFiles("src/main/outputs/", "unemployee_annual.csv");
048
049         for (US_STATES state : US_STATES.values()) {
050             List<EtlColumnPojo> etlUnemployeeDataAnnual =
                    fred.getEtlListData(FREQUENCY.YEAR, state, titleUnemployee);
051             fred.writeCsv2Hdfs("unemployee_annual.csv", etlUnemployeeDataAnnual);
052
053             if (state.ordinal() == 0) {
054                 fred.writeCsv2Local(true, "src/main/outputs/", "unemployee_annual.csv",
                        etlUnemployeeDataAnnual);
055             } else {
056                 fred.writeCsv2Local(false, "src/main/outputs/", "unemployee_annual.csv",
                        etlUnemployeeDataAnnual);
057             }
```

```java
058         }
059
060         System.out.println("===================== Real Median Household Income");
061
062         fred.clearInputFiles("src/main/outputs/", "household_income.csv");
063
064         for (US_STATES state : US_STATES.values()) {
065             List<EtlColumnPojo> etlhouseholdIncomData =
                     fred.getEtlListData(FREQUENCY.YEAR, state, titleHouseholdIncome);
066             fred.writeCsv2Hdfs("household_income.csv", etlhouseholdIncomData);
067
068             if (state.ordinal() == 0) {
069                 fred.writeCsv2Local(true, "src/main/outputs/", "household_income.csv",
                         etlhouseholdIncomData);
070             } else {
071                 fred.writeCsv2Local(false, "src/main/outputs/", "household_income.csv",
                         etlhouseholdIncomData);
072             }
073         }
074
075         System.out.println("===================== Total Tax Exemptions");
076
077         fred.clearInputFiles("src/main/outputs/", "tax_exemption.csv");
078
079         for (US_STATES state : US_STATES.values()) {
080             List<EtlColumnPojo> etlTaxExempData =
                     fred.getEtlListData(FREQUENCY.YEAR, state, titleTaxExemption);
081             fred.writeCsv2Hdfs("tax_exemption.csv", etlTaxExempData);
082
083             if (state.ordinal() == 0) {
084                 fred.writeCsv2Local(true, "src/main/outputs/", "tax_exemption.csv",
                         etlTaxExempData);
085             } else {
086                 fred.writeCsv2Local(false, "src/main/outputs/", "tax_exemption.csv",
                         etlTaxExempData);
087             }
088         }
089
090         System.out.println("===================== Civilian Labor Force");
091
092         fred.clearInputFiles("src/main/outputs/", "civilian_force.csv");
093
094         for (US_STATES state : US_STATES.values()) {
095             List<EtlColumnPojo> etlCivilForceData =
                     fred.getEtlListData(FREQUENCY.YEAR, state, titleLaborForce);
096             fred.writeCsv2Hdfs("civilian_force.csv", etlCivilForceData);
097
098             if (state.ordinal() == 0) {
```

```java
099                fred.writeCsv2Local(true, "src/main/outputs/", "civilian_force.csv",
                        etlCivilForceData);
100            } else {
101                fred.writeCsv2Local(false, "src/main/outputs/", "civilian_force.csv",
                        etlCivilForceData);
102            }
103        }
104
105        System.out.println("====================== Poverty");
106
107        fred.clearInputFiles("src/main/outputs/", "poverty.csv");
108
109        for (US_STATES state : US_STATES.values()) {
110            List<EtlColumnPojo> etlPovertyData =
                    fred.getEtlListData(FREQUENCY.YEAR, state, titlePoverty);
111            fred.writeCsv2Hdfs("poverty.csv", etlPovertyData);
112
113            if (state.ordinal() == 0) {
114                fred.writeCsv2Local(true, "src/main/outputs/", "poverty.csv", etlPovertyData);
115            } else {
116                fred.writeCsv2Local(false, "src/main/outputs/", "poverty.csv", etlPovertyData);
117            }
118        }
119
120        System.out.println("====================== Real GDP");
121
122        fred.clearInputFiles("src/main/outputs/", "real_gdp.csv");
123
124        for (US_STATES state : US_STATES.values()) {
125            List<EtlColumnPojo> etlRealGDPData =
                    fred.getEtlListData(FREQUENCY.YEAR, state, titleRealGDP);
126            fred.writeCsv2Hdfs("real_gdp.csv", etlRealGDPData);
127
128            if (state.ordinal() == 0) {
129                fred.writeCsv2Local(true, "src/main/outputs/", "real_gdp.csv", etlRealGDPData);
130            } else {
131                fred.writeCsv2Local(false, "src/main/outputs/", "real_gdp.csv", etlRealGDPData);
132            }
133        }
134
135        System.out.println("====================== Unemployee Monthly");
136
137        fred.clearInputFiles("src/main/outputs/", "unemployee_monthly.csv");
138
139        for (US_STATES state : US_STATES.values()) {
140            List<EtlColumnPojo> etlUnemployeeDataMonthly =
                    fred.getEtlListData(FREQUENCY.MONTH, state, titleUnemployee);
141            fred.writeCsv2Hdfs("unemployee_monthly.csv", etlUnemployeeDataMonthly);
```

```
142
143                if (state.ordinal() == 0) {
144                    fred.writeCsv2Local(true, "src/main/outputs/", "unemployee_monthly.csv",
                           etlUnemployeeDataMonthly);
145                } else {
146                    fred.writeCsv2Local(false, "src/main/outputs/", "unemployee_monthly.csv",
                           etlUnemployeeDataMonthly);
147                }
148            }
149
150            System.out.println("===================== Earnings");
151
152            for (int i = 0 ; i < titleEarningsList.size() ; i++) {
153                fred.clearInputFiles("src/main/outputs/", getFilename(titleEarningsList.get(i)));
154            }
155
156            for (int i = 0 ; i < titleEarningsList.size() ; i++) {
157                for (US_STATES state : US_STATES.values()) {
158                    List<EtlColumnPojo> etlEarningsData =
                           fred.getEtlListData(FREQUENCY.MONTH, state, titleEarningsList.get(i));
159                    String filename = getFilename(titleEarningsList.get(i));
160
161                    fred.writeCsv2Hdfs(filename, etlEarningsData);
162
163                    if (state.ordinal() == 0) {
164                        fred.writeCsv2Local(true, "src/main/outputs/", filename, etlEarningsData);
165                    } else {
166                        fred.writeCsv2Local(false, "src/main/outputs/", filename, etlEarningsData);
167                    }
168                }
169            }
170
171            fred.closeStream();
172
173            System.out.println("===================== Done!!!");
174        }
175 }
```

13~30라인은 분석을 위해 FRED에서 추출하고자 하는 각 검색어 모음입니다. 32라인의 getFilename 메서드는 13라인의 titleEarningsList 리스트 멤버변수에서 파일 이름을 추출하는 static 메서드입니다. 159라인에서 파일 이름을 생성합니다. 그리고 각 검색어별로 파일을 초기화하고 하둡 파일 시스템과 로컬 환경에서 파일을 출력합니다.

48 이번에는 com.aaa.etl.load 패키지를 선택하고 마우스 오른쪽 버튼으로 [New] ➡ [Class]를 클릭합니다. Name을 EtlDataUploader2Kafka로 지정하고 public static void main(String[ ] args) 체크박스를 선택하여 클래스를 선택합니다.

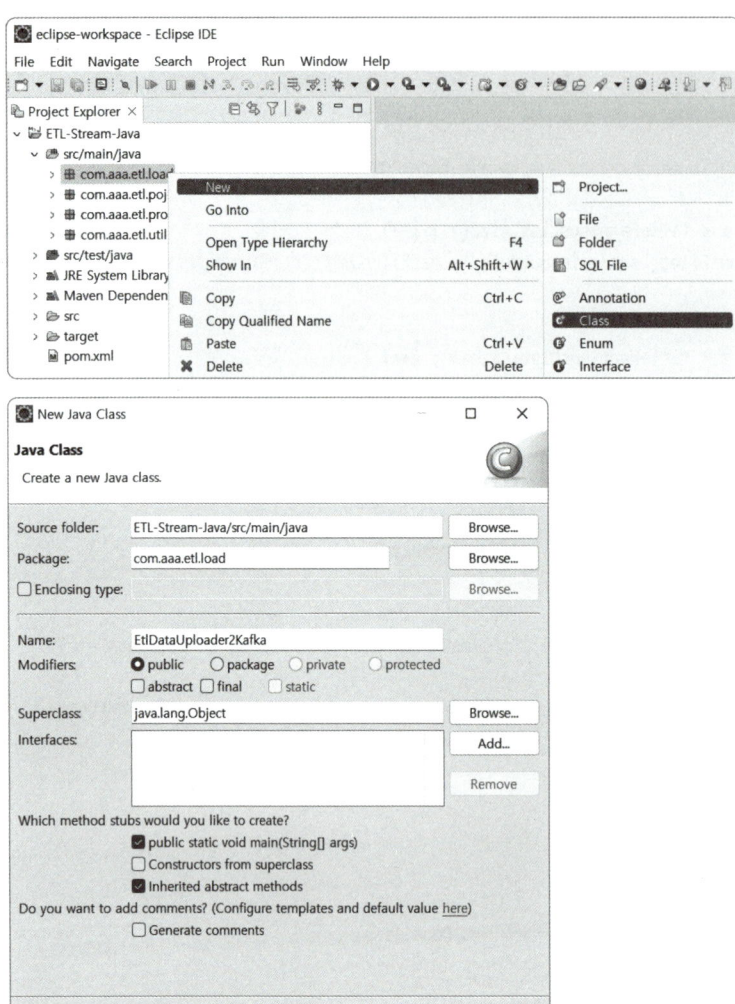

49 코드 내용은 다음과 같습니다.

```
01  package com.aaa.etl.load;
02
03  import com.aaa.etl.processor.Hdfs2Kafka;
04
05  public class EtlDataUploader2Kafka {
```

```java
06
07     public static void main(String[] args) throws Exception{
08         // TODO Auto-generated method stub
09         Hdfs2Kafka hdfs2kafka = new Hdfs2Kafka();
10
11         hdfs2kafka.readHdFile("unemployee_annual.csv").forEach(str ->
12         hdfs2kafka.sendLines2Kafka("topic_unempl_ann", str));
13         hdfs2kafka.getHdFilesInfo("unemployee_annual.csv");
14
15         hdfs2kafka.readHdFile("household_income.csv").forEach(str ->
16         hdfs2kafka.sendLines2Kafka("topic_house_income_ann", str));
17         hdfs2kafka.getHdFilesInfo("household_income.csv");
18
19         hdfs2kafka.readHdFile("tax_exemption.csv").forEach(str ->
20         hdfs2kafka.sendLines2Kafka("topic_tax_exemp_ann", str));
21         hdfs2kafka.getHdFilesInfo("tax_exemption.csv");
22
23         hdfs2kafka.readHdFile("civilian_force.csv").forEach(str ->
24         hdfs2kafka.sendLines2Kafka("topic_civil_force_ann", str));
25         hdfs2kafka.getHdFilesInfo("civilian_force.csv");
26
27         hdfs2kafka.readHdFile("poverty.csv").forEach(str ->
28         hdfs2kafka.sendLines2Kafka("topic_pov_ann", str));
29         hdfs2kafka.getHdFilesInfo("poverty.csv");
30
31         hdfs2kafka.readHdFile("real_gdp.csv").forEach(str ->
32         hdfs2kafka.sendLines2Kafka("topic_gdp_ann", str));
33         hdfs2kafka.getHdFilesInfo("real_gdp.csv");
34
35         hdfs2kafka.readHdFile("unemployee_monthly.csv").forEach(str ->
36         hdfs2kafka.sendLines2Kafka("topic_unempl_mon", str));
37         hdfs2kafka.getHdFilesInfo("unemployee_monthly.csv");
38
39         hdfs2kafka.readHdFile("earnings_Construction.csv").forEach(str ->
40         hdfs2kafka.sendLines2Kafka("topic_earn_Construction_mon", str));
41         hdfs2kafka.getHdFilesInfo("earnings_Construction.csv");
42         /*
43         hdfs2kafka.readHdFile("earnings_Education_and_Health_Services.csv").forEach(str ->
44         hdfs2kafka.sendLines2Kafka("topic_earn_Education_and_Health_Services_mon", str));
45         hdfs2kafka.getHdFilesInfo("earnings_Education_and_Health_Services.csv");
46         */
47         hdfs2kafka.readHdFile("earnings_Financial_Activities.csv").forEach(str ->
48         hdfs2kafka.sendLines2Kafka("topic_earn_Financial_Activities_mon", str));
49         hdfs2kafka.getHdFilesInfo("earnings_Financial_Activities.csv");
50
51         hdfs2kafka.readHdFile("earnings_Goods_Producing.csv").forEach(str ->
52          hdfs2kafka.sendLines2Kafka("topic_earn_Goods_Producing_mon", str));
53         hdfs2kafka.getHdFilesInfo("earnings_Goods_Producing.csv");
```

```
54
55          hdfs2kafka.readHdFile("earnings_Leisure_and_Hospitality.csv").forEach(str ->
56           hdfs2kafka.sendLines2Kafka("topic_earn_Leisure_and_Hospitality_mon", str));
57          hdfs2kafka.getHdFilesInfo("earnings_Leisure_and_Hospitality.csv");
58
59          hdfs2kafka.readHdFile("earnings_Manufacturing.csv").forEach(str ->
60           hdfs2kafka.sendLines2Kafka("topic_earn_Manufacturing_mon", str));
61          hdfs2kafka.getHdFilesInfo("earnings_Manufacturing.csv");
62
63          hdfs2kafka.readHdFile("earnings_Private_Service_Providing.csv").forEach(str ->
64           hdfs2kafka.sendLines2Kafka("topic_earn_Private_Service_Providing_mon", str));
65          hdfs2kafka.getHdFilesInfo("earnings_Private_Service_Providing.csv");
66
67          hdfs2kafka.readHdFile("earnings_Professional_and_Business_Services.csv").forEach(str ->
68           hdfs2kafka.sendLines2Kafka("topic_earn_Professional_and_Business_Services_mon", str));
69          hdfs2kafka.getHdFilesInfo("earnings_Professional_and_Business_Services.csv");
70
71          hdfs2kafka.readHdFile("earnings_Trade_Transportation_and_Utilities.csv").forEach(str ->
72           hdfs2kafka.sendLines2Kafka("topic_earn_Trade_Transportation_and_Utilities_mon", str));
73          hdfs2kafka.getHdFilesInfo("earnings_Trade_Transportation_and_Utilities.csv");
74
75          hdfs2kafka.closeStream();
76      }
77  }
```

50 이제 위 파일을 실행하면 작업이 수행됩니다.

4.2 파이썬 실습 프로젝트

1 앞에서 실습하였듯이 자바가 객체지향 프로그래밍으로 구성된 Compiled 언어라면 파이썬은 SQL과 같이 스크립트로 이루어진 Interpreted 언어입니다. 그리고 파이썬은 판다스Pandas모듈에서 제공하는 Series, DataFrame 등의 데이터 자료형을 제공합니다. 우리가 자바에서 POJO 클래스를 생성하여 데이터와 매핑했다면 파이썬은 DataFrame 같은 모듈로 데이터를 불러오고 가공할 수 있습니다. 이제 하둡 파일 시스템을 자바로 프로그래밍한 아키텍처와 거의 동일하게 파이썬으로 코딩을 수행하겠습니다.

2 2.3절에서 PyDev 이클립스 플러그인의 설치가 완료되면 [Window] ➡ [Perspective] ➡ [Open Perspective] ➡ [Other]를 클릭하여 PyDev perspective를 선택합니다.

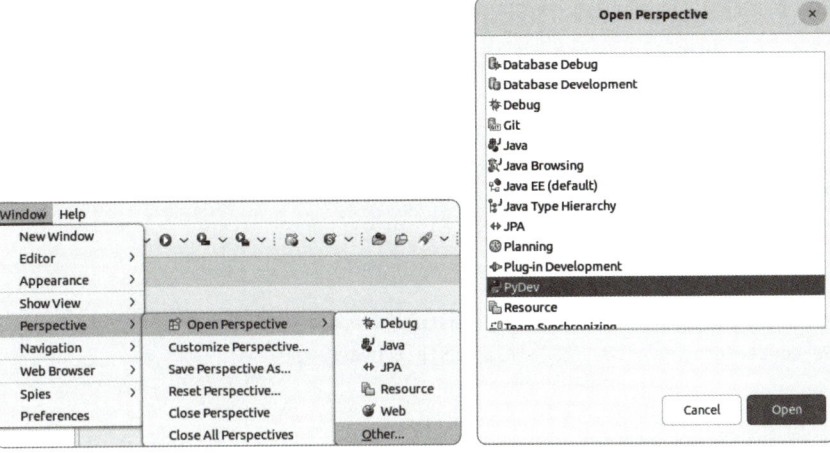

3 [File] ➡ [New] ➡ [PyDev Project]를 클릭하여 PyDev 프로젝트를 생성합니다. 프로젝트 이름은 자바 프로젝트와의 차별성과 가독성을 위해 ETL-Stream-Python으로 설정하였습니다.

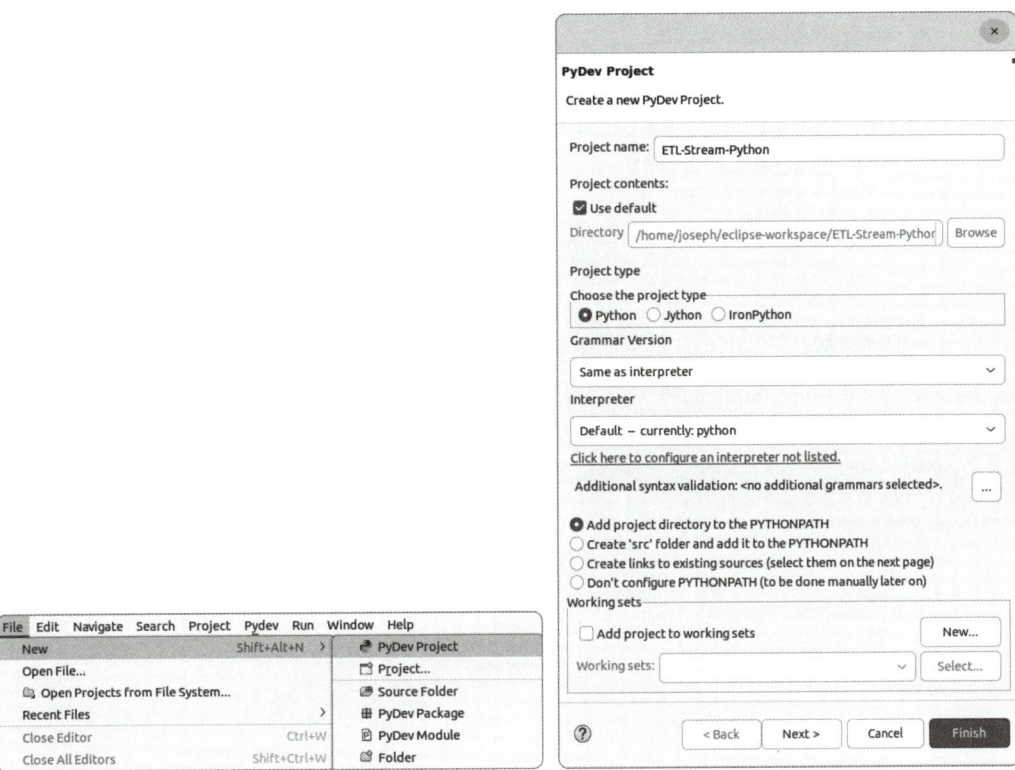

4 이번에는 이클립스 환경에서 pyarrow 패키지와 fredapi 패키지를 설치하겠습니다. 앞에서 언급하였듯이 파이썬은 버전에 민감합니다. 이 책을 쓰던 때에 `conda install` 명령어를 사용하여 pyarrow를 설치하면 버전이 9.0이 설치됩니다.

5 shell을 열어 다음과 같이 `conda` 명령어 또는 `pip` 명령어를 사용하여 fredapi와 pyarrow를 설치합니다. 이클립스 PyDev 개발환경에서 모듈인식이 안되면 이클립스를 재시작합니다.

```
> conda install -c conda-forge fredapi (또는 pip install fredapi)
> conda install -c conda-forge pyarrow (또는 pip install pyarrow)
```

6 PyDev에서 파이썬 모듈을 생성합니다. [PyDev Package Explorer]에서 우리가 생성한 ETL-Stream-Python을 선택하고 마우스 오른쪽 버튼으로 [New] ▶ [PyDev Module]을 클릭합니다.

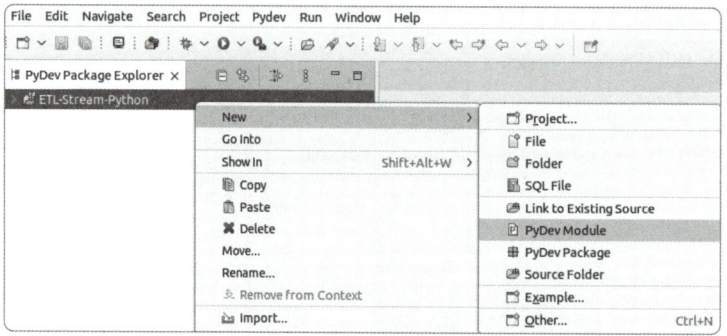

7 여러분이 Package와 Name을 입력합니다. 필자는 Package를 com.aaa.etl로 입력하고 Name은 us_states로 설정합니다. Template에서는 〈Empty〉를 선택합니다.

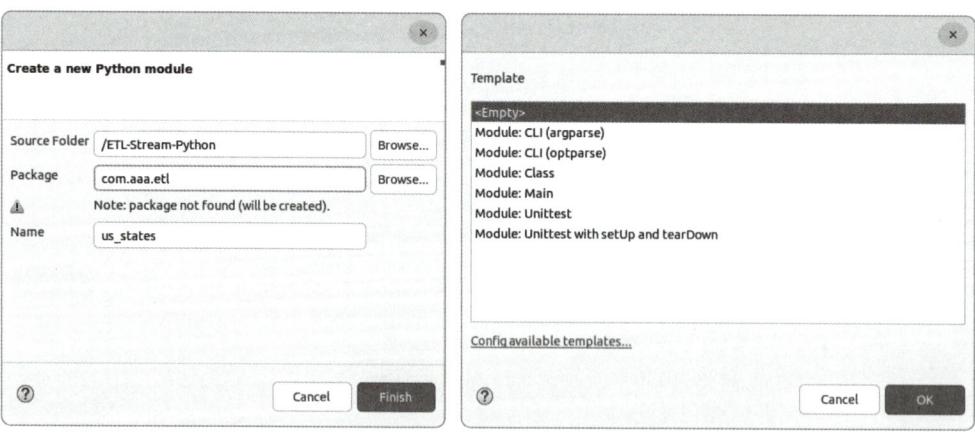

8 us_states.py를 다음과 같이 코딩합니다.

```
01  from enum import Enum
02
03  class US_STATES(Enum):
04      AK="Alaska"
05      AL="Alabama"
06      AR="Arkansas"
07      AZ="Arizona"
08      CA="California"
09      CO="Colorado"
10      CT="Connecticut"
11      #DC="the District of Columbia"
12      DE="Delaware"
13      FL="Florida"
14      GA="Georgia"
15      HI="Hawaii"
16      IA="Iowa"
17      ID="Idaho"
18      IL="Illinois"
19      IN="Indiana"
20      KS="Kansas"
21      KY="Kentucky"
22      LA="Louisiana"
23      MA="Massachusetts"
24      MD="Maryland"
25      ME="Maine"
26      MI="Michigan"
27      MN="Minnesota"
28      MO="Missouri"
29      MS="Mississippi"
30      MT="Montana"
31      NC="North Carolina"
32      ND="North Dakota"
33      NE="Nebraska"
34      NH="New Hampshire"
35      NJ="New Jersey"
36      NM="New Mexico"
37      NV="Nevada"
38      NY="New York"
39      OH="Ohio"
40      OK="Oklahoma"
41      OR="Oregon"
42      PA="Pennsylvania"
43      RI="Rhode Island"
44      SC="South Carolina"
45      SD="South Dakota"
46      TN="Tennessee"
47      TX="Texas"
48      UT="Utah"
49      VA="Virginia"
```

```
50        VT="Vermont"
51        WA="Washington"
52        WI="Wisconsin"
53        WV="West Virginia"
54        WY="Wyoming"
55
56
57        @staticmethod
58        def parse(input_str):
59            list_state = [i.value for i in US_STATES if i.name.lower() ==
              input_str.lower() or i.value.lower() == input_str.lower()]
60            if list_state.__len__() == 1:
61                return list_state.pop(0)
```

9 ETL-Stream-Python 프로젝트에 설정 파일을 생성합니다. com.aaa.etl 패키지를 선택하고 마우스 오른쪽 버튼으로 [New] ➡ [Folder]를 클릭합니다. 그리고 폴더 이름을 resources로 지정합니다.

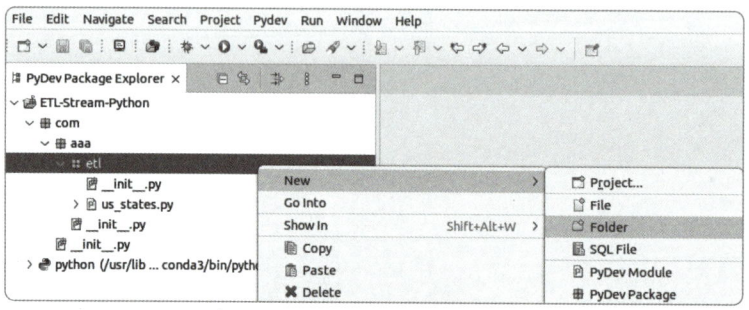

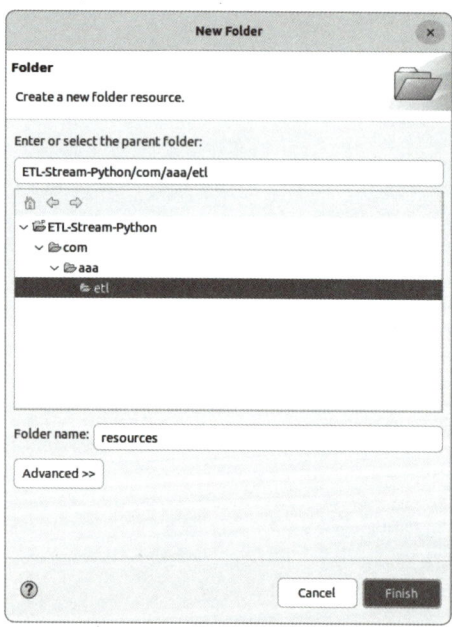

10 동일한 방법으로 새로운 outputs 폴더를 생성합니다.

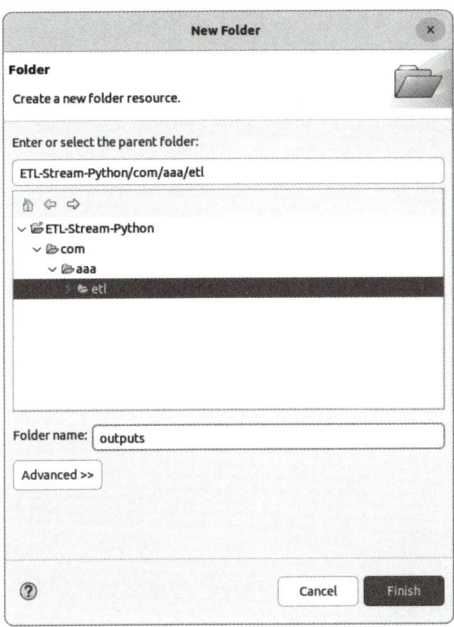

11 위에서 생성한 resources 폴더를 선택하고 마우스 오른쪽 버튼으로 [New] ➡ [File]을 선택합니다. 파일 이름을 SystemConfig.ini로 입력합니다.

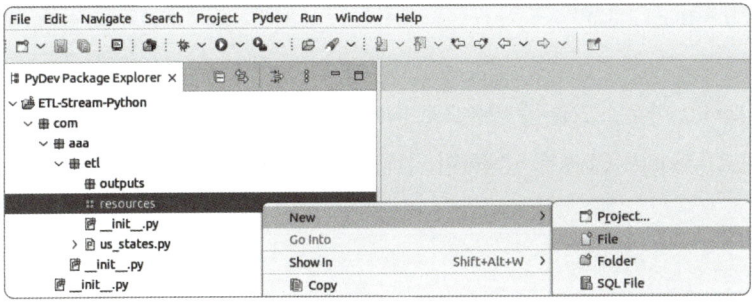

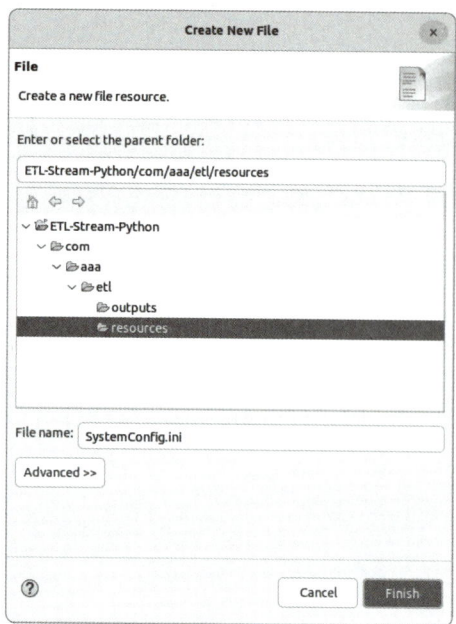

12 SystemConfig.ini 파일에 다음과 같이 설정값을 지정합니다.

```
[FRED_CONFIG]
api_key=abcdefghijklmnopqrstuvwxyz0123456789

[HDFS_CONFIG]
hdfs.namenode.url=hdfs://localhost:9000
```

13 com.aaa.etl 패키지를 선택하고 마우스 오른쪽 버튼으로 [New] ➡ [PyDev Module]을 클릭합니다. Name을 fred_hdfs로 입력하고 Module: Class를 선택하여 클래스를 생성합니다.

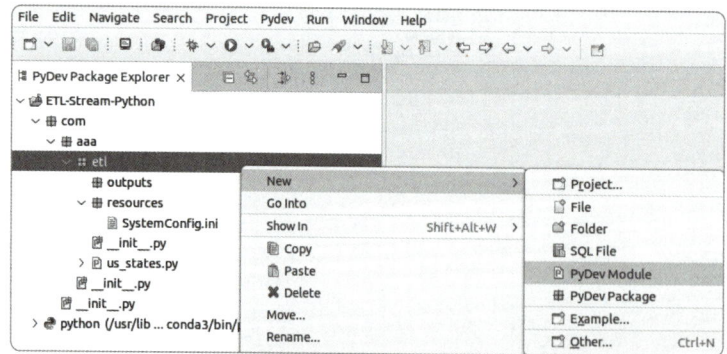

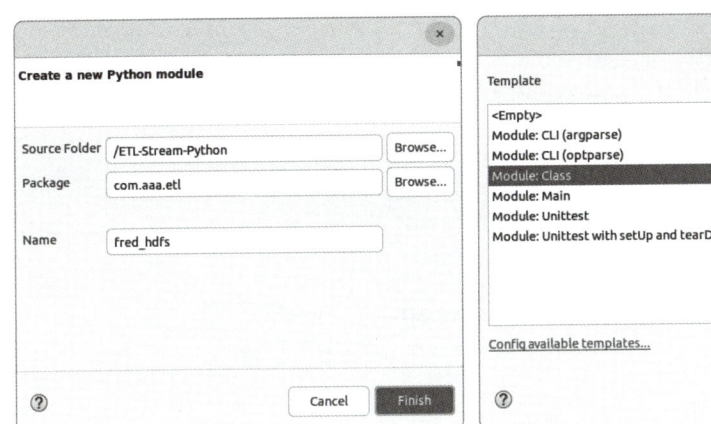

14 Class 이름을 Fred2Hdfs로 입력하고 파일을 저장합니다.

15 fred_hdfs.py의 __init__ 함수 params 매개변수를 삭제하고 다음과 같이 코딩합니다.

```
01  import configparser
02  import os
03  import time
04  from com.aaa.etl.us_states import US_STATES
05
06  from fredapi import Fred
07  from pyarrow import fs
08
09  class Fred2Hdfs(object):
10      '''
11      classdocs
12      '''
13
14
15      def __init__(self):
16          '''
17          Constructor
18          '''
19          config = configparser.ConfigParser()
20
21          path = '/home/joseph/eclipse-workspace/ETL-Stream-Python/com/aaa/etl'
22          ''' 윈도우인 경우는 다음과 같이 설정값을 입력해야 합니다.
23          path = 'C:\\eclipse-workspace\\ETL-Stream-Python\\com\\aaa\\etl'
24          '''
25          os.chdir(path)
26          config.read('resources/SystemConfig.ini')
27
28          _api_key = config['FRED_CONFIG']['api_key']
```

```python
        self._fred = Fred(api_key=_api_key)
        self._hdfs = fs.HadoopFileSystem('localhost', 9000)

        self._list_state = [state.value for state in US_STATES]

    def getFredDF(self, freq, state, str_search):
        str_search_text = str_search + state
        print(str_search_text)
        df_fred_col = self._fred.search(str_search_text)

        time.sleep(0.5)

        if df_fred_col is None:
            return None

        mask_df = (df_fred_col.title == str_search_text) & \
                  (df_fred_col.frequency_short == freq) & \
                  (df_fred_col.seasonal_adjustment_short == 'NSA')
        df_fred_col = df_fred_col.loc[mask_df, :]
        df_fred_col['state'] = state

        if not df_fred_col.empty:
            df_etl_col = self._fred.get_series(df_fred_col.iloc[0].id)
            time.sleep(0.7)

            df_etl_col = df_etl_col.to_frame(name='values')
            df_etl_col['realtime_start'] = df_fred_col.iloc[0].realtime_start
            df_etl_col['realtime_end'] = df_fred_col.iloc[0].realtime_end
            df_etl_col['state'] = df_fred_col.iloc[0].state
            df_etl_col['id'] = df_fred_col.iloc[0].id
            df_etl_col['title'] = df_fred_col.iloc[0].title.replace(', ', '_')
            df_etl_col['frequency_short'] = df_fred_col.iloc[0].frequency_short
            df_etl_col['units_short'] = df_fred_col.iloc[0].units_short
            df_etl_col['seasonal_adjustment_short'] = \
                df_fred_col.iloc[0].seasonal_adjustment_short

            return df_etl_col

    def getListFredDF(self, freq, title):
        df_list=map(lambda state: self.getFredDF(freq, state, title), self._list_state)
        df_list=list(filter(lambda df: df is not None, df_list))

        return df_list

    def writeCsv2Hdfs(self, filename, df_data):
        with self._hdfs.open_output_stream(filename) as native_fs:
            line = df_data.to_csv(index_label='date')
```

```
74                print(line)
75                native_fs.write(line.encode())
76
77        def appendCsv2Hdfs(self, filename, df_data):
78            with self._hdfs.open_append_stream(filename) as native_fs:
79                line = df_data.to_csv(header=False)
80                print(line)
81                native_fs.write(line.encode())
82
83        def clear_input_files(self, fdir, fname):
84            path = fdir + "/"  + fname
85
86            if os.path.isfile(path):
87                os.remove(path)
88                print("{}를 삭제하였습니다.".format(path))
```

19라인에서 설정파일을 읽어오는 객체를 생성하고 26라인에서 설정 파일을 읽어와 객체에 저장합니다. 운영체제에서 설정파일을 읽어오려면 25~26라인처럼 입력하여야 합니다. 30~31라인에서 FRED와 하둡 파일 시스템을 다루는 객체를 생성합니다. 35~63라인의 getFredDF 함수는 검색어를 입력하여 분석에 사용하게 될 데이터를 추출하는 함수입니다. 38라인에서 FRED의 search 함수를 사용하여 DataFrame 형식의 df_fred_col 값을 불러옵니다. 45라인에서 데이터를 검색하는 조건을 지정하고 50라인에서 FRED의 series_id(df_fred_col.iloc[0].id 값)을 get_series 메서드의 매개변수 값으로 넘겨 Pandas Series 형태의 데이터 df_etl_col을 불러옵니다. 53라인에서 Pandas Series 객체를 DataFrame으로 변환하고 54라인부터 61라인에서 df_etl_col에 값을 지정하여 반환합니다. 65라인의 getListFredDF 메서드에서 파이썬 람다를 사용하여 DataFrame 리스트 객체를 생성합니다. 71라인의 writeCsv2Hdfs 함수와 77라인의 appendCsv2Hdfs 함수는 DadaFrame 리스트 인스턴스를 하둡 파일 시스템에 생성하고 추가하는 메서드입니다. 마지막으로 83라인의 clear_input_files는 파일을 초기화 합니다. 자바의 하둡 API 경우는 하둡 파일 시스템에서 존재하는 파일도 삭제했지만 pyarrow의 HadoopFileSystem에서는 생성 스트림을 사용할 때 이전의 파일이 자동으로 삭제됩니다. 그리고 로컬 환경에서 csv 파일 생성도 Pandas의 DataFrame 모듈에서 제공하는 to_csv 함수를 사용하면 됩니다. 40라인과 51라인의 time.sleep 함수는, FRED로부터 네트워크로 값을 읽어올 때 너무 짧은 시간에 읽기와 쓰기를 시행하면 오류가 발생하기에 이를 방지하기 위해 삽입하였습니다.

16 자바 예제와 동일하게 이번에도 하둡 파일 시스템으로부터 파일을 읽어오는 클래스를 생성하겠습니다. 이 클래스의 기능은 하둡 파일 시스템에서 파일을 읽어와 Kafka를 통해 목표 시스템으로 데이터를 전송하는 역할을 담당합니다. Kafka의 파이썬 모듈에 대한 내용은 5장에서 설명하도록 하고 이 장에서는 하둡 파일 시스템에서 데이터를 읽어오는 기능까지만을 구현하도록 하겠습니다.

17 이클립스 com.aaa.etl 패키지를 PyDev Package Explorer에서 ETL-Stream-Python 프로젝트의 com.aaa.etl 패키지를 선택하고 마우스 오른쪽 버튼으로 [New] ➡ [PyDev Module]를 클릭합니다.

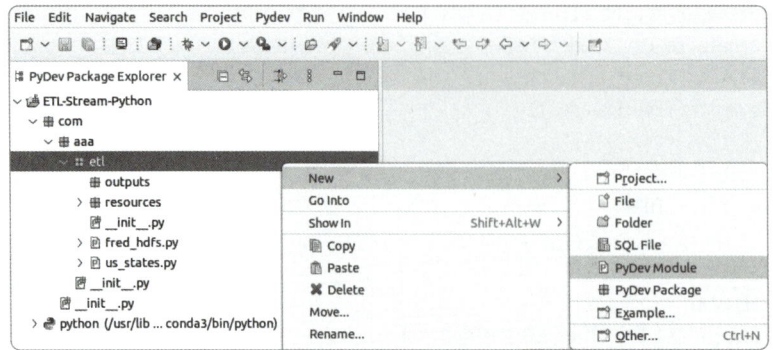

18 name을 hdfs_kafka로 명명하고 Module: Class를 선택하여 파이썬 클래스를 생성합니다. 클래스 이름을 Hdfs2Kafka로 지정하고 def __init__(self, params) 함수에서 params를 삭제한 후 저장합니다.

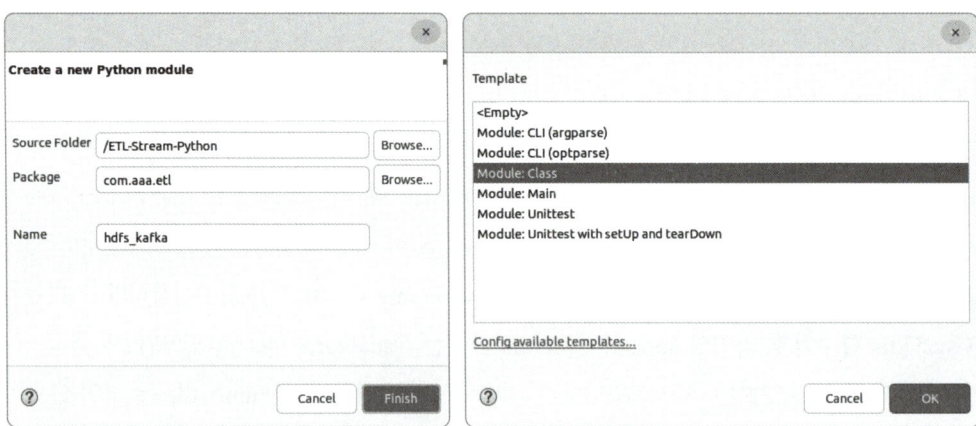

19 hdfs_kafka.py를 다음과 같이 코딩합니다.

```
01  from pyarrow import fs
02
03  class Hdfs2Kafka(object):
04      '''
05      classdocs
06      '''
07
08      def __init__(self):
09          '''
10          Constructor
```

```
11              '''
12              self._hdfs = fs.HadoopFileSystem('localhost', port=9000)
13
14          def getHdFileInfo(self, filename):
15              f_Info = self._hdfs.get_file_info(filename)
16              print('파일 종류 : ' + str(f_Info.type))
17              print('파일 경로 : ' + str(f_Info.path))
18              print('파일 크기 : ' + str(f_Info.size))
19              print('파일 수정 일자 : ' + str(f_Info.mtime))
20
21          def readHdFile(self, filename):
22              with self._hdfs.open_input_file(filename) as inf:
23                  read_data = inf.read().decode('utf-8').splitlines()
24                  newline = [line.split(",") for line in read_data]
25
26                  return newline
27
28          def sendData2Kafka(self, topic, list_line):
29              for data in list_line:
30                  str_tmp = ",".join(data).split(",")
31                  modified_data = ",".join(str_tmp[:2]) + "," + ",".join(str_tmp[4:])
32                  print(modified_data)
```

생성자에서 하둡 파일 시스템에 대한 객체를 생성합니다. 14라인의 getHdFileInfo 함수에서 하둡 파일 시스템의 속성을 출력하여 알아볼 수 있습니다. 21라인의 readHdFile 메서드에서 하둡 파일 pyarrow.fs.HadoopFileSystem의 open_input_file 메서드를 사용하여 저장된 파일로부터 문자열을 불러와 한 라인씩 반환합니다. 28라인에서 sendData2Kafka 메서드는 읽어온 라인을 Kafka로 전송하는 메서드입니다. 하지만 이 장에서는 단순히 콘솔에 출력하는 기능만을 수행합니다.

[20] 이제 앞에서 만든 Fred2Hdfs 클래스와 Hdfs2Kafka 클래스를 생성하여 작동하는 실행파일을 생성하겠습니다. com.aaa.etl 패키지를 선택하고 마우스 오른쪽 버튼으로 [New] ➡ [PyDev Module]을 선택합니다.

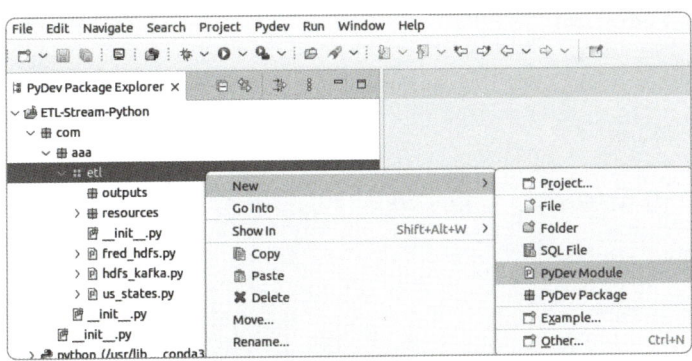

21 Name을 etl_file_uploader_hdfs로 입력하고 Module: Main을 선택하여 모듈 파일을 생성합니다.

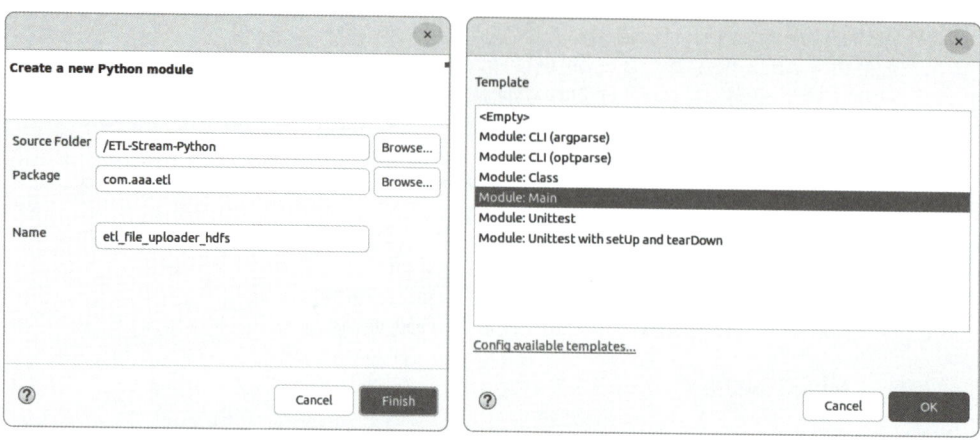

22 etl_file_uploader_hdfs.py 파일은 다음과 같이 코딩합니다.

```python
from com.aaa.etl.fred_hdfs import Fred2Hdfs

title_earnings_list = [
    'Average Hourly Earnings of All Employees: Construction in ',
    #"Average Hourly Earnings of All Employees: Education and Health Services in ",
    'Average Hourly Earnings of All Employees: Financial Activities in ',
    'Average Hourly Earnings of All Employees: Goods Producing in ',
    'Average Hourly Earnings of All Employees: Leisure and Hospitality in ',
    'Average Hourly Earnings of All Employees: Manufacturing in ',
    'Average Hourly Earnings of All Employees: Private Service Providing in ',
    'Average Hourly Earnings of All Employees: Professional and Business Services in ',
    'Average Hourly Earnings of All Employees: Trade, Transportation, and Utilities in '
]
title_unemployee = 'Unemployment Rate in '
title_household_income = 'Real Median Household Income in '
title_poverty = 'Estimated Percent of People of All Ages in Poverty for '
title_real_gdp = 'Real Gross Domestic Product: All Industry Total in '
title_tax_exemption = 'Total Tax Exemptions for '
title_labor_force = 'Civilian Labor Force in '

def get_filename(str_title):
    iStart = str_title.index(':') + 2
    iEnd = str_title.index(' in ')
    title = str_title[iStart:iEnd].replace(' ', '_').replace(',', '')

    return 'earnings_' + title + '.csv'

if __name__ == '__main__':
    fred = Fred2Hdfs()
```

```python
030
031     fred.clear_input_files('outputs', 'unemployee_annual.csv')
032     df_list = fred.getListFredDF('A', title_unemployee)
033
034     for i, df in enumerate(df_list):
035         if i == 0:
036             fred.writeCsv2Hdfs('unemployee_annual.csv', df)
037         else:
038             fred.appendCsv2Hdfs('unemployee_annual.csv', df)
039
040         df.to_csv('outputs/unemployee_annual.csv', mode='a', index_label='date', header=(i==0))
041
042     print('========================Unemployee Annual Done!!')
043
044     fred.clear_input_files('outputs', 'household_income.csv')
045     df_list = fred.getListFredDF('A', title_household_income)
046
047     for i, df in enumerate(df_list):
048         if i == 0:
049             fred.writeCsv2Hdfs('household_income.csv', df)
050         else:
051             fred.appendCsv2Hdfs('household_income.csv', df)
052
053         df.to_csv('outputs/household_income.csv', mode='a', index_label='date', header=(i==0))
054
055     print('========================Real Median Household Income Done!!')
056
057     fred.clear_input_files('outputs', 'tax_exemption.csv')
058     df_list = fred.getListFredDF('A', title_tax_exemption)
059
060     for i, df in enumerate(df_list):
061         if i == 0:
062             fred.writeCsv2Hdfs('tax_exemption.csv', df)
063         else:
064             fred.appendCsv2Hdfs('tax_exemption.csv', df)
065
066         df.to_csv('outputs/tax_exemption.csv', mode='a', index_label='date', header=(i==0))
067
068     print('========================Total Tax Exemptions Done!!')
069
070     fred.clear_input_files('outputs', 'civilian_force.csv')
071     df_list = fred.getListFredDF('A', title_labor_force)
072
073     for i, df in enumerate(df_list):
074         if i == 0:
075             fred.writeCsv2Hdfs('civilian_force.csv', df)
076         else:
077             fred.appendCsv2Hdfs('civilian_force.csv', df)
078
079         df.to_csv('outputs/civilian_force.csv', mode='a', index_label='date', header=(i==0))
080
```

```
081        print('===================== Civilian Labor Force Done !!!')
082
083        fred.clear_input_files('outputs', 'poverty.csv')
084        df_list = fred.getListFredDF('A', title_poverty)
085
086        for i, df in enumerate(df_list):
087            if i == 0:
088                fred.writeCsv2Hdfs('poverty.csv', df)
089            else:
090                fred.appendCsv2Hdfs('poverty.csv', df)
091
092            df.to_csv('outputs/poverty.csv', mode='a', index_label='date', header=(i==0))
093
094        print('===================== Poverty Done!!')
095
096        fred.clear_input_files('outputs', 'real_gdp.csv')
097        df_list = fred.getListFredDF('A', title_real_gdp)
098
099        for i, df in enumerate(df_list):
100            if i == 0:
101                fred.writeCsv2Hdfs('real_gdp.csv', df)
102            else:
103                fred.appendCsv2Hdfs('real_gdp.csv', df)
104
105            df.to_csv('outputs/real_gdp.csv', mode='a', index_label='date', header=(i==0))
106
107        print('===================== Real GDP Done!!')
108
109
110        fred.clear_input_files('outputs', 'unemployee_monthly.csv')
111        df_list = fred.getListFredDF('M', title_unemployee)
112
113        for i, df in enumerate(df_list):
114            if i == 0:
115                fred.writeCsv2Hdfs('unemployee_monthly.csv', df)
116            else:
117                fred.appendCsv2Hdfs('unemployee_monthly.csv', df)
118
119            df.to_csv('outputs/unemployee_monthly.csv', mode='a', index_label='date', header=(i==0))
120
121        print('===================== Unemployee Monthly Done!!')
122
123        for i in range(len(title_earnings_list)):
124            fred.clear_input_files('outputs', get_filename(title_earnings_list[i]))
125
126        df_list_of_list = list(map(lambda title: fred.getListFredDF('M', title),title_earnings_list))
127
128        for i, df_list in enumerate(df_list_of_list):
129            for j, df in enumerate(df_list):
130
131                if j == 0:
```

```
132                 filename = get_filename(df.title.values[0])
133
134             if j == 0:
135                 fred.writeCsv2Hdfs(filename, df)
136             else:
137                 fred.appendCsv2Hdfs(filename, df)
138
139             filepath = 'outputs/' + filename
140             df.to_csv(filepath, mode='a', index_label='date', header= (j == 0))
141
142     print('======================= earnings Done!!')
143
144     print('Done... ===================================================')
```

3~19라인은 분석을 위해 FRED에서 추출하고자 하는 각 검색어 모음입니다. 21라인의 get_filename 메서드는 3라인의 title_earnings_list 리스트 멤버변수에서 파일 이름을 추출하는 메서드입니다. 31, 44, 57, 70, 83, 96, 110, 124라인에서 각 검색어별로 파일을 초기화하고 32, 45, 58, 71, 84, 97, 111, 126라인에서 Fred로부터 데이터를 읽어와 전송할 Pandas DataFrame 데이터를 생성합니다. pyArrow api를 사용하여 하둡파일 시스템에 csv 파일 타입으로 파일을 생성하고 로컬 환경에서는 파이썬 DataFrame 클래스의 to_csv 메서드를 이용하여 파이썬답게Pythonic 파일을 출력합니다.

23 실행 파일에 대한 설정을 만듭니다. [PyDev Package Explorer]에서 etl_file_uploader_hdfs.py를 선택하고 마우스 오른쪽 버튼으로 [Run As] ➡ [Run Configurations]를 선택합니다.

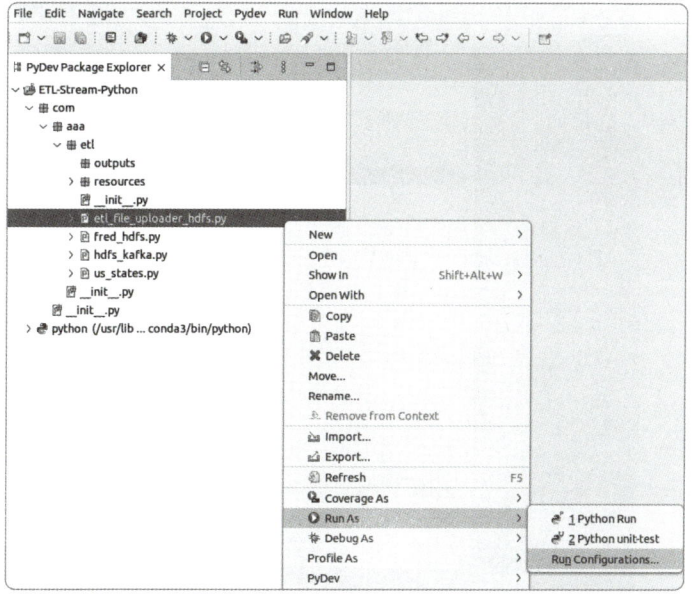

24 Run Configurations 창에서 좌측의 대상 패널 중 [Python Run]을 더블 클릭합니다.

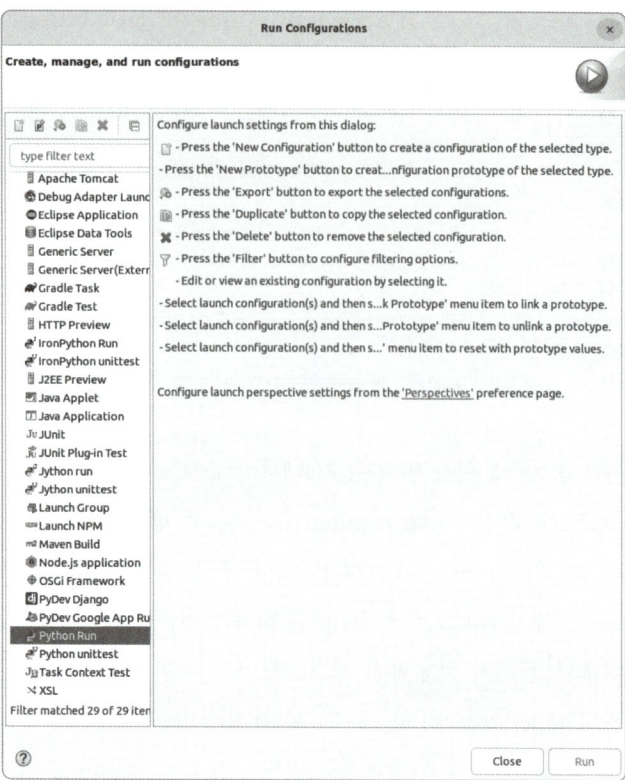

25 먼저 Name에서 실행 설정의 이름을 지정합니다. 필자는 fred2hdfs_configuration으로 입력하였습니다. 그리고 [Main] 탭에서 Project 라벨의 [Browse]를 클릭하여 우리가 생성한 ETL-Stream-Python 프로젝트를 선택합니다.

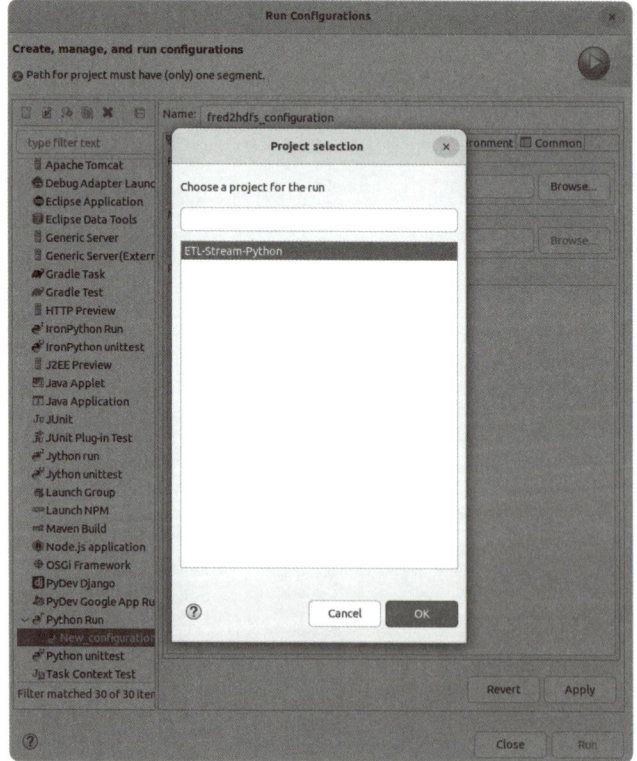

26 그 다음 Main Module 라벨에서 [Browse] 버튼을 클릭하고 etl_file_uploader_hdfs.py를 지정합니다.

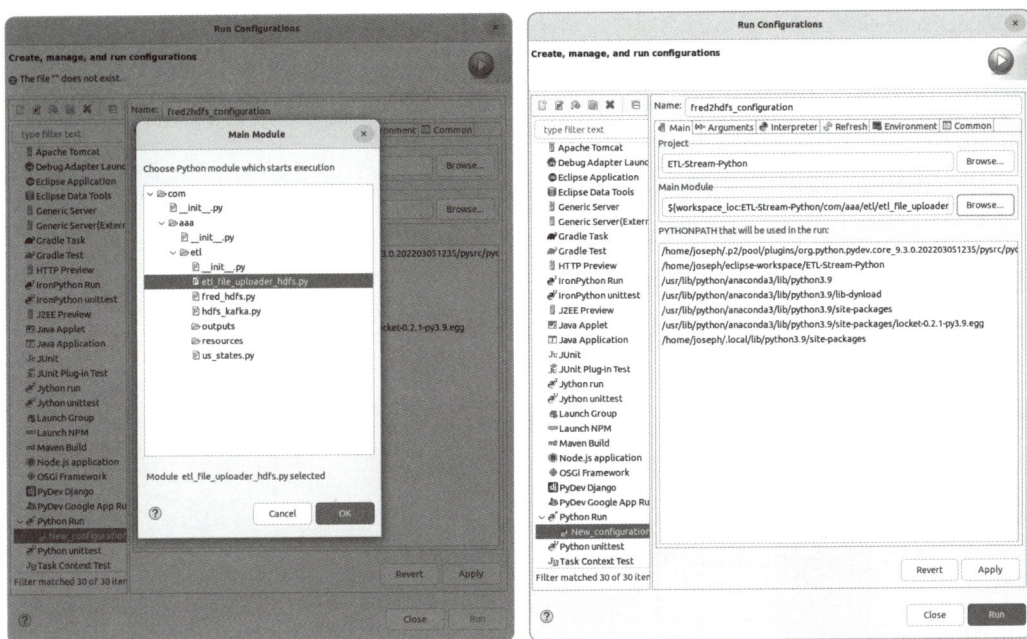

27 이번에는 [Environment] 탭을 클릭합니다. [Add] 버튼을 선택한 다음 다음과 같이 환경 변수를 지정합니다.

- Name: ARROW_LIBHDFS_DIR
- Value: /home/joseph/hadoop/lib/native (libhdfs.so 파일의 폴더 위치를 입력합니다.)

    (윈도우 경우는 C:\hadoop-3.3.2\lib\native 경로를 입력합니다.)

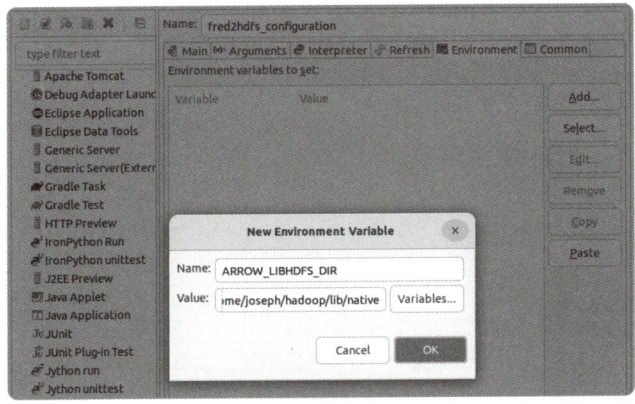

28 [Environment] 탭에서 [Add] 버튼을 선택한 다음 CLASSPATH 환경 변수를 지정합니다.

- Name: CLASSPATH
- Value: hdfs classpath --glob을 실행한 출력값을 붙여넣기 하여 값을 지정합니다.

Value 부분을 자세히 설명하자면 터미널에서 다음과 같이 명령어를 실행합니다.

```
> hdfs classpath --glob
```

명령어를 실행하면 많은 출력이 화면에 표시됩니다. 터미널의 이 출력값을 아래와 같이 복사하여 Value 부분에 붙여넣기 합니다. 다소 양이 길지만 모두 복사하여 붙여넣기 합니다.

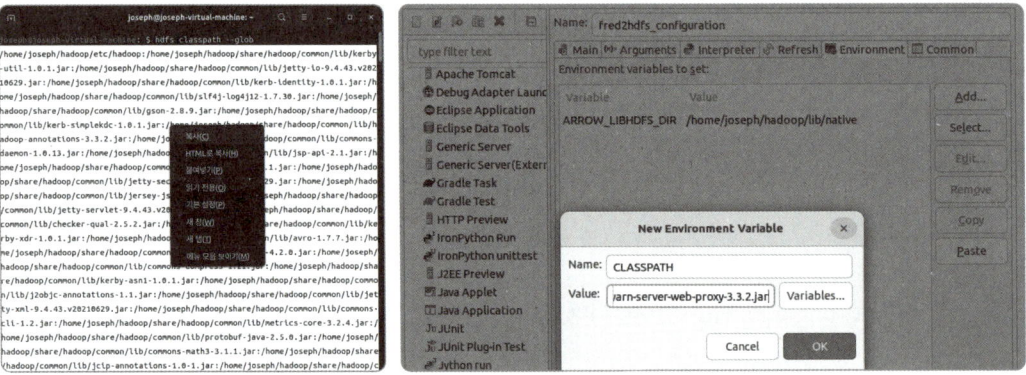

29 모든 설정이 완료되면 [Apply] 버튼을 클릭하여 다음과 같이 환경변수를 생성할 수 있습니다. [Close] 버튼을 클릭하여 실행 설정을 마무리합니다.

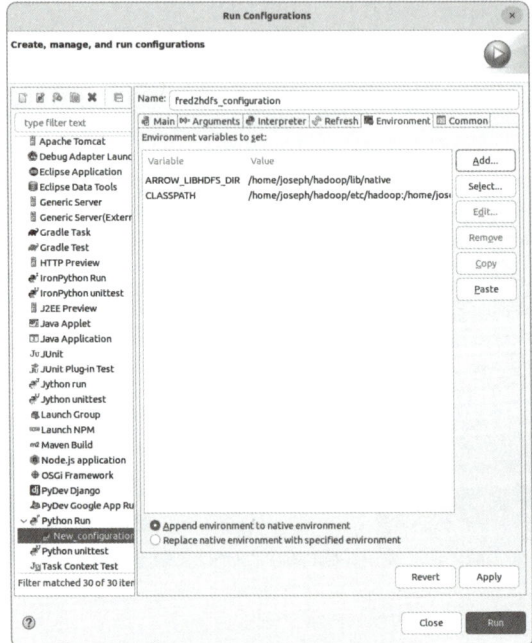

30 실행은 다음과 같습니다. [PyDev Package Explorer]에서 etl_file_uploader_hdfs.py를 선택하고 마우스 오른쪽 버튼으로 [Run As] ➡ [Run Configurations]를 선택합니다.

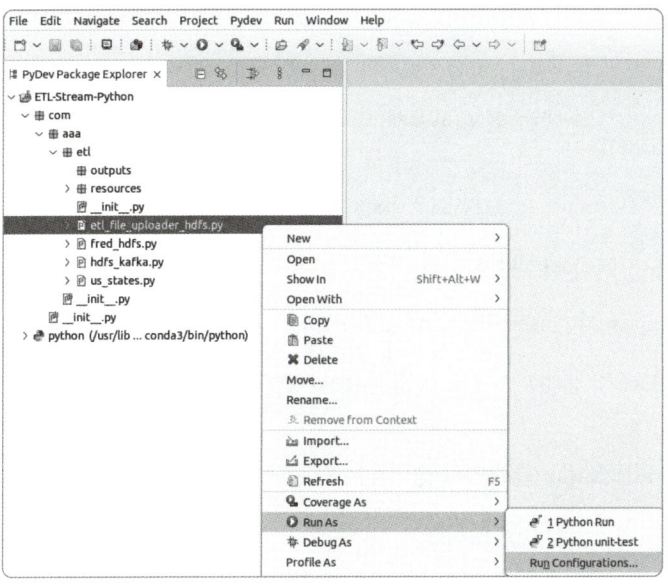

31 좌측의 패널의 [Python Run] 중에서 위에서 생성한 fred2hdfs_configuration을 선택하고 우측 하단의 [Run] 버튼을 클릭하여 실행합니다.

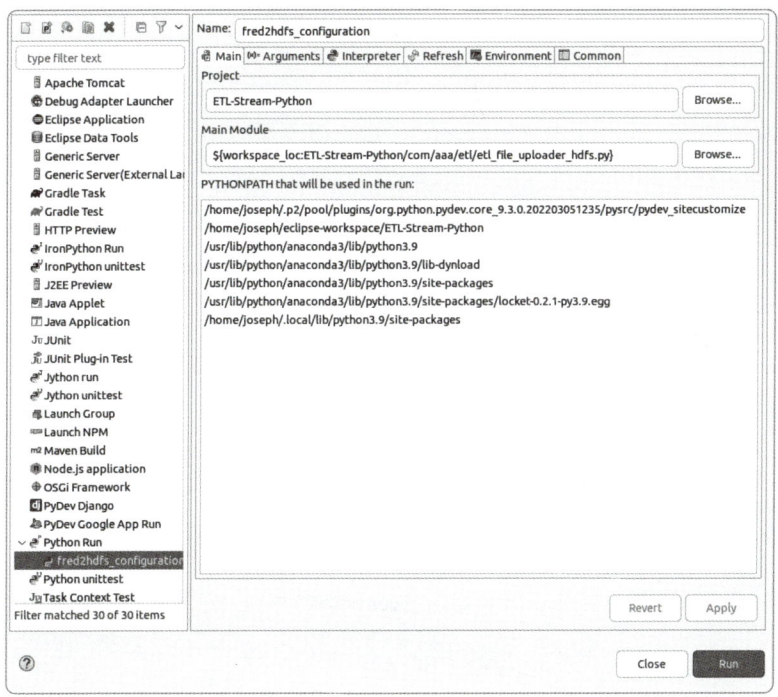

32 만일 이클립스 환경에 종속되지 않은 파이썬 프로그래밍 차원의 설정을 구현하려면 다음과 같이 환경변수를 지정하는 코딩을 만들 수 있습니다.

```python
import os
import subprocess

classpath = subprocess.Popen(["/home/joseph/hadoop/bin/hdfs", "classpath", "--glob"],
stdout=subprocess.PIPE).communicate()[0]
# 윈도우인 경우
# classpath = subprocess.Popen(["C:\\hadoop-3.3.2\\bin\\hdfs.cmd", "classpath", "--glob"],
stdout=subprocess.PIPE).communicate()[0]
os.environ["CLASSPATH"] = classpath.decode("utf-8")

os.environ["ARROW_LIBHDFS_DIR"] = "/home/joseph/hadoop/lib/native"
# 윈도우인 경우
# os.environ["ARROW_LIBHDFS_DIR"] = "C:\\hadoop-3.3.2\\lib\\native"
```

33 위 32의 코드를 19에서 코딩한 Hdfs2Kafka 클래스의 생성자에 아래와 같이 붙여넣기 합니다.

```python
01  from pyarrow import fs
02
03  import os
04  import subprocess
05
06  class Hdfs2Kafka(object):
07      '''
08      classdocs
09      '''
10      def __init__(self):
11          '''
12          Constructor
13          '''
14
15          classpath = subprocess.Popen(["/home/joseph/hadoop/bin/hdfs",
                        "classpath", "--glob"], stdout=subprocess.PIPE).communicate()[0]
16          ''' 윈도우 운영체제에서는 아래와 같이 classpath를 지정합니다.
17          classpath = subprocess.Popen(["C:\\hadoop-3.3.2\\bin\\hdfs.cmd",
                        "classpath", "--glob"], stdout=subprocess.PIPE).communicate()[0]
18          '''
19          os.environ["CLASSPATH"] = classpath.decode("utf-8")
20
21          os.environ["ARROW_LIBHDFS_DIR"] = "/home/joseph/hadoop/lib/native"
22          ''' 윈도우 운영체제에서는 아래와 같이 환경변수를 지정합니다.
23          os.environ["ARROW_LIBHDFS_DIR"] = "C:\\hadoop-3.3.2\\lib\\native"
24          '''
25          self._hdfs = fs.HadoopFileSystem('localhost', port=9000)
26      … … …
```

15라인부터 24라인까지의 코드를 하둡 파일 시스템에 연동하기 전에 붙여넣어 환경변수를 설정합니다.

34 이제 실행 파일을 만들겠습니다. ETL-Stream-Python 프로젝트의 com.aaa.etl 패키지를 선택하고 마우스 오른쪽 버튼으로 [New] ➡ [PyDev Module]을 클릭합니다.

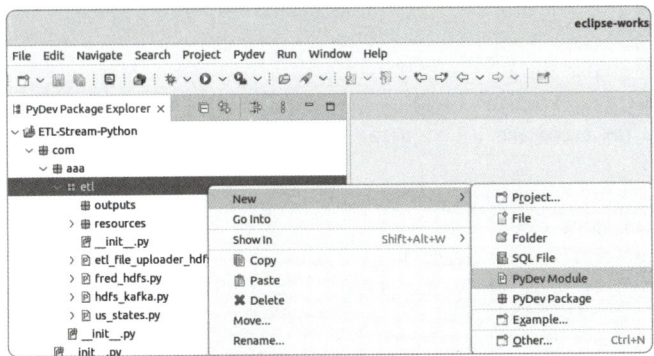

35 Name을 etl_data_uploader_kafka라고 명명하고 템플릿은 Module: Main을 선택하여 파이썬 모듈을 생성합니다.

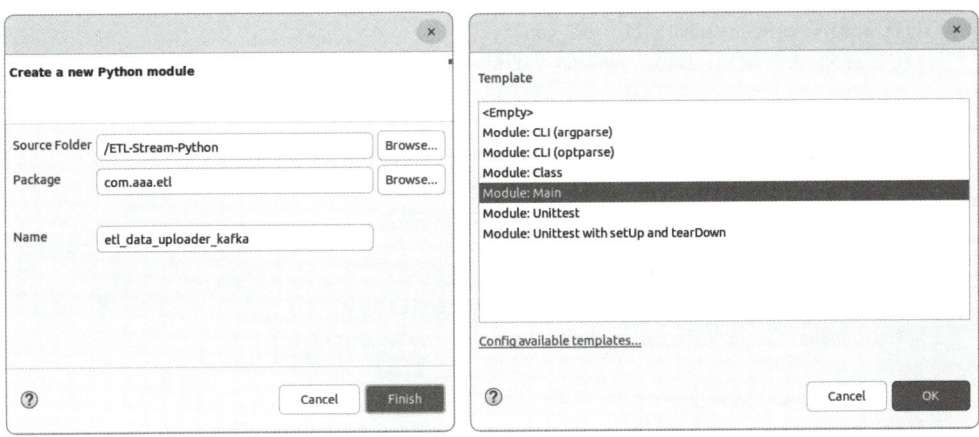

36 파이썬 모듈에 대한 코드는 다음과 같습니다.

```
01  from com.aaa.etl.hdfs_kafka import Hdfs2Kafka
02
03  if __name__ == '__main__':
04
05      kafka = Hdfs2Kafka()
06
```

```
07        kafka.getHdFileInfo('unemployee_annual.csv')
08        list_data = kafka.readHdFile('unemployee_annual.csv')
09        kafka.sendData2Kafka('topic_unempl_ann', list_data)
10
11
12        kafka.getHdFileInfo('household_income.csv')
13        list_data = kafka.readHdFile('household_income.csv')
14        kafka.sendData2Kafka('topic_house_income_ann', list_data)
15
16
17        kafka.getHdFileInfo('tax_exemption.csv')
18        list_data = kafka.readHdFile('tax_exemption.csv')
19        kafka.sendData2Kafka('topic_tax_exemp_ann', list_data)
20
21
22        kafka.getHdFileInfo('civilian_force.csv')
23        list_data = kafka.readHdFile('civilian_force.csv')
24        kafka.sendData2Kafka('topic_civil_force_ann', list_data)
25
26
27        kafka.getHdFileInfo('poverty.csv')
28        list_data = kafka.readHdFile('poverty.csv')
29        kafka.sendData2Kafka('topic_pov_ann', list_data)
30
31
32        kafka.getHdFileInfo('real_gdp.csv')
33        list_data = kafka.readHdFile('real_gdp.csv')
34        kafka.sendData2Kafka('topic_gdp_ann', list_data)
35
36
37        kafka.getHdFileInfo('unemployee_monthly.csv')
38        list_data = kafka.readHdFile('unemployee_monthly.csv')
39        kafka.sendData2Kafka('topic_unempl_mon', list_data)
40
41        kafka.getHdFileInfo('earnings_Construction.csv')
42        list_data = kafka.readHdFile('earnings_Construction.csv')
43        kafka.sendData2Kafka('topic_earn_Construction_mon', list_data)
44
45        '''kafka.getHdFileInfo('earnings_Education_and_Health_Services.csv')
46        list_data = kafka.readHdFile('earnings_Education_and_Health_Services.csv')
47        kafka.sendData2Kafka('topic_earn_Education_and_Health_Services_mon', list_data)'''
48
49        kafka.getHdFileInfo('earnings_Financial_Activities.csv')
50        list_data = kafka.readHdFile('earnings_Financial_Activities.csv')
51        kafka.sendData2Kafka('topic_earn_Financial_Activities_mon', list_data)
52
53        kafka.getHdFileInfo('earnings_Goods_Producing.csv')
54        list_data = kafka.readHdFile('earnings_Goods_Producing.csv')
55        kafka.sendData2Kafka('topic_earn_Goods_Producing_mon', list_data)
56
```

```
57    kafka.getHdFileInfo('earnings_Leisure_and_Hospitality.csv')
58    list_data = kafka.readHdFile('earnings_Leisure_and_Hospitality.csv')
59    kafka.sendData2Kafka('topic_earn_Leisure_and_Hospitality_mon', list_data)
60
61    kafka.getHdFileInfo('earnings_Manufacturing.csv')
62    list_data = kafka.readHdFile('earnings_Manufacturing.csv')
63    kafka.sendData2Kafka('topic_earn_Manufacturing_mon', list_data)
64
65    kafka.getHdFileInfo('earnings_Private_Service_Providing.csv')
66    list_data = kafka.readHdFile('earnings_Private_Service_Providing.csv')
67    kafka.sendData2Kafka('topic_earn_Private_Service_Providing_mon', list_data)
68
69    kafka.getHdFileInfo('earnings_Professional_and_Business_Services.csv')
70    list_data = kafka.readHdFile('earnings_Professional_and_Business_Services.csv')
71    kafka.sendData2Kafka('topic_earn_Professional_and_Business_Services_mon', list_data)
72
73    kafka.getHdFileInfo('earnings_Trade_Transportation_and_Utilities.csv')
74    list_data = kafka.readHdFile('earnings_Trade_Transportation_and_Utilities.csv')
75    kafka.sendData2Kafka('topic_earn_Trade_Transportation_and_Utilities_mon', list_data)
```

파일을 실행하면 하둡 파일 시스템으로부터 파일을 읽어와 결과가 콘솔로 출력됩니다.

37 etl_data_uploader_kafka.py를 다음과 실행하면 결과가 콘솔로 출력되는 것을 알 수 있습니다.

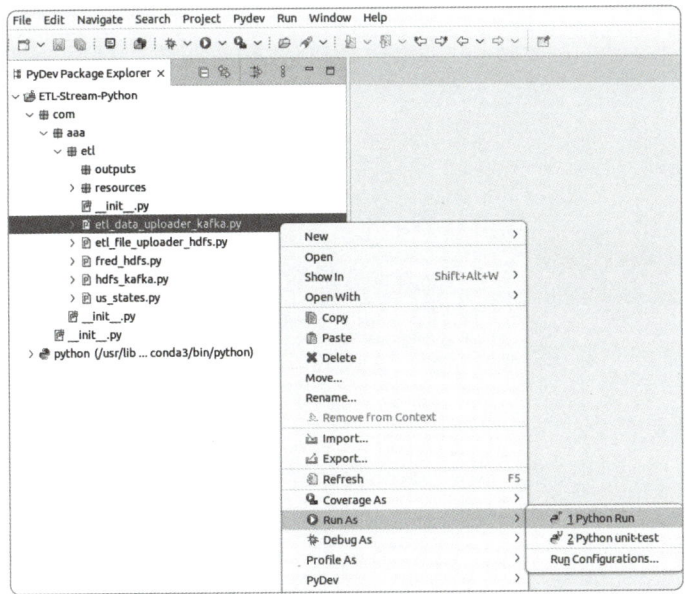

CHAPTER 5

카프카를 이용한 데이터 송수신

5.1 카프카의 개념과 기능

5.1.1 카프카 개념

초기의 아파치 카프카는 2011년 비즈니스 소셜 네트워크 서비스 업체인 LinkedIn에서 분산 메시징 시스템을 지향하며 개발되었습니다. 하지만 현재에는 그 기능이 향상되어 실시간 데이터 스트리밍 플랫폼으로 자리매김하였습니다. 그리고 하위 프로젝트로 KSQL과 카프카 스트림즈Streams를 가지고 있습니다. KSQL은 스트리밍이 되는 데이터를 카프카가 제공하는 유사 SQL을 사용하여 로직을 구현하여 분석하는 프로젝트입니다. 별도의 SQL 분석을 위해 이종의 서버에 배포할 필요가 없이 다양하고 빠르게 SQL 분석과 처리가 가능합니다. 그리고 카프카 스트림즈는 정의 그대로 데이터를 실시간으로 처리하는 하위 프로젝트로 메시지 소비자가 메시지를 받아온 후 메시지를 분석하는 것이 아니라 카프카에 저장된 데이터를 실시간으로 처리, 분석하는 API를 제공합니다. 이 책에서는 카프카 클라이언트를 이용하여 메시지 공급과 소비를 구현하는 내용만을 다루도록 하겠습니다. 더 자세한 카프카 성능과 기능을 익히고자 한다면 다른 카프카 전문 서적을 추천합니다.[1]

이 절에서는 먼저 메시징 시스템에 대해 알아보고 카프카의 기능과 구조를 다루도록 하겠습니다. 메시징 시스템은 시스템 내부에서 각 애플리케이션 간에 메시지를 교환하기 위한 미들웨어입니다. 메시지를 생성하는 단에서 서비스를 담당하는 브로커Broker에 메시지를 전송하면 메시지 브로커는 정해진 클라이언트에게 메시지를 전송합니다. 이런 메시징 서비스는 다음과 같은 특징이 있습니다.

---

[1] 《카프카 핵심 가이드(개정증보판)》(제이펍, 2023) 참고

- **비동기**Asynchronous: 메시지 송수신은 비동기로 이루어집니다. 동기적Synchronous으로 통신이 이루어지면 메시지 브로커에서 메시지가 수신될 때까지 클라이언트 프로그램은 정지됩니다. 하지만 메시징 시스템은 비동기적Asynchronous로 통신하므로 메시지 송신과 수신이 이루어지는 동안에도 프로그램 기능은 계속 진행될 수 있습니다.
- **다중화**Redundancy: 메시지가 전송 중 실패를 하더라도 재실행이 가능하여 안정된 메시지 송수신이 가능합니다.
- **느슨한 결합**Loosely Coupled: 송수신 클라이언트와 메시지 브로커가 약하게 연결되어 있습니다. 즉 각 클라이언트는 서로 독립된 메모리를 가진 분산 시스템으로 이루어지고 각 시스템마다 독자적인 프로세스로 움직이므로 서로에 대한 종속성이 약합니다.
- **탈동조**Decoupling: 메시지 브로커와 애플리케이션을 분리할 수 있습니다. 별도의 브로커를 사용하므로 메시지 통신과 메시지를 송수신하는 애플리케이션을 분리하여 개발할 수 있습니다.

메시징 시스템은 메시지 생산자Message Producer(또는 공급자Publisher)와 메시지 브로커Message Broker, 그리고 메시지 소비자Message Consumer(또는 구독자Subscriber)로 구분합니다. 그리고 메시지를 수신하는 상대가 단일 클라이언트인지 다중 클라이언트인지에 따라 일대일Point-to-Point과 일대다Publish-Subscribe 방식으로 나누어집니다. 일대일 방식에서는 메시지 브로커는 큐Queue를 사용합니다. 일대다 방식은 메시지 브로커의 토픽Topic을 사용합니다. 아래의 그림은 두 가지 방식을 설명하고 있습니다.

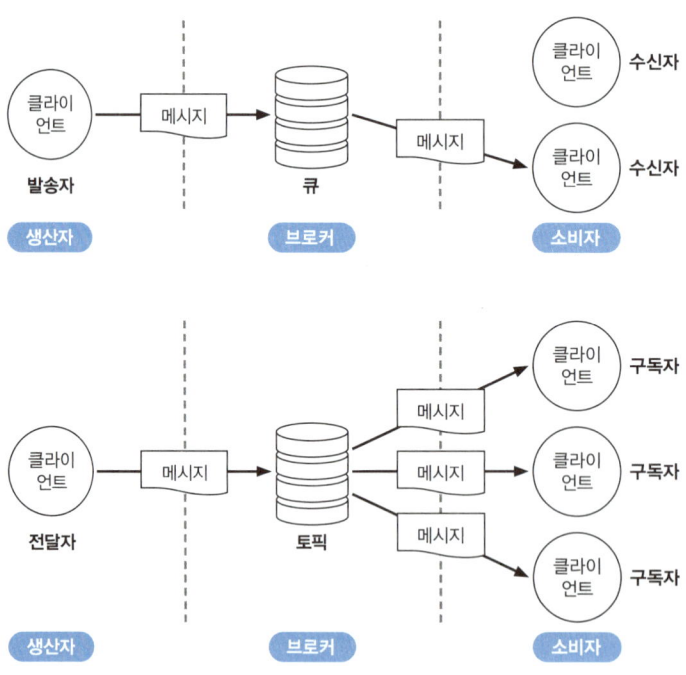

카프카 이전의 메시징 서비스 시스템에서는 ActiveMQ와 RabbitMQ 등이 많이 사용되었습니다. 아파치 카프카가 단순 메시징 시스템 브로커를 넘어 실시간 메시지 스트리밍 기능을 수행하는 데는 앞에서 언급한 기존 메시징 시스템보다 더 향상되고 새로운 기능을 구현했기 때문입니다.

- 카프카는 다른 빅데이터 솔루션처럼 스케일 아웃의 확장성을 위해 분산 시스템을 기본으로 설계되었습니다. 그래서 메시지 데이터를 분산, 복제하여 빠른 시간에 많을 용량의 데이터를 처리할 수 있습니다. 즉, 고가용성High Availability과 고확장성High Scalability을 지원합니다.
- 이전의 메시징 시스템처럼 데이터를 메모리에 저장하지는 않고 파일 시스템에 저장합니다. 그러므로 오류 사항이 발생하여도 데이터의 연속성Durability과 신뢰성Credibility을 보장해줍니다.
- 기존의 메시징 서비스는 메시지 브로커가 소비자에게 메시지를 push 방식으로 전달했습니다. 하지만 카프카는 소비자가 브로커에서 pull 방식으로 메시지를 가지고 옵니다. 따라서 소비자가 메시지의 용량만큼 처리가 가능하므로 최적의 성능을 낼 수 있습니다.
- 다중 생산Multi Publish과 다중 구독Multi Subscribe이 가능합니다. 아파치 카프카는 기본적으로 다대다의 메시지 전달을 지원합니다.

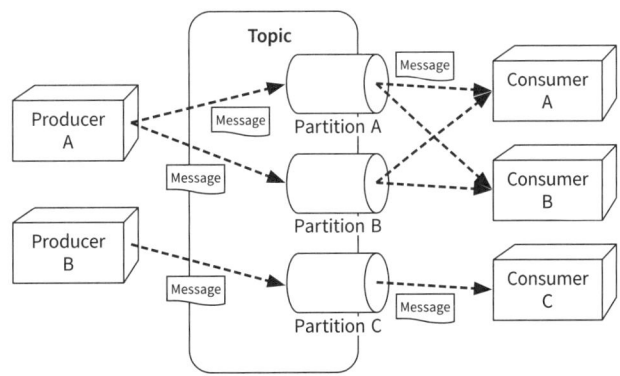

위의 그림은 다중 생산과 다중 구독을 설명합니다. Producer A는 다중 생산을 수행합니다. 그리고 끝단에서는 Consumer A와 Consumer B의 다중 구독이 가능합니다. 이러한 기능은 동일한 데이터를 여러 용도로 사용하거나 별개의 데이터를 통합하여 분석하는 경우에 용이하게 사용할 수 있습니다.

다음의 그림은 아파치 카프카를 사용하는 시스템의 예제를 보여주고 있습니다. 카프카 클러스터에서 생산자Producer는 각종 저장장치에 저장된 데이터를 브로커에 전송하는 역할을 담당합니다. 그림에서 보듯이 데이터 분석에 필요로 하는 데이터 소스를 하나하나 지정하는 것이 아니라 카프카로 데이터를 전송하기만 하면 됩니다. 카프카 클러스터는 각 브로커를 사용하여 데이터가 도달할 소비자Consumer에 안정적이고 낮은 응답속도latency로 데이터를 전송합니다. 데이터 소비자는 데이터를 안정적으로 비동기로 수령할 수 있습니다. 중간의 카프카 클러스터는 단순한 시스템 메시징 기능을 넘어 전사적 데이터 스트리밍 버스Enterprise Data Streaming Bus의 역할을 수행합니다. 마치 사람 몸의 혈관처럼 요구사항에 필요한 데이터를 애플리케이션에 안정되고 신속하게 전송합니다.

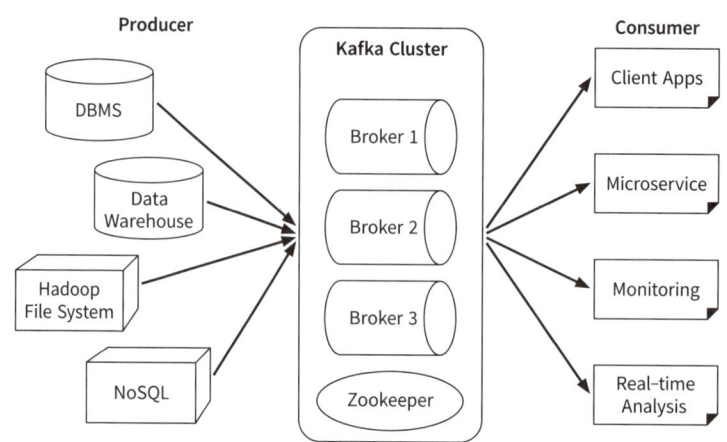

마지막으로 언급할 사항은 분산 코디네이션 서비스를 수행하는 아파치 Zookeeper입니다. 앞에서 언급했듯이 다른 빅데이터 솔루션처럼 카프카도 스케일 아웃 방식의 클러스터 환경으로 작동합니다. 그러므로 각 x86 기반의 노드가 언제든지 오류를 발생시킬 수 있습니다. 이럴 경우 오류가 발생한 노드의 데이터를 복제한 다른 노드를 찾아 서비스를 지속적으로 수행할 수 있어야 하며 복구된 노드에 대하여 클러스터 설정값을 지정해야 합니다. 카프카는 이 기능을 하둡 생태계의 Zookeeper로 관리합니다. 또한 Zookeeper는 클러스터의 카프카 브로커에 주기적으로 heart beat를 발송하여 클러스터의 상태 관리를 체크하고 관리합니다. 카프카를 내려받으면 설치 파일에 Zookeeper가 내장되어 있습니다. 독자 중 새로운 버전의 Zookeeper를 사용하려 할 경우는 아파치 홈 페이지에서 Zookeeper 설치 파일을 내려받아 사용할 수 있습니다. 이 책에서는 카프카에 내장된 Zookeeper를 사용하도록 하겠습니다.

5.1.2 카프카 구조와 기능

이번 절에서는 카프카의 성능을 좌우하는 구조적 특징을 살펴보겠습니다. 각 기능의 의미와 역할을 이해하면 카프카 API를 사용하는 데 많은 이점이 됩니다.

1 메시지 토픽

카프카는 메시지 스트리밍을 관리하기 위하여 토픽Topic이라는 개념을 사용합니다. 토픽은 논리적 개념의 메시지 주소를 의미합니다. 사용자는 하드웨어적으로 메시지 주소를 설치하는 것이 아니라 프로그래밍적으로 각 메시지의 저장 주소인 토픽을 생성할 수 있습니다. 이 토픽을 이용하여 메시지 생산자는 원하는 토픽으로 메시지를 발송하고 메시지 소비자는 해당 메시지를 토픽으로부터 수령합니다. 토픽은 249자 미만의 영문, 숫자와 '-', '_', '.'로 구성되는 이름을 가질 수가 있으며 해당 카프카 클러스터 내에서 단일한 이름이어야 합니다.

2 메시지 파티션

카프카 파티션Partition은 토픽 내의 메시지 전송을 빠르고 효율적으로 진행하기 위해 병렬로 수평 확장이 가능한 단위를 말합니다. 앞에서 카프카가 전사적 데이터 스트리밍 버스의 역할을 한다고 설명했습니다. 정해진 애플리케이션으로 필요한 데이터를 스트리밍하므로 여러 책에선 카프카를 도로와 빗대어 설명합니다. 다시 언급하자면 메시지 토픽은 도로의 이정표와 같습니다. 이 데이터가 어느 목표로 전달되고 도착하는지는 그 도로의 이정표인 토픽으로 정해집니다. 그러면 도로가 일차선인지 4차선인지 전송의 확장 단위는 토픽의 파티션으로 정해집니다. 일차선인 경우 도로가 막히고 전송이 느려지지만 도로의 차선이 많으면, 즉 파티션이 생기면 전달 속도와 용량이 향상됩니다. 주의할 점은 파티션을 많이 생성한다고 성능이 이와 비례하여 좋아지지는 않는다는 것입니다. 카프카는 데이터를 **key-value** 형식으로 저장합니다. 파티션이 많아지면 그만큼 시스템 리소스를 많이 사용하게 되고 클러스터에서 데이터 복제 시에 장애복구 시간이 증가됩니다. 파티션의 생성은 현재 파티션 개수가 원하는 데이터를 충분히 처리하지 못할 때 늘리는 것이 바람직한 사용법입니다.

3 오프셋

오프셋offset은 파티션 안에서 데이터의 위치를 표시하는 유일한 값을 말합니다. 파티션에 데이터가 저장되면 카프카는 해당 파티션 안에서 64비트 정수를 사용하여 유일하고 순차적으로 위치 값을 지정합니다. 카프카의 소비자가 파티션에서 데이터를 읽어올 때 이 오프셋을 이용하여 관리합니다. 다음은 아파치 카프카의 단일 브로커의 소프트웨어 아키텍처를 보여줍니다.

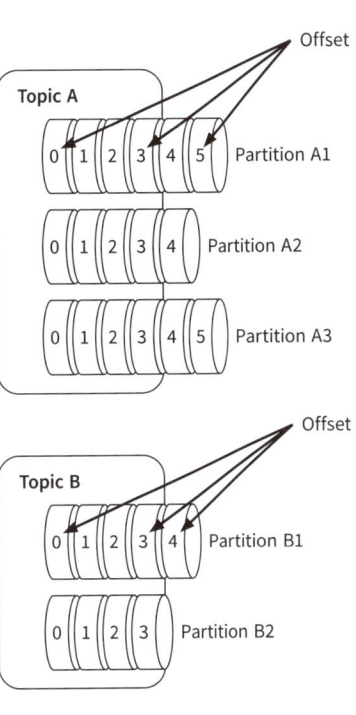

카프카의 브로커 안에는 논리적인 메시지 저장소인 토픽이 존재합니다. 메시지가 생산자에 의해 해당 토픽에 도착하면 각각의 파티션에 오프셋 번호를 가지고 저장되고 메시지 소비자는 **polling** 방식으로 이 오프셋 번호를 이용하여 메시지를 수신합니다. 이렇게 구성된 브로커는 클러스터 환경을 구성하고 앞에서 언급했던 메시지 스트리밍을 수행합니다.

5.2 카프카 설치 및 설정

윈도우 11

여러분의 윈도우에 JDK가 올바르게 설치되었고 JAVA_HOME과 Path에 경로가 설정되어 있어야 합니다.

1 http://kafka.apache.org/downloads에서 Apache Kafka 최신 바이너리 버전을 내려받기 합니다.

2 내려받은 바이너리 파일을 원하는 위치에 압축을 풀어 설치합니다. 이 책에서는 C:\kafka_2.13-3.2.0로 설정하였습니다.

3 윈도우 11 환경변수에서 ZOOKEEPER_HOME와 KAFKA_HOME 경로를 지정합니다. 그리고 Path를 설정합니다. 제어판을 실행하여 [시스템 및 보안] ➡ [시스템] 메뉴를 선택합니다. [시스템] 창에서 하단 오른쪽 [고급 시스템 설정] 링크를 클릭합니다.

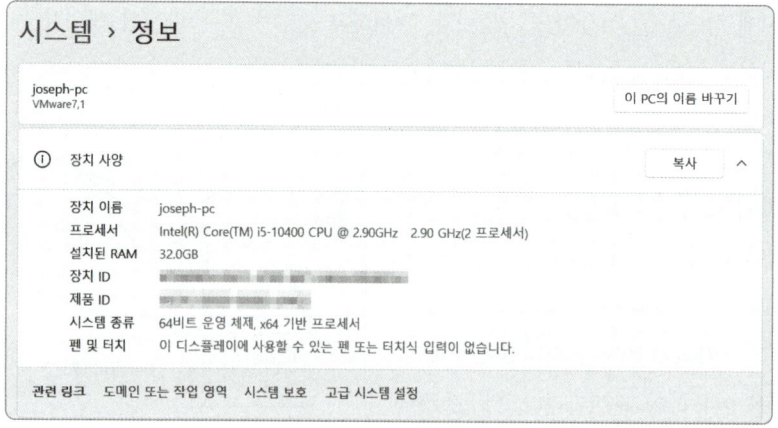

4 [시스템 속성] 창의 [고급] 탭에서 [환경 변수] 버튼을 선택합니다.

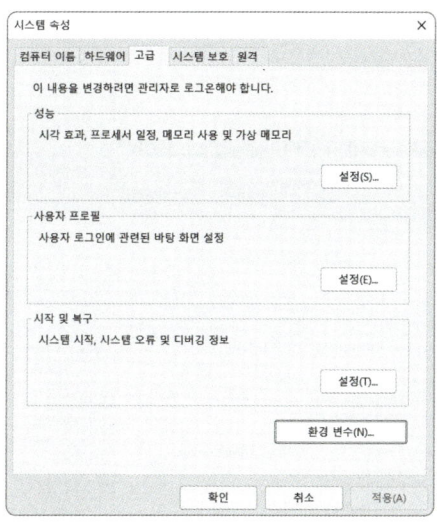

5 [새로 만들기] 버튼을 선택하여 ZOOKEEPER_HOME과 KAFKA_HOME 환경변수를 생성합니다.
이 책에서는 C:\kafka_2.13-3.2.0입니다.

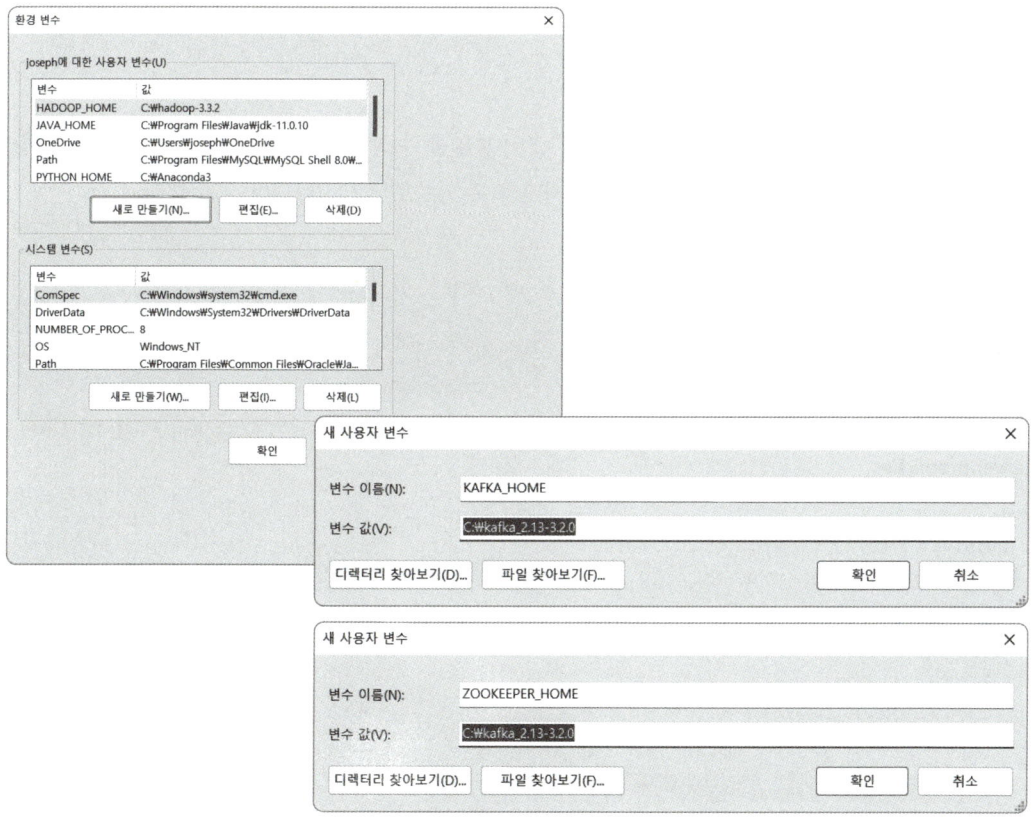

6 ZOOKEEPER_HOME과 KAFKA_HOME 환경변수를 만들면 Path를 선택하여 [편집]을 클릭합니다.

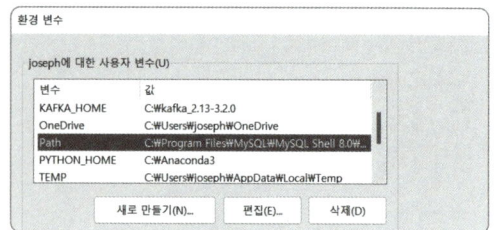

7 다음과 같이 경로를 지정합니다.

- %ZOOKEEPER_HOME%\bin\windows
- %KAFKA_HOME%\bin\windows

8 %KAFKA_HOME%\conf 폴더에서 다음과 같이 파일을 수정합니다. 주의할 점은 폴더 표시자를 '\'가 아니라 '/'로 표시한다는 것입니다. 그리고 지정된 폴더도 모두 생성합니다.

zookeeper.properties

```
...
dataDir=C:/kafka_2.13-3.2.0/data/zookeeper
...
```

server.properties

```
...
log.dirs=C:/kafka_2.13-3.2.0/data/kafka
delete.topic.enable = true
...
```

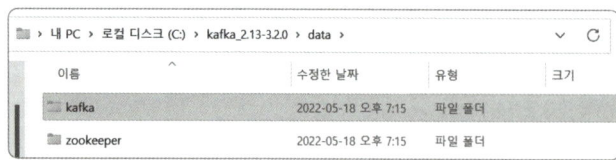

9 다음과 같이 명령어를 실행하여 Kafka를 작동시킵니다.

```
> zookeeper-server-start.bat %ZOOKEEPER_HOME%\config\zookeeper.properties
> kafka-server-start.bat %KAFKA_HOME%\config\server.properties
```

10 Kafka 서비스도 실행할 때 kafka-server-start.bat 파일로 실행을 하면 반드시 kafka-server-stop. bat 파일로 서비스를 중지시켜야 합니다. 단순 Ctrl-C로 서비스를 정지하면 Kafka가 데이터 오류를 일으켜 오동작을 합니다.

11 부팅 시 Kafka 서비스를 자동으로 실행하기 위해 스크립트 파일을 생성합니다. %KAFKA_HOME% \bin\windows 폴더에 다음과 같이 파일을 생성합니다.

kafka-service-start.bat

```
@echo off

:: 관리자 권한을 얻어 명령어를 실행합니다.
:------------------------------------
REM --> Check for permissions
>nul 2>&1 "%SYSTEMROOT%\system32\cacls.exe" "%SYSTEMROOT%\system32\config\system"
REM --> If error flag set, we do not have admin.
if '%errorlevel%' NEQ '0' (
 echo Requesting administrative privileges...
 goto UACPrompt
) else ( goto gotAdmin )

:UACPrompt
 echo Set UAC = CreateObject^("Shell.Application"^) > "%temp%\getadmin.vbs"
 set params = %*:"=""
 echo UAC.ShellExecute "cmd.exe", "/c %~s0 %params%", "", "runas", 1 >> "%temp%\getadmin.vbs"

 "%temp%\getadmin.vbs"
 del "%temp%\getadmin.vbs"
 exit /B

:gotAdmin
 pushd "%CD%"
 CD /D "%~dp0"
:------------------------------------

REM --> zookeeper 서비스를 실행합니다.
start cmd /k %KAFKA_HOME%\bin\windows\zookeeper-server-start.bat %KAFKA_HOME%\config\
                                                                    zookeeper.properties

TIMEOUT 3
```

```
REM --> kafka 서비스를 시작합니다.
start cmd /k %KAFKA_HOME%\bin\windows\kafka-server-start.bat %KAFKA_HOME%\config\
                                                                server.properties
```

kafka-service-stop.bat

```
@echo off

:: 관리자 권한을 획득합니다.
:--------------------------------------
REM --> Check for permissions
>nul 2>&1 "%SYSTEMROOT%\system32\cacls.exe" "%SYSTEMROOT%\system32\config\system"
REM --> If error flag set, we do not have admin.
if '%errorlevel%' NEQ '0' (
 echo Requesting administrative privileges...
 goto UACPrompt
) else ( goto gotAdmin )

:UACPrompt
 echo Set UAC = CreateObject^("Shell.Application"^) > "%temp%\getadmin.vbs"
 set params = %*:"=""
 echo UAC.ShellExecute "cmd.exe", "/c %~s0 %params%", "", "runas", 1 >> "%temp%\getadmin.vbs"

 "%temp%\getadmin.vbs"
 del "%temp%\getadmin.vbs"
 exit /B

:gotAdmin
 pushd "%CD%"
 CD /D "%~dp0"
:--------------------------------------

start cmd /k %KAFKA_HOME%\bin\windows\kafka-server-stop.bat

TIMEOUT 3

start cmd /k %KAFKA_HOME%\bin\windows\zookeeper-server-stop.bat

TIMEOUT 3

:: Kafka의 모든 로그파일을 삭제합니다.

rmdir /s /Q %KAFKA_HOME%\data\zookeeper\version-2

rmdir /s /Q %KAFKA_HOME%\data\kafka

rmdir /s /Q %KAFKA_HOME%\logs
```

12 윈도우 11 검색창에서 gpedit.msc 명령어를 실행합니다.

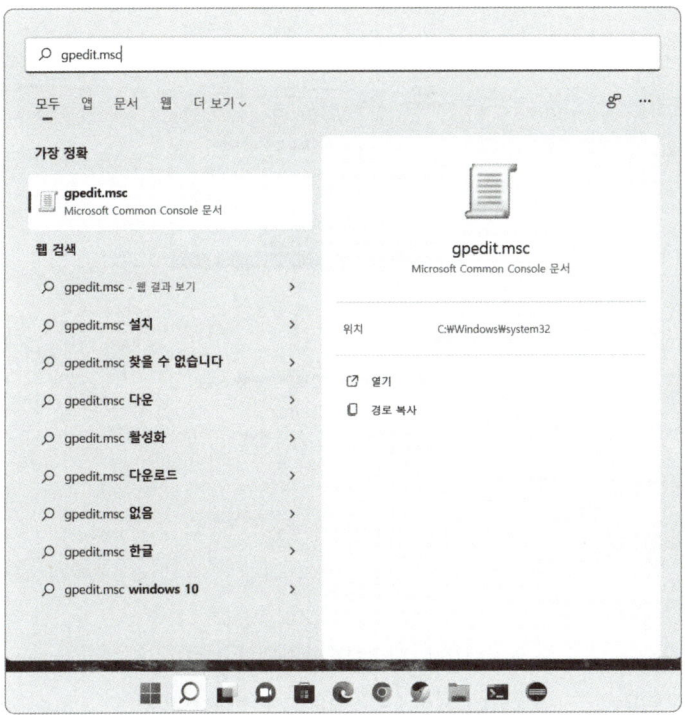

13 표시된 화면에서 [로컬 컴퓨터 정책] ➡ [사용자 구성] ➡ [Windows 설정] ➡ [스크립트 (로그온/로그오프)] 메뉴를 아래와 같이 선택합니다.

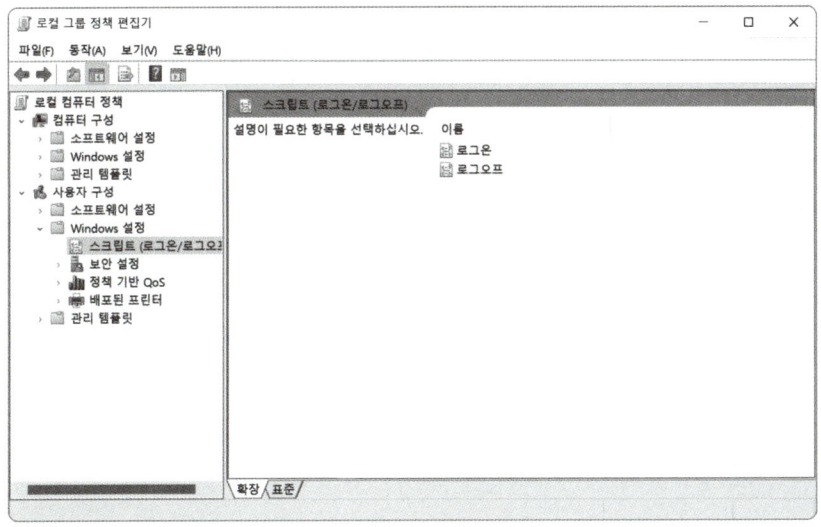

14 [로그온] 링크를 더블 클릭하여 로그온 창을 열고 [추가] 버튼을 선택하여 스크립트 추가 창에서 위 11 에서 생성한 kafka-service-start.bat 파일을 추가합니다.

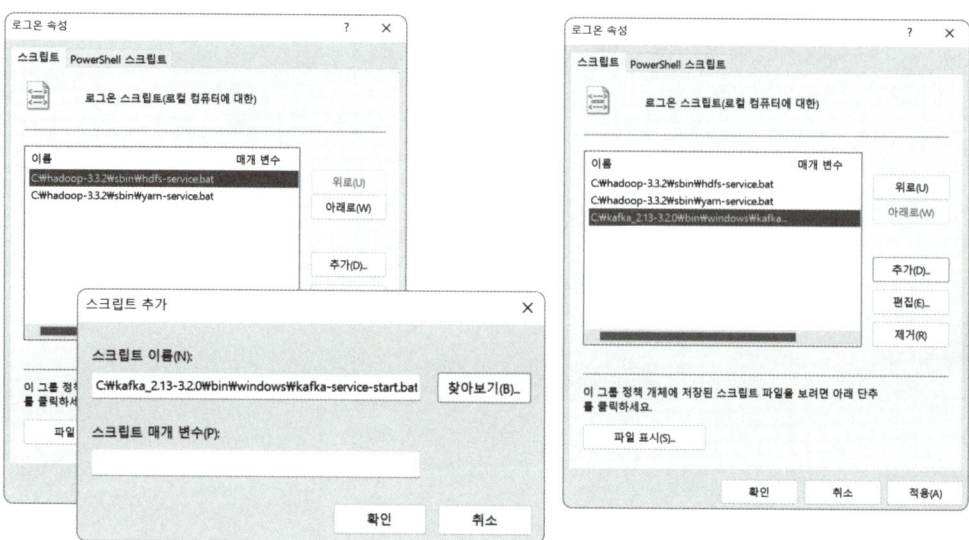

15 다시 [로그오프] 링크를 더블 클릭하고 로그 오프 속성창에서 같은 방법으로 11 에서 생성한 kafka-service-stop.bat 파일을 추가하여 윈도우 종료 시 Kafka 서비스를 올바르게 종료합니다.

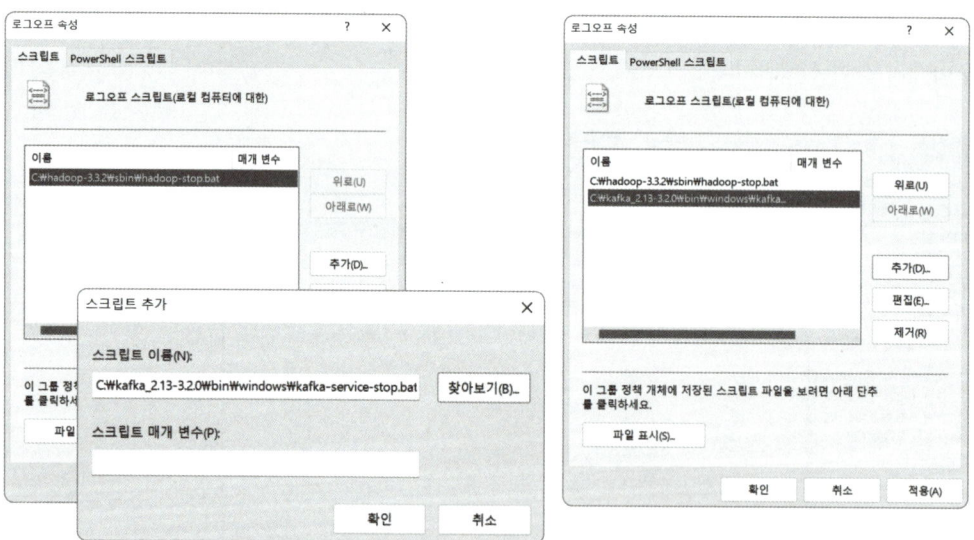

16 이제 윈도우 11을 시작하고 종료할 때마다 카프카 서비스가 자동으로 시작하고 멈추게 됩니다.

우분투 22.04

[1] http://kafka.apache.org/downloads에서 Kafka 최신 버전을 내려받아 압력을 풉니다. 링크를 복사하여 `wget` 명령어를 사용할 수 있습니다. 파일을 내려받고 압축을 풀어 폴더를 설치합니다. 그리고 관리의 효율성을 위해 링크도 만듭니다.

```
> wget https://archive.apache.org/dist/kafka/3.2.0/kafka_2.13-3.2.0.tgz
> tar zxvf kafka_2.13-3.2.0.tgz
> ln -s kafka_2.13-3.2.0 kafka
```

[2] home 폴더의 .bashrc 파일에 다음과 같이 경로를 지정합니다.

```
> gedit .bashrc
```

```
########## ZOOKEEPER PATH ############
ZOOKEEPER_HOME=/home/joseph/kafka
PATH=$PATH:$ZOOKEEPER_HOME/bin
export PATH

########## KAFKA-2.13.0 PATH ############
KAFKA_HOME=/home/joseph/kafka
PATH=$PATH:$KAFKA_HOME/bin
```

[3] 카프카에 대한 기본설정을 추가합니다.

```
> cd $KAFKA_HOME/config
> gedit server.properties
```

```
delete.topic.enable = true
```

[4] zookeeper와 kafka의 프로세스를 만들어 우분투 부팅 시 자동으로 실행되도록 설정을 합니다.

```
> sudo gedit /usr/lib/systemd/system/zookeeper.service
```

zookeeper.service

```
[Unit]
Description=Zookeeper Service

[Service]
Type=simple
User=joseph
Group=joseph
Environment=JAVA_HOME=/usr/lib/jvm/jdk
ExecStart=/home/joseph/kafka/bin/zookeeper-server-start.sh /home/joseph/kafka/config
    /zookeeper.properties
ExecStop=/home/joseph/kafka/bin/zookeeper-server-stop.sh

Restart=on-abnormal

[Install]
WantedBy=multi-user.target
```

```
> sudo systemctl enable zookeeper
> sudo systemctl start zookeeper
> sudo systemctl status zookeeper
```

```
> sudo gedit /usr/lib/systemd/system/kafka.service
```

kafka.service

```
[Unit]
Description=Kafka 3.2 Service
Requires=zookeeper.service
After=zookeeper.service

[Service]
Type=simple
User=joseph
Group=joseph
Environment=JAVA_HOME=/usr/lib/jvm/jdk
ExecStart=/home/joseph/kafka/bin/kafka-server-start.sh /home/joseph/kafka/config
    /server.properties
ExecStop=/home/joseph/kafka/bin/kafka-server-stop.sh

[Install]
WantedBy=multi-user.target
```

```
> sudo systemctl enable kafka
> sudo systemctl start kafka
> sudo systemctl status kafka
```

5.3 카프카 메시지 서비스의 API

카프카의 운용도 다른 오픈소스 방식과 같이 CLI_{Command Line Interface}를 사용한 방식과 자바 또는 파이썬 같은 프로그래밍 언어 API를 사용하는 방법이 있습니다. 이 책에서는 프로그래밍 언어를 이용한 시스템 사용법을 설명하겠습니다.

5.3.1 자바

카프카의 자바 API를 사용하기 위해 우리가 생성한 메이븐 pom.xml에 다음과 같이 의존체를 추가해야 합니다.

```xml
<!-- https://mvnrepository.com/artifact/org.apache.kafka/kafka-clients -->
<dependency>
    <groupId>org.apache.kafka</groupId>
    <artifactId>kafka-clients</artifactId>
    <version>3.1.0</version>
</dependency>
```

위에서 삽입한 kafka-client 패키지는 크게 2개로 구분됩니다. 하나는 카프카 서버로 메시지를 발송하는 KafkaProducer 클래스이고 다른 하나는 카프카 서버에서 메시지를 수신하는 KafkaConsumer 클래스입니다.

아래 목록은 카프카 메시지 발신 단락의 KafakaProducer에 관련된 API입니다.

```
org.apache.kafka.clients.producer.Producer<K,V>
org.apache.kafka.clients.producer.KafkaProducer<K,V>
org.apache.kafka.clients.producer.ProducerRecord<K,V>
org.apache.kafka.clients.producer.ProducerConfig
org.apache.kafka.clients.producer.Callback
org.apache.kafka.clients.producer.RecordMetadata
```

그리고 아래 목록은 카프카 메시지 수신 단락의 KafkaConsumer에 관련된 API입니다.

```
org.apache.kafka.clients.consumer.Consumer<K,V>
org.apache.kafka.clients.consumer.KafkaConsumer<K,V>
org.apache.kafka.clients.consumer.ConsumerRecord<K,V>
org.apache.kafka.clients.consumer.ConsumerRecords<K,V>
org.apache.kafka.clients.consumer.ConsumerConfig
```

아래 클래스 목록은 카프카로 메시지를 송수신할 때 메시지를 직렬화/역직렬화하는 API를 제공합니다.

```
org.apache.kafka.common.serialization.ByteArrayDeserializer
org.apache.kafka.common.serialization.ByteArraySerializer
org.apache.kafka.common.serialization.BytesDeserializer
org.apache.kafka.common.serialization.BytesSerializer
org.apache.kafka.common.serialization.DoubleDeserializer
org.apache.kafka.common.serialization.DoubleSerializer
org.apache.kafka.common.serialization.FloatDeserializer
org.apache.kafka.common.serialization.FloatSerializer
org.apache.kafka.common.serialization.IntegerDeserializer
org.apache.kafka.common.serialization.IntegerSerializer
org.apache.kafka.common.serialization.LongDeserializer
org.apache.kafka.common.serialization.LongSerializer
org.apache.kafka.common.serialization.StringDeserializer
org.apache.kafka.common.serialization.StringSerializer
org.apache.kafka.common.serialization.VoidDeserializer
org.apache.kafka.common.serialization.VoidSerializer
```

❶ Producer<K, V> 인터페이스

카프카의 Producer를 담당하는 인터페이스로서 KafkaProducer<K, V>가 이 인터페이스로 구현된 클래스입니다.

❷ KafkaProducer<K, V> 클래스

카프카 클러스터로 전달될 Records를 전송하는 카프카 클라이언트 클래스입니다.

▶ 생성자

반환값	매개변수	설명
없음	Map<String,Object> configs	키-밸류 형식의 설정값을 사용하여 객체 생성
	Map<String,Object> configs, Serializer<K> keySerializer, Serializer<V> valueSerializer	키-밸류 형식의 설정값을 사용하여 객체 생성. 그리고 키와 밸류 값에 대한 직렬화 클래스 지정
	Properties properties	키-밸류 형식의 설정값을 사용하여 객체 생성
	Properties properties, Serializer<K> keySerializer, Serializer<V> valueSerializer	키-밸류 형식의 설정값을 사용하여 객체 생성. 그리고 키와 밸류 값에 대한 직렬화 클래스 지정

▶ send 메서드

반환값	매개변수	설명
Future <RecordMetadata>	ProducerRecord<K,V> record	비동기적으로 레코드 값을 토픽으로 발송
	ProducerRecord<K,V> record, Callback callback	비동기적으로 레코드 값을 토픽으로 발송. 발송 성공 여부를 확인하는 callback 인터페이스 지정

▶ flush 메서드

반환값	매개변수	설명
void	없음	버퍼에 저장된 모든 레코드 값을 서버로 발송

▶ close 메서드

반환값	매개변수	설명
void	없음	프로듀서를 정지
	Duration timeout	일정 시간 후 프로듀서 정지

❸ ProducerRecord<K, V> 클래스

〈키, 밸류〉 형식의 객체로서 카프카 클러스터 서버로 전송하는 레코드를 담당하는 클래스입니다.

▶ 생성자

반환값	매개변수	설명
없음	String topic, Integer partition, K key, V value	키와 밸류를 매개변수로 하여 지정된 topic과 partition으로 전송하는 레코드 생성
	String topic, Integer partition, Long timestamp, K key, V value	지정된 timestamp를 보유한 키와 밸류를 매개변수로 하여 지정된 topic과 partition으로 전송하는 레코드 생성
	String topic, K key, V value	키와 밸류를 매개변수로 하여 지정된 topic으로 전송하는 레코드 생성
	String topic, V value	키가 없는 경우 밸류만을 매개변수로 하여 지정된 topic으로 전송하는 레코드 생성

❹ ProducerConfig 클래스

카프카 프로듀스의 설정값을 지정하는 필드값을 제공하는 클래스입니다.

▶ 필드값

제어자 및 타입	필드	설명
static String	ACKS_CONFIG	키값이 acks. 송신 확인값 설정
	BOOTSTRAP_SERVERS_CONFIG	키값이 bootstrap.servers. 카프카 클러스터 서버 값들을 설정
	BUFFER_MEMORY_CONFIG	키값이 buffer.memory. 버퍼의 용량을 설정
	CLIENT_ID_CONFIG	키값이 client.id. 클라이언트 아이디 설정값
	COMPRESSION_TYPE_CONFIG	키값이 compression.type. 발송 시 압축 방법 지정
	KEY_SERIALIZER_CLASS_CONFIG	키값이 key.serializer. 서버로 발신하는 레코드의 키 값에 대한 직렬화 클래스를 지정

제어자 및 타입	필드	설명
static String	VALUE_SERIALIZER_CLASS_CONFIG	키값이 value.serializer. 서버로 발신하는 레코드의 밸류값에 대한 직렬화 클래스를 지정
	RETRIES_CONFIG	키값이 retires. 재시도에 설정값
	BATCH_SIZE_CONFIG	키값이 batch.size. 배치 크기를 지정

5 Callback 인터페이스

발송이 완료되었을 때 호출되는 인터페이스입니다. 인터페이스 내부 함수인 onCompletion 메서드를 호출하여 개발자가 실행된 리소스에 대한 값을 살펴볼 수 있습니다.

▶ onCompletion 메서드

반환값	매개변수	설명
void	RecordMetadata metadata, Exception exception	발송이 완료되었을 때 전송된 레코드의 메타 데이터 정보를 가진 RecordMetadata와 오류 객체를 반환

6 RecordMetadata 클래스

카프카 서버로부터 확인된 전송 레코드의 메타 데이터를 담당하는 클래스

▶ offset 메서드

반환값	매개변수	설명
long	없음	토픽/파티션의 레코드 offset 값 반환

▶ partition 메서드

반환값	매개변수	설명
int	없음	전송 레코드의 파티션 크기 반환

▶ timestamp 메서드

반환값	매개변수	설명
long	없음	토픽/파티션의 레코드 timestamp 반환

▶ topic 메서드

반환값	매개변수	설명
String	없음	전송 레코드의 토픽 반환

다음은 앞에서 언급한 카프카 Producer API로 구성된 예제입니다.

> 예제 ▼

```
01  Properties props = new Properties();
02  props.put(ProducerConfig.BOOTSTRAP_SERVERS_CONFIG, "localhost:9092");
03  props.put(ProducerConfig.ACKS_CONFIG, "all");
04  props.put(ProducerConfig.RETRIES_CONFIG, Integer.valueOf(1));
05  props.put(ProducerConfig.LINGER_MS_CONFIG, Integer.valueOf(1));
06  props.put(ProducerConfig.KEY_SERIALIZER_CLASS_CONFIG, StringSerializer.class);
07  props.put(ProducerConfig.VALUE_SERIALIZER_CLASS_CONFIG, StringSerializer.class);
08
09  Producer<String, String> producer = new KafkaProducer<>(props);
10  for (int i = 0; i < 10; i++) {
11      ProducerRecord<String, String> producerRecord = new ProducerRecord<String,
        String>("my-topic", Integer.toString(i), Integer.toString(i));
12      producer.send(producerRecord, new KafkaProducerCallback());
13  }
14  producer.close();
15
16
17  class KafkaProducerCallback implements Callback {
18
19      @Override
20      public void onCompletion(RecordMetadata metadata, Exception exception) {
21          // TODO Auto-generated method stub
22          if(exception != null) {
23              System.out.println(exception.getMessage());
24          } else {
25              System.out.println
                (metadata.topic() + "으로 " + metadata.serializedValueSize() + " 전송");
26          }
27      }
28  }
```

1라인에서 KafkaProducer에 지정할 속성값을 보유하는 객체를 생성합니다. 2라인은 카프카 서버의 주소값을 지정합니다. 이 예제에서는 테스트용으로 localhost를 사용하지만 실제에는 온 프레미스나 클라우드 환경의 주소값이 사용됩니다. 3라인은 카프카 클러스터로 데이터가 전달된 후 확인 작업을 수행합니다. 밸류값이 all이므로 모든 메시지에 대한 확인절차를 거칩니다. 당연히 실행 속도는 느려집니다. 4라인은 카프카 클러스터로 메시지가 레코드 전달이 실패한 경우 재시도 횟수를 지정하는 설정입니다. 5라인의 속성값은 카프카 프로듀서가 버퍼에 저장하는 시간을 지정하여 바로 클러스터로 전송하지 않고 더 많은 레코드가 버퍼에 저장하게 지정할 수 있습니다. 6~7라인은 전달하려는 키와 밸류값에 대해 직렬화하는 타입을 지정하는 코드입니다. 9라인에서 카프카 프로듀서를 생성하고 11라인에서 카프카 전송 레코드를 생성한 후 12라인에서 지정된 토픽으로 발송합니다. 이때 매개변수로 Callback 인터페이스를 구현한 객체를 연동하여 20라인의 onCompletion 함수에서 전달된 레코드 대한 메타데이터와 전달 오류값을 살펴볼 수 있습니다.

```
my-topic으로 1 전송
my-topic으로 1 전송
my-topic으로 1 전송
.
.
.
.
my-topic으로 1 전송
```

7 Consumer<K, V> 인터페이스

카프카의 Consumer를 담당하는 인터페이스로서 KafkaConsumer<K, V>가 이 인터페이스로 구현된 클래스입니다. 구현된 메서드 내용과 기능은 KafkaConsumer 클래스에서 다루도록 하겠습니다.

8 KafkaConsumer<K, V> 클래스

카프카 클러스터에서 지정된 토픽으로 전달된 Records를 수신하는 카프카 클라이언트 클래스입니다.

▶ 생성자

반환값	매개변수	설명
없음	Map<String,Object> configs	키-밸류 형식의 설정값을 사용하여 객체 생성
	Map<String,Object> configs, Deserializer<K> keyDeserializer, Deserializer<V> valueDeserializer	키-밸류 형식의 설정값을 사용하여 객체 생성. 그리고 키와 밸류값에 대한 역직렬화 클래스 지정
	Properties properties	키-밸류 형식의 설정값을 사용하여 객체 생성
	Properties properties, Deserializer<K> keyDeserializer, Deserializer<V> valueDeserializer	키-밸류 형식의 설정값을 사용하여 객체 생성. 그리고 키와 밸류값에 대한 역직렬화 클래스 지정

▶ poll 메서드

반환값	매개변수	설명
ConsumerRecords<K,V>	Duration timeout	주어진 시간 동안 레코드 수신을 블록할지 설정

▶ pause 메서드

반환값	매개변수	설명
void	Collection<TopicPartition> partitions	매개변수로 지정된 파티션에 대해 수신작업을 정지

▶ resume 메서드

반환값	매개변수	설명
void	Collection<TopicPartition> partitions	매개변수로 지정된 파티션에 대해 수신작업을 재시작

▶ subscribe 메서드

반환값	매개변수	설명
void	Collection<String> topics	지정된 토픽에 대한 구독 실행

▶ close 메서드

반환값	매개변수	설명
void	없음	컨슈머를 정지
	Duration timeout	일정 시간 후 컨슈머 정지

❾ ConsumerRecord<K, V> 클래스

<키, 밸류> 형식의 객체로서 카프카 클러스터 서버로부터 수신된 레코드를 담당하는 클래스입니다.

▶ 생성자

반환값	매개변수	설명
없음	String topic, int partition, long offset, K key, V value	주어진 토픽과 파티션에 대한 <키, 밸류>값을 갖는 레코드 객체 생성

▶ offset 메서드

반환값	매개변수	설명
long	없음	지정된 카프카 파티션의 레코드 offset 값 반환

▶ partition 메서드

반환값	매개변수	설명
int	없음	수신 레코드의 파티션 크기 반환

▶ timestamp 메서드

반환값	매개변수	설명
long	없음	수신한 레코드 timestamp 반환

▶ topic 메서드

반환값	매개변수	설명
String	없음	메시지를 수신한 토픽 반환

⑩ ConsumerRecords<K, V> 클래스

KafkaConsumer 객체의 poll 메서드 반환값으로 ConsumerRecord 객체의 List 객체 타입입니다.

▶ count 메서드

반환값	매개변수	설명
void	없음	토픽에 대한 레코드 개수값 반환

▶ isEmpty 메서드

반환값	매개변수	설명
boolean	없음	수신된 레코드 리스트 객체가 비었는지 여부 반환

▶ iterator 메서드

반환값	매개변수	설명
Iterator<ConsumerRecord<K,V>>	없음	Interator 인터페이스 반환

⑪ ConsumerConfig 클래스

제어자 및 타입	필드	설명
static String	ALLOW_AUTO_CREATE_TOPICS_CONFIG	키값이 allow.auto.create.topics. 토픽 자동 설정 옵션
	AUTO_COMMIT_INTERVAL_MS_CONFIG	키값이 auto.commit.interval.ms. 자동 커밋 시간 설정
	BOOTSTRAP_SERVERS_CONFIG	키값이 bootstrap.servers. 카프카 클러스터 서버값들을 설정
	CLIENT_ID_CONFIG	키값이 client.id.
	ENABLE_AUTO_COMMIT_CONFIG	키값이 enable.auto.commit. 자동 커밋 여부를 설정
	GROUP_ID_CONFIG	키값이 group.id.
	KEY_DESERIALIZER_CLASS_CONFIG	키값이 key.deserializer. 서버로 수신하는 레코드의 키값에 대한 역직렬화 클래스 지정
	VALUE_DESERIALIZER_CLASS_CONFIG	키값이 value.deserializer. 서버로 수신하는 레코드의 밸류값에 대한 역직렬화 클래스 지정

⑫ org.apache.kafka.common.serialization 패키지

카프카 송수신 시 직렬화/역직렬화의 타입을 지정하는 클래스입니다.

직렬화 클래스	역직렬화 클래스	설명
ByteArraySerializer	ByteArrayDeserializer	바이트 배열 타입으로 직렬화/역직렬화
BytesSerializer	BytesDeserializer	바이트 타입으로 직렬화/역직렬화
DoubleSerializer	DoubleDeserializer	Double 타입으로 직렬화/역직렬화
FloatSerializer	FloatDeserializer	Float 타입으로 직렬화/역직렬화
IntegerSerializer	IntegerDeserializer	Integer 타입으로 직렬화/역직렬화
LongSerializer	LongDeserializer	Long 배열 타입으로 직렬화/역직렬화
StringSerializer	StringDeserializer	문자열 타입으로 직렬화/역직렬화
VoidSerializer	VoidDeserializer	Void형 타입으로 직렬화/역직렬화

아래 예제는 위에서 살펴본 카프카 Consumer API로 구성된 예제입니다.

예제 ▼

```
01  Properties props = new Properties();
02  props.put(ConsumerConfig.BOOTSTRAP_SERVERS_CONFIG, "localhost:9092");
03  props.put(ConsumerConfig.GROUP_ID_CONFIG, "my-group");
04  props.put(ConsumerConfig.AUTO_OFFSET_RESET_CONFIG, "earliest");
05  props.put(ConsumerConfig.ENABLE_AUTO_COMMIT_CONFIG, "true");
06  props.put(ConsumerConfig.AUTO_COMMIT_INTERVAL_MS_CONFIG, Integer.valueOf(1000));
07  props.put(ConsumerConfig.KEY_DESERIALIZER_CLASS_CONFIG, StringDeserializer.class);
08  props.put(ConsumerConfig.VALUE_DESERIALIZER_CLASS_CONFIG, StringDeserializer.class);
09
10  KafkaConsumer<String, String> consumer = new KafkaConsumer<>(props);
11  consumer.subscribe(Arrays.asList("my-topic"));
12
13  try {
14      while (true) {
15          ConsumerRecords<String, String> records = consumer.poll(Duration.ofMillis(100));
16
17          for (ConsumerRecord<String, String> record : records)
18              System.out.printf("offset = %d, key = %s, value = %s%n", record.offset(), record.key(), record.value());
19      }
20  } finally {
21      consumer.close();
22  }
```

1라인에서 KafkaConsumer 객체에 설정할 속성값을 보유하는 객체를 생성합니다. 2라인은 카프카 서버의 주소값을 지정합니다. 3라인에서 그룹 id를 지정합니다. 4라인은 컨슈머의 offset 값으로 컨슈머의 offset을 재설정할 때 파티션의 맨 앞earliest로 지정할지, 맨 마지막latest로 지정할지 설정하는 기능을 수행합니다. 5라인의 속성값은 자동 커밋을 지정합니다. 6라인은 자동 커밋에 대한 인터벌을 지정합니다. 7~8라인은 수신하려는 레코드의 키와 밸류값에 대해 역직렬화하는 타입을 지정하는 코드입니다. 10라인에서 카프카 컨슈머 객체를 생성하고 11라인에서 입력한 토픽에 대해 구독을 지정합니다. 15라인에서 컨슈머의 poll 메서드로 레코드의 리스트 객체를 불러오고 17라인에서 루프를 돌며 18라인에서 수신한 데이터를 콘솔에 출력합니다.

```
offset = 0, key = 0, value = 0
offset = 1, key = 1, value = 1
offset = 2, key = 2, value = 2
.
.
.
.
offset = 9, key = 9, value = 9
```

5.3.2 파이썬

아파치 카프카를 제어하기 위한 파이썬 모듈에는 몇 가지 종류가 있습니다. 대표적인 모듈로 pykafka, kafka-python 그리고 confluent-kafka-python 등이 있습니다. 그중에 처리 용량이나 속도 면에서 가장 많이 사용되고 성능도 좋은 모듈은 confluent-kafka-python입니다. 이 책에서는 카프카 클라이언트 파이썬 모듈로 confluent-kafka-python을 사용하겠습니다.

confluent-kafka-python에서 Producer와 Consumer 기능을 담당하는 클래스는 다음과 같습니다.

```
confluent_kafka.Producer
confluent_kafka.Consumer
```

1 Producer

이 클래스는 다음과 같은 API를 제공합니다.

▶ confluent_kafka.Producer 생성자

반환값	매개변수	설명
없음	config: dict	파이썬 딕셔너리 타입의 매개변수. 'bootstrap.servers' 키값에 대한 밸류값은 반드시 설정

▶ **poll 메서드**

반환값	매개변수	설명
콜백 이벤트 개수	timeout: float	주어진 시간(초) 동안 폴링 수행. Producer가 얼마 동안 동작을 블록할지 지정

▶ **produce 메서드**

반환값	매개변수	설명
없음	topic: str, value: str(또는 bytes), key: str(또는 bytes), partition: int, on_delivery(err, msg): func, timestamp: int	토픽, 전달 메시지 밸류값, 전달 메시지 키값, 파티션, 메시지를 poll() 또는 flush()를 수행한 후 호출되는 callback 함수, 메시지 생성 Timestamp 값을 매개변수로 메시지를 송신

▶ **flush 메서드**

반환값	매개변수	설명
큐에 남아있는 메시지 개수	없음	프로듀서 큐의 모든 메시지를 전달

예제 ▼

```
01  from confluent_kafka import Producer
02
03  def delivery_report(err, msg):
04      if err is not None:
05          print('메시지 전송 실패: {}'.format(err))
06      else:
07          print('{}으로 [{}]의 데이터 전송'.format(msg.topic(), msg.partition()))
08
09
10  producer = Producer({
11      'bootstrap.servers': 'localhost:9092',
12      'batch.size': 20000,
13      'acks': 'all',
14      'retries': 1,
15      'linger.ms': 1
16  })
17
18  producer.poll(0)
19
20  for i in range(0, 10):
21      list_data = "전달 메시지 {}".format(i)
22      producer.produce('test-topic', list_data, callback=delivery_report)
23
24  producer.flush()
```

3라인은 Producer의 poll과 flush 메서드를 실행한 후 호출하는 callback 함수를 지정합니다. 10라인에서 Producer 객체를 생성합니다. 18라인에서 poll 함수의 값이 0이므로 바로 송신작업이 실행됩니다. 22라인에서 'test-topic' 토픽으로 list_data를 송신하고 delivery_report 함수를 callback 함수로 연동하여 메시지를 콘솔에 표시합니다.

```
test-topic으로 [0]의 데이터 전송
test-topic으로 [0]의 데이터 전송
test-topic으로 [0]의 데이터 전송
.
.
.
.
test-topic으로 [0]의 데이터 전송
```

2 Consumer

다음은 이 클래스가 제공하는 API 목록입니다.

▶ confluent_kafka.Consumer 생성자

반환값	매개변수	설명
없음	config: dict	파이썬 딕셔너리 타입의 매개변수. 'bootstrap.servers' 키값과 'group.id'에 대한 밸류값은 반드시 설정

▶ poll 메서드

반환값	매개변수	설명
메시지 객체	timeout: float	주어진 시간 동안 폴링을 수행하여 메시지 수신을 블록한 후 메시지 객체 반환 또는 None 값을 반환

▶ subscribe 메서드

반환값	매개변수	설명
없음	topics: list(str)	리스트형의 토픽 구독

▶ pause 메서드

반환값	매개변수	설명
없음	partitions: list(TopicPartition)	지정된 TopicPartition 리스트에 대해 메시지 수신 정지

▶ resume 메서드

반환값	매개변수	설명
없음	partitions: list(TopicPartition)	지정된 TopicPartition 리스트에 대해 메시지 수신 재개

▶ close 메서드

반환값	매개변수	설명
없음	없음	카프카 Consumer 정지

예제 ▼

```
01  from confluent_kafka import Consumer
02
03  consumer = Consumer({
04      'bootstrap.servers': 'localhost:9092',
05      'group.id': 'mygroup',
06      'auto.offset.reset': 'earliest'
07  })
08
09  consumer.subscribe(['test-topic'])
10
11  while True:
12      msg = consumer.poll(1.0)
13
14      if msg is None:
15          continue
16      if msg.error():
17          print("Consumer 오류 메시지: {}".format(msg.error()))
18          continue
19
20      print('수신된 메시지: {}'.format(msg.value().decode('utf-8')))
21
22  consumer.close()
```

3라인에서 카프카의 Consumer 객체를 생성합니다. 9라인에서 생성된 Consumer 객체가 특정 토픽을 구독합니다. 12라인에서 1초의 폴링 후 메시지를 읽어와 메시지 객체를 반환합니다. 20라인에서 수신된 메시지를 콘솔에 출력합니다.

```
수신된 메시지: 전달 메시지 0
수신된 메시지: 전달 메시지 1
수신된 메시지: 전달 메시지 2
.
```

수신된 메시지: 전달 메시지 9

5.4 자바 실습 프로젝트

4장에서 구현한 프로젝트를 더 보강하여 카프카 기능을 추가하도록 하겠습니다. 실습 프로젝트에 들어가기 전에 각 토픽에 대한 용도를 설명하겠습니다. 카프카는 스파크에 데이터를 전송하며 최종적으로 데이터 마트 역할을 수행하는 MySQL과 MongoDB에 데이터를 적재하는 역할을 수행합니다. 다음은 각 토픽의 목적지를 구분한 표입니다.

	MySQL	MongoDB
topic 이름	• topic_unempl_ann • topic_house_income_ann • topic_tax_exemp_ann • topic_civil_force_ann • topic_pov_ann • topic_gdp_ann	• topic_unempl_mon • topic_earn_Construction_mon • topic_earn_Education_and_Health_Services_mon • topic_earn_Financial_Activities_mon • topic_earn_Goods_Producing_mon • topic_earn_Leisure_and_Hospitality_mon • topic_earn_Manufacturing_mon • topic_earn_Private_Service_Providing_mon • topic_earn_Professional_and_Business_Services_mon • topic_earn_Trade_Transportation_and_Utilities_mon

1 Java EE 퍼스펙티브에서 Project Explorer에서 ETL-Stream-Java 프로젝트의 pom.xml 파일을 더블클릭하여 창을 엽니다.

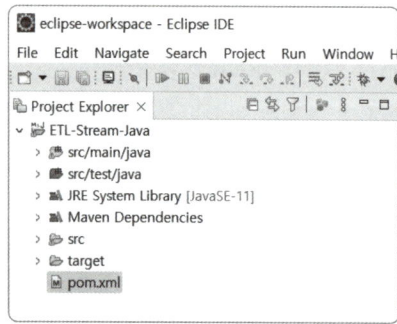

2 하단의 탭에서 [Dependencies] 탭을 선택하고 관련 창에서 [Add] 버튼을 클릭합니다.

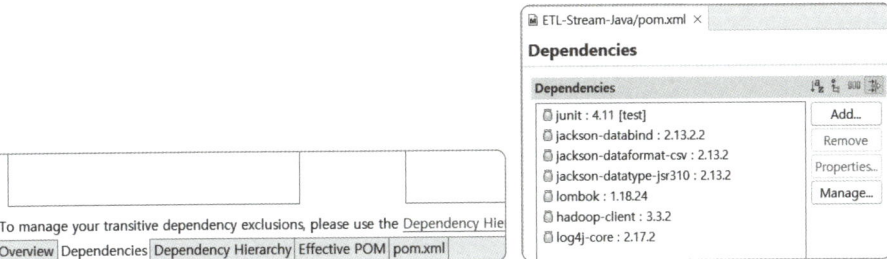

3 [Enter groupId, artifactId or sha 1 prefix or pattern] 텍스트 필드에 kafka-clients를 입력합니다. 그리고 검색된 결괏값 중 org.apache.kafaka의 kafka-clients를 선택하여 pom.xml에 포함시켜 저장합니다.

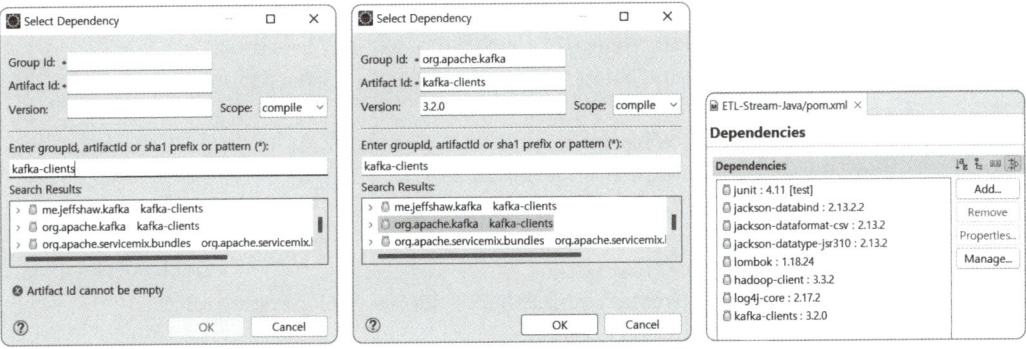

4 Java EE 퍼스펙티브의 Project Explorer에서 ETL-Stream-Java 프로젝트의 resources 폴더에 있는 SystemConfig.properties 파일에 다음과 같이 카프카에 해당하는 설정값을 추가합니다.

```
# KAFKA CONFIGURATION PROPERTIES
# kafka.zookeeper=localhost:2181
kafka.brokerlist=localhost:9092
kafka.resetType=earliest
```

5 4장에서 만든 com.aaa.etl.processor.Hdfs2Kafka.java파일을 활성화합니다. 그리고 다음과 같이 코딩을 추가합니다. 먼저 멤버변수를 추가하고 그 객체를 생성자에서 생성합니다.

```
01  import org.apache.kafka.clients.producer.KafkaProducer;
02  import org.apache.kafka.clients.producer.Producer;
03  import org.apache.kafka.clients.producer.ProducerConfig;
```

```
04  import org.apache.kafka.common.serialization.StringSerializer;
05  .
06  .
07  .
08  .
09  .
10  public class Hdfs2Kafka {
11
12      private Properties systemProp = null;
13      private FileSystem hadoopFs = null;
14
15      private Properties kafkaProdProperty; // 이 라인을 입력하여 멤버변수를 추가합니다.
16      private Producer<String, String> kafkaProducer; // 이 라인을 입력하여 멤버변수를 추가합니다.
17
18      public Hdfs2Kafka() throws Exception {
19          systemProp = PropertyFileReader.readPropertyFile("SystemConfig.properties");
20          String HADOOP_CONF_DIR = systemProp.getProperty("hadoop.conf.dir");
21
22          Configuration conf = new Configuration();
23          conf.addResource(new Path("file:///" + HADOOP_CONF_DIR + "/core-site.xml"));
24          conf.addResource(new Path("file:///" + HADOOP_CONF_DIR + "/hdfs-site.xml"));
25
26          String namenode = systemProp.getProperty("hdfs.namenode.url");
27          hadoopFs = FileSystem.get(new URI(namenode), conf);
28
29          // 생성자의 뒷부분에 아래의 kafkaProdProroperty 객체를 생성합니다.
30          kafkaProdProperty = new Properties();
31          kafkaProdProperty.put(ProducerConfig.BOOTSTRAP_SERVERS_CONFIG, systemProp.get
              ("kafka.brokerlist"));
32          kafkaProdProperty.put(ProducerConfig.KEY_SERIALIZER_CLASS_CONFIG, StringSerializer.class);
33          kafkaProdProperty.put(ProducerConfig.VALUE_SERIALIZER_CLASS_CONFIG, StringSerializer.class);
34          kafkaProdProperty.put(ProducerConfig.ACKS_CONFIG, "all");
35          kafkaProdProperty.put(ProducerConfig.RETRIES_CONFIG, Integer.valueOf(1));
36          kafkaProdProperty.put(ProducerConfig.BATCH_SIZE_CONFIG, Integer.valueOf(20000));
37          kafkaProdProperty.put(ProducerConfig.LINGER_MS_CONFIG, Integer.valueOf(1));
38          kafkaProdProperty.put(ProducerConfig.BUFFER_MEMORY_CONFIG, Integer.valueOf(133554432));
39
40          // KafkaProducer 객체를 생성합니다.
41          kafkaProducer = new KafkaProducer<String, String>(kafkaProdProperty);
42      }
```

15~16라인에서 카프카 프로듀서 객체 인스턴스와 프로듀서의 설정을 저장하는 Properties 객체 인스턴스를 추가합니다. 30~38라인에서 카프카 프로듀서에 필요한 설정값을 생성하고 이를 매개변수로 41라인에서 카프카 프로듀서 객체를 생성합니다.

6 sendLines2Kafka 메서드와 closeStream 메서드에 다음 코드를 추가하고 카프카 callback 클래스를 생성합니다.

```
01  import org.apache.kafka.clients.producer.Callback;
02  import org.apache.kafka.clients.producer.KafkaProducer;
03  import org.apache.kafka.clients.producer.Producer;
04  import org.apache.kafka.clients.producer.ProducerConfig;
05  import org.apache.kafka.clients.producer.ProducerRecord;
06  import org.apache.kafka.clients.producer.RecordMetadata;
07  import org.apache.kafka.common.serialization.StringSerializer;
08  .
09  .
10  .
11  .
12  .
13  public void sendLines2Kafka(String topic, String line){
14      System.out.println(line);
15
16      // 매개변수로 입력된 문자열을 카프카의 해당 토픽으로 전송합니다.
17      ProducerRecord<String, String> kafkaProducerRecord =
            new ProducerRecord<String, String>(topic, line);
18      kafkaProducer.send(kafkaProducerRecord, new KafkaProducerCallback());
19      kafkaProducer.flush();
20  }
21
22  public void closeStream() throws Exception{
23      if (hadoopFs != null) {
24          hadoopFs.close();
25      }
26
27      if (kafkaProducer != null) {
28          kafkaProducer.close();
29      }
30  }
31
32
33  //callback 인터페이스를 구현하여 카프카 프로듀서의 송신상황을 추적합니다.
34  class KafkaProducerCallback implements Callback {
35
36      @Override
37      public void onCompletion(RecordMetadata metadata, Exception exception) {
38          // TODO Auto-generated method stub
39          if(exception != null) {
40              System.out.println(exception.getMessage());
41          } else {
42              System.out.println(metadata.topic() + "으로 " + metadata.serializedValueSize()
                    + " 전송");
43          }
44      }
45  }
```

13라인의 sendLines2Kafka 메서드에서 17라인부터 19라인과 같이 카프카 프로듀서가 문자열을 송신하는 코드를 작성합니다. 그리고 22라인의 closeStream 메서드에서 kafkaProducer 객체의 스트림을 정지하는 기능을 추가합니다. 34라인부터는 카프카의 Callback 인터페이스를 구현하고 18라인의 KafkaProducer.send 메서드에서 생성된 객체를 매개변수로 지정합니다.

7 이제 3장에서 우리가 만든 com.aaa.etl.load.EtlDataUploader2Kafka.java 파일을 선택하고 마우스 오른쪽 버튼으로 [Run As] ➡ [Java Application]를 클릭하여 파일을 실행하면 카프카 클러스터로 데이터가 발송되는 것을 확인할 수 있습니다.

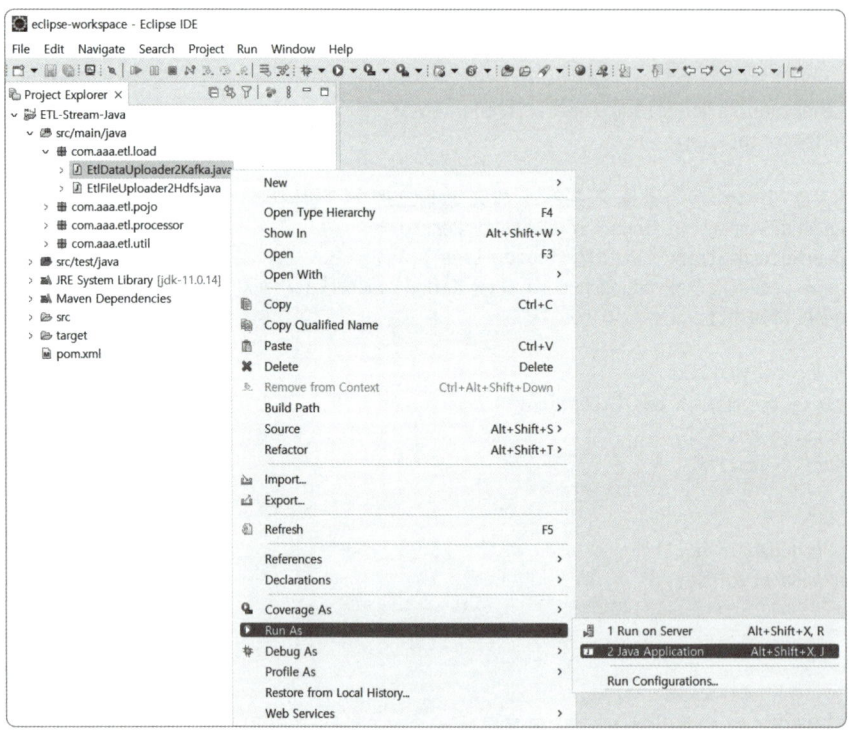

8 카프카 프로듀서가 지정된 토픽으로 송신하는 값들은 6장, 7장의 스파크가 설치된 클러스터로 전송됩니다. 하지만 스파크에서 수신 테스트를 하기 전 카프카 클러스터로 올바르게 전송되었는지 확인하기 위해 테스트용 카프카 컨슈머를 작성해보겠습니다. 간단하게 토픽값을 변경하며 송신과 수신이 올바르게 이루어졌는지 확인합니다. ETL-Stream-Java 프로젝트의 com.aaa.etl.load 패키지를 선택한 후 마우스 오른쪽 버튼으로 [New] ➡ [Class] 메뉴를 클릭합니다.

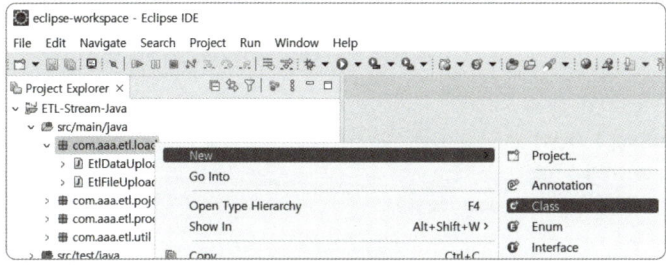

9 Name을 KafkaConsumerTest로 명명하고 [public static void main[String[] args] 체크박스를 선택하여 클래스 파일을 생성합니다.

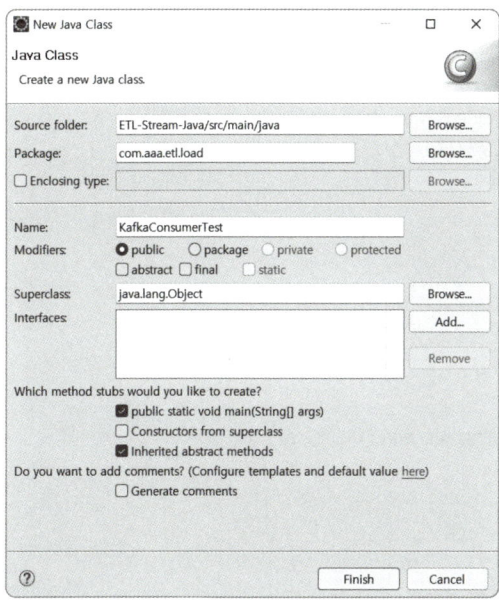

10 KafkaConsumerTest.java 파일을 아래와 같이 코딩합니다.

```
01  package com.aaa.etl.load;
02
03  import java.time.Duration;
04  import java.util.Collections;
05  import java.util.Properties;
06
07  import org.apache.kafka.clients.consumer.Consumer;
08  import org.apache.kafka.clients.consumer.ConsumerConfig;
09  import org.apache.kafka.clients.consumer.ConsumerRecord;
10  import org.apache.kafka.clients.consumer.ConsumerRecords;
11  import org.apache.kafka.clients.consumer.KafkaConsumer;
```

```java
12  import org.apache.kafka.common.serialization.StringDeserializer;
13
14  public class KafkaConsumerTest {
15
16      public static void main(String[] args) {
17          // TODO Auto-generated method stub
18          Properties kafkaConsProperty = new Properties();
19          // 환경 변수 설정
20          kafkaConsProperty.put(ConsumerConfig.BOOTSTRAP_SERVERS_CONFIG, "localhost:9092");
21          kafkaConsProperty.put(ConsumerConfig.KEY_DESERIALIZER_CLASS_CONFIG,
                  StringDeserializer.class);
22          kafkaConsProperty.put(ConsumerConfig.VALUE_DESERIALIZER_CLASS_CONFIG,
                  StringDeserializer.class);
23          kafkaConsProperty.put(ConsumerConfig.GROUP_ID_CONFIG, "test-group");
24          kafkaConsProperty.put(ConsumerConfig.AUTO_OFFSET_RESET_CONFIG, "earliest");
25
26          Consumer<String, String> consumer =
                  new KafkaConsumer<String, String>(kafkaConsProperty); // consumer 생성
27          ////////////////////////////////////////////////////////////////////
28          //   topic_unempl_ann
29          //   topic_house_income_ann
30          //   topic_tax_exemp_ann
31          //   topic_civil_force_ann
32          //   topic_pov_ann
33          //   topic_gdp_ann
34          //   topic_unempl_mon
35          //   topic_earn_Construction_mon
36          //   topic_earn_Education_and_Health_Services_mon
37          //   topic_earn_Financial_Activities_mon
38          //   topic_earn_Goods_Producing_mon
39          //   topic_earn_Leisure_and_Hospitality_mon
40          //   topic_earn_Manufacturing_mon
41          //   topic_earn_Private_Service_Providing_mon
42          //   topic_earn_Professional_and_Business_Services_mon
43          //   topic_earn_Trade_Transportation_and_Utilities_mon
44          // 위 토픽 값 중에 하나를 택하여 토픽을 설정합니다.
45
46          consumer.subscribe(Collections.singletonList("topic_unempl_ann"));
47
48          String message = null;
49          try {
50              while(true) {
51                  ConsumerRecords<String, String> records =
                          consumer.poll(Duration.ofMillis(100));
52
53                  for (ConsumerRecord<String, String> record : records) {
54                      message = record.value();
55                      System.out.println(message);
```

```
56                    }
57                }
58            } catch(Exception e) {
59                // exception
60                e.printStackTrace();
61            } finally {
62                consumer.close();
63            }
64        }
65    }
```

토픽값을 변경하여 가며 프로그램을 실행하여 카프카 구현 시스템을 테스트할 수 있습니다.

5.5 파이썬 실습 프로젝트

1️⃣ 셸을 연 후 카프카가 설치된 계정에서 pip 명령어나 conda 명령어를 실행하여 카프카 파이썬 모듈을 설치합니다. 이클립스 PyDev 환경에서 모듈인식이 안 되면 재시작을 실행합니다.

```
> pip install confluent-kafka   (또는 conda install -c conda-forge confluent-kafka)
```

2️⃣ 자바 프로젝트와 동일하게 설정 파일에 카프카에 대한 속성값을 추가합니다. PyDev 퍼스펙티브를 열고 PyDev Package Explorer에서 ETL-Stream-Python의 com.aaa.etl.resource에 위치한 SystemConfig.ini 파일을 엽니다. 그리고 다음과 같이 카프카에 필요한 속성값을 입력합니다.

```
[KAFKA_CONFIG]
kafka.zookeeper = localhost:2181
kafka.brokerlist = localhost:9092
kafka.resetType = earliest
```

3️⃣ 윈도우 운영체제의 경우에는 confluent-kafka api를 사용하기 전 추가 설정작업이 있습니다. confluent-kafka 패키지를 설치하면 여러분의 파이썬 설치 폴더에 librdkafka.dll 파일이 설치되는데 이 파일을 소스에 포함해야 합니다. librdkafka.dll 파일은 다음과 같은 형식으로 설치 폴더에 포함됩니다. 필자는 아나콘다를 사용합니다.

```
<ANACONDA_HOME>\Lib\site-packages\confluent_kafka.libs\librdkafka-xxxxxxxx.dll
```

이 경로를 소스의 최상단부에서 호출합니다. 아래는 필자의 예제 소스입니다.

```
from ctypes import CDLL
CDLL("C:\Anaconda3\Lib\site-packages\confluent_kafka.libs\librdkafka-5d2e2910.dll")
```

[4] ETL-Stream-Python의 hdfs_kafka 모듈을 열고 코드를 추가합니다. 먼저 생성자를 다음과 같이 코딩합니다.

```
01  ''' 윈도우 11 운영체제인 경우 아래 코드를 추가합니다.
02  from ctypes import CDLL
03  CDLL("C:\Anaconda3\Lib\site-packages\confluent_kafka.libs\librdkafka-5d2e2910.dll")
04  '''
05
06  from confluent_kafka import Producer
07
08  from pyarrow import fs
09
10  import configparser
11  import os
12  import subprocess
13
14  class Hdfs2Kafka(object):
15      '''
16      classdocs
17      '''
18
19      def __init__(self):
20          '''
21          Constructor
22          '''
23          classpath = subprocess.Popen(["/home/joseph/hadoop/bin/hdfs", "classpath", "--glob"],
                        stdout=subprocess.PIPE).communicate()[0]
24          ''' 윈도우 운영체제에서는 아래와 같이 classpath를 지정합니다.
25          classpath = subprocess.Popen(["C:\\hadoop-3.3.2\\bin\\hdfs.cmd", "classpath", "--glob"],
                        stdout=subprocess.PIPE).communicate()[0]
26          '''
27          os.environ["CLASSPATH"] = classpath.decode("utf-8")
28
29          os.environ["ARROW_LIBHDFS_DIR"] = "/home/joseph/hadoop/lib/native"
30          ''' 윈도우 운영체제에서는 아래와 같이 환경변수를 지정합니다.
31          os.environ["ARROW_LIBHDFS_DIR"] = "C:\\hadoop-3.3.2\\lib\\native"
32          '''
33
34          self._hdfs = fs.HadoopFileSystem('localhost', port=9000)
35
```

```
36          # 아래 코드를 추가합니다.
            설정파일로부터 속성값을 읽어와 카프카 Poducer 객체를 생성합니다.
37          config = configparser.ConfigParser()
38          config.read('resources/SystemConfig.ini')
39          kafka_brokers = config['KAFKA_CONFIG']['kafka.brokerlist']
40          kafka_resetType = config['KAFKA_CONFIG']['kafka.resetType']
41
42          conf = {'bootstrap.servers': kafka_brokers, 'auto.offset.reset': kafka_resetType}
43          self._producer = Producer(conf)
```

38라인에서 설정 파일에서 속성값을 읽어오고 39~40라인에서 설정된 설정값 변수를 42라인에서 dictionary로 만듭니다. 43라인에서 dictionary를 매개변수로 사용하여 카프카 프로듀서 객체를 생성합니다.

5 sendData2Kafka 메서드에 다음과 같이 카프카 토픽으로 데이터를 발송하는 라인을 추가합니다. 그리고 프로듀서 송신 시 메시지를 콜백할 수 있는 메서드를 생성합니다.

```
01  def sendData2Kafka(self, topic, list_line):
02      for data in list_line:
03          str_tmp = ",".join(data).split(",")
04          modified_data = ",".join(str_tmp[:2]) + "," + ",".join(str_tmp[4:])
05          print("kafka : {}".format(modified_data))
06
07          self._producer.poll(0)
08          self._producer.produce(topic, value=modified_data.encode('utf-8'),
                callback=kafka_producer_callback)
09          self._producer.flush()
10  .
11  .
12  .
13  .
14  def kafka_producer_callback(err, msg):
15      if err is not None:
16          print("실패한 메시지: error={}. message={}".format(err, msg))
17      else:
18          print("전달된 메시지: %s [%d] @ %d\n" %(msg.topic(), msg.partition(), msg.offset()))
19          print("message.topic={}".format(msg.topic()))
20          print("message.timestamp={}".format(msg.timestamp()))
21          print("message.key={}".format(msg.key()))
22          print("message.value={}".format(msg.value().decode('utf-8')))
23          print("message.partition={}".format(msg.partition()))
24          print("message.offset={}".format(msg.offset()))
```

sendData2Kafka 메서드의 7라인에서 9라인까지 매개변수로 입력된 리스트 문자열을 카프카 토픽으로 발송합니다. 14라인에서 카프카 프로듀서의 callback 함수를 생성하고 8라인의 produce 함수에서 매개변수로 전달합니다.

6 3장에서 생성했던 etl_data_uploader_kafka.py 모듈을 선택하고 마우스 오른쪽 버튼으로 [Run As] ➡ [Python Run]을 클릭하여 하둡 파일 시스템에 저장된 파일을 카프카를 이용하여 전송합니다.

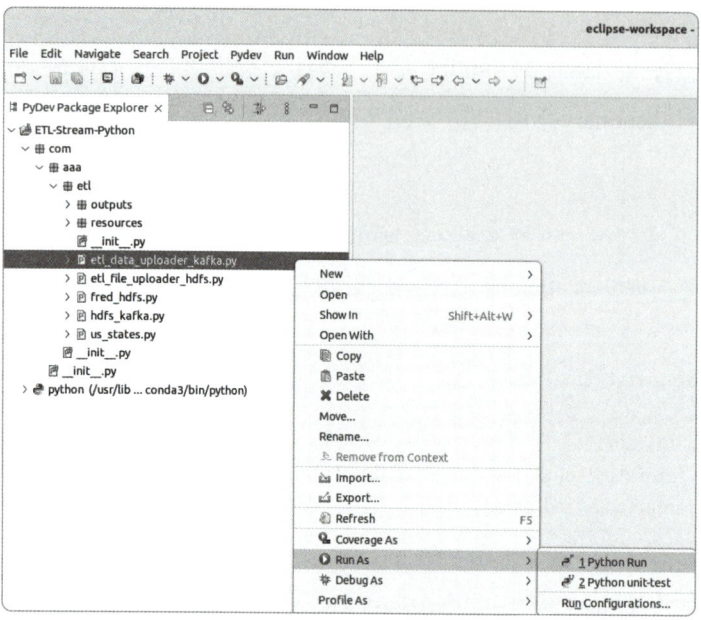

7 앞의 자바 프로젝트와 같이 파이썬 프로젝트에서도 데이터 전송을 테스트할 수 있는 카프카 컨슈머 클라이언트를 생성해 보도록 하겠습니다. ETL-Stream-Python 프로젝트의 com.aaa.etl 패키지를 선택하고 마우스 오른쪽 버튼으로 [New] ➡ [PyDev Module]을 클릭합니다.

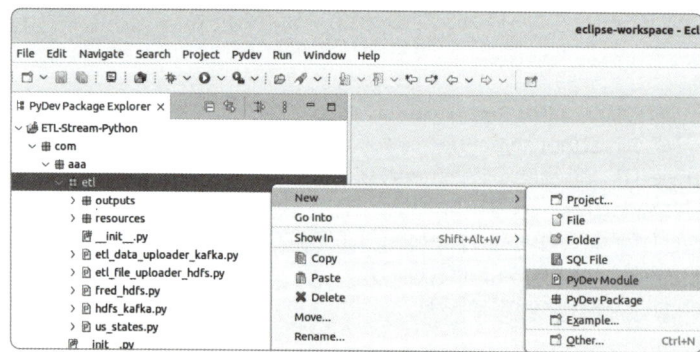

8 Name을 kafka_client_test로 입력하고 Template에서 Module: Main을 설정하여 파이썬 모듈을 생성합니다.

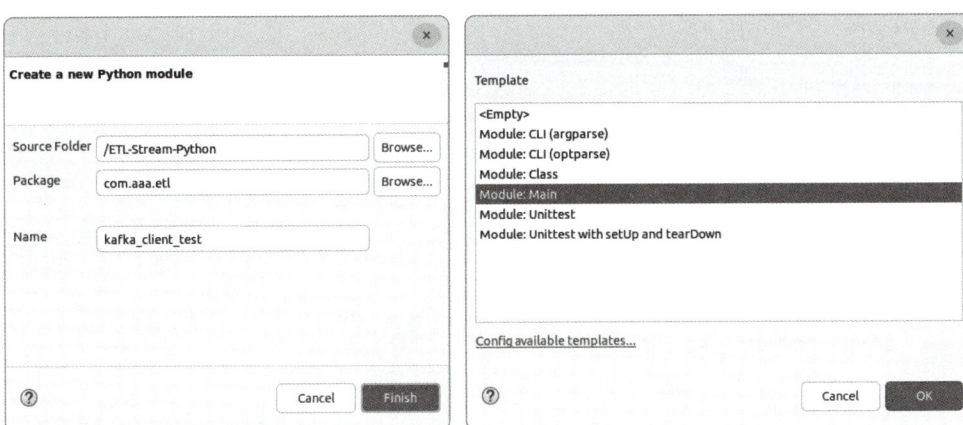

9 코드를 다음과 같이 입력하고 토픽의 이름을 변경하며 실행하여 데이터 전송이 올바르게 수행되는지 확인할 수 있습니다.

```
01  ''' 윈도우 11 운영체제인 경우 아래 코드를 추가합니다.
02  from ctypes import CDLL
03  CDLL("C:\Anaconda3\Lib\site-packages\confluent_kafka.libs\librdkafka-5d2e2910.dll")
04  '''
05
06  from confluent_kafka import Consumer
07
08  if __name__ == '__main__':
09      conf = {'bootstrap.servers': 'localhost:9092',
10              'group.id': 'test-group',
11              'auto.offset.reset': 'earliest'}
12      consumer = Consumer(conf)
13
14      running = True
15
16      '''
17      topic_unempl_ann
18      topic_house_income_ann
19      topic_tax_exemp_ann
20      topic_civil_force_ann
21      topic_pov_ann
22      topic_gdp_ann
23      topic_unempl_mon
24      topic_earn_Construction_mon
```

```
25      topic_earn_Education_and_Health_Services_mon
26      topic_earn_Financial_Activities_mon
27      topic_earn_Goods_Producing_mon
28      topic_earn_Leisure_and_Hospitality_mon
29      topic_earn_Manufacturing_mon
30      topic_earn_Private_Service_Providing_mon
31      topic_earn_Professional_and_Business_Services_mon
32      topic_earn_Trade_Transportation_and_Utilities_mon
33      위 토픽 값 중에 하나를 택하여 토픽을 설정합니다.
34      '''
35      consumer.subscribe(['topic_unempl_mon'])
36
37      while(running):
38          msg = consumer.poll(timeout=1.0)
39          if msg is None: continue
40
41          if msg.error():
42              print(msg.error())
43          else:
44              print(msg.value().decode('utf-8'))
45
46      consumer.close()
```

3라인은 confluent-kafka를 윈도우에서 사용할 수 있도록 설정 파일을 포함시킵니다.

CHAPTER 6

아파치 스파크 배치 작업 I

6.1 아파치 스파크의 개념과 하부 프로젝트

우리는 1장에서 하둡으로 대표되는 빅데이터 기술의 역사와 장단점을 알아보았습니다. 하둡의 분석 프레임인 맵리듀스의 한계점과 그 대안으로 인메모리 컴퓨팅을 구현하는 스파크의 장점을 살펴보았습니다. 아파치 스파크는 2009년 미국 캘리포니아 대학교 버클리 캠퍼스UC Berkey의 대학원생인 마테이 자하리아Matei Zaharia가 개발한 오픈소스 프로젝트입니다. 데이터를 메모리상에서 병렬 처리하여 빠른 처리 속도를 구현하였고 직관적으로 가독성이 좋은 API 함수를 제공합니다. 자바, 파이썬, 스칼라 그리고 R까지 다양한 언어의 API를 사용할 수 있어 선택의 폭이 넓습니다. 지금도 아파치 스파크는 빅데이터 기술의 중심 역할을 담당하여 데이터 전처리 과정에서 데이터를 가공하고 적재하는 중심 역할을 수행합니다. 그러나 이 책에서는 스파크에 대해 필요한 부분만 국한지어 설명했고, 스파크에 대한 보다 다양한 기능과 상세한 구조를 학습하고자 한다면 다른 스파크 전문서적을 권합니다.[1]

아파치 스파크에서 버전 2.0까지 중심이 되는 데이터 타입은 RDDResilient Distributed Datasets입니다. 직역하면 복원성이 있는 분산 데이터 모음으로 번역될 수 있습니다. 아파치 스파크는 메모리 기반의 처리와 수정이 불가능한 데이터 구조를 생성하는 리니지lineage 방식, action이 이루어지기 전까지 실행을 유보하는 게으른 실행lazy-execution을 이용하여 빠르고 편리하게 빅데이터 분석을 수행할 수 있습니다. 분석 대상이 되는 데이터 요소는 RDD 데이터 타입으로 변환하여 스파크 클러스터에 저장됩니다. 수정이 불가능한 리니지 방식의 RDD 데이터는 만들어진 과정을 기억하고 있습니다(리니지의

---

[1] 《러닝 스파크(개정판)》(2022, 제이펍) 참고

사전적 뜻은 '계보'입니다). 그러므로 클러스터 노드에 오류가 발생하여도 즉시 재생이 가능합니다. 또한 RDD 명령은 크게 Transformation과 Action으로 나눌 수 있습니다. Transformation은 새로운 RDD를 사용하여 단어 뜻 그대로 새로운 구조의 RDD로 변환하는 연산을 말합니다. Action은 RDD 타입의 데이터를 가공하여 사용할 수 있는 실제 데이터로 결괏값을 반환하거나 저장소에 저장하는 연산을 수행합니다. 아파치 스파크의 처리는 연산이 호출되는 시점에 발생하지 않습니다. 데이터 구조가 처리 연산의 계보를 가지고 있으므로 마지막 Action에 해당하는 연산이 이루어질 때 한 번에 실행하는 구조를 갖습니다. 그래서 빠른 실행과 효율적인 처리가 가능합니다. 뒤에서 Spark의 API를 설명하면서 Transformation과 Action의 연산을 구분하여 다루도록 하겠습니다.

아파치 스파크는 몇 개의 하부 프로젝트를 구성합니다. 먼저 아래 그림은 스파크의 생태계 구성을 보여줍니다.

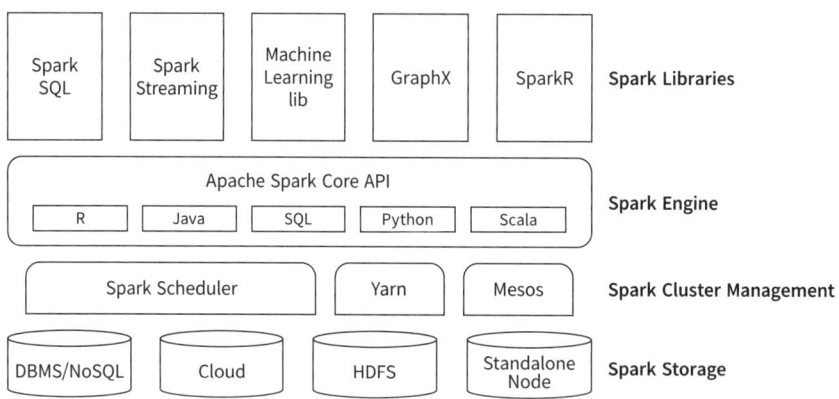

아파치 스파크 Core는 RDD 타입의 데이터를 정의하는 스파크 API 기반으로 이루어진 엔진입니다. 스파크가 제공하는 API는 R, 자바, 스칼라, 파이썬 그리고 SQL을 지원합니다. 스파크의 하위 프로젝트에는 SQL을 사용하여 정형 데이터를 처리하는 스파크 SQL, 실시간 데이터 분석에 적합한 스파크 스트리밍, 머신러닝 라이브러리, 스파크 상에서 R을 구현할 수 있는 SparkR과 그래프를 다루기 위한 라이브러리를 이용하여 그래프 병렬연산을 수행하는 GraphX 등이 있습니다. 스파크 클러스터 관리는 하둡 Yarn, 스파크가 만들어진 캘리포니아 버클리에서 개발된 아파치 메소스와 스파크에 내장된 독립실행형 스케줄러Standalone Scheduler로 수행할 수 있습니다. 또한 스파크에 관리되는 데이터의 저장은 클라우드부터 하둡까지 다양한 종류의 기술을 지원합니다.

초창기 아파치 스파크로 빅데이터 분석을 수행하기 위해서는 모든 분석데이터를 RDD 타입으로 변환해야 했고 RDD에 대한 구조와 사용 방법을 익혀야 했습니다. 하지만 스파크 버전 3.0에 와서는 또 다른 변화가 생겼습니다. RDD 타입의 데이터 사용보다 스파크 SQL에서 사용되는 데이터셋과 데이터프레임을 이용한 분석이 주류로 변하고 있습니다. 이러한 변화에는 몇 가지 이유가 있습니다. 하나는 RDD로는 데이터의 분석이 원활하지 않다는 점입니다. 데이터프레임을 사용하는 스파크 SQL에서는 이름에서 알 수 있듯이 SQL 문법으로 데이터를 가동하고 처리합니다. 산업계에서 요구되는 데이터 웨어하우징, 빅데이터 분석과 데이터 과학 등에서 긴밀히 사용될 수 있습니다. 스파크 데이터프레임에서는 데이터에 대한 칼럼을 지원하고 agg, select, sum, avg, map, filter, groupby 같은 각종 SQL 문법의 함수를 제공함으로써 데이터 분석과 통계작업 등이 용이합니다. 이 기능을 RDD로 구현한다면 복잡한 연산 과정을 수행해야 합니다. 또 하나는 처리 속도 문제입니다. RDD는 데이터 세트나 데이터 프레임에 비해 처리 속도가 아주 느립니다. 실제로 스파크 데이터 프레임은 동일한 스파크 RDD보다 2배 이상의 빠른 처리 속도를 보장합니다. 그러므로 이 책에서는 스파크 SQL과 스파크 구조 스트리밍structured streaming을 사용하는 예제만을 사용하겠습니다. 실제로 스파크 파이썬 API인 경우 아파치 카프카에서 스파크 RDD를 만들어 내는 KafkaUtils란 인터페이스를 파이썬 3에서는 더 이상 지원하지 않습니다.

그럼 Spark SQL에 대해 좀 더 자세히 다루어 보겠습니다. 스파크 SQL은 정형화된 데이터를 다루는 스파크 하위 프로젝트입니다. 1장에서 대략 설명했듯이 데이터는 구조적 형식에 따라 3가지로 분류됩니다. 이 중에 정형 데이터에 대한 자세한 설명은 7장 MySQL 데이터 작업에서 상세히 다루고 지금은 개념만 설명하겠습니다.

데이터 유형	설명
정형 데이터 (Structured Data)	이미 정해진 형식과 구조에 따라 구성되고 고정된 필드에 저장되는 데이터입니다. 관계형 데이터베이스의 테이블이나 스프레드시트처럼 행과 열로 데이터가 구별되어 입력되고 저장됩니다.
반정형 데이터 (Semi-structured Data)	정형 데이터와 비정형 데이터의 중간 형태로 엄격한 데이터 모델 구조가 없는 정형 데이터의 일종입니다. json 타입이나 csv 타입의 데이터가 여기에 해당됩니다.
비정형 데이터 (Unstructured Data)	데이터 구조를 정의하는 규칙이 없는 데이터로서 칼럼으로 조직화된 값이나 변수가 없습니다. 그래픽 이미지, 비디오, 웹 페이지 같은 다양한 형태의 데이터를 포함합니다.

스파크 SQL은 데이터 형식이 정형 데이터이므로 데이터의 구조, 즉 스키마Schema에 대한 정보를 가진 데이터를 처리합니다. 아래 그림은 스프레드시트 형식의 정형 데이터의 간단한 예와 개념을 설명합니다.

학번	이름	수업	성적	주소
001	김철수	Algorithm	70	Room A30
002	이영희	Database	100	Room B20
003	홍길동	Network	80	Room B70
004	김영숙	AI	90	Room A30

열(Column) / 행(Row)

학번, 이름, 수업, 성적, 주소 각각을 열column이라 부릅니다. 일종의 변수로서 각 열마다 값을 지정할 수 있습니다. 각 열에 주어진 값의 묶음을 행row이라 부릅니다. 그리고 열의 순서(예로서 [학번, 이름, 수업, 성적, 주소])와 값 설정에 주어지는 제한사항(예로서 학번은 정수 타입, 이름은 문자열 타입, 성적은 정수타입) 등을 데이터 구조, 스키마라 부릅니다. 스파크 SQL은 이런 구조적 데이터를 처리하기 위해 RDD의 확장 모델인 DataFrame을 제공합니다. DataFrame은 org.apache.spak.sql.Row 타입의 데이터로 구성된 분산 데이터 모델입니다. DataFrame이란 이름은 파이썬의 Pandas 모듈에서 제공하는 DataFrame과 통계전문 소프트웨어인 R의 DataFrame과 같고 거의 동일한 기능을 가지고 있습니다. 스파크의 기본 데이터는 RDD이고 DataFrame은 스파크 1.3 버전에서 정형화된 데이터를 다루기 위해 만들어졌습니다. DataFrame은 컴파일 시 데이터 타입 안정성type-safety이 보장되지 않아 구조를 알지 못하면 데이터 조작에 어려움이 있었습니다. 이를 해결하기 위해 스파크 1.6에서 Dataset이란 데이터구조를 제시하였고 스파크 2.0에서는 DataFrame API를 Dataset API로 통합하였습니다. DataFrame 형식의 데이터는 언급하였듯이 org.apache.spark.sql.Row 타입의 Dataset에 국한되어 사용되고 있습니다. 간단한 실습으로 이 데이터 타입을 설명하겠습니다. 다음은 파이썬으로 RDD와 DataFrame을 작성한 예입니다. API에 대한 자세한 설명은 뒤에서 설명하겠습니다.

먼저 RDD 타입의 데이터를 생성하겠습니다. 사용할 모듈을 import하고 데이터를 생성합니다.

```
01  from pyspark import SparkContext
02  from pyspark.sql import SparkSession
03
04  father = {'name':'joseph', 'age': 35}
05  mother = {'name':'jina', 'age': 30}
06  son = {'name':'julian', 'age': 15}
07
08  family = []
09  family.append(father)
10  family.append(mother)
11  family.append(son)
```

4~6라인에서 생성한 father, mother, son객체는 파이썬의 dictionary 구조로 〈key, value〉 형식의 값을 갖습니다. 그리고 8~11라인에서 family 리스트 객체를 생성합니다. 그리고 위 데이터를 사용하여 RDD를 생성합니다.

```
01  sc = SparkContext(master='local[*]', appName = 'Spark App Python')
02  rdd = sc.parallelize(family)
03  print(rdd.collect())
```

2라인에서 RDD 타입의 스파크 데이터를 생성하고 이를 3라인에서 출력합니다. 다음과 같이 데이터가 출력됩니다.

```
[{'name': 'joseph', 'age': 35}, {'name': 'jina', 'age': 30}, {'name': 'julian', 'age': 15}]
```

데이터에 대한 정보는 가지고 있지 않은 〈키, 밸류〉 타입의 값들이 병렬적으로 생성됨을 알 수 있습니다.

이제 RDD 타입 데이터를 이용하여 스파크의 DataFrame 형식 데이터를 만들고 이를 출력해보겠습니다.

```
01  spark = SparkSession.builder.master('local[*]').appName('Spark SQL Test Python').getOrCreate()
02  schema = ['age', 'name']
03  df = spark.createDataFrame(rdd, schema)
04
05  df.printSchema()
06  df.show()
```

RDD 생성에 SparkContext가 필요했다면 DataFrame 생성과 관리에는 1라인에서 보듯이 SparkSession을 이용합니다. 2라인에서 데이터에 대한 스키마를 지정합니다. 3라인에서 앞에서 생성한 rdd 객체와 schema를 사용하여 DataFrame을 생성합니다. 5라인에는 데이터의 스키마를 출력하고 6라인에서는 DataFrame의 내용을 아래와 같이 출력합니다.

```
root
 |-- age: long (nullable = true)
 |-- name: string (nullable = true)


+---+------+
|age|  name|
+---+------+
| 35|joseph|
| 30|  jina|
| 15|julian|
+---+------+
```

위에서 보듯이 DataFrame은 RDD와 달리 데이터에 대한 구조인 스키마 정보를 내부에 가지고 있습니다. 그리고 데이터 형식도 행과 열을 갖는 정형화된 구조입니다.

스파크 SQL은 다양한 형식의 데이터를 다양한 저장소로부터 읽어와 DataFrame을 생성하고 저장할 수 있습니다. csv, json, xml, parquet 데이터부터 관계형 데이터베이스, Hive, Cassandra, MongoDB 까지 데이터를 읽어오고 저장할 수 있습니다. 그리고 DataFrame 데이터 처리도 RDD와 동일하게 Transformation과 Action 방법으로 연산을 처리합니다. 새로운 DataFrame을 생성하는 연산을 Transformation이 수행하고 실제 데이터 처리를 수행하고 결과를 생성하는 연산을 Action이 처리합니다. 그리고 인-메모리 상에서 Action이 호출되기 전까지 연산을 유보하는 게으른 실행lazy-execution도 동일하게 Spark SQL에 적용됩니다.

6.2 아파치 스파크 설치 및 설정

아파치 스파크를 설치하기 전 실습을 수행하는 컴퓨터에는 자바와 파이썬, 그리고 하둡이 설치되어 있어야 합니다. 윈도우와 우분투에서 이들 소프트웨어가 설치되어 있는 상태에서 아파치 스파크의 설치를 진행하겠습니다.

윈도우 11

1 http://spark.apache.org/downloads.html에서 스파크 바이너리 파일을 내려받습니다. 단 하둡 3.2 이상의 버전에서 작동하는 스파크를 내려받습니다.

2 파일을 내려받아 여러분이 원하는 위치에 압축을 풀어 바이너리 파일을 설치합니다. 필자는 C:\spark-3.1.3-bin-hadoop3.2에 설치를 완료했습니다. 필자가 이 책의 실습코드를 작성할 때 spark-3.2.1-bin-hadoop3.2는 윈도우에서 설치 오류가 발생하였습니다.

3 시스템 환경변수에서 스파크의 설치 경로를 지정합니다. 제어판을 실행하여 [시스템 및 보안] ➡ [시스템] 메뉴를 선택합니다. [시스템] 창에서 하단의 [고급 시스템 설정] 링크를 클릭합니다.

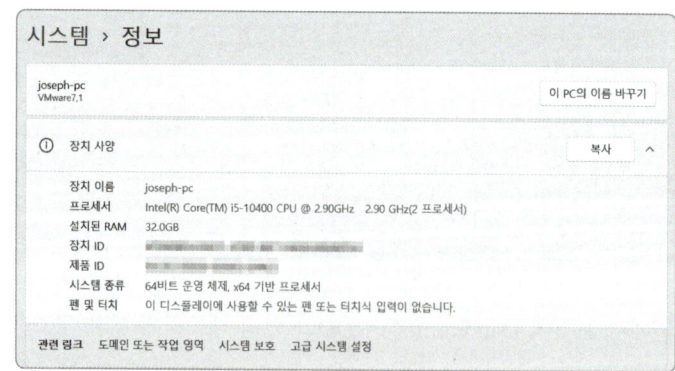

4 시스템 속성 창에서 [환경 변수] 버튼을 클릭합니다.

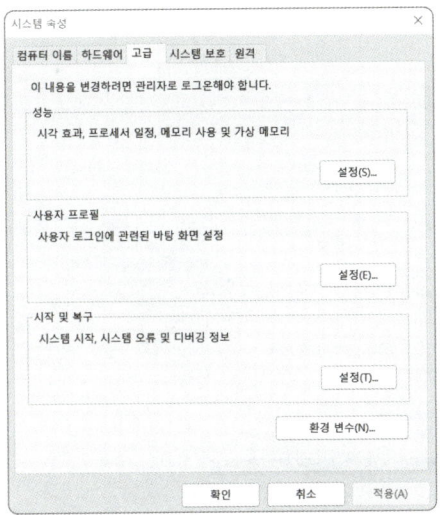

5 상부의 [새로 만들기] 버튼을 클릭하여 SPARK_HOME 변수를 생성합니다. 변수이름을 SPARK_HOME으로 명명하고 [디렉터리 찾아보기] 버튼으로 스파크 폴더를 불러옵니다.

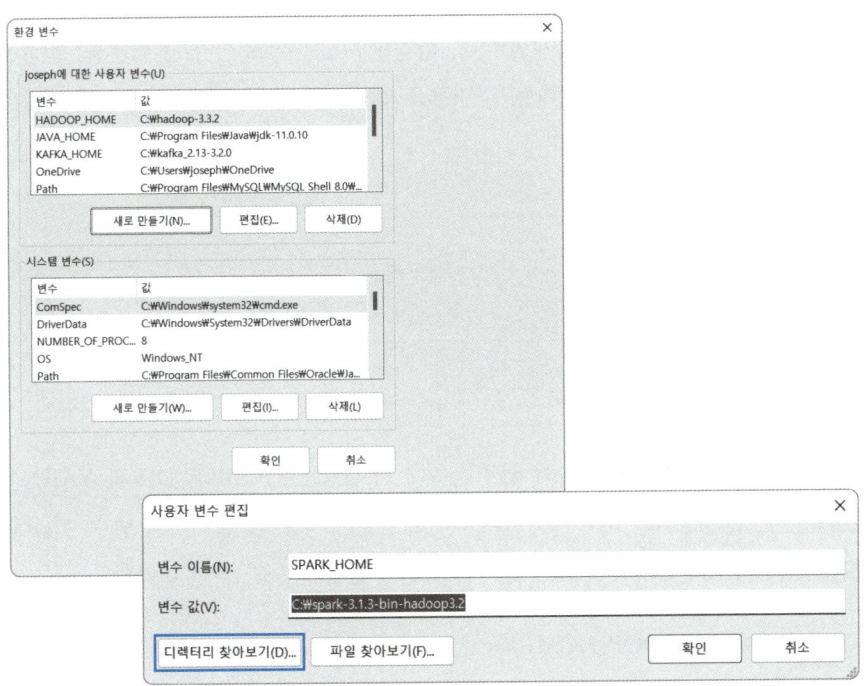

6 다음으로 사용자 변수에서 Path를 선택하고 [편집] 버튼을 선택하여 편집을 연 후 다음과 같이 경로를 지정합니다.

- %SPARK_HOME%\bin
- %SPARK_HOME%\sbin

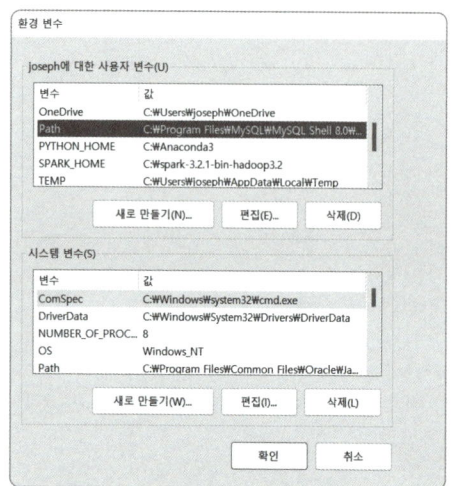
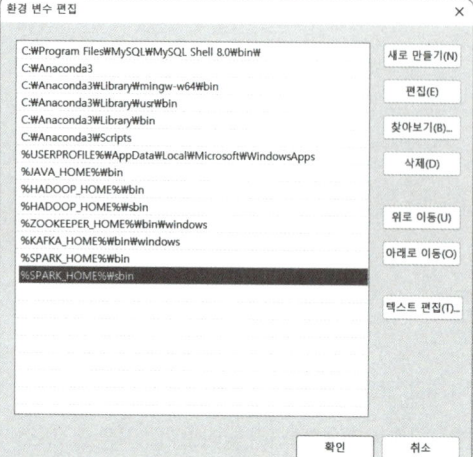

7 Spark의 파이썬 경로를 환경변수로 지정해야 합니다. 환경변수에서 [새로 만들기] 버튼을 클릭하여 PYSPARK_PYTHON을 입력하고 [파일 찾아보기] 버튼을 선택하여 우리가 설치한 Anaconda의 python.exe 파일을 선택하여 경로를 지정합니다.

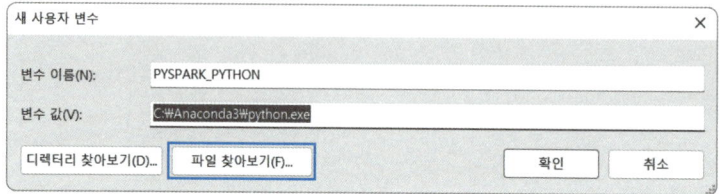

8 스파크와 하둡 그리고 얀을 연동하기 위해 환경변수에 HADOOP_CONF_DIR과 YARN_CONF_DIR을 생성합니다. 생성방식은 앞에서와 같이 [새로 만들기] 버튼을 클릭하고 변수 이름에 HADOOP_CONF_DIR과 YARN_CONF_DIR을 입력하고 변수 값을 다음과 같이 입력합니다.

- HADOOP_CONF_DIR=%HADOOP_HOME%\etc\hadoop
- YARN_CONF_DIR=%HADOOP_HOME%\etc\hadoop

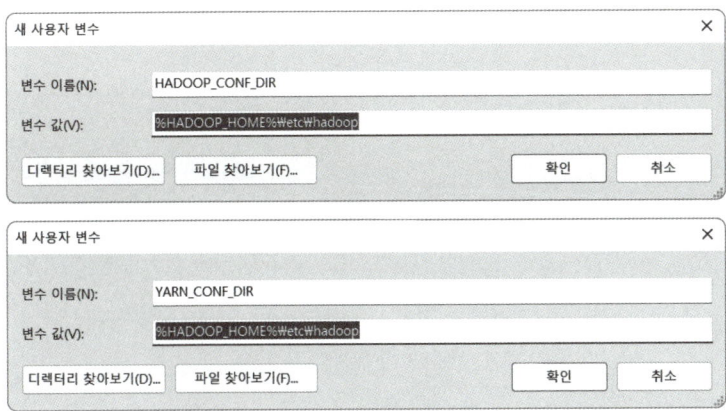

9 %SPARK_HOME%\conf에서 spark-defaults.conf.template 파일을 이용하여 spark-defaults.conf 파일을 생성한 후 다음과 같이 설정합니다.

```
spark.driver.host              localhost
spark.yarn.jars                file:///C:/spark-3.1.3-bin-hadoop3.2/jars/*.jar

# spark.master                 spark://localhost:7077
spark.eventLog.enabled         true
spark.eventLog.dir             file:///C:/spark-3.1.3-bin-hadoop3.2/sparkeventlogs
spark.serializer               org.apache.spark.serializer.KryoSerializer
spark.driver.memory            5g
spark.yarn.am.memory           1g
spark.executor.instances       1
```

10 %SPARK_HOME%에서 sparkeventlogs 폴더를 생성합니다.

11 명령 프롬프트를 관리자 권한으로 실행하여 다음과 같이 명령어를 실행합니다.

```
> pyspark --master=yarn
```

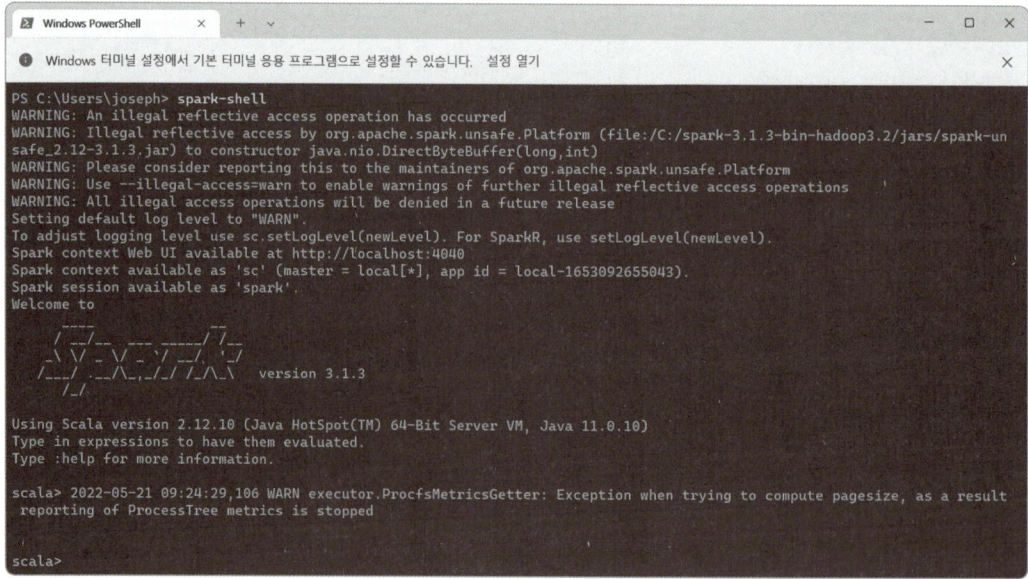

> spark-shell

12 하둡이 실행 중이면 스파크 UI 웹은 localhost:4041로 연결됩니다. 주소창에 다음과 같이 입력합니다.

http://localhost:4041

Spark Jobs (?)

User: joseph
Total Uptime: 17 min
Scheduling Mode: FIFO

▼ Event Timeline
☐ Enable zooming

Executors
- Added
- Removed

Jobs
- Succeeded
- Failed
- Running

Environment

▼ Runtime Information

Name	Value
Java Home	C:\Program Files\Java\jdk-11.0.10
Java Version	11.0.10 (Oracle Corporation)
Scala Version	version 2.12.10

▼ Spark Properties

Name	Value
spark.app.id	local-1653092655043
spark.app.name	Spark shell
spark.app.startTime	1653092654094
spark.driver.host	localhost
spark.driver.memory	5g
spark.driver.port	51297
spark.eventLog.dir	file:///C:/spark-3.1.3-bin-hadoop3.2/sparkeventlogs
spark.eventLog.enabled	true
spark.executor.id	driver
spark.executor.instances	1
spark.home	C:\spark-3.1.3-bin-hadoop3.2
spark.jars	
spark.master	local[*]
spark.repl.class.outputDir	C:\Users\joseph\AppData\Local\Temp\spark-3b4ee770-fb9c-4388-a399-704a90212786\repl-13e14e68-7a2a-46b2-a8ba-e371131718b8
spark.repl.class.uri	spark://localhost:51297/classes
spark.scheduler.mode	FIFO
spark.serializer	org.apache.spark.serializer.KryoSerializer
spark.sql.catalogImplementation	hive
spark.submit.deployMode	client
spark.submit.pyFiles	
spark.ui.showConsoleProgress	true
spark.yarn.am.memory	1g
spark.yarn.jars	file:///C:/spark-3.1.3-bin-hadoop3.2/jars/*.jar

▼ Resource Profiles

Resource Profile Id	Resource Profile Contents

0	Executor Reqs:
	    cores: [amount: 1]
	    memory: [amount: 1024]
	    offHeap: [amount: 0]
	Task Reqs:
	    cpus: [amount: 1.0]

▸ Hadoop Properties
▸ System Properties
▸ Classpath Entries

우분투 22.04

1 윈도우와 마찬가지로 http://spark.apache.org/downloads.html에서 스파크 바이너리 파일을 내려받습니다. 하둡 3.2 이상에서 작동하는 버전을 다운로드합니다. 링크 주소를 복사하여 **wget** 명령어로 내려받을 수 있습니다.

```
> wget https://downloads.apache.org/spark/spark-3.1.3/spark-3.1.3-bin-hadoop3.2.tgz
```

2 home 폴더 안에서 압축파일을 풀어 설치 파일을 설정합니다. 그리고 링크를 생성합니다.

```
> tar zxvf spark-3.1.3-bin-hadoop3.2.tgz
> ln -s spark-3.1.3-bin-hadoop3.2 spark
```

3 home 폴더의 .bashrc 파일의 경로를 다음과 같이 입력합니다.

```
> gedit .bashrc
```

```
######### SPARK-3.1.3 PATH ############
SPARK_HOME=/home/joseph/spark
PATH=$PATH:$SPARK_HOME/bin:$SPARK_HOME/sbin
export PATH
export PYSPARK_PYTHON=python
```

```
> source .bashrc
```

4 아래의 스파크 설정 폴더에서 설정 파일을 다음과 같이 수정합니다.

```
> cd $SPARK_HOME/conf
> cp spark-env.sh.template spark-env.sh
> gedit spark-env.sh
```

```
export JAVA_HOME=/usr/lib/jvm/jdk
export HADOOP_HOME=/home/joseph/hadoop
export SPARK_HOME=/home/joseph/spark

export SPARK_CONF_DIR=$SPARK_HOME/conf
export HADOOP_CONF_DIR=$HADOOP_HOME/etc/hadoop
export YARN_CONF_DIR=$HADOOP_HOME/etc/hadoop
```

```
> cp spark-defaults.conf.template spark-defaults.conf
> gedit cp spark-defaults.conf
```

```
spark.master                        spark://joseph-virtual-machine:7077
spark.eventLog.enabled              true
spark.eventLog.dir                  file:///home/joseph/spark/sparkeventlogs
spark.serializer                    org.apache.spark.serializer.KryoSerializer
spark.driver.memory                 5g
spark.yarn.am.memory                1g
spark.executor.instances            1

spark.executor.extraJavaOptions     -Dlog4j.configuration=file:/home/joseph/spark/conf/log4j.
    properties
spark.driver.extraJavaOptions       -Dlog4j.configuration=file:/home/joseph/spark/conf/log4j.
    properties
```

```
> mkdir ${SPARK_HOME}/sparkeventlogs
> cp log4j.properties.template log4j.properties
> gedit log4j.properties
```

```
log4j.rootCategory=WARN, console
log4j.appender.console=org.apache.log4j.ConsoleAppender
log4j.logger.org.apache.spark.repl.Main=INFO
```

5 /etc/hosts 파일에서 다음과 같이 master에 대한 접근 IP 주소를 지정합니다.

```
> sudo gedit /etc/hosts
```

```
127.0.0.1       master
```

6 우분투 22.04에서 systemctl에 스파크 실행 명령어를 등록합니다.

```
> sudo gedit /usr/lib/systemd/system/spark.service
```

```
[Unit]
Description=Spark 3.1.3 Service

[Service]
Type=forking
User=joseph
```

```
Group=joseph
ExecStart=/home/joseph/spark/sbin/start-all.sh
ExecStop=/home/joseph/spark/sbin/stop-all.sh

RestartSec=10
Restart=always

[Install]
WantedBy=multi-user.target
```

7 스파크 서비스를 실행합니다.

```
> sudo systemctl enable spark
> sudo systemctl start spark
> systemctl status spark
```

8 아래 사이트에 접속하여 스파크 서비스가 올바르게 설치되었는지 확인합니다.

http://localhost:8080

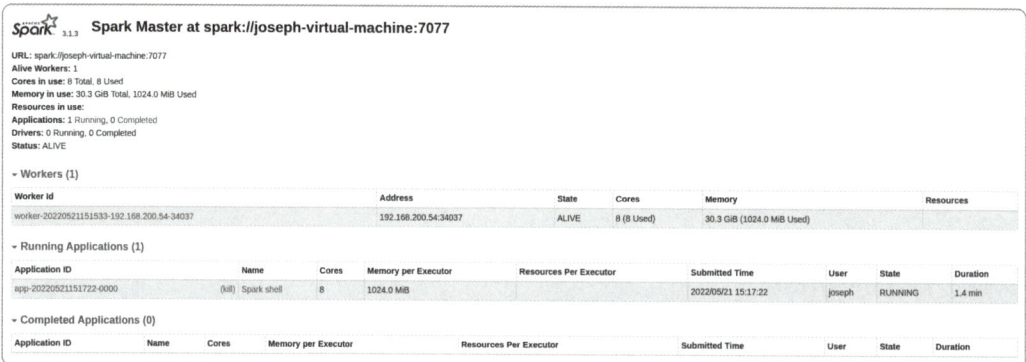

http://localhost:4041

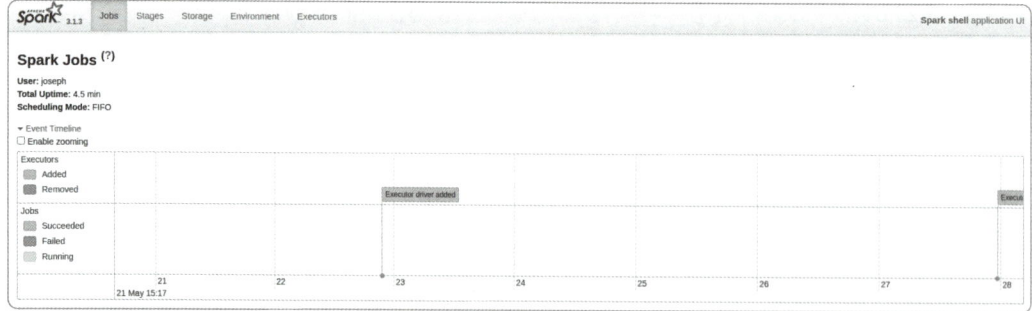

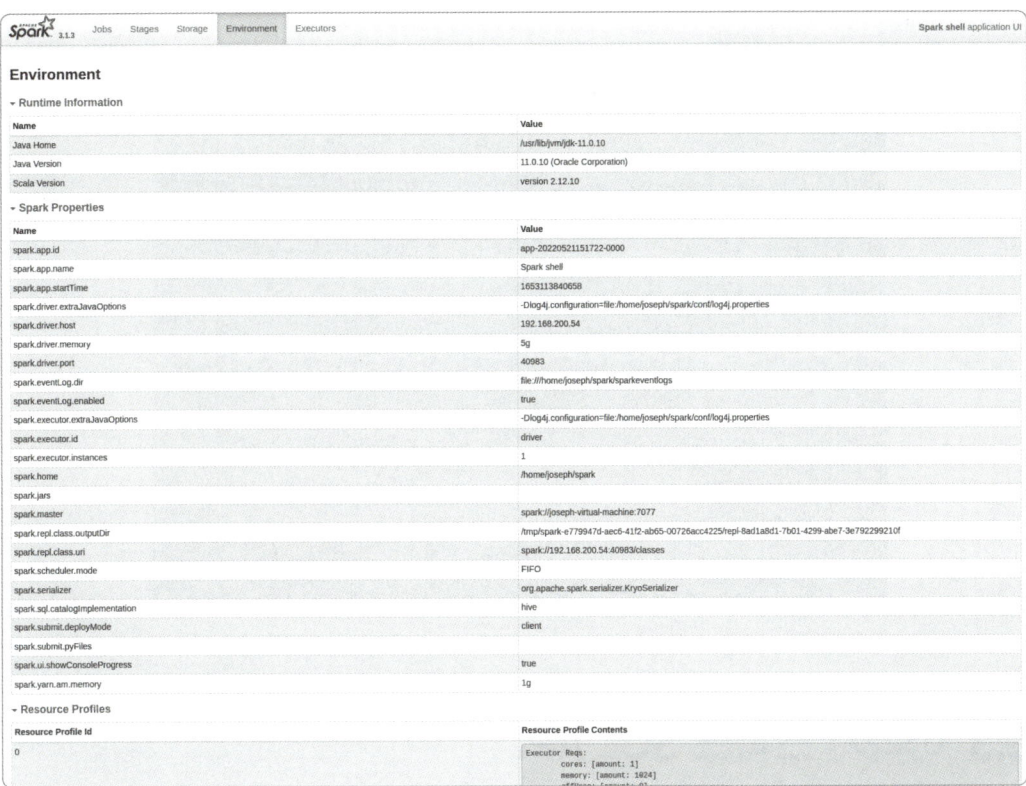

9 다음과 같이 명령어를 입력하면 올바르게 인터페이스가 실행됩니다.

> pyspark

```
> spark-shell
```

6.3 아파치 스파크 SQL API

아파치 스파크는 자바와 파이썬, Scala, R 등의 다양한 API를 제공합니다. 우리는 그중에서 자바와 파이썬을 살펴보도록 하겠습니다. 클래스의 이름이 동일하므로 클래스에 대한 자바와 파이썬 API를 같이 소개하도록 하겠습니다. 스파크 API의 핵심이 되는 클래스는 다음과 같습니다.

자바	파이썬
org.apache.spark.sql.SparkSession	pyspark.sql.SparkSession
org.apache.spark.sql.SparkSession.Builder	pyspark.sql.SparkSession.builder
org.apache.spark.sql.Dataset<T>	pyspark.sql.DataFrame
org.apache.spark.sql.DataFrameReader	pyspark.sql.DataFrameReader
org.apache.spark.sql.DataFrameWriter<T>	pyspark.sql.DataFrameWriter
org.apache.spark.sql.Row	pyspark.sql.Row
org.apache.spark.sql.Column	pyspark.sql.Column
org.apache.spark.sql.functions	pyspark.sql.functions
org.apache.spark.sql.types.DataTypes	pyspark.sql.types.DataTypes
org.apache.spark.sql.types.StructType	pyspark.sql.types.StructType
org.apache.spark.sql.types.StructField	pyspark.sql.types.StructField

6.3.1 SparkSession.Builder

SparkSession의 Builder 인스턴스입니다.

▶ appName 메서드

반환값	매개변수	설명
SparkSession.Builder	String name	Application의 이름 설정

▶ config 메서드

반환값	매개변수	설명
SparkSession.Builder	String key, String value	스파크 Application의 설정값을 지정

▶ master 메서드

반환값	매개변수	설명
SparkSession.Builder	String master	Application이 연결할 Spark 마스터의 URL. 로컬에서 2개의 코어로 실행하면 "local[2]", Spark standalone일 경우는 "spark://master:7077"로 설정

▶ getOrCreate 메서드

반환값	매개변수	설명
SparkSession	없음	SparkSession 객체 생성

6.3.2 SparkSession

DataFrame과 Dataset API로 구현하는 Spark SQL 모듈의 시작점을 담당하는 클래스입니다. Spark SQL 프로그램을 만들기 위해서 가장 먼저 호출하는 클래스입니다.

▶ builder 메서드

반환값	매개변수	설명
SparkSession.Builder	없음	SparkSession.Builder 객체 생성

▶ close/stop 메서드

반환값	매개변수	설명
void	없음	SparkSession 객체 안의 SparkContext 정지

예제 ▼

자바
```java
import org.apache.spark.sql.SparkSession;
SparkSession spark = SparkSession.builder().appName("Spark SQL Test Java")
                .master("local[*]").getOrCreate();
....
....
spark.close()
```

파이썬
```python
from pyspark.sql import SparkSession
spark = SparkSession.builder.appName('Spark SQL Test Python').master('local[*]').getOrCreate()
....
....
spark.stop()
```

▶ createDataFrame 메서드

반환값	매개변수	설명
DataFrame	RDD data, StructType schema	스파크 RDD로부터 DataFrame 생성
	List data, StructType schema	리스트형 데이터로부터 DataFRame 생성

예제 ▼

자바
```java
01  import org.apache.spark.sql.Dataset;
02  import org.apache.spark.sql.Row;
03  import org.apache.spark.sql.RowFactory;
04  import org.apache.spark.sql.SparkSession;
05  import org.apache.spark.sql.types.DataTypes;
06  import org.apache.spark.sql.types.StructField;
07  import org.apache.spark.sql.types.StructType;
08
09  List<Row> rows = Arrays.asList(
10      RowFactory.create("father", 35),
11      RowFactory.create("mother", 30),
12      RowFactory.create("son", 15)
13  );
14
15  StructType schema = DataTypes.createStructType(
16      new StructField[] {
17          DataTypes.createStructField("name", DataTypes.StringType, false),
18          DataTypes.createStructField("age", DataTypes.IntegerType, false)
19      }
20  );
```

```
21
22   SparkSession spark = SparkSession.builder().appName("Spark SQL Test Java")
23                          .master("local[*]").getOrCreate();
24   Dataset<Row> df = spark.createDataFrame(rows, schema);
25
26   df.printSchema();
27   df.show();
28
29   spark.close();
```

9~13라인에서 Spark Session에서 사용할 데이터를 만듭니다. 15~20라인까지 데이터에 대한 스키마를 작성합니다. 스키마 생성에 사용되는 API는 뒤에서 자세히 설명하겠습니다. 22라인에서 SparkSession 객체를 생성하고 24라인에서 앞에서 생성한 Row 객체와 Schema를 사용하여 DataFrame을 생성합니다.

26라인과 27라인에서 다음과 같이 결과물이 콘솔에 출력됩니다.

```
root
 |-- name: string (nullable = true)
 |-- age: integer (nullable = true)


+------+---+
|  name|age|
+------+---+
|joseph| 35|
|  jina| 30|
|julian| 15|
+------+---+
```

(파이썬)
```
01   from pyspark.sql import SparkSession
02   from pyspark.sql.types import IntegerType, StringType
03   from pyspark.sql.types import StructField, StructType
04
05   rows = [{'name': 'joseph', 'age': 35}, {'name': 'jina', 'age': 30}, {'name': 'julian', 'age': 15}]
06
07   schema = StructType([
08       StructField('name', StringType(), True),
09       StructField('age', IntegerType(), True)])
10
11   spark = SparkSession.builder.appName('Spark SQL Test Python').master('local[*]').getOrCreate()
12
13   df = spark.createDataFrame(rows, schema)
```

```
14
15  df.printSchema()
16  df.show()
17
18  spark.stop()
```

5라인에서 SparkSession에서 사용할 데이터를 작성합니다. 7라인에서 SparkSession 스키마를 만들고 11라인에서 SparkSession 객체를 생성합니다. 13라인에서 rows 데이터와 schema를 사용하여 DataFrame을 생성합니다. 15라인과 16라인에서 콘솔에 다음과 같이 동일한 결과를 출력합니다.

```
root
 |-- name: string (nullable = true)
 |-- age: integer (nullable = true)


+------+---+
|  name|age|
+------+---+
|joseph| 35|
|  jina| 30|
|julian| 15|
+------+---+
```

▶ read 메서드

반환값	매개변수	설명
DataFrameReader	없음	Spark Session의 batch 입력을 담당하는 DataFrameReader 객체를 반환

▶ readStream 메서드

반환값	매개변수	설명
DataStreamReader	없음	Spark Session의 stream 입력을 담당하는 DataStreamReader 객체를 반환

DataStreamReader에 대한 자세한 API는 8.2.1절에서 설명하겠습니다.

▶ sql 메서드

반환값	매개변수	설명
DataFrame	String queryText	스파크에서 사용 가능한 SQL문을 이용하여 쿼리를 실행합니다.

예제 ▼

자바
```
01  df.createOrReplaceTempView("family");
02  Dataset<Row> df_sql = spark.sql("SELECT name FROM family WHERE age>30");
03
04  df_sql.printSchema();
05  df_sql.show();
```

1라인에서 SQL View를 생성합니다. 2라인에서 SQL문을 실행하고 4~5라인에서 결과를 콘솔에 출력합니다.

```
root
 |-- name: string (nullable = false)


+------+
|  name|
+------+
|joseph|
+------+
```

파이썬
```
01  df.createOrReplaceTempView('family');
02  df_sql = spark.sql("SELECT name FROM family WHERE age > 30")
03
04  df_sql.printSchema()
05  df_sql.show()
```

결과는 자바와 동일합니다.

```
root
 |-- name: string (nullable = false)


+------+
|  name|
+------+
|joseph|
+------+
```

6.3.3 DataFrameReader

SparkSession의 read 메서드를 사용하여 접근할 수 있습니다. 외부 저장 시스템으로부터 Dataset 객체를 읽어오는 기능을 수행합니다.

▶ format 메서드

반환값	매개변수	설명
DataFrameReader	String format	SparkSession에서 읽어올 데이터 소스의 유형을 결정합니다.

매개변수로 사용될 수 있는 문자열은 다음과 같습니다. "csv", "kafka", "jdbc", "json", "parquest", "text", "console" 등입니다.

▶ option 메서드

반환값	매개변수	설명
DataFrameReader	String key, String value	데이터 소스에 대한 입력 옵션 추가

▶ options 메서드

반환값	매개변수	설명
DataFrameReader	Map<key,value> (파이썬은 dict 타입)	데이터 소스에 대한 입력 옵션 묶음 추가

▶ schema 메서드

반환값	매개변수	설명
DataFrameReader	String schema	입력 소스에 스키마 설정
	StructType schema	입력 소스에 스키마 설정

▶ load 메서드

반환값	매개변수	설명
DataFrame		데이터 입력을 실행하여 DataFrame 반환
	String path	주어진 경로로 데이터 입력을 실행하여 DataFrame 반환
	String... paths (파이썬은 list 타입)	주어진 경로 묶음으로 데이터 입력을 실행하여 DataFrame 반환

▶ csv 메서드

반환값	매개변수	설명
DataFrame	String path	주어진 경로에서 csv 파일을 불러와 DataFrame 생성
	String... paths(파이썬은 list 타입)	스키마, 구분자, encoding, header, 공백문자 처리 같은 많은 옵션 제공

예제 ▼

test.csv 파일

```
brand,price
Genesis,80
Volvo,40
```

자바
```java
01  StructType schema = DataTypes.createStructType(
02      new StructField[] {
03          DataTypes.createStructField("brand", DataTypes.StringType, false),
04          DataTypes.createStructField("price", DataTypes.IntegerType, false)
05      }
06  );
07
08  SparkSession spark = SparkSession.builder().appName("Spark SQL Test Java")
09                      .master("local[*]").getOrCreate();
10  Dataset<Row> df_csv = spark.read().format("csv")
11                      .option("header", "True")
12                      .option("sep", ",")
13                      .schema(schema).load("./data/test.csv");
14  df_csv.printSchema();
15  df_csv.show();
16
17  spark.close();
```

1라인에서 DataFrame에 사용할 스키마를 생성합니다. 8라인에서 SparkSession 객체를 생성하고 11~12라인에서 csv 파일에 대한 옵션을 설정합니다. 그리고 13라인에서 파일을 불러옵니다.

파이썬
```python
01  spark = SparkSession.builder.appName('Spark SQL Test Python').master('local').getOrCreate()
02
03  schema = StructType([
04      StructField('brand', StringType(), True),
05      StructField('price', IntegerType(), True)])
06
```

```
07  df = spark.read.format('csv').option('header', True).option('sep', ',')
            .schema(schema).load('file:///home/joseph/data/test.csv')
08  df.printSchema()
09  df.show()
10
11  spark.stop()
```

3라인에서 스키마를 생성합니다. 7라인에서 DataFrameReader 객체의 형식을 csv로 지정하고 각종 옵션을 부여합니다. 자바와 파이썬의 콘솔 출력 결과는 다음과 같이 동일합니다.

```
root
 |-- brand: string (nullable = true)
 |-- price: integer (nullable = true)


+-------+-----+
|  brand|price|
+-------+-----+
|Genesis|   80|
|  Volvo|   40|
+-------+-----+
```

▶ jdbc 메서드

반환값	매개변수	설명
DataFrame	String url, String table, Properties properties (파이썬은 dict 타입)	Jdbc를 사용하여 관계형 데이터베이스와 연동

예제 ▼

자바
```
01  Dataset<Row> jdbcDF = spark.read()
02          .format("jdbc")
03          .option("url", JDBC_URL)
04          .option("dbtable", TABLE_NAME)
05          .option("user", USERNAME)
06          .option("password", PASSWORD)
07          .load();
08  Properties connProp = new Properties();
09  connProp.put("user", USERNAME);
10  connProp.put("password", PASSWORD);
11
12  Dataset<Row> jdbcDF = spark.read().jdbc(JDBC_URL, TABLE_NAME, connProp);
```

```python
01  jdbcDF = spark.read \
02      .format("jdbc") \
03      .option("url", JDBC_URL) \
04      .option("dbtable", TABLE_NAME) \
05      .option("user", USERNAME) \
06      .option("password", PASSWORD) \
07      .load()
08  jdbcDF = spark.read \
09      .jdbc(JDBC_URL, TABLE_NAME, properties={"user": USERNAME, "password": PASSWORD})
```

▶ json 메서드

반환값	매개변수	설명
DataFrame	String path	Json 파일 경로를 매개변수로 하여 DataFrame 생성
	String... paths(파이썬은 list 타입)	다수의 json 파일 경로를 사용하여 DataFrame생성

예제 ▼

test.json 파일

[{"brand": "BMW", "price" : 90},{"brand": "Ford", "price" : 40}]

```java
01  import org.apache.spark.sql.Dataset;
02  import org.apache.spark.sql.Row;
03  import org.apache.spark.sql.SparkSession;
04  import org.apache.spark.sql.types.DataTypes;
05  import org.apache.spark.sql.types.StructField;
06  import org.apache.spark.sql.types.StructType;
07
08  StructType schema = DataTypes.createStructType(
09      new StructField[] {
10          DataTypes.createStructField("brand", DataTypes.StringType, false),
11          DataTypes.createStructField("price", DataTypes.IntegerType, false)
12      }
13  );
14
15  SparkSession spark = SparkSession.builder().appName("Spark SQL Test Java").
16                      master("local[*]").getOrCreate();
17  Dataset<Row> df_json = spark.read().format("json").schema(schema).
18                      load("./src/main/file/test.json");
19  df_json.show();
20
21  spark.close();
```

8~13라인에서 json 파일에 대한 스키마를 생성합니다. 15라인에서 SparkSession 객체를 생성하고 17 라인에서 json 포맷으로 파일을 읽어와 DataFrame을 생성합니다.

파이썬

```python
01  from pyspark.sql import SparkSession
02  from pyspark.sql.types import IntegerType, StringType
03  from pyspark.sql.types import StructField, StructType
04  
05  spark = SparkSession.builder.appName('Spark SQL Test Python').master('local').getOrCreate()
06  
07  schema = StructType([
08      StructField('brand', StringType(), True),
09      StructField('price', IntegerType(), True)])
10  
11  df_json = spark.read.format('json').schema(schema).load('file:///home/joseph/data/test.json')
12  df_json.printSchema()
13  df_json.show()
14  
15  spark.stop()
```

5라인에서 SparkSession 객체를 생성하고 7~9라인에서 스키마를 생성합니다. 11라인에서 json 포맷으로 파일을 읽어옵니다. 콘솔에 출력되는 값은 동일하게 표시됩니다.

```
root
 |-- brand: string (nullable = true)
 |-- price: integer (nullable = true)


+-----+-----+
|brand|price|
+-----+-----+
|  BMW|   90|
| Ford|   40|
+-----+-----+
```

▶ parquet 메서드

반환값	매개변수	설명
DataFrame	String path	parquet 경로를 매개변수로 사용

예제 ▼

자바
```
01  Dataset<Row> parquetDF = spark.read().format("parquet").load(PARQUET_DIRECTORY)
02  Dataset<Row> parquetDF = spark.read() .parquet(PARQUET_DIRECTORY);
```

파이썬
```
01  df = spark.read.format("parquet").load(PARQUET_DIRECTORY)
02  df = spark.read.parquet(PARQUET_DIRECTORY)
```

6.3.4 DataFrameWriter

Dataset 클래스의 write 메서드를 사용하여 연결하는 클래스입니다. 외부 저장 시스템으로 Dataset을 출력하는 기능을 담당합니다.

▶ format 메서드

반환값	매개변수	설명
DataFrameWriter	String source	DataFrame에서 출력할 데이터 소스의 유형 결정

매개변수로 사용될 수 있는 문자열은 다음과 같습니다. "csv", "kafka", "jdbc", "json", "parquest", "text", "console" 등입니다.

▶ mode 메서드

반환값	매개변수	설명
DataFrameWriter	String saveMode	데이터나 테이블이 이미 존재할 때 출력 방법 지정
	SaveMode saveMode	데이터나 테이블이 이미 존재할 때 출력 방법 지정

매개변수로는 "Append"(추가), "Overwrite"(덮어쓰기), "Ignore"(무시), "ErrorIfExists"(존재할 경우 오류 발생) 등입니다.

▶ option 메서드

반환값	매개변수	설명
DataFrameWriter	String key, String value	출력 시 저장 옵션 지정

▶ options 메서드

반환값	매개변수	설명
DataFrameWriter	Map<key,value> (파이썬은 dict 타입)	출력 시 저장 옵션을 묶음으로 지정

▶ save 메서드

반환값	매개변수	설명
void	없음	DataFrame 저장
	String path	DataFrame을 지정한 경로에 저장

▶ csv 메서드

반환값	매개변수	설명
void	String path	주어진 경로에 csv 파일 저장

예제 ▼

자바
```
01  df_csv.write().format("csv").mode("Append").option("header", "True").option("sep", "|").
    save("./file/result.csv");
02  df_csv.write().mode("Append").option("header", "True").option("sep", "|").
    csv("./file/result.csv")
```

파이썬
```
01  df_csv.write.format('csv').mode('Append').option('header', True).option('sep', '|').
    save('file:///home/joseph/file/result.csv')
02  df_csv.write.mode('Append').option('header', True).option('sep', '|').
    csv('file:///home/joseph/file/result.csv')
```

저장하려는 DataFrame에서 csv 파일을 생성하여 저장합니다.

▶ jdbc 메서드

반환값	매개변수	설명
void	String url, String table, Properties properties (파이썬은 dict 타입)	없음

예제 ▼

자바
```
01  jdbcDF.write().format("jdbc")
02              .mode(SaveMode.Append)
03              .option("url", JDBC_URL)
04              .option("dbtable", TABLE_NAME)
05              .option("user", USERNAME)
06              .option("password", PASSWORD)
07              .save();
08  Properties connProp = new Properties();
09  connProp.put("user", USERNAME);
10  connProp.put("password", PASSWORD);
11
12  jdbcDF.write().mode(SaveMode.Append).jdbc(JDBC_URL, TABLE_NAME, connProp);
```

파이썬
```
01  jdbcDF.write.format("jdbc") \
02       .mode('Append') \
03       .option("url", JDBC_URL) \
04       .option("dbtable", TABLE_NAME) \
05       .option("user", USERNAME) \
06       .option("password", PASSWORD) \
07       .load()
08  jdbcDF.write.mode('Append').jdbc(JDBC_URL, TABLE_NAME,
09      properties={"user": USERNAME, "password": PASSWORD})
```

▶ json 메서드

반환값	매개변수	설명
void	String path	주어진 경로에 json 파일 저장

예제 ▼

자바
```
01  df_json.write().format("json").mode("Append").save("./file/result.json");
02  df_json.write().mode("Append").json("./file/result.json");
```

파이썬
```
01  df_json.write.format("json").mode('Overwrite').save('file:///home/joseph/file/result.json')
02  df_json.write.mode('Overwrite').json('file:///home/joseph/file/result.json')
```

▶ parquet 메서드

반환값	매개변수	설명
void	String path	주어진 경로에 parquet 파일 저장

예제 ▼

자바
```
df.write().mode("append").parquet(PARQUET_DIRECTORY)
```

파이썬
```
df.write.mode('append').parquet(PARQUET_DIRECTORY)
```

6.3.5 Dataset

Spark SQL 모듈에서 사용하는 분산 데이터 모델입니다. 특히 Row 타입의 Dataset는 DataFrame으로 불리고 관계형 데이터베이스의 테이블을 취급하는 SQL이나 파이썬 Pandas모듈에서 제공하는 DataFrame 기능과 유사한 다양한 메서드를 제공합니다. Spark SQL에서 DataFrame을 가공하는 연산을 설명하기 위해 임의의 데이터를 아래와 같이 생성하겠습니다. API 함수의 실습은 파이썬에 국한하도록 하겠습니다.

```
01  from pyspark.sql import SparkSession
02  from pyspark.sql.types import IntegerType, StringType
03  from pyspark.sql.types import StructField, StructType
04
05  cars = [{'brand': 'Genesis', 'price': 100, 'type': 'Sedan'},
06          {'brand': 'BMW', 'price': 90, 'type': 'SUV'},
07          {'brand': 'GM', 'price': 70, 'type': 'Sedan'}]
08
09  spark = SparkSession.builder.appName('Spark SQL Test Python').master('local').getOrCreate()
10
11  schema = StructType([
12      StructField('brand', StringType(), True),
13      StructField('price', IntegerType(), True),
14      StructField('type', StringType(), True)])
15
16  df = spark.createDataFrame(cars, schema)
17
18  df.printSchema()
19  df.show()
20
21  spark.stop()
```

18~19라인에서 다음과 같이 정상적으로 출력됨을 볼 수 있습니다.

```
root
 |-- brand: string (nullable = true)
 |-- price: integer (nullable = true)
 |-- type: string (nullable = true)


+-------+-----+-----+
|  brand|price| type|
+-------+-----+-----+
|Genesis|  100|Sedan|
|    BMW|   90|  SUV|
|     GM|   70|Sedan|
+-------+-----+-----+
```

1 action 연산

▶ cache 메서드

반환값	매개변수	설명
DataFrame	없음	DataFrame persist함수의 기본 실행과 동일한 기능. persist(MEMORY_AND_DISK) 함수와 동일한 출력

예제 ▼

```
df_cache = df.cache()
print(df_cache)
```

```
DataFrame[brand: string, price: int, type: string]
```

▶ columns 메서드

반환값	매개변수	설명
String Array	없음	열(column)을 반환

예제 ▼

```
col_list = df.columns
print(col_list)
```

```
['brand', 'price', 'type']
```

▶ collect 메서드

반환값	매개변수	설명
Array 또는 List	없음	행(Row)에 대한 List나 Array 값 반환

예제 ▼

```
row_list = df.collect()
print(row_list)
```

```
[Row(brand='Genesis', price=100, type='Sedan'),
 Row(brand='BMW', price=90, type='SUV'), Row(brand='GM', price=70, type='Sedan')]
```

▶ collectAsList 메서드

반환값	매개변수	설명
자바형 List	없음	Row의 List 객체를 반환. Java API만 제공

▶ count 메서드

반환값	매개변수	설명
long	없음	행(Row)의 개수 반환

예제 ▼

```
n = df.count()
print(n)
```

```
3
```

▶ explain 메서드

반환값	매개변수	설명
void	없음	디버깅을 목적으로 DataFrame을 처리할 논리적/물리적 계획을 출력. 매개변수로는 'simple', 'extended', 'codegen', 'cost', 'formatted'

예제 ▼

```
df.explain('cost')
```

```
== Optimized Logical Plan ==
LogicalRDD [brand#0, price#1, type#2], false, Statistics(sizeInBytes=8.0 EiB)

== Physical Plan ==
*(1) Scan ExistingRDD[brand#0,price#1,type#2]
```

▶ first 메서드

반환값	매개변수	설명
Row	없음	첫 번째 Row 반환

예제 ▼

```
row = df.first()
print(row)
```

```
Row(brand='Genesis', price=100, type='Sedan')
```

▶ head 메서드

반환값	매개변수	설명
Row List	없음	기본값 1로서 첫 번째 Row 반환
	int n	앞에서 n개만큼의 Row 반환

예제 ▼

```
rows = df.head(2)
print(rows)
```

```
[Row(brand='Genesis', price=100, type='Sedan'), Row(brand='BMW', price=90, type='SUV')]
```

▶ tail 메서드

반환값	매개변수	설명
Row List	int n	끝에서 n개만큼의 Row 리스트를 반환

예제 ▼

```
rows = df.tail(1)
print(rows)
```

```
[Row(brand='GM', price=70, type='Sedan')]
```

▶ take 메서드

반환값	매개변수	설명
Row List	int n	n개까지의 Row List를 반환

예제 ▼

```
rows = df.take(3)
print(rows)
```

```
[Row(brand='Genesis', price=100, type='Sedan'),
Row(brand='BMW', price=90, type='SUV'), Row(brand='GM', price=70, type='Sedan')]
```

▶ printSchema 메서드

반환값	매개변수	설명
void	없음	DataFrame의 스키마를 Tree 형태로 표시

예제 ▼

```
df.printSchema()
```

```
root
 |-- brand: string (nullable = true)
 |-- price: integer (nullable = true)
 |-- type: string (nullable = true)
```

▶ show 메서드

반환값	매개변수	설명
void	없음	DataFrame값을 출력
	int numRows, boolean truncate	DataFrame값 중 n개의 행(Row)을 출력

예제 ▼

```
df.show()
```

```
+-------+-----+-----+
| brand|price| type|
+-------+-----+-----+
|Genesis|  100|Sedan|
|    BMW|   90|  SUV|
|     GM|   70|Sedan|
+-------+-----+-----+
```

▶ **createOrReplaceTempView**

반환값	매개변수	설명
void	String viewName	임시로 사용할 SQL 뷰를 생성합니다.

예제 ▼

```
df.createOrReplaceTempView('test_view')
spark.sql('Select * FROM test_view WHERE price > 80').show()
```

```
+-------+-----+-----+
| brand|price| type|
+-------+-----+-----+
|Genesis|  100|Sedan|
|    BMW|   90|  SUV|
+-------+-----+-----+
```

▶ **isEmpty/isLocal/isStreaming 메서드**

isXXX 타입의 메서드로서 DataFrame이 XXX 타입인지를 Boolean 값으로 반환

예제 ▼

```
bool_local = df.isLocal()
print(bool_local)
```

```
False
```

▶ **schema 메서드**

반환값	매개변수	설명
StructType	없음	DataFrame의 schema를 반환

예제 ▼
```
schema = df.schema
print(schema)
```

```
StructType(List(StructField(brand,StringType,true),
    StructField(price,IntegerType,true), StructField(type,StringType,true)))
```

▶ write 메서드

반환값	매개변수	설명
DataFrameWriter	없음	DataFrameWriter 객체를 반환하여 DataFrame을 출력

예제 ▼
```
df.write.format('console').mode('append').save()
```

```
+-------+-----+-----+
| brand|price| type|
+-------+-----+-----+
|Genesis|  100|Sedan|
|    BMW|   90|  SUV|
|     GM|   70|Sedan|
+-------+-----+-----+
```

▶ writeStream 메서드

반환값	매개변수	설명
DataStreamWriter	없음	DataStreamWriter 객체를 반환하여 DataFrame을 스트리밍으로 반환(8장에서 자세히 설명하겠습니다.)

❷ transformation 연산

▶ alias, as 메서드

반환값	매개변수	설명
DataFrame	String alias	DataFrame의 이름을 지정

DataFrame의 별명을 부여합니다.

예제 ▼

```
df.alias('cars').select('cars.brand', 'cars.price').show()
```

```
+-------+-----+
|  brand|price|
+-------+-----+
|Genesis|  100|
|    BMW|   90|
|     GM|   70|
+-------+-----+
```

▶ select, [] 메서드

반환값	매개변수	설명
DataFrame	Column... cols	조건에 맞는 Column 객체의 DataFrame 반환
	String col, String... cols	조건에 맞는 String Column의 DataFrame 반환

예제 ▼

```
df.select('brand', 'type').show()
df['brand', 'type'].show()
```

```
+-------+-----+
|  brand| type|
+-------+-----+
|Genesis|Sedan|
|    BMW|  SUV|
|     GM|Sedan|
+-------+-----+
```

▶ describe 메서드

반환값	매개변수	설명
DataFrame	String... cols	해당 column의 통계값을 반환

예제 ▼

```
df.describe('price').show()
```

```
+-------+------------------+
|summary|             price|
+-------+------------------+
|  count|                 3|
|   mean| 86.66666666666667|
| stddev|15.275252316519467|
|    min|                70|
|    max|               100|
+-------+------------------+
```

▶ **distinct 메서드**

반환값	매개변수	설명
DataFrame	없음	중복값을 제거한 DataFrame 반환

예제 ▼

`df.select('type').distinct().show()`

```
+-----+
| type|
+-----+
|  SUV|
|Sedan|
+-----+
```

▶ **drop 메서드**

반환값	매개변수	설명
DataFrame	Column col	해당 Column 제거
	String col1, String... cols	해당 Column 제거

예제 ▼

`df.drop('type').show()`

```
+-------+-----+
|  brand|price|
+-------+-----+
|Genesis|  100|
|    BMW|   90|
|     GM|   70|
+-------+-----+
```

▶ filter 메서드

반환값	매개변수	설명
DataFrame	String conditionExpr	조건에 맞는 DataFrame 반환
	Column condition	조건에 맞는 DataFrame 반환

예제 ▼

```
df.filter(df.price > 80).show()
```

```
+-------+-----+-----+
|  brand|price| type|
+-------+-----+-----+
|Genesis|  100|Sedan|
|    BMW|   90|  SUV|
+-------+-----+-----+
```

▶ groupBy 메서드

반환값	매개변수	설명
RelationalGroupedDataset	Columns... cols	해당 Column으로 GroupBy 실행
	String col1, String... cols	해당 Column으로 GroupBy 실행

예제 ▼

```
df.groupBy('type').count().show()
```

```
+-----+-----+
| type|count|
+-----+-----+
|  SUV|    1|
|Sedan|    2|
+-----+-----+
```

▶ cache, persist 메서드

반환값	매개변수	설명
DataFrame	없음	기본으로 MEMORY_AND_DISK로 지정.
	StorageLevel newLevel	NONE, DISK_ONLY, MEMORY_ONLY, MEMORY_ONLY_SER(직렬화하여 저장), MEMORY_AND_DISK, MEMORY_AND_DISK_SER, OFF_HEAP

작업중인 데이터를 메모리에 저장합니다. persist는 저장 방법을 선택할 수 있습니다.

```
from pyspark.storagelevel import StorageLevel

df.persist(StorageLevel.MEMORY_ONLY).show()
```

```
+-------+-----+-----+
| brand|price| type|
+-------+-----+-----+
|Genesis|  100|Sedan|
|    BMW|   90|  SUV|
|     GM|   70|Sedan|
+-------+-----+-----+
```

▶ orderBy 메서드

반환값	매개변수	설명
DataFrame	Column... sortExprs	해당 조건에 맞도록 DataFrame 정렬
	String sortCol, String... sortCols	해당 조건에 맞도록 DataFrame 정렬

예제 ▼

```
from pyspark.sql.functions import desc

df.alias('cars').orderBy(desc('cars.price')).show()
```

```
+-------+-----+-----+
| brand|price| type|
+-------+-----+-----+
|Genesis|  100|Sedan|
|    BMW|   90|  SUV|
|     GM|   70|Sedan|
+-------+-----+-----+
```

▶ sort 메서드

반환값	매개변수	설명
DataFrame	Column... sortExprs	해당 조건에 맞도록 DataFrame 정렬
	String sortCol, String... sortCols	해당 조건에 맞도록 DataFrame 정렬

예제 ▼

```
df_list = df.sort(df.price.asc()).collect()
print(df_list)
```

```
[Row(brand='GM', price=70, type='Sedan'), Row(brand='BMW', price=90, type='SUV'),
    Row(brand='Genesis', price=100, type='Sedan')]
```

▶ withColumn 메서드

반환값	매개변수	설명
DataFrame	String colName, Column col	Column 추가

예제 ▼

```
df.withColumn('tax', df.price * 0.01).show()
```

```
+-------+-----+-----+---+
|  brand|price| type|tax|
+-------+-----+-----+---+
|Genesis|  100|Sedan|1.0|
|    BMW|   90|  SUV|0.9|
|     GM|   70|Sedan|0.7|
+-------+-----+-----+---+
```

▶ where 메서드

반환값	매개변수	설명
DataFrame	Column condition	조건에 맞는 DataFrame 반환
	String conditionExpr	조건에 맞는 DataFrame 반환

예제 ▼

```
df.alias('cars').where("cars.type == 'SUV'").show()
```

```
+-----+-----+----+
|brand|price|type|
+-----+-----+----+
|  BMW|   90| SUV|
+-----+-----+----+
```

▶ withWatermark 메서드

반환값	매개변수	설명
DataFrame	String eventTime, String delayThreshold	Data stream의 watermark 설정 (8장에서 자세히 설명하겠습니다.)

6.3.6 Row

DataFrame을 구성하는 요소로서 정규화 테이블의 행(Row)을 표현하는 모델입니다. 다음은 Row를 생성하는 예제입니다.

예제 ▼

자바
```java
import java.util.Arrays;
import java.util.List;

import org.apache.spark.sql.Row;
import org.apache.spark.sql.RowFactory;

List<Row> rows = Arrays.asList(
        RowFactory.create("joseph", 35),
        RowFactory.create("jina", 30),
        RowFactory.create("julian", 15)
);
```

파이썬
```python
from pyspark.sql import Row

Person = Row('name', 'age', 'family')
person1 = Person('joseph', 35)
person2 = Person('jina', 30)
person3 = Person('julian', 15)

rows = [person1, person2, person3]
```

6.3.7 Column

DataFrame을 구성하는 요소로서 정규화 테이블의 열column을 표현하는 모델입니다. 이번 Column과 다음 절 functions에 대한 API 설명은 다음의 예제를 사용하여 설명하도록 하겠습니다. 사용 언어는 이번에도 파이썬을 사용하도록 하겠습니다만, 나머지 언어도 직관적으로 비슷한 이름과 기능을 가지고 있습니다.

```
01  from pyspark.sql import SparkSession
02
03  cars = [('Genesis', 100, 'Sedan'), ('BMW', 90, 'SUV'), ('GM', 70, 'Sedan')]
04  schema = ['brand', 'price', 'type']
05
06  spark = SparkSession.builder.appName('Spark SQL Test Python').master('local').getOrCreate()
07  df = spark.createDataFrame(cars, schema)
08
09  df.show()
```

7번 라인에서 DataFrame을 생성하고 9번 라인에서 아래와 같이 결과를 출력합니다.

```
+-------+-----+-----+
|  brand|price| type|
+-------+-----+-----+
|Genesis|  100|Sedan|
|    BMW|   90|  SUV|
|     GM|   70|Sedan|
+-------+-----+-----+
```

▶ alias, as 메서드

반환값	매개변수	설명
Column	String alias	column의 별칭 부여

예제 ▼

```
df.select(df.brand.alias('car_brand'), df.price.alias('car_price'),
    df.type.alias('car_type')).show()
```

```
+---------+---------+--------+
|car_brand|car_price|car_type|
+---------+---------+--------+
|  Genesis|      100|   Sedan|
|      BMW|       90|     SUV|
|       GM|       70|   Sedan|
+---------+---------+--------+
```

▶ isin 메서드

반환값	매개변수	설명
Column	Object... list	주어진 대상이 List 안에 있는지의 여부를 파악

예제 ▼

```
df.filter(df.brand.isin(['BMW','GM'])).show()
```

```
+-----+-----+-----+
|brand|price| type|
+-----+-----+-----+
|  BMW|   90|  SUV|
|   GM|   70|Sedan|
+-----+-----+-----+
```

▶ isNaN 메서드

반환값	매개변수	설명
Column	없음	Numer인지 여부를 판단. Spark java api에서만 제공

▶ isNotNull /isNull 메서드

반환값	매개변수	설명
Column	없음	주어진 Column이 Null인지 Null이 아닌지를 판단

예제 ▼

```
df.filter(df.type.isNotNull()).show()
df.filter(~df.type.isNull()).show()  # 위의 식과 같은 결과를 반환
```

```
+-------+-----+-----+
|  brand|price| type|
+-------+-----+-----+
|Genesis|  100|Sedan|
|    BMW|   90|  SUV|
|     GM|   70|Sedan|
+-------+-----+-----+
```

▶ like 메서드

반환값	매개변수	설명
Column	String literal	SQL의 LIKE 문과 같은 문법. 유사값이 있는지 파악

예제 ▼

```
df.select(df.brand, df.type).filter(df.brand.like('G%')).show()
```

```
+-------+-----+
|  brand| type|
+-------+-----+
|Genesis|Sedan|
|     GM|Sedan|
+-------+-----+
```

▶ between 메서드

반환값	매개변수	설명
Column	Object lowerBound, Object upperBound	앞/뒤 값으로 범위에 Column 값이 존재하는지 여부 파악

예제 ▼

df.filter(df.price.between(85, 95)).show()

```
+-----+-----+----+
|brand|price|type|
+-----+-----+----+
|  BMW|   90| SUV|
+-----+-----+----+
```

▶ asc/desc 메서드

반환값	매개변수	설명
Column	없음	올림차순/내림차순으로 정렬

예제 ▼

df.sort(df.brand.asc()).show()
df.sort(df.price.desc()).show()

```
+-------+-----+-----+
|  brand|price| type|
+-------+-----+-----+
|    BMW|   90|  SUV|
|     GM|   70|Sedan|
|Genesis|  100|Sedan|
+-------+-----+-----+
```

```
+-------+-----+-----+
| brand|price| type|
+-------+-----+-----+
|Genesis|  100|Sedan|
|    BMW|   90|  SUV|
|     GM|   70|Sedan|
+-------+-----+-----+
```

▶ contains/startswith/endswith 메서드

반환값	매개변수	설명
Boolean	Column 또는 String	• 문자열에 매개변수가 포함되는지(contains) 파악 • 매개변수로 문자열이 시작되는지(starts with) 파악 • 매개변수로 문자열이 종료되는지(ends with) 파악

예제 ▼

```
df.filter(df.type.contains('Sedan')).show()
```

```
+-------+-----+-----+
| brand|price| type|
+-------+-----+-----+
|Genesis|  100|Sedan|
|     GM|   70|Sedan|
+-------+-----+-----+
```

6.3.8 functions

Spark SQL의 functions 클래스는 DataFrame 모델을 다룰 때 사용하는 다양한 함수를 제공합니다. 그런데 이 functions 객체가 제공하는 API 함수가 매우 많아 이 책에서 모두 소개하기에는 어려움이 있습니다. 저희는 실습에 사용되는 functions API와 기본적인 API만을 설명하도록 하겠습니다. 더 자세한 스파크 functions API에 대해 알고 싶으시면 다음 사이트에 방문하여 살펴보시기를 권합니다.

- 자바: https://spark.apache.org/docs/latest/api/java/org/apache/spark/sql/functions.html
- 파이썬: https://spark.apache.org/docs/latest/api/python/reference/pyspark.sql/functions.html

❶ Operators & predicate functions

▶ & , | , ~

논리곱(&), 논리합(|), 논리부정(~)

```
from pyspark.sql.functions import col, isnan, isnull

df.filter((col('type').contains('Sedan')) & (col('price') >= 90)).show()
```

```
+-------+-----+-----+
|  brand|price| type|
+-------+-----+-----+
|Genesis|  100|Sedan|
+-------+-----+-----+
```

```
df.filter((col('brand').contains('BMW')) | (col('price') >= 90)).show()
```

```
+-------+-----+-----+
|  brand|price| type|
+-------+-----+-----+
|Genesis|  100|Sedan|
|    BMW|   90|  SUV|
+-------+-----+-----+
```

```
df.filter(~(col('price') >= 90)).show()
```

```
+-----+-----+-----+
|brand|price| type|
+-----+-----+-----+
|   GM|   70|Sedan|
+-----+-----+-----+
```

▶ isnan, isnull

행의 값이 NaN(Not a Number)인 경우와 isNull(Null 값인 경우)

```
df.filter(isnan(col('price'))).show()
```

```
+-----+-----+----+
|brand|price|type|
+-----+-----+----+
+-----+-----+----+
```

```
df.filter(~isnull(col('price'))).show()
```

```
+-------+-----+-----+
|  brand|price| type|
+-------+-----+-----+
|Genesis|  100|Sedan|
|    BMW|   90|  SUV|
|     GM|   70|Sedan|
+-------+-----+-----+
```

❷ String & binary functions

▶ col, column

col, column은 정해진 열의 값을 호출

```
from pyspark.sql.functions import concat, col, lit, length, upper, lower, ltrim, rtrim, trim, substring, substring_index

df.select(col('brand'), col('price')).filter(col('type').contains('Sedan')).show()
```

```
+-------+-----+
|  brand|price|
+-------+-----+
|Genesis|  100|
|     GM|   70|
+-------+-----+
```

▶ lit , concat, contains

lit는 칼럼을 추가, concat은 문장을 합치는 기능, contains 함수는 문자열의 포함 여부를 반환

```
df.select(concat(col('brand'), lit('_'), col('type')).alias('full_type')).show()
```

```
+-------------+
|    full_type|
+-------------+
|Genesis_Sedan|
|      BMW_SUV|
|     GM_Sedan|
+-------------+
```

▶ **length, lower, upper**

length는 문자 길이, lower/upper는 소/대문자로 변환하는 기능

```
df.select(length(col('type')).alias('words_length')).show()
```

```
+------------+
|words_length|
+------------+
|           5|
|           3|
|           5|
+------------+
```

```
df.select(upper('brand'), lower('type')).show()
```

```
+------------+-----------+
|upper(brand)|lower(type)|
+------------+-----------+
|     GENESIS|      sedan|
|         BMW|        suv|
|          GM|      sedan|
+------------+-----------+
```

▶ **trim, rtrim, ltrim**

양방향 trim과 좌/우 방향 trim 함수

```
df.select(ltrim(lit("   Blank   ")).alias("left_trim"),
        rtrim(lit("   Blank   ")).alias("right_trim"),
        trim(lit("   Blank   ")).alias("trim")).show()
```

```
+----------+----------+-----+
| left_trim|right_trim| trim|
+----------+----------+-----+
|Blank     |     Blank|Blank|
|Blank     |     Blank|Blank|
|Blank     |     Blank|Blank|
+----------+----------+-----+
```

▶ **substring, substring_index**

substring은 문자 추출, substring_index 함수는 문자 추출을 위한 인덱스 지정 기능

```
df.withColumn('Initial', substring(col('brand'), 0, 1)).show()
```

```
+-------+-----+-----+-------+
|  brand|price| type|Initial|
+-------+-----+-----+-------+
|Genesis|  100|Sedan|      G|
|    BMW|   90|  SUV|      B|
|     GM|   70|Sedan|      G|
+-------+-----+-----+-------+
```

```
df.select(substring_index(lit('www.apache.org'), '.', 2)).show(1)
```

```
+----------------------------------+
|substring_index(www.apache.org, ., 2)|
+----------------------------------+
|                        www.apache|
+----------------------------------+
only showing top 1 row
```

❸ Aggregate Functions
▶ **avg, mean, stddev, sum, sum_Distinct, corr**

집계함수로서 avg(산술 평균), mean(표본 평균), stddev(표준편차), sum(합), sum_Distinct(중복 제거합)

```
from pyspark.sql.functions import avg, count, countDistinct, mean, stddev, sum,
collect_list, collect_set, first, max, min
```

```
df.select(avg('price'), mean('price'), stddev('price'), sum('price')).show()
```

```
+---------------+---------------+-------------------+----------+
|     avg(price)|     avg(price)|stddev_samp(price)|sum(price)|
+---------------+---------------+-------------------+----------+
|86.66666666667 |86.66666666667 |15.275252316567   |       260|
+---------------+---------------+-------------------+----------+
```

▶ **collect_list, collect_set**

collect_list 함수는 list를 생성하고 중복을 허락, collect_set 함수는 중복을 제거한 list 생성

```
df.select(collect_list('type').alias('list'), collect_set('type').alias('set')).show()
```

```
+------------------+------------+
|              list|         set|
+------------------+------------+
|[Sedan, SUV, Sedan]|[SUV, Sedan]|
+------------------+------------+
```

▶ **count, countDistinct, first, last, max, min**

count 함수는 개수, countDistinct 함수는 중복을 제거한 개수, first, last, max, min은 첫 번째/마지막 값, max, min은 이름대로 최대/최솟값 반환

```
df.select(count('type'), countDistinct('type'), first('type')).show()
```

```
+-----------+---------------------+-----------+
|count(type)|count(DISTINCT type)|first(type)|
+-----------+---------------------+-----------+
|          3|                   2|        SUV|
+-----------+---------------------+-----------+
```

```
df.select(max('price'), min('price')).show()
```

```
+----------+----------+
|max(price)|min(price)|
+----------+----------+
|       100|        70|
+----------+----------+
```

❹ Math Functions

▶ **sin, cos, tan, asin, acos, atan, abs, pi**

수학 함수는 함수 이름으로 기능을 직관적으로 알 수 있습니다. 삼각함수(sin, cos, tan)와 역삼각함수(asin, acos, atan), 절대값(abs), 파이함수(pi) 등.

▶ **random**

난수 함수

```
from pyspark.sql.functions import ceil, floor, rand

df.withColumn('rand', rand(seed=3)).show()
```

```
+-------+-----+-----+-------------------+
|  brand|price| type|               rand|
+-------+-----+-----+-------------------+
|Genesis|  100|Sedan| 0.25738143505962285|
|    BMW|   90|  SUV| 0.6698885713796182|
|     GM|   70|Sedan| 0.9416651198480125|
+-------+-----+-----+-------------------+
```

▶ **ceil, floor**

천장 함수와 바닥 함수

```
df.withColumn('tax', df.price * 0.01).select(ceil('tax'), floor('tax')).show()
```

```
+---------+----------+
|CEIL(tax)|FLOOR(tax)|
+---------+----------+
|        1|         1|
|        1|         0|
|        1|         0|
+---------+----------+
```

5 Date and Time Functions

▶ **current_date, current_timestamp, date_format**

```
from pyspark.sql.functions import current_date, current_timestamp, date_format, to_date, to_timestamp
from pyspark.sql.functions import year, month, dayofmonth, hour, minute, second

df.select(current_date().alias('Current_Date'), current_timestamp().alias('Current_Time')).show(1)
```

```
+-----------+--------------------+
|Current_Date|        Current_Time|
+-----------+--------------------+
| 2022-04-03|2022-04-03 16:10:...|
+-----------+--------------------+
only showing top 1 row
```

```
df.select(date_format(current_date(), 'yyyy-MM-dd').alias('Current_Date')).show(1)
```

```
+------------+
|Current_Date|
+------------+
|  2022-04-03|
+------------+
only showing top 1 row
```

▶ to_date, to_timestamp

```
dateFormat = 'yyyy-MM-dd'
df.select(to_date(lit('2022-04-01'), dateFormat)).show(1)
...
...
```

```
+----------------------------+
|to_date(2022-04-01, yyyy-MM-dd)|
+----------------------------+
|                  2022-04-01|
+----------------------------+
only showing top 1 row
```

```
df.select(to_timestamp(lit('2022-03-16'), dateFormat)).show(1)
```

```
+---------------------------------+
|to_timestamp(2022-03-16, yyyy-MM-dd)|
+---------------------------------+
|              2022-03-16 00:00:00|
+---------------------------------+
only showing top 1 row
```

▶ **year, quarter, month, hour, minute, second**

```
date = '2022-04-05 13:22:15'
time = lit(date)
df.select(year(time).alias('year'), month(time).alias('month'), dayofmonth(time).alias('day'),
          hour(time).alias('hour'), minute(time).alias('minute'), second(time).alias('second'))
    .show(1)
```

```
+----+-----+---+----+------+------+
|year|month|day|hour|minute|second|
+----+-----+---+----+------+------+
|2022|    4|  5|  13|    22|    15|
+----+-----+---+----+------+------+
only showing top 1 row
```

▶ **window**

반환값	매개변수	설명
Column	Column timeCol, String windowDuration, String slideDuration	Data stream의 window 설정 (8장 1절에서 자세히 설명하겠습니다.)
	Column timeCol, String windowDuration, String slideDuration, String startTime	Data stream의 window 설정 (8장 1절에서 자세히 설명하겠습니다.)

6 CSV, JSON Functions

스파크가 제공하는 함수에는 json과 csv 형식의 파일을 가공하고 제어하는 기능을 제공하는 함수가 있습니다. Kafka, HDFS이나 Amazon Web Service의 S3에서 데이터가 Spark로 전송될 때 문자열 형식으로 전달되더라도 내부적으로는 csv나 json 타입을 내재하여 제공될 수 있습니다. 이럴 경우 여기서 제공하는 함수를 사용하여 데이터를 취급해야 합니다. 우리가 실습으로 수행하고 있는 데이터도 csv 타입으로 이루어져 있어 뒤의 실습에서 from_csv 함수를 사용하여 데이터를 가공할 것입니다.

▶ **from_csv, schema_of_csv**

```
from pyspark.sql import SparkSession
from pyspark.sql.functions import from_csv, schema_of_csv

spark = SparkSession.builder.appName('Spark SQL Test Python').master('local').getOrCreate()

data_csv = [("Kia,70,SUV",)]
df_csv = spark.createDataFrame(data_csv, ("value",))
schema_csv = "brand STRING, price INT, type STRING"
print(df_csv.select(from_csv(df_csv.value, schema_csv).alias('test_csv')).collect())
print(df_csv.select(schema_of_csv("value")).collect())
```

```
[Row(test_csv=Row(brand='Kia', price=70, type='SUV'))]
[Row(schema_of_csv(value)='STRUCT<`_c0`: STRING>')]
```

▶ **from_json, schema_of_json**

```python
from pyspark.sql import SparkSession
from pyspark.sql.functions import from_json, schema_of_json
from pyspark.sql.types import ArrayType, StringType, IntegerType
from pyspark.sql.types import StructType, StructField

spark = SparkSession.builder.appName('Spark SQL Test Python').master('local').getOrCreate()

str_json = """[{'brand': 'Genesis', 'price' : 100, 'type': 'SUV'},
            {'brand': 'Fiat', 'price' : 50, 'type': 'Sedan'}]"""
data_json = [(1, str_json)]
schema_json = ArrayType(StructType([StructField("brand", StringType()),
                                    StructField("price", IntegerType()),
                                    StructField("type", StringType())]))
df_json = spark.createDataFrame(data_json, ("key", "value"))
print(df_json.select(from_json(df_json.value, schema_json).alias('test_json')).collect())
print(df_json.select(schema_of_json(str_json)).collect())
```

```
[Row(test_json=[Row(brand='Genesis', price=100, type='SUV'),
            Row(brand='Fiat', price=50, type='Sedan')])]
[Row(schema_of_json([{'brand': 'Genesis', 'price' : 100, 'type': 'SUV'},
            {'brand': 'Fiat', 'price' : 50, 'type': 'Sedan'}])=
            'ARRAY<STRUCT<`brand`: STRING, `price`: BIGINT, `type`: STRING>>')]
```

6.3.9 DataTypes

특정 데이터 타입을 생성하거나 불러오는 클래스로서 Java API만 제공합니다.

▶ **Binary/Boolean/Byte/Date/Double/Float/Integer/Long/Null/Short/String/TimestampType 메서드**

XXXType 형태로서 각 type의 객체를 반환합니다.

▶ **createStructField 메서드**

반환값	매개변수	설명
static StructField	String name, DataType dataType, boolean nullable	StructField 객체 생성

▶ createStructType 메서드

반환값	매개변수	설명
static StructType	List<StructField> fields	주어진 StructField List 객체를 이용하여 StructType 객체 생성
	StructField[] fields	주어진 StructField Array 객체를 이용하여 StructType 객체 생성

6.3.10 StructType

StructType 클래스는 Spark SQL에서 DataFrame의 자료구조, 즉 스키마를 표현하는 클래스입니다. StructType 클래스는 한 개 이상의 StructField 클래스를 포함하고 있습니다. StructField는 각 열의 유형을 지정하는 클래스로서 한 개 또는 다수의 StructField 객체가 리스트형으로 만들어져 StructType 클래스를 구성하고 DataFrame의 스키마를 정의합니다.

▶ add 메서드

반환값	매개변수	설명
StructType	String name	새로운 요소를 추가하여 StructType을 생성하고 새로운 schema 추가
	StructType field	새로운 StructType을 추가하여 생성
	String name, DataType dataType, boolean nullable	새로운 DataType을 추가하여 StructType을 생성

▶ fieldNames 메서드

반환값	매개변수	설명
String List	없음	모든 StructField 이름을 반환

6.3.11 StructField

StructType를 구성하는 각각의 필드 역할을 수행합니다.

▶ StructField(String name, DataType dataType, boolean nullable, Metadata metadata) 생성자

예제 ▼

```
from pyspark.sql import SparkSession
from pyspark.sql.types import IntegerType, StringType
from pyspark.sql.types import StructField, StructType
```

```python
cars = [{'brand': 'Genesis', 'price': 100, 'type': 'Sedan'},
        {'brand': 'BMW', 'price': 90, 'type': 'SUV'},
        {'brand': 'GM', 'price': 70, 'type': 'Sedan'}]

schema = StructType([
    StructField('brand', StringType(), True),
    StructField('price', IntegerType(), True),
    StructField('type', StringType(), True)])

spark = SparkSession.builder.appName('Spark SQL Test Python').master('local').getOrCreate()

df = spark.createDataFrame(cars, schema)
```

CHAPTER 7

아파치 스파크 배치 작업 II

7.1 자바 실습 프로젝트

1 Project Explorer에서 ETL-Stream-Java 프로젝트를 선택한 후 pom.xml 파일을 더블 클릭하여 pom.xml 파일의 설정 창을 엽니다.

2 하단의 탭에서 [Dependencies]를 선택합니다.

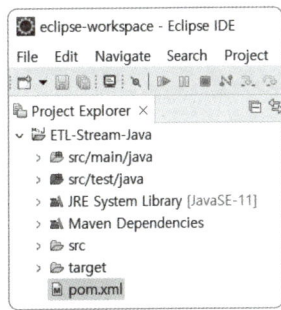

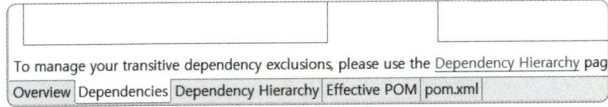

3 상단의 [Add] 버튼을 클릭하고 [Enter groupId, artifactId or sha 1 prefix or pattern] 텍스트 필드에 spark-core를 입력합니다.

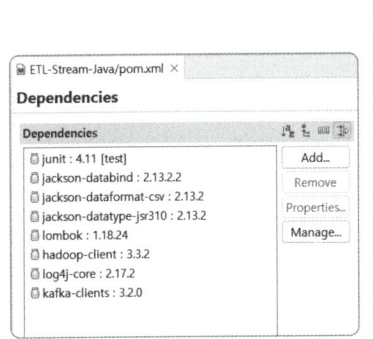
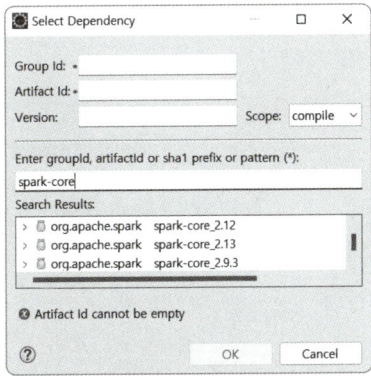

4 검색 결과 중에 다음과 같은 의존체를 선택하여 불러옵니다.

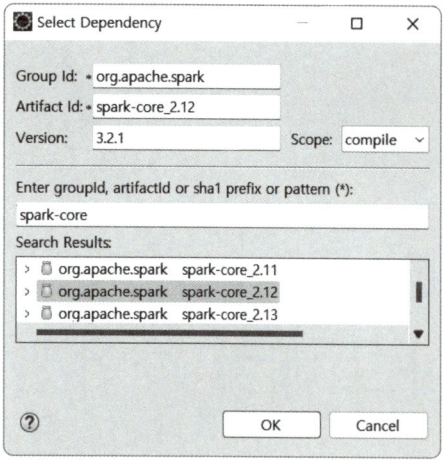

```
<dependency>
    <groupId>org.apache.spark</groupId>
    <artifactId>spark-core_2.12</artifactId>
    <version>3.2.1</version>
</dependency>
```

같은 방식으로 다음의 의존체를 pom.xml 파일에 추가합니다.

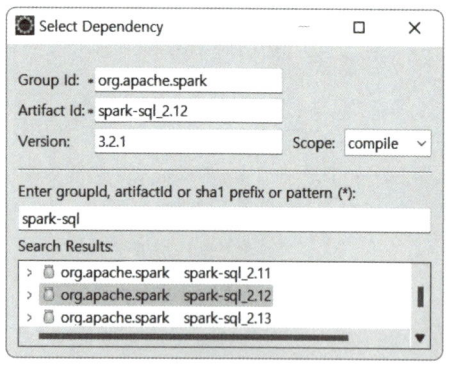

```
<dependency>
    <groupId>org.apache.spark</groupId>
    <artifactId>spark-sql_2.12</artifactId>
    <version>3.2.1</version>
</dependency>
```

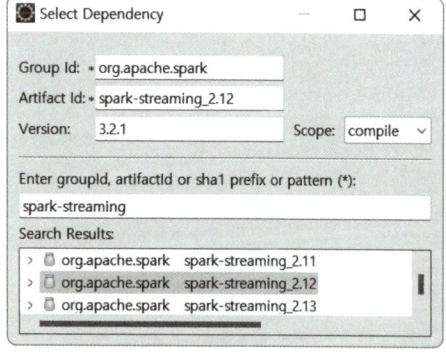

```
<dependency>
    <groupId>org.apache.spark</groupId>
    <artifactId>spark-streaming_2.12</artifactId>
    <version>3.2.1</version>
</dependency>
```

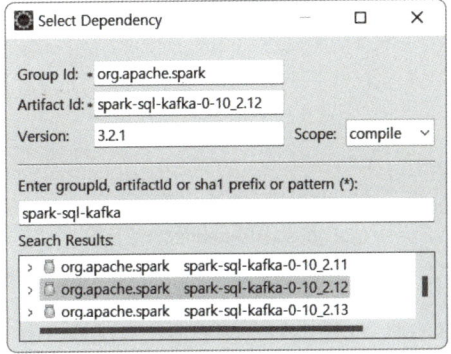

```
<dependency>
    <groupId>org.apache.spark</groupId>
    <artifactId>spark-sql-kafka-0-10_2.12
    </artifactId>
    <version>3.2.1</version>
</dependency>
```

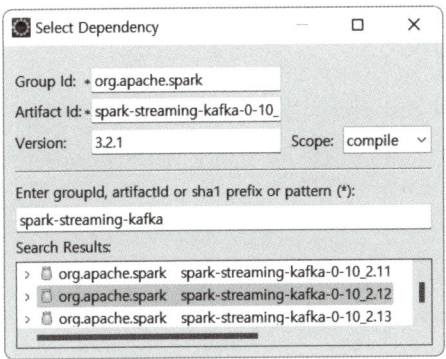

```
<dependency>
    <groupId>org.apache.spark</groupId>
    <artifactId>spark-streaming-kafka-0-10_2.12
    </artifactId>
    <version>3.2.1</version>
</dependency>
```

5 Spark와 MySQL, 그리고 MongoDB와의 연동을 위해 pom.xml에 다음의 드라이버 의존체를 내려받아 설치합니다.

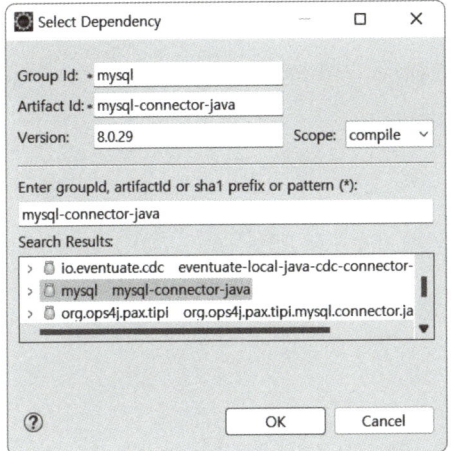

```
<!-- https://mvnrepository.com/artifact/mysql/
mysql-connector-java -->
<dependency>
    <groupId>mysql</groupId>
    <artifactId>mysql-connector-java</artifactId>
    <version>8.0.29</version>
</dependency>
```

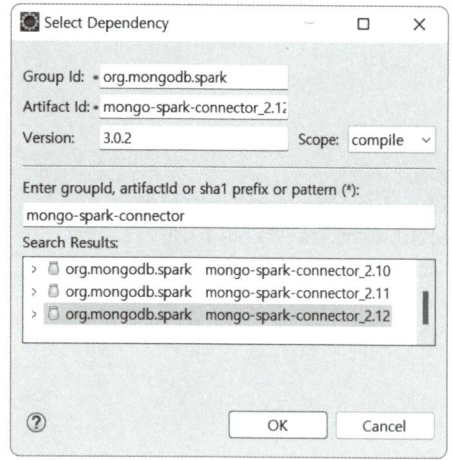

```xml
<!-- https://mvnrepository.com/artifact/
org.mongodb.spark/mongo-spark-connector -->
<dependency>
    <groupId>org.mongodb.spark</groupId>
    <artifactId>mongo-spark-connector_2.12
    </artifactId>
    <version>3.0.2</version>
</dependency>
```

6 Project Explorer에서 ETL-Stream-Java 프로젝트의 resources 폴더에 있는 SystemConfig.properties 파일에 다음과 같이 Apache Spark를 운용하는 데 필요한 설정값과 데이터를 저장할 MongoDB와 MySQL의 속성을 추가합니다.

```
# SPARK CONFIGURATION PROPERTIES
spark.batch.name=ETL Data Batch Processor
spark.stream.name=ETL Data Stream Processor
spark.master=local[*]
# spark.master=spark://localhost:7077
spark.checkpoint.dir= file:///C:/spark-3.1.3-bin-hadoop3.2/tmp
# Ubuntu 경우
# spark.checkpoint.dir=file:///home/joseph/spark/tmp

# MYSQL CONFIGURATION PROPERTIES
mysql.output.uri=jdbc:mysql://localhost:3306/etlmysql?characterEncoding=utf8&serverTimezone=Asia/Seoul
mysql.output.database=etlmysql
mysql.username=root
mysql.password=p@$$w0rd

# MONGODB CONFIGURATION PROPERTIES
mongodb.output.uri=mongodb://localhost:27017/
mongodb.output.database=etlmongdb
mongodb.output.maxBatchSize=1024
```

7 먼저 자바는 객체지향 프로그래밍이므로 데이터와 연동할 POJO 클래스를 생성합니다. com.aaa.etl.pojo 패키지를 선택하고 마우스 오른쪽 버튼으로 [New] ➡ [Class]를 선택합니다.

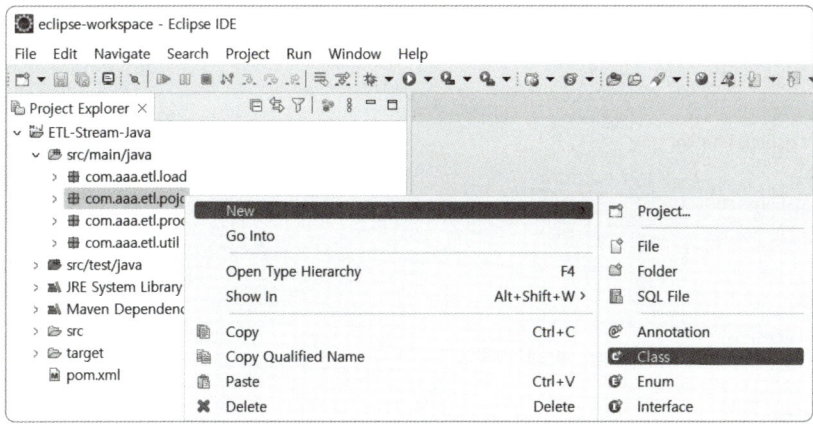

8 Name을 StoredColumnPojo라 명명하고 Interfaces에서 [Add] 버튼을 클릭하여 java.io.Serializable 인터페이스를 추가합니다.

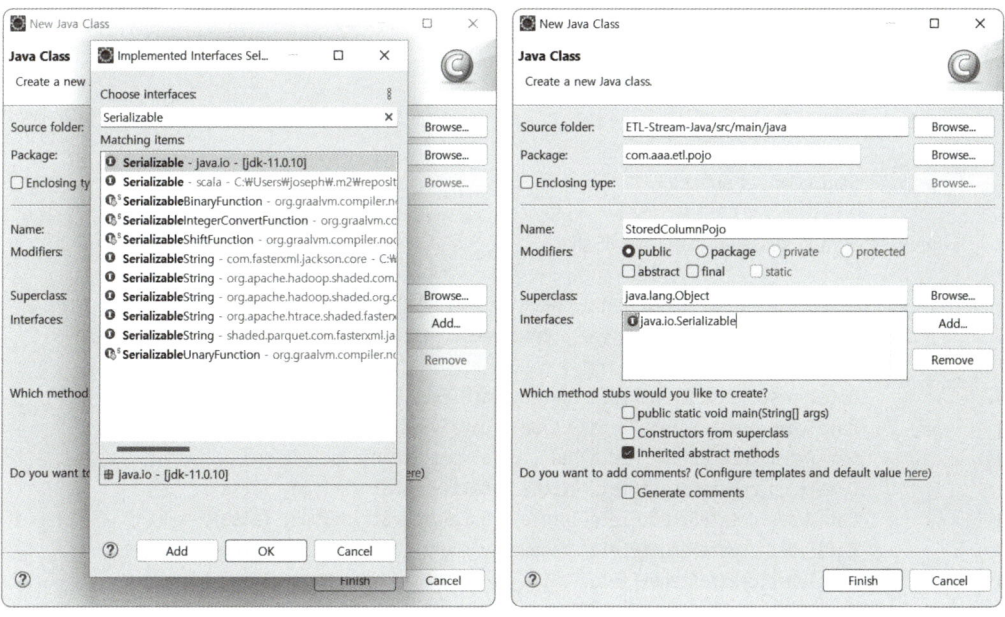

9 StoredColumnPojo.java 파일을 다음과 같이 코딩합니다.

```
01  package com.aaa.etl.pojo;
02
03  import java.io.Serializable;
04  import java.sql.Date;
05
```

```java
06  import org.apache.spark.sql.types.DataTypes;
07  import org.apache.spark.sql.types.StructField;
08  import org.apache.spark.sql.types.StructType;
09
10  import lombok.AllArgsConstructor;
11  import lombok.Data;
12  import lombok.NoArgsConstructor;
13
14  @Data
15  @AllArgsConstructor
16  @NoArgsConstructor
17  public class StoredColumnPojo implements Serializable {
18
19      private Date date;
20
21      private float value;
22
23      private String id;
24
25      private String title;
26
27      private String state;
28
29      private String frequency_short;
30
31      private String units_short;
32
33      private String seasonal_adjustment_short;
34
35      // Apache Spark SQL에서 사용할 DataFrame의 Schema 객체를 생성
36      private static StructType structType = DataTypes.createStructType(new StructField[] {
37
38              DataTypes.createStructField("date", DataTypes.DateType, false),
39              DataTypes.createStructField("value", DataTypes.FloatType, true),
40              DataTypes.createStructField("id", DataTypes.StringType, false),
41              DataTypes.createStructField("title", DataTypes.StringType, false),
42              DataTypes.createStructField("state", DataTypes.StringType, false),
43              DataTypes.createStructField("frequency_short", DataTypes.StringType, false),
44              DataTypes.createStructField("units_short", DataTypes.StringType, false),
45              DataTypes.createStructField("seasonal_adjustment_short", DataTypes.StringType, false)
46      });
47
48      // Apache Spark SQL에서 사용할 DataFrame의 Schema 객체를 반납
49      public static StructType getStructType() {
50          return structType;
51      }
52
53      public Object[] getAllValues() {
54          return new Object[] { date, value, id, title, state, frequency_short, units_short,
55          seasonal_adjustment_short
```

```
56              };
57          }
58      }
```

36라인에서 Spark SQL에서 다룰 DataFrame의 스키마를 생성합니다. 그리고 49라인에서 DataFrame 스키마를 반환하는 get 메서드를 코딩합니다.

10 다시 com.aaa.etl.processor 패키지를 선택하고 마우스 오른쪽 버튼으로 [New] ➡ [Class] 메뉴를 클릭합니다.

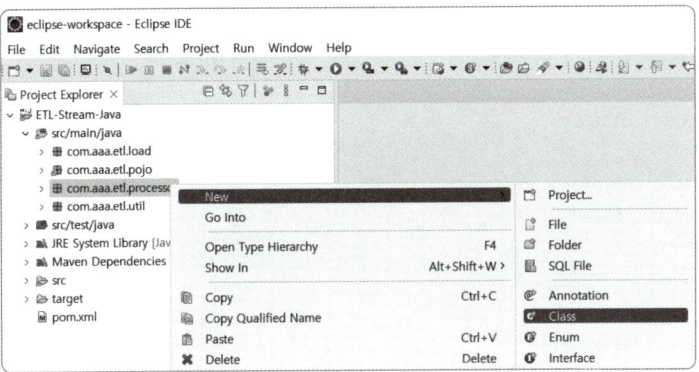

11 Name을 Kafka2MySQLBatch로 설정합니다.

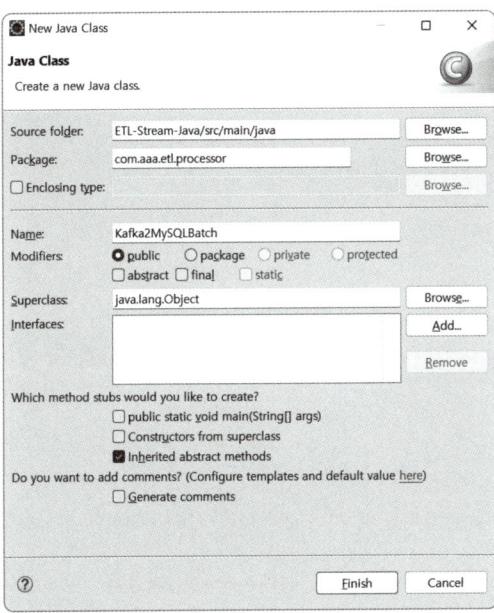

12 Kafka2MySQLBatch.java 파일을 아래와 같이 코딩합니다.

```
01  package com.aaa.etl.processor;
02
03  import static org.apache.spark.sql.functions.col;
04  import static org.apache.spark.sql.functions.from_csv;
05  import static org.apache.spark.sql.functions.not;
06
07  import java.util.HashMap;
08  import java.util.Map;
09  import java.util.Properties;
10
11  import org.apache.spark.sql.Dataset;
12  import org.apache.spark.sql.Row;
13  import org.apache.spark.sql.SaveMode;
14  import org.apache.spark.sql.SparkSession;
15
16  import com.aaa.etl.pojo.StoredColumnPojo;
17  import com.aaa.etl.util.PropertyFileReader;
18  //import com.mongodb.spark.MongoSpark;
19
20  import scala.Predef;
21  import scala.collection.JavaConverters;
22
23  public class Kafka2MySQLBatch {
24
25      private Properties systemProp;
26
27      private SparkSession spark;
28
29      public Kafka2MySQLBatch() throws Exception{
30          systemProp = PropertyFileReader.readPropertyFile("SystemConfig.properties");
31          String appName = (String)systemProp.get("spark.batch.name");
32
33          spark = SparkSession.builder().master("local[*]").appName(appName).getOrCreate();
34      }
35
36      private static <A,B> scala.collection.immutable.Map<A, B> toScalaMap(Map<A, B> m) {
37          return JavaConverters.mapAsScalaMapConverter(m).asScala().toMap(Predef.$conforms());
38      }
39
40      public Dataset<Row> getDataframe(String kafkaTopic) {
41          Map<String, String> kafkaParams = new HashMap<>();
42          kafkaParams.put("kafka.bootstrap.servers", systemProp.getProperty("kafka.brokerlist"));
43          kafkaParams.put("subscribe", kafkaTopic);
44          kafkaParams.put("startingOffsets", systemProp.getProperty("kafka.resetType"));
45
```

```
46        Dataset<Row> df = spark.read().format("kafka")
47                .options(kafkaParams)
48                .load()
49                .selectExpr("CAST(value AS STRING) as column")
50                .filter(not(col("column").startsWith("date")));
51
52        return df;
53    }
54
55    public void saveDataframe2MySQLDB(Dataset<Row> df, String targetSrc) {
56        Map<String, String> options = new HashMap<String, String>();
57
58        Dataset<Row> dfs = df.select(from_csv(col("column"), StoredColumnPojo.getStructType(), toScalaMap(options))
59                .as("entityStoredPojo"))
60                .selectExpr("entityStoredPojo.date", "entityStoredPojo.value",
61                    "entityStoredPojo.id", "entityStoredPojo.title", "entityStoredPojo.state",
62                    "entityStoredPojo.frequency_short", "entityStoredPojo.units_short",
63                    "entityStoredPojo.seasonal_adjustment_short").toDF();
64
65        dfs.show();
66        dfs.printSchema();
67
68        Properties jdbcProps = new Properties();
69        jdbcProps.put("user", systemProp.get("mysql.username"));
70        jdbcProps.put("password", systemProp.get("mysql.password"));
71
72        dfs.write().mode(SaveMode.Overwrite).jdbc((String)systemProp.get("mysql.output.uri"), targetSrc, jdbcProps);
73
74        // MongoDB에 저장할 경우 다음과 같이 코딩합니다.
75        //String mongoUri = (String)systemProp.get("mongodb.output.uri")
76        //        + (String)systemProp.get("mongodb.output.database")
77        //        + "." + targetSrc;
78        //MongoSpark.save(dfs.write().option("uri", mongoUri).mode("overwrite"));
79
80        spark.close();
81    }
82 }
```

30라인에서 시스템 속성값에 대한 값을 읽어올 멤버변수를 설정하고 33라인에서 SparkSession 객체를 생성합니다. 36라인의 toScalaMap 함수는 Scala로 만들어진 코드로서 58라인의 from_csv 함수에서 매개변수로 참조되는 함수입니다. 다른 문법의 함수이므로 여기서는 코드 내용을 사용하기만 하면 됩니다. 40라인부터의 getDataFrame 함수는 Kafka로부터 데이터를 읽어오는 함수로서 46라인에서 Kafka로부터 문자열을 읽어옵니다. 50라인에서 헤더는 filter 조건식으로 제거합니다. 55라인의

saveDataframe2MySQLDB 함수는 Kafka로부터 읽어온 DataFrame을 저장소에 저장하는 코드입니다. Dataframe의 데이터 형식이 csv 타입이므로 58라인의 from_csv 함수를 사용하여 데이터를 불러오고 72라인에서 MySQL에 저장합니다. 이때 targetSrc는 MySQL 관계형 데이터베이스의 테이블 이름을 지정합니다. 참고로 MongoDB에 저장하려 한다면 75라인에서와 같이 코딩하면 됩니다. 이때 targetSrc는 몽고디비의 Collection 값을 의미합니다. 몽고디비의 자세한 개념은 10장에서 다루겠습니다.

13 Project Explorer에서 com.aaa.etl.load 패키지를 선택하고 마우스 오른쪽 버튼으로 [New] ➡ [Class] 메뉴를 선택합니다.

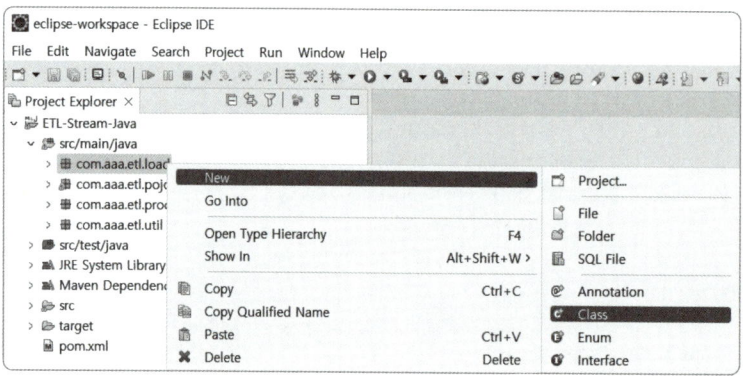

14 Name을 EtlDataUploader2MySQL로 설정하고 [public static void main(String[] args)] 체크박스를 선택하여 자바 파일을 생성합니다.

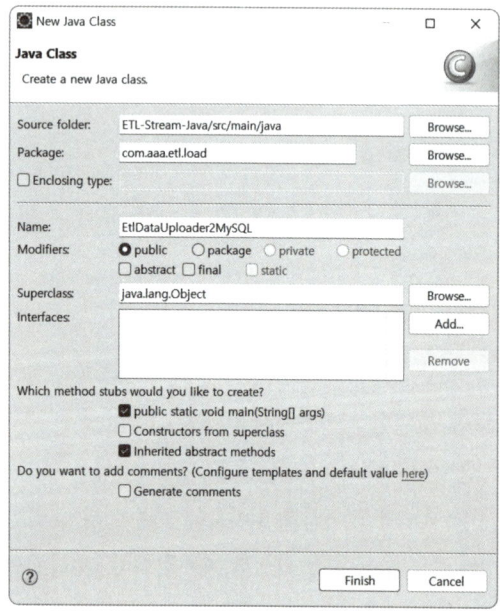

15 EtlDataUploader2MySQL.java 파일의 코드는 다음과 같습니다.

```
01  package com.aaa.etl.load;
02
03  import org.apache.spark.sql.Dataset;
04  import org.apache.spark.sql.Row;
05
06  import com.aaa.etl.processor.Kafka2MySQLBatch;
07
08  public class EtlDataUploader2MySQL {
09
10      public static void main(String[] args) throws Exception{
11          // TODO Auto-generated method stub
12          Kafka2MySQLBatch batch_unempl_ann = new Kafka2MySQLBatch();
13          Dataset<Row> df_unempl_ann = batch_unempl_ann.getDataframe("topic_unempl_ann");
14          batch_unempl_ann.saveDataframe2MySQLDB(df_unempl_ann, "table_unempl_ann");
15
16          Kafka2MySQLBatch batch_house_income_ann = new Kafka2MySQLBatch();
17          Dataset<Row> df_house_income_ann =
                batch_house_income_ann.getDataframe("topic_house_income_ann");
18          batch_house_income_ann.saveDataframe2MySQLDB(df_house_income_ann,
                "table_house_income_ann");
19
20          Kafka2MySQLBatch batch_tax_exemp_ann = new Kafka2MySQLBatch();
21          Dataset<Row> df_tax_exemp_ann =
                batch_tax_exemp_ann.getDataframe("topic_tax_exemp_ann");
22          batch_tax_exemp_ann.saveDataframe2MySQLDB(df_tax_exemp_ann, "table_tax_exemp_ann");
23
24          Kafka2MySQLBatch batch_civil_force_ann = new Kafka2MySQLBatch();
25          Dataset<Row> df_civil_force_ann =
                batch_civil_force_ann.getDataframe("topic_civil_force_ann");
26          batch_civil_force_ann.saveDataframe2MySQLDB(df_civil_force_ann,
                "table_civil_force_ann");
27
28          Kafka2MySQLBatch batch_pov_ann = new Kafka2MySQLBatch();
29          Dataset<Row> df_pov_ann = batch_pov_ann.getDataframe("topic_pov_ann");
30          batch_pov_ann.saveDataframe2MySQLDB(df_pov_ann, "table_pov_ann");
31
32          Kafka2MySQLBatch batch_gdp_ann = new Kafka2MySQLBatch();
33          Dataset<Row> df_gdp_ann = batch_gdp_ann.getDataframe("topic_gdp_ann");
34          batch_gdp_ann.saveDataframe2MySQLDB(df_gdp_ann, "table_gdp_ann");
35      }
36  }
```

Kafka로부터 각각의 토픽으로 전송된 문자열을 받아 아파치 스파크의 DataFrame으로 변환하고 이를 MySQL에 저장합니다.

7.2 파이썬 실습 프로젝트

1 아파치 스파크에서 제공하는 파이썬 라이브러리인 PySpark를 이클립스 환경에서 사용하기 위한 설정방법을 알아보겠습니다. 이클립스의 메뉴에서 [Window] ➡ [Preferences]를 선택합니다.

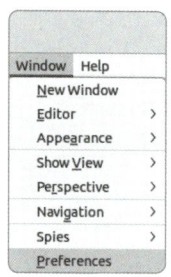

2 좌측 패널에서 [PyDev] ➡ [Interpreters] ➡ [Python Interpreter]를 클릭합니다.

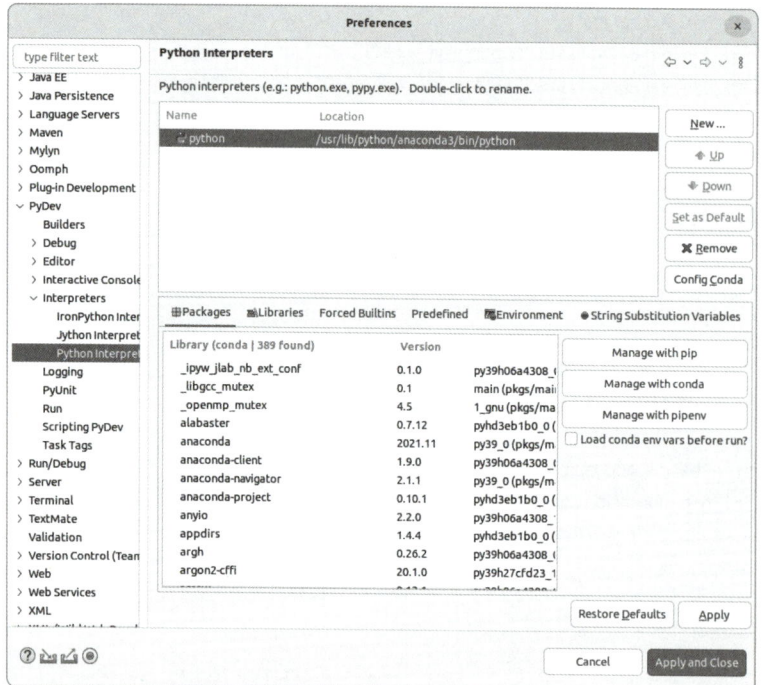

3 중간의 탭 메뉴에서 [Libraries] 탭을 선택합니다.

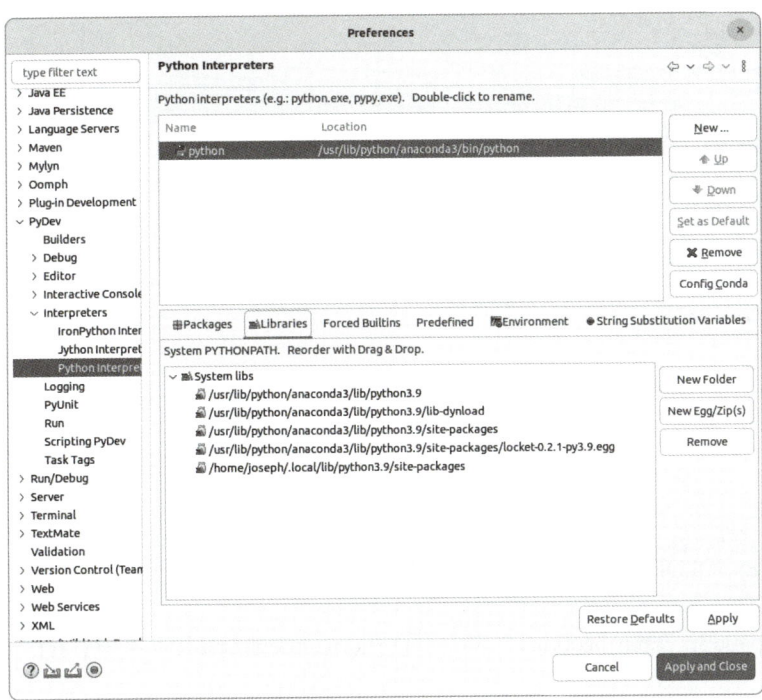

4 우측의 [New Folder] 버튼을 선택하고 스파크가 설치된 폴더에서 $SPARK_HOME/python 폴더와 $SPARK_HOME/python/pyspark 폴더를 선택하여 불러옵니다.

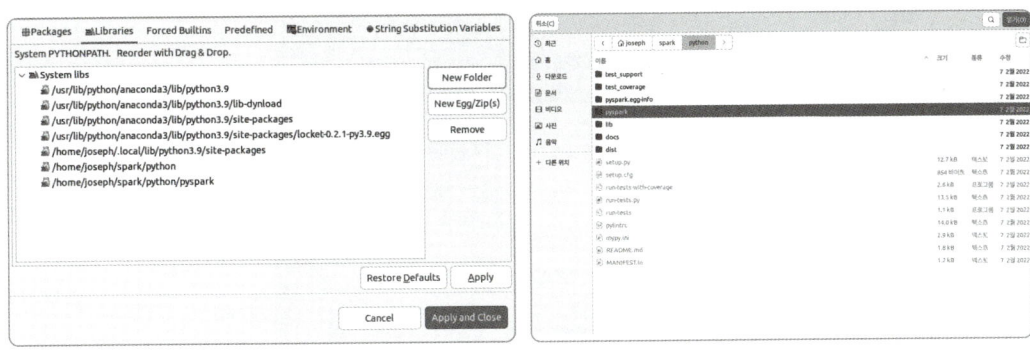

5 다음으로 우측의 [new Egg/Zip(s)] 버튼을 눌러 $SPARK_HOME/python/lib/py4j-〈VERSION〉-src.zip 파일과 $SPARK_HOME/python/lib/pyspark.zip 파일을 선택하여 경로에 포함시킵니다. Zip 파일이 표시되지 않으면 우측 하단의 옵션 버튼에서 Egg 파일이 아닌 Zip 파일로 메뉴를 변경합니다.

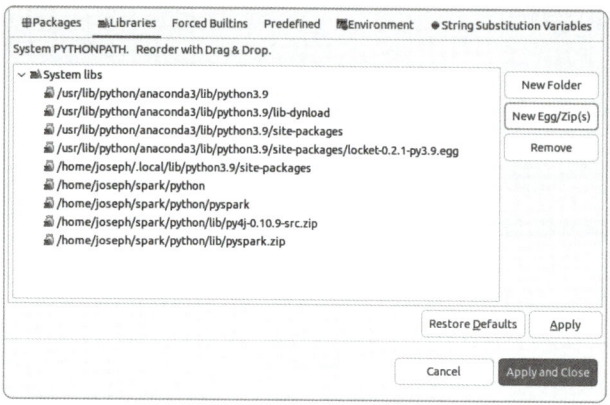

6 중간의 [Environment] 탭을 선택하고 우측의 [Add] 버튼을 클릭한 후 아래와 같이 SPARK_HOME을 입력합니다.

- Name: SPARK_HOME
- Value: 〈SPARK_HOME_FOLDER〉

필자의 경우 윈도우는 C:\spark-3.1.3-bin-hadoop3.2, 리눅스는 /home/joseph/spark로 지정합니다.

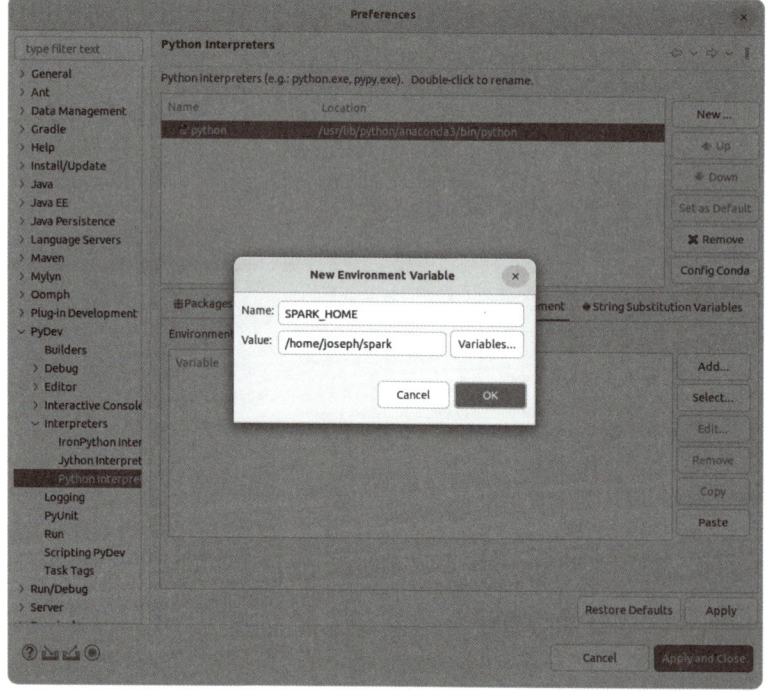

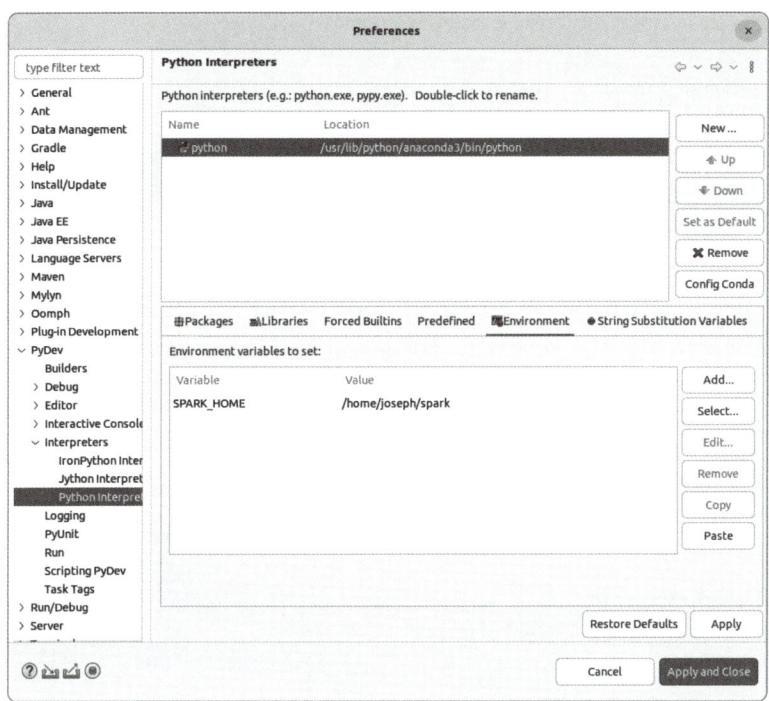

7 PySpark의 Spark SQL 파이썬 API를 사용할 때 카프카와 연동을 하기 위해서 몇 개의 jar 파일을 연동해야 합니다. 다음은 PySpark에서 사용하는 자바 모듈입니다.

```xml
<!-- https://mvnrepository.com/artifact/org.apache.spark/spark-sql-kafka-0-10 -->
<dependency>
    <groupId>org.apache.spark</groupId>
    <artifactId>spark-sql-kafka-0-10_2.12</artifactId>
    <version>3.1.3</version>
</dependency>
<!-- https://mvnrepository.com/artifact/org.apache.spark/spark-streaming-kafka-0-10 -->
<dependency>
    <groupId>org.apache.spark</groupId>
    <artifactId>spark-streaming-kafka-0-10_2.12</artifactId>
    <version>3.1.3</version>
</dependency>
<!-- https://mvnrepository.com/artifact/org.apache.spark/spark-streaming-kafka-0-10-assembly -->
<dependency>
    <groupId>org.apache.spark</groupId>
    <artifactId>spark-streaming-kafka-0-10-assembly_2.12</artifactId>
    <version>3.1.3</version>
</dependency>
```

```xml
<!-- https://mvnrepository.com/artifact/org.apache.commons/commons-pool2 -->
<dependency>
    <groupId>org.apache.commons</groupId>
    <artifactId>commons-pool2</artifactId>
    <version>2.11.1</version>
</dependency>
```

위의 jar 파일을 〈SPARK_HOME〉/jars 폴더에 붙여넣기 합니다.

8 MySQL과 연동하기 위해서는 2장 4절 12에서 언급한 mysql-connector-java-8.0.29.jar를 〈SPARK_HOME〉/jars 파일에 붙여넣기 합니다. 그리고 MongoDB인 경우는 아래의 jar 파일을 내려받습니다.

```xml
<!-- https://mvnrepository.com/artifact/org.mongodb.spark/mongo-spark-connector -->
<dependency>
    <groupId>org.mongodb.spark</groupId>
    <artifactId>mongo-spark-connector_2.12</artifactId>
    <version>3.0.2</version>
</dependency>
```

그리고 https://www.confluent.io/hub/mongodb/kafka-connect-mongodb에서 mongodb-kafka-connect-mongodb-1.7.0.zip 파일을 내려받아 압축을 푼 후 mongo-kafka-connect-1.7.0-confluent.jar 파일을 역시 〈SPARK_HOME〉/jars 폴더에 붙여넣기 합니다. 아니면 이 책의 소스 코드 중 7장 소스 폴더에 저장된 jar 파일을 내려받아 그대로 〈SPARK_HOME〉/jars 폴더에 붙여넣기 해도 됩니다.

9 PyDev Package Explorer의 ETL-Stream-Python에서 resources 폴더에 있는 SystemConfig.ini 파일을 활성화하고 다음과 같이 속성값을 추가 입력합니다.

```ini
[SPARK_CONFIG]
spark.batch.name = ETL Data Batch Processor
spark.stream.name = ETL Data Stream Processor
spark.master = local[*]
# spark.master = spark://localhost:7077
spark.checkpoint.dir = file:///home/joseph/spark/tmp
# Windows 경우
# spark.checkpoint.dir= file:///C:/spark-3.1.3-bin-hadoop3.2/tmp


[MYSQL_CONFIG]
mysql.host.url = jdbc:mysql://localhost:3306/etlmysql?characterEncoding=utf8&serverTimezone=Asia/Seoul
```

```
mysql.db = etlmysql
mysql.user = root
mysql.password = p@$$w0rd
mysql.charset = utf8mb4


[MONGO_CONFIG]
mongodb.output.uri = mongodb://localhost:27017/
mongodb.output.database = etlmongodb
mongodb.output.maxBatchSize = 1024
```

10 ETL-Stream-Python 프로젝트의 com.aaa.etl 패키지에서 마우스 오른쪽 버튼을 클릭하여 [New] ➡ [PyDev Module]를 선택합니다.

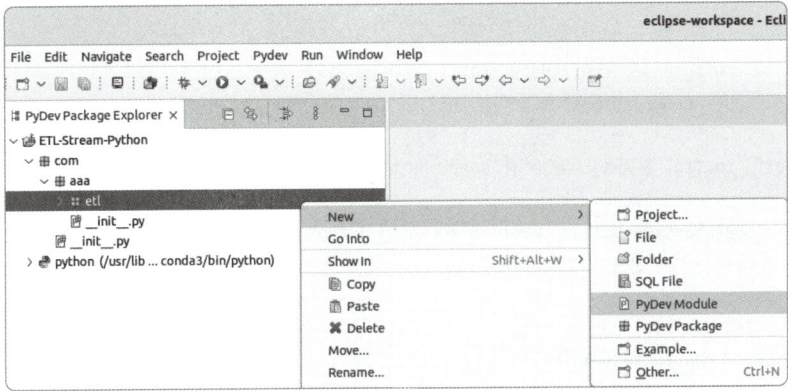

11 파이썬 모듈의 이름을 kafka_mysql_batch로 입력하고 [Finish] 버튼을 선택한 후 템플릿에서 [Module: Class]를 클릭하여 모듈을 생성합니다.

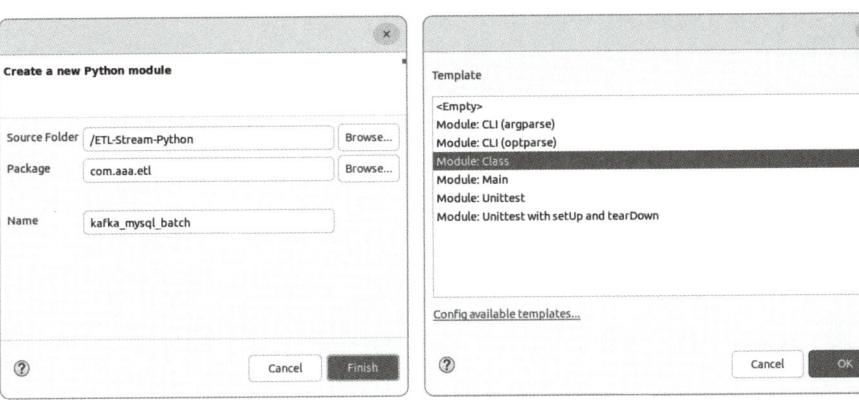

12 kafka_mysql_batch.py 파일을 다음과 같이 코딩합니다.

```
01  import configparser
02
03  from pyspark.sql import SparkSession
04  from pyspark.sql.functions import col
05  from pyspark.sql.functions import from_csv
06
07  class Kafka2MySQLBatch(object):
08      '''
09      classdocs
10      '''
11
12      def __init__(self):
13          '''
14          Constructor
15          '''
16          self._config = configparser.ConfigParser()
17          self._config.read('resources/SystemConfig.ini')
18
19          appName = self._config['SPARK_CONFIG']['spark.batch.name']
20
21          self._spark = SparkSession.builder.master("local[*]").appName(appName).getOrCreate()
22
23
24      def getDF(self, kafka_topic):
25          df = self._spark.read.format("kafka")\
26                  .option("kafka.bootstrap.servers", self._config['KAFKA_CONFIG']
                            ['kafka.brokerlist'])\
27                  .option("subscribe", kafka_topic)\
28                  .option("startingOffsets", self._config['KAFKA_CONFIG']['kafka.resetType'])\
29                  .load()
30          df = df.selectExpr("CAST(value AS STRING) as column").filter(col("column").startswith('date') == False)
31          return df
32
33
34      def saveDF2MysqlDB(self, df, tableName):
35          csv_schema = """date DATE,
36                  value FLOAT,
37                  state STRING,
38                  id STRING,
39                  title STRING,
40                  frequency_short STRING,
41                  units_short STRING,
42                  seasonal_adjustment_short STRING"""
43
```

```
44      dfs = df.select(from_csv(df.column, csv_schema).alias("EntityPojo"))\
45          .selectExpr("EntityPojo.date", "EntityPojo.value", \
46              "EntityPojo.state", "EntityPojo.id", \
47              "EntityPojo.title", "EntityPojo.frequency_short", \
48              "EntityPojo.units_short", "EntityPojo.seasonal_adjustment_short")
49      dfs.show()
50      dfs.printSchema()
51
52      mysql_user = self._config['MYSQL_CONFIG']['mysql.user']
53      mysql_password = self._config['MYSQL_CONFIG']['mysql.password']
54
55      jdbc_properties = {"user": mysql_user, "password": mysql_password}
56
57      mysql_host_url = self._config['MYSQL_CONFIG']['mysql.host.url']
58      dfs.write.mode("overwrite").jdbc(mysql_host_url, tableName, properties=jdbc_properties)
59
60      ''' MongoDB에 저장할 경우
61      mongo_output_url = self._config['MONGO_CONFIG']['mongodb.output.uri']
62      mongo_database = self._config['MONGO_CONFIG']['mongodb.output.database']
63
64      dfs.write.format("mongo").mode("overwrite").option("uri", mongo_output_url)\
65          .option("database", mongo_database).option("collection", tableName).save()
66      '''
67
68      self._spark.stop()
```

16라인에서 시스템 속성값에 대한 값을 읽어올 멤버변수를 설정하고 21라인에서 SparkSession 객체를 생성하여 멤버변수로 지정합니다. 24라인부터의 getDF 함수는 Kafka로부터 데이터를 읽어오는 함수로서 25~29라인에서 Kafka로부터 문자열을 읽어옵니다. 30라인에서 첫째행의 헤더는 필터를 설정하여 생략을 합니다. 34라인의 saveDF2MysqlDB 함수에서 44라인부터는 Kafka로부터 읽어온 DataFrame을 저장소에 저장하는 코드입니다. DataFrame의 데이터 형식이 csv 타입이므로 44라인의 from_csv 함수를 사용하여 데이터를 불러오고 58라인에서 MySQL에 저장합니다. 이때 tableName은 MySQL 관계형 데이터베이스의 테이블 이름으로 설정됩니다. 그리고 MongoDB에 저장하려 한다면 64라인에서와 같이 코딩하면 됩니다. 이때 tableName은 몽고디비의 Collection 값을 의미합니다. 출력하려는 DataFrame의 format을 'mongo'로 변환하면 MongoDB에 저장이 가능합니다.

13 실행 파일을 생성합니다. com.aaa.etl 패키지를 선택하고 마우스 오른쪽 버튼으로 [New] ➡ [PyDev Module]을 선택합니다.

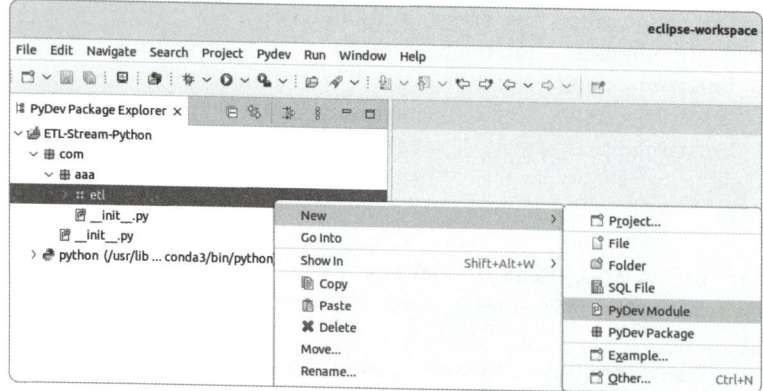

14 Name을 etl_data_uploader_mysql로 입력하고 템플릿에서 [Module: Main]을 선택하여 파이썬 모듈을 생성합니다.

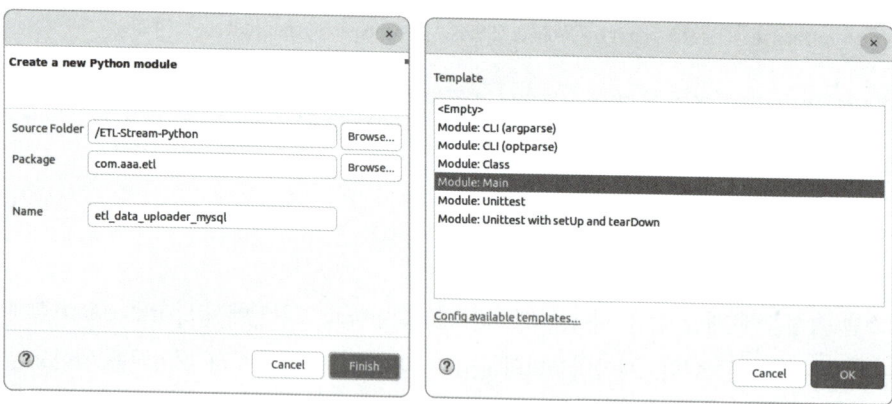

15 다음과 같이 실행 코드를 생성합니다.

```
01  from com.aaa.etl.kafka_mysql_batch import Kafka2MySQLBatch
02
03  if __name__ == '__main__':
04      batch_unempl_ann = Kafka2MySQLBatch()
05      df_unempl_ann = batch_unempl_ann.getDF("topic_unempl_ann")
06      batch_unempl_ann.saveDF2MysqlDB(df_unempl_ann, "table_unempl_ann")
07
08      batch_house_income_ann = Kafka2MySQLBatch()
09      df_house_income_ann = batch_house_income_ann.getDF("topic_house_income_ann")
10      batch_house_income_ann.saveDF2MysqlDB(df_house_income_ann, "table_house_income_ann")
11
12      batch_tax_exemp_ann = Kafka2MySQLBatch()
13      df_tax_exemp_ann = batch_tax_exemp_ann.getDF("topic_tax_exemp_ann")
```

```
14      batch_tax_exemp_ann.saveDF2MysqlDB(df_tax_exemp_ann, "table_tax_exemp_ann")
15
16      batch_civil_force_ann = Kafka2MySQLBatch()
17      df_civil_force_ann = batch_civil_force_ann.getDF("topic_civil_force_ann")
18      batch_civil_force_ann.saveDF2MysqlDB(df_civil_force_ann, "table_civil_force_ann")
19
20      batch_pov_ann = Kafka2MySQLBatch()
21      df_pov_ann = batch_pov_ann.getDF("topic_pov_ann")
22      batch_pov_ann.saveDF2MysqlDB(df_pov_ann, "table_pov_ann")
23
24      batch_gdp_ann = Kafka2MySQLBatch()
25      df_gdp_ann = batch_gdp_ann.getDF("topic_gdp_ann");
26      batch_gdp_ann.saveDF2MysqlDB(df_gdp_ann, "table_gdp_ann")
```

코드의 실행 방식은 자바로 만든 앞의 예제와 동일합니다.

CHAPTER 8

아파치 스파크 스트리밍 작업

8.1 아파치 스파크의 구조화 스트리밍 개념

우리는 1장에서 데이터의 흐름을 기준으로, 데이터를 정해진 만큼 저장하였다가 일괄적으로 처리하는 배치batch 작업과 데이터를 스트림으로 전송하고 이를 실시간으로 분석하여 저장하는 스트리밍 streaming 작업에 대해 언급했습니다. 이번 장에서는 후자의 스트리밍 작업과 이에 대한 데이터 처리를 자세히 살펴보겠습니다. 스트리밍 작업을 이용한 실시간 분석은 많은 분야에서 필요합니다. 금융 사기 거래 탐지, 시스템 이상 탐지, 각종 모니터링, 실시간 주가 분석, 실시간 의사결정이 있고 온라인 머신러닝 같은 많은 분야에서 스트리밍 작업을 사용합니다. 스트리밍 작업은 시스템으로부터 발생하는 데이터를 스트림으로 만들어 끊임없이 전송하고 이 스트림 데이터를 분석하여 실시간으로 필요한 조치를 만듭니다. 아파치 스파크는 이런 스트리밍 분석작업을 가능하게 하는 Spark Streaming 모듈을 제공합니다. 개발자는 Spark Streaming API를 사용하여 각종 소스에서 데이터를 스트림으로 불러와 실시간으로 분석을 수행하고 이를 다시 지정된 저장소에 저장할 수 있습니다. 실시간 스트리밍 작업은 데이터가 초단위로 발생하는 작업입니다. 하지만 그러한 데이터 발생을 이 책에서 실습하기에는 무리가 있어 좀 더 촘촘한 시간대의 데이터를 사용하였습니다.

아파치 스파크에서 제공하는 스트림 작업 모듈은 2가지로 나누어집니다. 하나는 RDD에 기반한 DStream이라는 데이터 모듈로 데이터를 가공하고 처리하는 Spark Streaming과 5장에서 언급했던 정형화된 DataFrame으로 실시간 분석을 수행하는 Spark Structured Streaming입니다. 먼저 Spark Streaming 모듈은 Discretized Stream, 줄여서 DStream이라는 데이터 타입을 사용합니다. 이 DStream은 Spark의 코어 데이터 추상화인 RDD 기반입니다. Spark Core의 RDD 계산과 비슷한 방법으로 데이터를 처리합니다. Spark Streaming의 아키텍처는 다음과 같습니다.

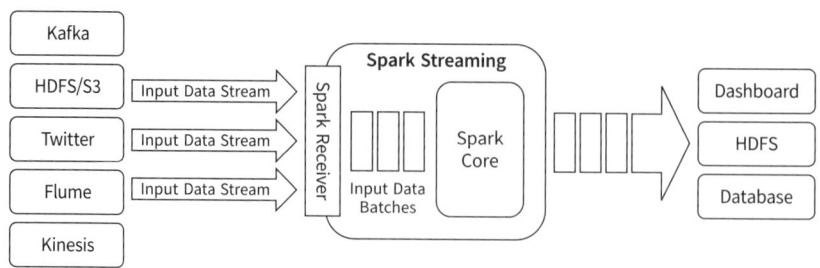

Spark Streaming으로 입력 데이터 스트림이 들어오면 Spark Streaming 모듈의 입력단이 이를 짧은 시간대를 기준으로 여러 개의 작은 RDD 타입 배치로 나누어 가공합니다. 그러면 Spark Core의 RDD 연산자로 결과를 분석하여 외부 시스템으로 출력합니다. 출력 연산은 데이터를 외부 시스템에 쓴다는 점에서 RDD의 액션과 유사하지만 스파크 스트리밍에서 이는 매시간 단계마다 주기적으로 실행되며 출력을 묶음batch 단위로 생성합니다.

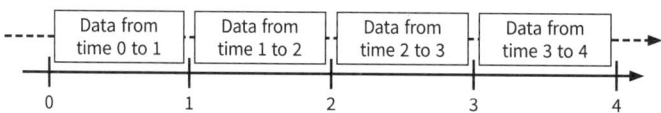

Spark Structured Stream은 스트림 연산이라는 점은 Spark Streaming과 같지만 아키텍처는 차이가 있습니다. Spark Structured Stream의 처리 모델은 스키마를 갖는 DataFrame입니다. 데이터가 구조화된 테이블 형식을 가지므로 처리된 스트림 데이터는 테이블에 연속적으로 추가되는 행Row의 역할을 수행하여 테이블에 저장을 합니다. 아키텍처는 아래와 같습니다.

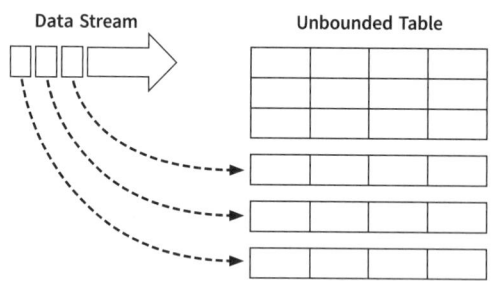

데이터 스트림을 제한이 없는 입력 테이블Unbounded input table로 생각할 수 있습니다. 즉, input으로 데이터 스트림이 새로 추가될 때마다 Input Table의 하나의 행으로 들어가게 되며, 이러한 행들이 무한히 많이 추가될 수 있는 구조입니다. Structured Stream이 Spark Streaming보다 편리하고 기능이 많은 이유는 이렇듯 사용 데이터 모델이 구조적인 DataFrame이기 때문입니다. DataFrame 데이터 타입을 사용하므로 스키마를 이용한 SQL 등을 사용할 수 있고 새롭고 더 편리한 스트리밍 코드를 사용하여 실시간 분석을 수행할 수 있습니다. 또 하나의 장점은 실시간 분석에서 필요로 하는 이벤트 타임을 편리하게 다룰 수 있기 때문입니다. 실시간에서 이벤트 타임은 스트림 데이터가 발생하는 순간을 말합니다. Spark Streaming은 이 이벤트 타임을 사용하여 RDD 타입 데이터를 생성하는 방법이 부재합니다. 오직 데이터가 Spark에 의해 수신되는 timestamp의 기록만 가지고 있습니다. 그러므로 이벤트 시간에 대한 처리와 분석을 수행하는 데 정확도가 떨어집니다. 이에 비해 구조적 스트림은 이벤트 시간에 기초하는 정형 데이터를 생성할 수 있고 이를 바탕으로 실시간 분석이 용이한 API를 제공하고 있습니다. 이 기능들은 클러스터 환경에서 데이터가 스트리밍될 때 느리게 도착하는 데이터에 대한 처리를 손쉽게 처리하는 방법을 제공해줍니다. 앞에서 언급했듯이 이 책에서는 RDD 데이터의 처리는 취급하지 않겠습니다. 이 장에서는 DataFrame 형식의 데이터를 취급하는 Structured Streaming에 대해서 주로 다루겠습니다.

스파크 Structured Stream은 다양한 입출력이 가능합니다. 그리고 Spark SQL 모듈과 동일하게 Spark Session을 시작점으로 사용하여 처리를 시작합니다. 단, 입출력 함수만 차이가 있습니다. 다음은 SparkSession의 스트림 함수에 대한 예제입니다.

> 자바

```java
import org.apache.spark.sql.SparkSession;
import org.apache.spark.sql.streaming.DataStreamReader;

SparkSession spark = SparkSession.builder().master("local[*]").appName(appName).getOrCreate();
DataStreamReader dataStreamReader = spark.readStream();
Dataset<Row> df = dataStreamReader.format("kafka").options(kafkaParams).load();
......
......데이터 처리
df.writeStream().format("console").outputMode("append").start().awaitTermination();
```

> 파이썬

```python
from pyspark.sql import SparkSession
from pyspark.sql.streaming import DataStreamReader

spark = SparkSession.builder.master("local[*]").appName(appName).getOrCreate()
dataStreamReader = spark.readStream
df = dataStreamReader.format("kafka").options(kafkaParams).load()
......
......데이터 처리
df.writeStream.format('console').outputMode('append').start().awaitTermination()
```

코드에 대한 분석은 뒤에서 다루고 지금은 Spark Structured Stream에서 다루는 API가 Spark Session.read 함수가 아니라 readStream 함수를 사용하고 출력 또한 DataFrame.write 함수가 아니라 writeStream 함수를 사용한다는 점을 숙지하면 됩니다.

Spark Structured Stream을 처리할 때 스트리밍 처리에 필요한 몇 가지 개념이 있습니다. 먼저 window와 watermark입니다. window 함수는 스트리밍 데이터의 이벤트를 처리하는 시간 간격을 의미하고 watermark는 클러스터에서 스트리밍 데이터가 느리게 수신되었을 때 처리하는 기준점을 정하는 함수입니다. 윈도는 3가지 방법으로 구분하는데, Tumbling 윈도, Sliding 윈도, Session 윈도로 구분됩니다. 다음은 구조화 스트리밍 윈도의 종류와 설명입니다.

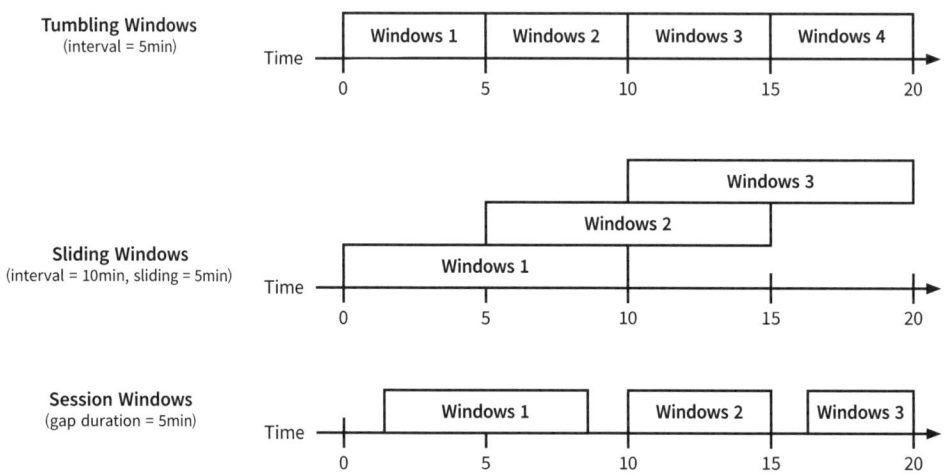

Tumbling 윈도는 시간대가 고정되어 있고 서로 겹치지 않게 생성되는 시간대입니다. 입력은 단일 윈도에 고정되어 있습니다. Sliding 윈도는 고정된 크기의 Tumbling 윈도와 비슷하지만 차이점은 그림에서 보듯이 입력 시간이 서로 중첩될 수 있다는 것입니다. 그래서 다수의 윈도에 걸쳐 고정될 수 있습니다. Session 윈도는 앞의 두 가지 윈도와 다른 기능이 있습니다. Session 윈도는 입력값에 따라 윈도의 길이가 동적으로 변할 수 있습니다. 입력 스트림이 들어오면 Session 윈도는 입력을 수행하며 필요에 따라 윈도 길이를 확장할 수도 있습니다. 그리고 스트리밍 입력이 주어진 시간대에 수신되지 않으면 Session 윈도를 닫을 수 있습니다.

watermarking은 위에서 언급한 스트림 이벤트 처리 관련 기능으로서 데이터가 여러 이유로 제때에 스트리밍 처리 엔진에 도착하지 않았을 때 문제를 처리하는 기능을 제공합니다. 기본적으로 watermark는 데이터 수신을 기다리는 시각의 시작점을 의미합니다. 데이터가 주어진 시간 안에 엔진에 도착하면 그 데이터는 분석의 대상이 되지만 watermark로 지정된 시간을 넘으면 분석 대상에서 제외됩니다. 이런 watermarking를 구현한 withWatermark 메서드를 사용하는 데는 몇 가지 제한조건이 있습니다.

1. Watermarking을 수행할 때 스트림의 output mode가 'Append' 또는 'Update'이어야 합니다.
2. DataFrame을 처리할 때 반드시 같은 열에서만 사용을 해야 합니다.
   예) df.withWatermark("time", "1 min").groupBy("time2").count()는 'Append' 모드에서 오류가 발생합니다. Watermark에 집계 시 지정된 열이 서로 일치하지 않습니다.
3. 마지막으로 withWatermark 메서드를 사용할 때 반드시 집계 이전에 설정을 하여야 합니다.
   예) df.groupBy("time").count().withWatermark("time", "1 min")는 'Append' 모드에서 오류가 발생합니다. withWatermark 함수를 호출하기 전에 집계함수가 호출되었습니다.

스트리밍에서 알아야 할 또 하나의 개념은 체크포인팅checkpointing입니다. 스파크는 클러스터 환경에서 작동하고 Action 연산이 호출될 때까지 Transformation 연산을 대기하는 게으른 실행Lazy Execution을 수행합니다. 그런데 다수의 Transformation 연산이 계속적으로 이어지면 Spark 스트리밍의 연산이 지연되고 클러스터 환경에서 오류가 발생하면 중간의 데이터가 유실될 수 있습니다. 이를 방지하기 위해 사용되는 개념이 체크포인팅입니다. 체크포인팅을 실행하면 스파크는 모든 데이터와 그 데이터의 계보까지 디스크에 저장합니다. 스트리밍이 여태까지의 데이터와 그 계보를 저장하고 있으므로 시스템 오류가 발생하더라도 복구가 가능합니다. 보통은 HDFS 디렉터리를 사용하지만 클러스터 규모가 작으면 로컬 디스크로 설정할 수도 있습니다. checkpoint 메서드는 해당 데이터에 잡이 실행되기 전에 호출해야 하며, 그 이후 체크포인팅을 실제로 완료하려면 데이터에 행동 연산자 등을 호출해 잡을 실행하고 데이터를 구체화materialize해야 합니다. 체크포인팅을 완료한 후에는 저장한 데이터를 다시 계산할 필요가 없으므로 해당 데이터 의존 관계와 부모 데이터 정보를 삭제합니다. 다음은 체크포인팅을 지정한 코드 예입니다.

```
resultDF.writeStream.outputMode("complete")
    .option("checkpointLocation", CHECKPOINT_DIRECTORY)
    .format("console")
    .start()
    .awaitTermination()
```

8.2 아파치 스파크 구조화 스트리밍 API

Spark Structured Streaming은 기본 데이터 형식으로 DataFrame 클래스를 사용합니다. 그러므로 Structured Streaming에서 스트림 분석을 수행할 때 우리가 5장에서 익혔던 Spark SQL API를 모두 사용할 수 있습니다. 차이가 있다면 데이터를 읽어올 때 SparkSession의 readStream 함수를 통하여 DataStreamReader 객체를 반환하여 사용하고 출력 시에는 DataFrame의 writeStream 함수를 사용하여 DataStreamWriter 객체를 이용한다는 점입니다. 다음은 각 클래스에 대한 패키지 내용입니다.

자바	파이썬
org.apache.spark.sql.streaming.DataStreamReader	pyspark.sql.streaming.DataStreamReader
org.apache.spark.sql.streaming.DataStreamWriter<T>	pyspark.sql.streaming.DataStreamWriter

8.2.1 DataStreamReader

SparkSession의 readStream 메서드를 사용하여 접근할 수 있습니다. 외부 저장 시스템으로부터 Dataset 객체를 스트림으로 읽어오는 기능을 수행합니다.

▶ format 메서드

반환값	매개변수	설명
DataStreamReader	String source	SparkSession에서 읽어올 스트림 데이터 소스의 유형을 결정합니다.

매개변수로 사용될 수 있는 문자열은 다음과 같습니다. "csv", "kafka", "jdbc", "json", "parquest", "text", "console" 등입니다.

▶ option 메서드

반환값	매개변수	설명
DataStreamReader	String key, String value	데이터 소스에 대한 입력 옵션 추가

▶ options 메서드

반환값	매개변수	설명
DataStreamReader	없음	데이터 소스에 대한 입력 옵션 묶음 추가

▶ schema 메서드

반환값	매개변수	설명
DataStreamReader	String schema	입력 소스에 스키마 설정
	StructType schema	입력 소스에 스키마 설정

▶ load 메서드

반환값	매개변수	설명
DataFrame	없음	데이터 입력을 실행하여 DataFrame 반환
	String path	주어진 경로로 데이터 입력을 실행하여 DataFrame 반환

▶ csv 메서드

반환값	매개변수	설명
DataFrame	String path	주어진 경로에서 csv 파일을 불러와 DataFrame 생성

예제 ▼

test.csv 파일

```
brand,price
Genesis,80
Volvo,40
```

자바

```java
01  SparkSession spark = SparkSession.builder().appName("Spark SQL Test Java")
02                      .master("local[*]").getOrCreate();
03
04  StructType schema = DataTypes.createStructType(
05      new StructField[] {
06          DataTypes.createStructField("brand", DataTypes.StringType, false),
07          DataTypes.createStructField("price", DataTypes.IntegerType, false)
08      }
09  );
10
11  DataStreamReader reader_csv = spark.readStream();
12  Dataset<Row> df = reader_csv.format("csv")
13      .option("header", "True")
14      .option("sep", ",")
15      .schema(schema).load("./data/test.csv");
16
17  df.printSchema();
18  System.out.println("Streaming DataFrame : " + df.isStreaming());
```

4라인에서 DataStreamReader에 사용할 스키마를 생성합니다. 11라인에서 SparkSession 객체의 readStream 메서드를 사용하여 DataStreamReader를 생성하고 13라인과 14라인에서 csv 파일에 대한 옵션을 설정합니다. 그리고 15라인에서 파일을 불러옵니다.

파이썬
```python
01  spark = SparkSession.builder.appName('Spark SQL Test Python').master('local').getOrCreate()
02
03  schema = StructType([
04      StructField('brand', StringType(), True),
05      StructField('price', IntegerType(), True)])
06
07  df = spark.readStream\
08          .format('csv')\
09          .option('header', True)\
10          .option('sep', ',')\
11          .schema(schema)\
12          .load('file:///home/joseph/data/test.csv')
13
14  df.printSchema()
15  print('Streaming DataFrame : ', df.isStreaming)
```

3라인에서 스키마를 생성합니다. 7라인에서 DataStreamReader 객체의 형식을 csv로 지정하고 각종 옵션을 부여합니다. 자바와 파이썬의 콘솔 출력 결과는 다음과 같이 동일합니다.

```
root
 |-- brand: string (nullable = true)
 |-- price: integer (nullable = true)

Streaming DataFrame : true
```

▶ **json 메서드**

반환값	매개변수	설명
DataFrame	String path	Json 파일 경로를 매개변수로 하여 DataFrame 생성

예제 ▼

test.json 파일

```
[{"brand": "BMW", "price" : 90},{"brand": "Ford", "price" : 40}]
```

> 자바

```java
01  SparkSession spark = SparkSession.builder().appName("Spark SQL Test Java")
02                      .master("local[*]").getOrCreate();
03
04  StructType schema = DataTypes.createStructType(
05      new StructField[] {
06          DataTypes.createStructField("brand", DataTypes.StringType, false),
07          DataTypes.createStructField("price", DataTypes.IntegerType, false)
08      }
09  );
10
11  DataStreamReader reader_json = spark.readStream();
12  Dataset<Row> df = reader_json.format("json").schema(schema).load("./data/test.json");
13
14  df.printSchema();
15  System.out.println("Streaming DataFrame : " + df.isStreaming());
```

4라인에서 json 파일에 대한 스키마를 생성합니다. 11라인에서 SparkSession 객체의 readStream 메서드를 이용하여 DataStreamReader 객체를 생성하고 12라인에서 json 포맷으로 파일을 읽어와 DataFrame을 생성합니다.

> 파이썬

```python
01  spark = SparkSession.builder.appName('Spark SQL Test Python').master('local').getOrCreate()
02
03  schema = StructType([
04          StructField('brand', StringType(), True),
05          StructField('price', IntegerType(), True)])
06
07  df = spark.readStream\
08          .format('json')\
09          .schema(schema)\
10          .load('file:///home/joseph/data/test.json')
11
12  df.printSchema()
13  print('Streaming DataFrame : ', df.isStreaming)
```

1라인에서 SparkSession 객체를 생성하고 3라인에서 스키마를 생성합니다. 7라인에서 json 포맷으로 파일을 읽어옵니다. 콘솔에 출력되는 값은 동일하게 표시됩니다.

```
root
 |-- brand: string (nullable = true)
 |-- price: integer (nullable = true)

Streaming DataFrame : true
```

▶ parquet 메서드

반환값	매개변수	설명
DataFrame	String path	parquet 경로를 매개변수로 사용

예제 ▼

자바
```
01  Dataset<Row> parquetDF = spark.readStream().format("parquet").load(PARQUET_DIRECTORY)
02  Dataset<Row> parquetDF = spark.readStream().parquet(PARQUET_DIRECTORY);
```

파이썬
```
01  df = spark.readStream.format("parquet").load(PARQUET_DIRECTORY)
02  df = spark.readStream.parquet(PARQUET_DIRECTORY)
```

8.2.2 DataStreamWriter

Dataset 클래스의 writeStream 메서드를 사용하여 연결하는 클래스입니다. 외부 저장 시스템으로 Dataset 스트림을 출력하는 기능을 담당합니다.

▶ format 메서드

반환값	매개변수	설명
DataStreamWriter	String source	DataFrame에서 출력할 데이터 소스의 유형 결정

매개변수로 사용될 수 있는 문자열은 다음과 같습니다. "csv", "kafka", "jdbc", "json", "parquest", "text", "console" 등입니다.

▶ option 메서드

반환값	매개변수	설명
DataStreamWriter	String key, String value	출력 시 저장 옵션 지정

▶ options 메서드

반환값	매개변수	설명
DataStreamWriter	Map<key, value>(파이썬은 dict 타입)	출력 시 저장 옵션을 묶음으로 지정

▶ outputMode 메서드

반환값	매개변수	설명
DataStreamWriter	String saveMode	데이터나 테이블의 출력 방법 지정
	OutputMode outMode	데이터나 테이블의 출력 방법 지정

예제 ▼

자바
```
01  Dataset<Row> df = spark.readStream().format("json").schema(schema).load("./data/file/");
02  ......
03  ......데이터 가공
04  DataStreamWriter<Row> writer = df.writeStream();
05  writer.format("console").outputMode("append").start().awaitTermination();
```

파이썬
```
01  df = spark.readStream.format('csv').option('header', True).option('sep', ',').schema(schema)\
02         .load('file:///home/joseph/data/file/')
03  ......
04  ......데이터 가공
05  df.writeStream.format('console').outputMode('append').start().awaitTermination()
```

1라인에서 DataFrame을 생성하고 5번 라인에서 콘솔로 값을 출력합니다. 주의할 점은 콘솔로 출력 시 load 메서드에는 디렉터리만 매개변수로 올 수 있다는 것입니다.

▶ foreach 메서드

반환값	매개변수	설명
DataStreamWriter	ForeachWriter writer	주어진 함수를 사용하여 DataFrame을 가공

▶ foreachBatch 메서드

반환값	매개변수	설명
DataStreamWriter	VoidFunction2<Dataset<T>,Long> function)	주어진 Batch 함수를 사용하여 DataFrame을 가공

예제 ▼

자바
```
01  String JDBC_URL = "jdbc:mysql://localhost:3306/database";
02  String JDBC_TABLE = "table";
03  String JDBC_USER = "user";
04  String JDBC_PASSWORD = "p@$$W0rd";
```

```
05
06  Properties jdbcProp = new Properties();
07  jdbcProp.put("user", JDBC_USER);
08  jdbcProp.put("password", JDBC_PASSWORD);
09
10  df_csv.writeStream().foreachBatch((each_df, batchId) -> {
11      each_df.write().mode("Append").jdbc(JDBC_URL, JDBC_TABLE, jdbcProp);
12  }).start().awaitTermination();
```

10라인의 foreachBatch 함수에서 람다 표현식으로 Stream 내부의 데이터를 처리하는 함수를 구현합니다.

(파이썬)
```
01  def process_row(each_df, id):
02      jdbc_url = 'jdbc:mysql://localhost:3306/database'
03      jdbc_table = 'table'
04      jdbc_user = 'user'
05      jdbc_password = 'p@$$W0rd'
06
07      jdbc_properties = {'user': jdbc_user, 'password': jdbc_password}
08
09      each_df.write.outputMode('Append').jdbc(jdbc_url, jdbc_table, jdbc_properties)
10
11  df_csv.writeStream.foreachBatch(process_row).start().awaitTermination()
```

1라인에서 foreachBatch 함수에 매개변수로 전달될 함수를 지정합니다. 함수 안에서는 스트림으로 전달되는 DataFrame을 처리하는 코드를 구현합니다.

▶ start 메서드

반환값	매개변수	설명
StreamingQuery	없음	스트림 시작
	String path	주어진 경로에 출력물을 저장하며 시작

8.3 자바 실습 프로젝트

1 Java Perspective의 Package Explorer에서 ETL-Stream-Java의 com.aaa.processor 패키지를 선택하고 마우스 오른쪽 버튼으로 [New] ➡ [Class] 메뉴를 클릭합니다.

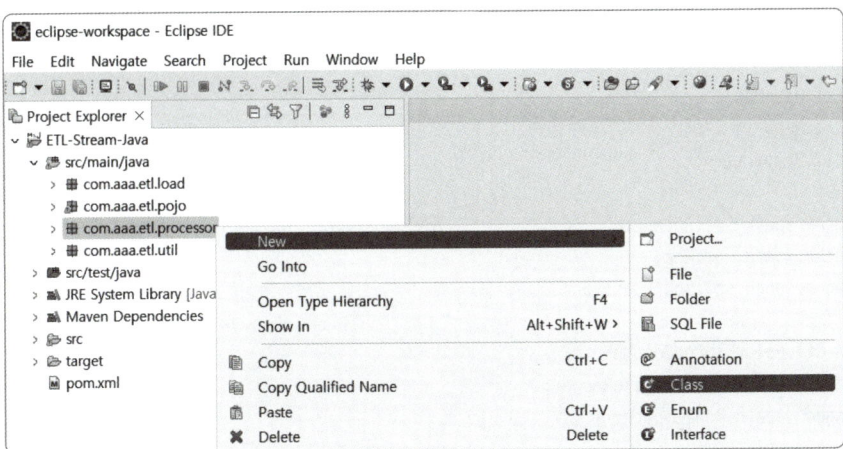

2 Class의 Name을 Kafka2MongoStream이라 입력하여 클래스를 생성합니다.

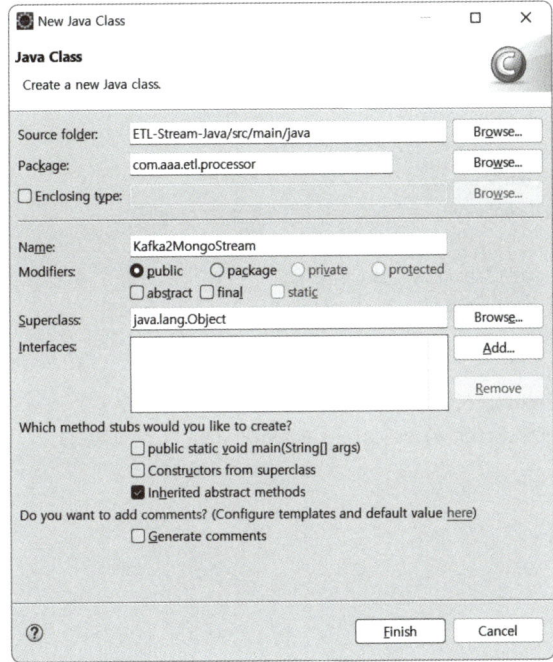

3 그리고 Kafka2MongoStream.java 파일을 아래와 같이 코딩합니다.

```
001 package com.aaa.etl.processor;
002
003 import static org.apache.spark.sql.functions.col;
004 import static org.apache.spark.sql.functions.from_csv;
005 import static org.apache.spark.sql.functions.not;
006
007 import java.util.HashMap;
008 import java.util.Map;
009 import java.util.Properties;
010
011 import org.apache.spark.sql.Dataset;
012 import org.apache.spark.sql.Row;
013 import org.apache.spark.sql.SparkSession;
014
015 import com.aaa.etl.pojo.StoredColumnPojo;
016 import com.aaa.etl.util.PropertyFileReader;
017 import com.mongodb.spark.MongoSpark;
018
019 import scala.Predef;
020 import scala.collection.JavaConverters;
021
022 public class Kafka2MongoStream {
023
024     private Properties systemProp;
025
026     private SparkSession spark;
027
028     public Kafka2MongoStream() throws Exception{
029         systemProp = PropertyFileReader.readPropertyFile("SystemConfig.properties");
030
031         String appName = (String)systemProp.get("spark.stream.name");
032         spark = SparkSession.builder().master("local[*]").appName(appName).getOrCreate();
033     }
034
035     private static <A,B> scala.collection.immutable.Map<A, B> toScalaMap(Map<A, B> m) {
036         return JavaConverters.mapAsScalaMapConverter(m).asScala().toMap(Predef.$conforms());
037     }
038
039     public SparkSession getSparkSession() {
040         if(spark != null) {
041             return spark;
042         }
043
044         return null;
045     }
```

```java
046
047    public Dataset<Row> getDataframe(String kafkaTopic) {
048        Map<String, String> kafkaParams = new HashMap<>();
049        kafkaParams.put("kafka.bootstrap.servers", systemProp.getProperty("kafka.brokerlist"));
050        kafkaParams.put("subscribe", kafkaTopic);
051        kafkaParams.put("startingOffsets", systemProp.getProperty("kafka.resetType"));
052
053        Dataset<Row> df = spark.readStream().format("kafka")
054            .options(kafkaParams)
055            .load()
056            .selectExpr("CAST(value AS STRING) as column").filter(not(col("column")
                .startsWith("date")));
057
058        return df;
059    }
060
061    public void saveDataframe2MongoDB(Dataset<Row> df, String collection) throws Exception{
062        Map<String, String> options = new HashMap<String, String>();
063
064        Dataset<Row> dfs = df.select(from_csv(col("column"),
            StoredColumnPojo.getStructType(), toScalaMap(options))
065            .as("entityStoredPojo"))
066            .selectExpr("entityStoredPojo.date", "entityStoredPojo.value",
067                        "entityStoredPojo.id", "entityStoredPojo.title",
068                        "entityStoredPojo.state", "entityStoredPojo.frequency_short",
069                        "entityStoredPojo.units_short",
070                        "entityStoredPojo.seasonal_adjustment_short").toDF();
071
072        dfs.printSchema();
073
074        String mongoUri = (String)systemProp.get("mongodb.output.uri")
075            + (String)systemProp.get("mongodb.output.database")
076            + "." + collection;
077
078        dfs.writeStream().foreachBatch(
079            (each_df, batchId) -> {
080                MongoSpark.save(each_df.write().option("uri", mongoUri).mode("overwrite"));
081        }).start();
082
083        ///////////////////////////////////////////////////////////
084        /*    저장소가 MySQL인 경우는 아래와 같이 코딩
085        String url = systemProp.getProperty("mysql.output.uri");
086        String table = collection;
087        String user = systemProp.getProperty("mysql.username");
088        String password = systemProp.getProperty("mysql.password");
089
090        Properties jdbcProps = new Properties();
091        jdbcProps.put("user", user);
```

```
092             jdbcProps.put("password", password);
093
094         dfs.writeStream()
095             .foreachBatch((each_df, batchId) -> {
096                 each_df.write().mode("append").jdbc(url, table, jdbcProps);
097             }).start(); */
098
099     }
100 }
```

29라인에서 시스템 속성값에 대한 값을 읽어올 멤버변수를 설정합니다. 32라인에서 SparkSession 객체를 멤버변수로 생성합니다. 35라인의 toScalaMap 함수는 Scala로 만들어진 코드로서 64라인의 from_csv 함수에서 매개변수로 참조되는 함수입니다. 문법이 다른 Scala 함수이므로 여기서는 코드 내용을 사용하기만 하면 됩니다. 47라인부터의 getDataFrame함수는 Kafka로부터 데이터를 읽어오는 함수로서 53라인에서 Kafka로부터 문자열을 읽어옵니다. 56라인에서 헤더는 filter 조건식으로 제거합니다. 61라인의 saveDataFrame2MongoDB 함수는 Kafka로부터 읽어온 DataFrame 스트림을 몽고디비 저장소에 저장하는 코드로서 DataFrame의 데이터 형식이 csv 타입이므로 64라인의 from_csv 함수를 사용하여 데이터를 불러오고 78~81라인에서 스트림을 람다 형식으로 MongoDB에 저장합니다. collection 변수는 매개변수로 MongoDB 저장소의 collection 이름을 지정합니다. 참고로 MySQL에 저장하려 한다면 85~97라인에서와 같이 코딩하면 됩니다. 이때 collection은 MySQL의 관계형 테이블 이름을 의미합니다.

4 이제 실행 파일을 생성합니다. Project Explorer에서 com.aaa.etl.load 패키지를 선택하고 마우스 오른쪽 버튼으로 [New]➡[Class]를 선택합니다.

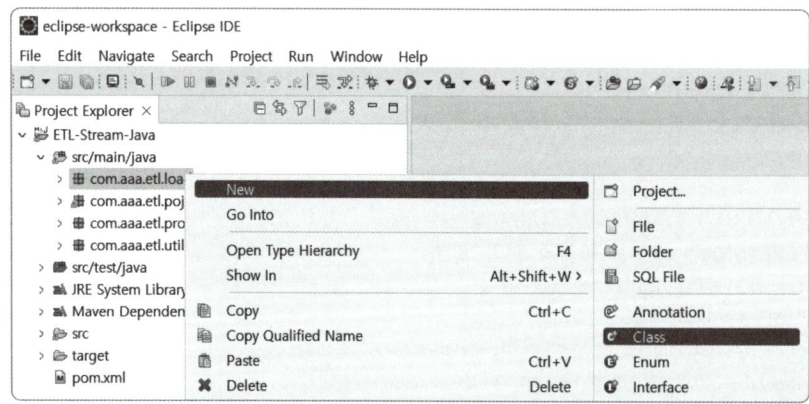

5 Name을 EtlDataUploader2MongoDB라 명명하고 [public static void main(String[] args)] 체크박스를 선택합니다.

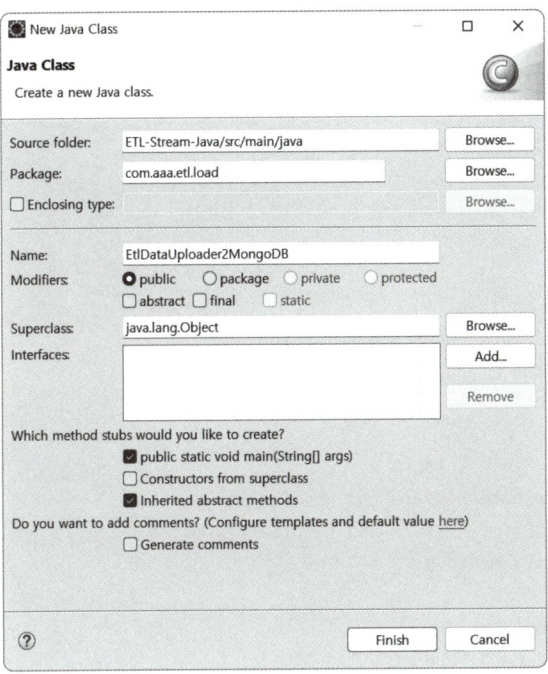

6 EtlDataUploader2MongoDB.java 파일은 다음과 같이 코딩합니다.

```
01  package com.aaa.etl.load;
02
03  import org.apache.spark.sql.Dataset;
04  import org.apache.spark.sql.Row;
05
06  import com.aaa.etl.processor.Kafka2MongoStream;
07
08  public class EtlDataUploader2MongoDB {
09
10      public static void main(String[] args) throws Exception{
11          // TODO Auto-generated method stub
12          Kafka2MongoStream stream2Mongo = new Kafka2MongoStream();
13
14          Dataset<Row> df_unempl_month = stream2Mongo.getDataframe("topic_unempl_mon");
15          stream2Mongo.saveDataframe2MongoDB(df_unempl_month, "coll_unempl_month");
16
17          Dataset<Row> df_earn_Construction_month =
                stream2Mongo.getDataframe("topic_earn_Construction_mon");
```

```java
18      stream2Mongo.saveDataframe2MongoDB(df_earn_Construction_month,
            "coll_earn_Construction_month");
19      /*
20      Dataset<Row> df_education_and_Health_Services_month =
            stream2Mongo.getDataframe("topic_earn_Education_and_Health_Services_mon");
21      stream2Mongo.saveDataframe2MongoDB(df_education_and_Health_Services_month,
            "coll_earn_Education_and_Health_Services_month");
22      */
23      Dataset<Row> df_financial_Activities_month =
            stream2Mongo.getDataframe("topic_earn_Financial_Activities_mon");
24      stream2Mongo.saveDataframe2MongoDB(df_financial_Activities_month,
            "coll_earn_Financial_Activities_month");
25
26      Dataset<Row> df_goods_Producing_month =
            stream2Mongo.getDataframe("topic_earn_Goods_Producing_mon");
27      stream2Mongo.saveDataframe2MongoDB(df_goods_Producing_month,
            "coll_earn_Goods_Producing_month");
28
29      Dataset<Row> df_leisure_and_Hospitality_month =
            stream2Mongo.getDataframe("topic_earn_Leisure_and_Hospitality_mon");
30      stream2Mongo.saveDataframe2MongoDB(df_leisure_and_Hospitality_month,
            "coll_earn_Leisure_and_Hospitality_month");
31
32      Dataset<Row> df_manufacturing_month =
            stream2Mongo.getDataframe("topic_earn_Manufacturing_mon");
33      stream2Mongo.saveDataframe2MongoDB(df_manufacturing_month,
            "coll_earn_Manufacturing_month");
34
35      Dataset<Row> df_private_Service_Providing_month =
            stream2Mongo.getDataframe("topic_earn_Private_Service_Providing_mon");
36      stream2Mongo.saveDataframe2MongoDB(df_private_Service_Providing_month,
            "coll_earn_Private_Service_Providing_month");
37
38      Dataset<Row> df_professional_and_Business_Services_month =
            stream2Mongo.getDataframe("topic_earn_Professional_and_Business_Services_mon");
39      stream2Mongo.saveDataframe2MongoDB(df_professional_and_Business_Services_month,
            "coll_earn_Professional_and_Business_Services_month");
40
41      Dataset<Row> df_trade_Transportation_and_Utilities_month =
            stream2Mongo.getDataframe("topic_earn_Trade_Transportation_and_Utilities_mon");
42      stream2Mongo.saveDataframe2MongoDB(df_trade_Transportation_and_Utilities_month,
            "coll_earn_Trade_Transportation_and_Utilities_month");
43
44      stream2Mongo.getSparkSession().streams().awaitAnyTermination();
45    }
46 }
```

12라인에서 아파치 스파크 스트림 객체를 생성합니다. 14~42라인에서 각각의 카프카 토픽으로부터 전달된 데이터를 몽고디비에 생성된 각각의 컬렉션으로 저장을 수행합니다.

8.4 파이썬 실습 프로젝트

1 PyDev perspective의 Project Explorer에서 ETL-Stream-Python 프로젝트의 com.aaa.etl 패키지를 선택하고 마우스 오른쪽 버튼으로 [New] ➡ [PyDev Module] 메뉴를 클릭합니다.

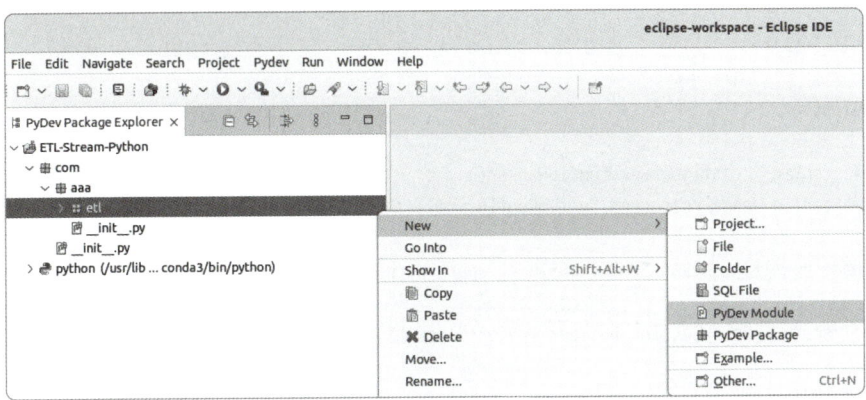

2 Name을 kafka_mongo_stream이라 입력하고 [Finish]를 클릭합니다. Template은 [Module: Class]를 선택합니다.

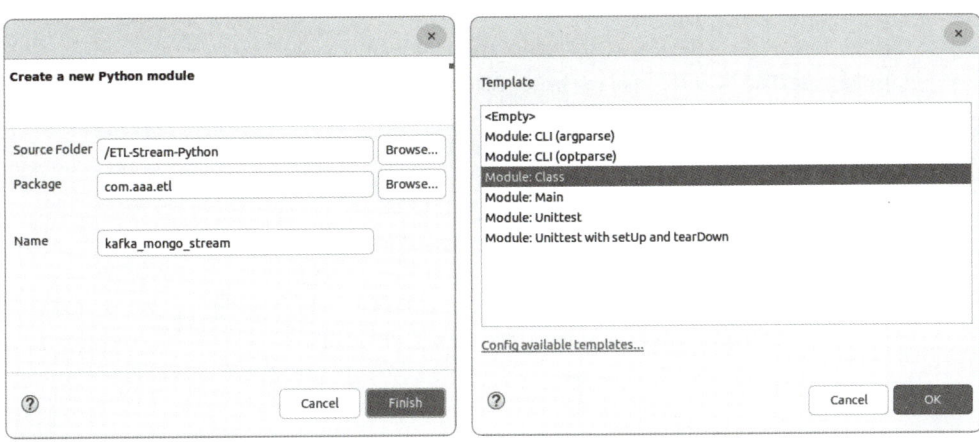

3 kafka_mongo_stream.py의 코드는 다음과 같습니다.

```
01  import configparser
02
03  from pyspark.sql import SparkSession
04  from pyspark.sql.functions import col, from_csv
05
06  class Kafka2MongoStream(object):
07      '''
08      classdocs
09      '''
10
11      def __init__(self):
12          '''
13          Constructor
14          '''
15          self._config = configparser.ConfigParser()
16          self._config.read('resources/SystemConfig.ini')
17
18          appName = self._config['SPARK_CONFIG']['spark.stream.name']
19
20          self._spark = SparkSession.builder.master("local[*]").appName(appName).getOrCreate()
21
22      def getSparkSession(self):
23          if self._spark is not None:
24              return self._spark;
25
26          return None
27
28      def getDF(self, kafka_topic):
29          kafka_brokerlist = self._config['KAFKA_CONFIG']['kafka.brokerlist']
30          kafka_resetType = self._config['KAFKA_CONFIG']['kafka.resetType']
31
32          df = self._spark.readStream.format("kafka")\
33                  .option("kafka.bootstrap.servers", kafka_brokerlist)\
34                  .option("subscribe", kafka_topic)\
35                  .option("startingOffsets", kafka_resetType)\
36                  .load()
37          df = df.selectExpr("CAST(value AS STRING) as column")
                  .filter(col("column").startswith('date') == False)
38
39          return df
40
41      def process_row(self, each_df, batch_id, coll_name):
42
43          mongo_uri = self._config['MONGO_CONFIG']['mongodb.output.uri']
44          mongo_db = self._config['MONGO_CONFIG']['mongodb.output.database']
```

```python
45          mongo_col = coll_name
46
47          print(mongo_uri + mongo_db + '.' + mongo_col)
48          each_df.write.format("mongo").mode("overwrite")\
49              .option("uri", mongo_uri).option("database", mongo_db)\
50              .option("collection", mongo_col).save()
51
52          ''' MySQL에 저장할 경우
53          mysql_host_url = self._config['MYSQL_CONFIG']['mysql.host.url']
54          mysql_table = coll_name
55          mysql_user = self._config['MYSQL_CONFIG']['mysql.user']
56          mysql_password = self._config['MYSQL_CONFIG']['mysql.password']
57          jdbc_properties = {"user": mysql_user, "password": mysql_password}
58
59          each_df.write.mode("overwrite")\
60              .jdbc(mysql_host_url, mysql_table, properties=jdbc_properties)
61          '''
62
63      def saveDF2MongoDB(self, df, coll_name):
64          csv_schema = """date DATE,
65                  value FLOAT,
66                  state STRING,
67                  id STRING,
68                  title STRING,
69                  frequency_short STRING,
70                  units_short STRING,
71                  seasonal_adjustment_short STRING"""
72
73          dfs = df.select(from_csv(df.column, csv_schema).alias("EntityPojo"))\
74              .selectExpr("EntityPojo.date", "EntityPojo.value", \
75                  "EntityPojo.state", "EntityPojo.id", \
76                  "EntityPojo.title", "EntityPojo.frequency_short", \
77                  "EntityPojo.units_short", "EntityPojo.seasonal_adjustment_short")
78          #dfs.show()
79          dfs.printSchema()
80
81          dfs.writeStream.outputMode('append')\
82              .foreachBatch(lambda df, epochId: self.process_row(df, epochId, coll_name)).start()
```

생성자의 15~16라인에서 SystemConfig.ini 파일에서 필요한 속성값을 불러옵니다. 20라인에서 클래스에서 사용할 SparkSession 객체를 생성합니다. 22라인에서 SparkSession 멤버변수에 대한 접근함수를 생성합니다. 28라인의 getDF 함수는 지정한 토픽을 매개변수로 Kafka로부터 데이터를 읽어와 32~37라인에서 DataFrame Stream을 생성하고 39라인에서 반환합니다. 37라인에서 첫 번째 행의 헤더를 필터로 제거합니다. 41라인의 process_row 메서드는 뒷부분에서 나올 출력 스트림의 매개변수에 전달될 함수입니다. 52~61라인의 주석문은 MySQL로 출력 스트림을 송신할 경우 사용되는 함수 내용입니다. 63라인의 saveDF2MongoDB 메서드에서 73라인의 from_csv 함수를 사용하여 데이터를 DataFrame으로 가공하고 이를 81라인에서 출력 스트림으로 저장소로 출력합니다. 스트림에 대한 처리는 process_row 함수 안에 코딩합니다.

4 마지막으로 앞에서 작성한 파이썬 클래스를 실행할 파일을 만듭니다. com.aaa.etl 패키지를 선택하고 마우스 오른쪽 버튼으로 [New] ➡ [PyDev Module]을 선택합니다.

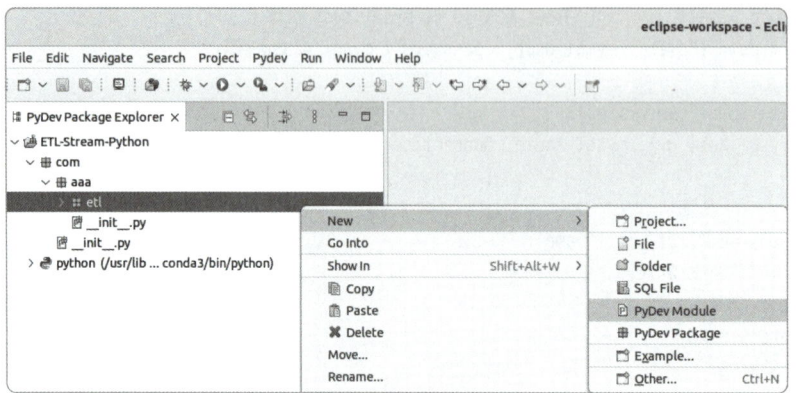

5 Name을 etl_data_uploader_mongo라 입력하고 [Module: Main]을 템플릿으로 선택합니다.

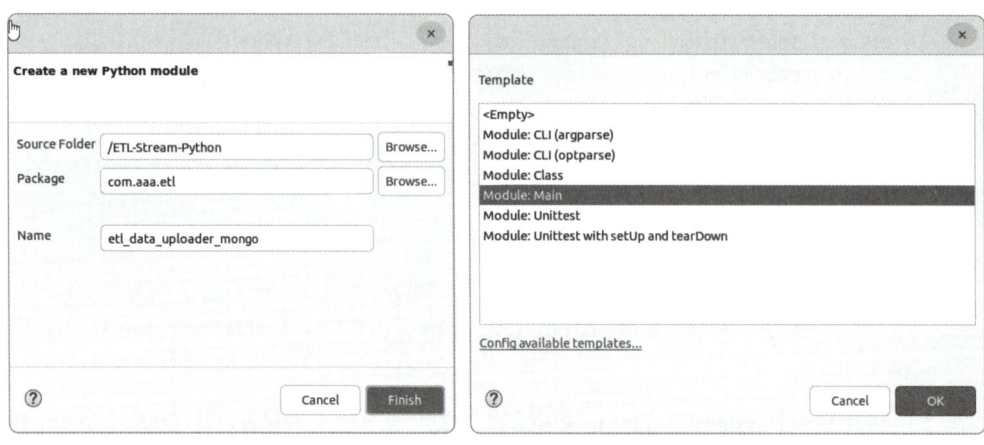

6 파이썬 코드는 다음과 같이 코딩합니다.

```
01  from com.aaa.etl.kafka_mongo_stream import Kafka2MongoStream
02
```

```python
03  if __name__ == '__main__':
04      stream2mongo = Kafka2MongoStream()
05
06      df_unempl_mon = stream2mongo.getDF('topic_unempl_mon')
07      stream2mongo.saveDF2MongoDB(df_unempl_mon, 'coll_unempl_month')
08
09      df_earn_Construction_month = stream2mongo.getDF('topic_earn_Construction_mon')
10      stream2mongo.saveDF2MongoDB(df_earn_Construction_month, 'coll_earn_Construction_month')
11
12      '''df_education_and_Health_Services_month = stream2mongo.getDF('topic_earn_Education_and_Health_Services_mon')
13      stream2mongo.saveDF2MongoDB(df_education_and_Health_Services_month, 'coll_earn_Education_and_Health_Services_month')
14
15      '''df_financial_Activities_month = stream2mongo.getDF('topic_earn_Financial_Activities_mon')
16      stream2mongo.saveDF2MongoDB(df_financial_Activities_month, 'coll_earn_Financial_Activities_month')
17
18      df_goods_Producing_month = stream2mongo.getDF('topic_earn_Goods_Producing_mon')
19      stream2mongo.saveDF2MongoDB(df_goods_Producing_month, 'coll_earn_Goods_Producing_month')
20
21      df_leisure_and_Hospitality_month = stream2mongo.getDF('topic_earn_Leisure_and_Hospitality_mon')
22      stream2mongo.saveDF2MongoDB(df_leisure_and_Hospitality_month, 'coll_earn_Leisure_and_Hospitality_month')
23
24      df_manufacturing_month = stream2mongo.getDF('topic_earn_Manufacturing_mon')
25      stream2mongo.saveDF2MongoDB(df_manufacturing_month, 'coll_earn_Manufacturing_month')
26
27      df_private_Service_Providing_month = stream2mongo.getDF('topic_earn_Private_Service_Providing_mon')
28      stream2mongo.saveDF2MongoDB(df_private_Service_Providing_month, 'coll_earn_Private_Service_Providing_month')
29
30      df_professional_and_Business_Services_month = stream2mongo.getDF('topic_earn_Professional_and_Business_Services_mon')
31      stream2mongo.saveDF2MongoDB(df_professional_and_Business_Services_month, 'coll_earn_Professional_and_Business_Services_month')
32
33      df_trade_Transportation_and_Utilities_month = stream2mongo.getDF('topic_earn_Trade_Transportation_and_Utilities_mon')
34      stream2mongo.saveDF2MongoDB(df_trade_Transportation_and_Utilities_month, 'coll_earn_Trade_Transportation_and_Utilities_month')
35
36      stream2mongo.getSparkSession().streams.awaitAnyTermination()
```

자바와 동일하게 4라인에서 아파치 스파크 스트림 객체를 생성합니다. 6~34라인에서 각각의 카프카 토픽으로부터 전달된 데이터를 몽고디비에 저장하고 36라인에서 스트림을 종료합니다.

7 8장을 끝으로 Data Lake에 해당하는 FRED로부터 데이터를 가공하여 데이터 마트인 MySQL과 MongoDB에 저장하는 ETL 작업을 완료했습니다. 머신러닝에 적합한 csv 파일 타입으로 변환되었고 이를 배치 작업과 스트림 작업을 사용하여 저장하였습니다. 이제 남은 장에서는 MySQL과 MognoDB에 저장된 데이터를 머신러닝에 사용될 수 있도록 파이썬 Pandas 모듈을 사용하여 특성 Feature를 생성하겠습니다. 생성된 특성은 머신러닝의 학습 데이터로 사용될 수 있습니다. 저장된 데이터를 Pandas DataFrame로 출력하기 위해 9장에서는 SQLAlchemy 모듈을 사용하고 10장에서는 pyMongo 모듈을 사용하겠습니다.

CHAPTER 9

MySQL 데이터 작업

이 데이터 전처리 프로젝트에서 데이터 마트의 역할은 관계형 데이터베이스인 MySQL과 NoSQL 중 가장 많은 점유율을 가지고 있는 몽고디비MongoDB로 정했습니다. 빅데이터가 지속적으로 데이터 파이프라인을 통해 전달되면 이 두 저장소에 저장되고 인공지능 모델의 학습 데이터로 가공하여 공급됩니다. 실제 현장에서 이 저장소는 모두 클러스터 구조를 가집니다. 장의 뒷부분에서 각 저장소의 클러스터 구조를 간단히 설명하겠습니다. 하지만 이 책의 취지가 저장소의 데이터를 추출하여 변환하는 API 함수에 맞추어져 있으므로 클러스터 관리에 대한 설명은 다소 부족할 수 있음을 미리 알려드립니다.

9.1 관계형 데이터베이스 정의와 개념

9.1.1 데이터베이스

데이터베이스database는 특정 조직의 여러 응용 애플리케이션들이 공용으로 사용할 목적으로 저장된stored, 통합적integrated으로 관리되는operational 데이터의 집합체입니다. 미국에서 1960년대에 만들어진 개념으로 중앙에서 데이터data를 보유한 기지base로 제시되었습니다. 처음에는 계층형 모델과 네트워크 모델 등이 주류를 이루었습니다. 하지만 1970년대 초에 IBM의 에드거 F. 커드Edgar Frank Codd가 처음으로 관계형 데이터베이스 모델을 제안했고 이후로 1980년대와 1990년대를 거치며 모든 데이터베이스의 데이터 모델은 관계형 데이터베이스가 지배하게 되었습니다. 그리고 1974년 IBM에서 관계형 데이터베이스에서 자료를 관리하고 처리하기 위해 설계된 언어인 SQLStructured Query Language을 발표하였습니다. 많은 수의 데이터베이스 관리 시스템이 SQL을 표준으로 채택한 제품을 출시하면서 90년대까지 데이터 저장소의 역할은 관계형 데이터베이스가 담당했습니다. 대표적으로 IBM DB2, Oracle, MySQL과 마이크로소프트의 SQL Server 등의 제품이 있습니다. 2000년대에 와서 빅데이터 시대가 도래했고 NoSQL 계열의 저장소가 생겨나면서 그 역할이 많이 줄어들기도 했지만, 현재에도 SQL을 이용한 정형화된 데이터 관리는 여전히 관계형 데이터베이스가 사용되고 있습니다. 이러한 관계형 데이터베이스를 관리하고 사용자와 데이터베이스 사이에서 사용자가 요구하는 연산을 수행하여 정보를 제공하는 소프트웨어를 데이터베이스 관리 시스템Database Management System, DBMS이라고 합니다. 데이터베이스 관리 시스템의 역할은 다음과 같습니다.

1. **데이터 중복 제어**Data Redundancy Control: 데이터를 통합하여 관리하므로 동일한 데이터가 여러 위치에 중복되어 저장하는 현상을 방지합니다. 중복된 데이터는 불필요하게 리소스를 낭비하고 일관성을 해칠 수 있습니다.

2. **데이터 보안**Data Security: 데이터를 중앙 집중식으로 총괄하여 관리하므로 데이터베이스의 관리 및 접근을 효율적으로 제어할 수 있습니다. 사용자마다 다양한 권한을 부여할 수 있고 권한에 따라 데이터에 대한 사용을 통제할 수 있습니다.

3. **데이터 일관성**Data Consistency: 데이터에 대한 변경이 발생한 경우 연관된 데이터를 논리적으로 관리하여 변경함으로써 데이터의 불일치성을 방지합니다.

4. **데이터의 무결성**Data Integrity: 데이터의 무결성이란 데이터베이스에 저장된 데이터 값과 그 값이 표현하는 현실 세계의 실제 값이 일치하는 정확성accuracy을 말합니다. 여러 경로를 통해 잘못된 데이터가 저장되는 경우 데이터의 유효성 검사를 통해 무결성을 구현합니다.

5. **인터페이스 제공**: 사용자User, 개발자Developer, 데이터베이스 관리자Administrator에게 SQL, CLICommand Line Interface, GUIGraphic User Interface 그리고 각종의 드라이버 등 다양한 인터페이스를 제공합니다.

다음은 데이터베이스 관리 시스템의 기능을 보여주는 그림입니다.

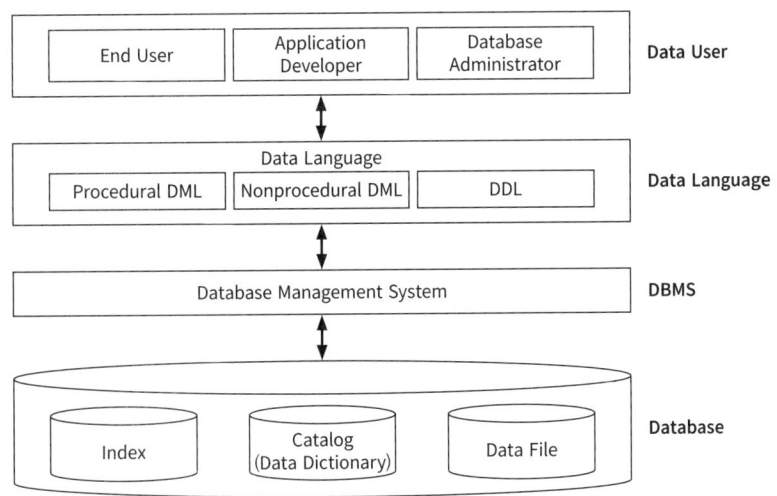

가장 하단은 데이터가 저장되는 데이터베이스로 데이터를 저장, 검색하는 컴퓨터나 특수한 하드웨어를 일컫습니다. 인덱스가 문서에서 검색을 빠르고 용이하게 처리하기 위해 색인 기능을 제공하는 것처럼 데이터베이스 인덱스는 테이블의 동작 속도를 높여 주기 위해 사용하는 자료 구조입니다. 테이블 내의 1개 또는 여러 개의 칼럼을 이용하여 생성함으로써 고속의 검색과 효율적인 순서 매김이 가능하도록 기초를 제공합니다. 카탈로그는 데이터 사전이라고도 하는데 시스템 그 자체에 관련이 있는 다양한 객체에 관한 정보를 포함하는 시스템 데이터베이스입니다. 여기에 저장되는 데이터는 데이터에 대한 데이터data about data, 즉 메타데이터metadata입니다. 데이터베이스의 상단에서 사용자와 데이터베이스 사이의 작업을 수행하는 소프트웨어가 데이터베이스 관리 시스템DBMS입니다. 이때 중간에서 통신 수단으로 사용하는 것이 데이터 언어입니다. 데이터 언어는 데이터베이스를 정의하는 데이터 정의어Data Definition Language, DDL, 원하는 데이터를 처리하여 값을 처리하는 데이터 조작어Data Manipulation Language, DML 그리고 데이터 제어에 관하여 정의하고 기술하는 데이터 제어어Data Control Language, DCL로 구분할 수 있습니다. 데이터 언어에 대한 자세한 설명은 다음 절에서 설명하겠습니다. DBMS 사용자는 보통 터미널에서 질의어Query Language를 사용하여 데이터베이스를 접근하는 최종 사용자End User, 데이터베이스 접근 드라이버를 사용하여 소프트웨어 애플리케이션을 만드는 개발자와 데이터베이스 시스템의 관리 운영에 대한 모든 책임과 권한을 가지고 있는 데이터베이스 관리자DBA로 구분할 수 있습니다.

앞에서 언급했듯이 우리는 관계형 데이터베이스로 MySQL을 사용하려고 합니다. 네트워크상에서 MySQL을 다중 구축할 때 사용하는 전략으로 클러스터링Clustering과 복제Replication가 있습니다.

1 클러스터링

이 방법은 여러 개의 데이터베이스를 수평적인 구조로 확장하는 방법입니다. 만일 단일 데이터베이스로만 구축되면 데이터베이스는 단일 고장점Single Point of Failure이 될 수 있습니다. 단일 데이터베이스 서버가 오류를 일으키면 시스템 전체가 정지되는 문제점을 발생시킬 수 있기 때문입니다. 그래서 고가용성High Availability을 보장하기 위해 여러 개의 데이터베이스를 수평으로 확장하는 방법을 사용합니다. 이때 오픈소스 기반의 클러스터링 솔루션인 Galera Cluster를 많아 사용합니다. 다음 그림은 Galera 방식의 클러스터링Clustering 구축 방식을 보여줍니다.

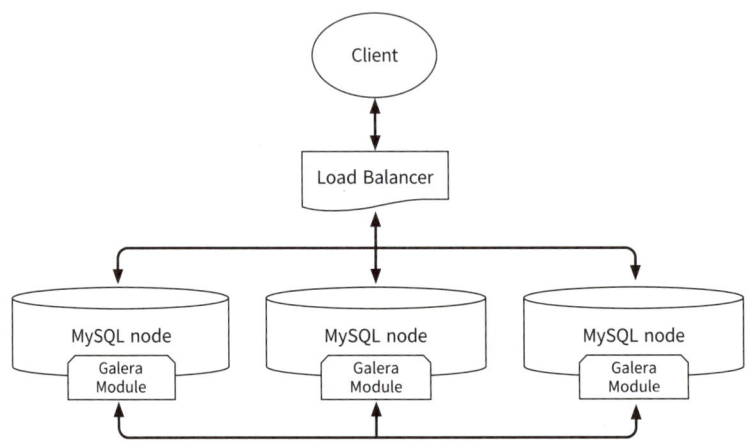

클라이언트는 MySQL 노드에 질의를 전송합니다. 서버로 보내진 요청은 로드밸런서에 의해 발생하는 트래픽, 부하 정도, 속도 저하 등을 계산하여 여러 MySQL 저장장치들에게 작업을 나누어 실행합니다. 이중 1개의 노드에 처리가 수행되고 작업이 완료되면 다른 노드들로 데이터 복제를 요청하고 다른 노드에서 복제 요청신호를 받으면 실제 데이터를 다른 노드에 저장합니다. 이 과정은 동기적으로 이루어집니다. 관리 방법에는 항상 클러스터를 가동하여 가용가능한 상태로 유지하는 Active-Active 방식과 일부 클러스터만 가동하고 나머지는 대기상태로 유지하는 Active-Standby 방식이 있습니다.

2 복제

복제 방식은 다수의 데이터베이스를 수직적으로 확장하는 방법을 사용합니다. Master-Slave 방식을 사용하며 마스터와 슬레이브 간에 데이터 무결성 검사를 하지 않고 데이터를 비동기 방식으로 처리합니다. 마스터 역할을 맡은 노드는 슬레이브 노드에 데이터를 백업합니다. 그리고 마스터 서버에서 등록/수정/삭제 같은 변동이 생기면 데이터 변동 사항을 슬레이브에 전달합니다. 이 복제 방식은 또한 데이터베이스의 부하분산 역할도 수행합니다. 다음 그림은 MySQL의 복제 방식을 설명합니다.

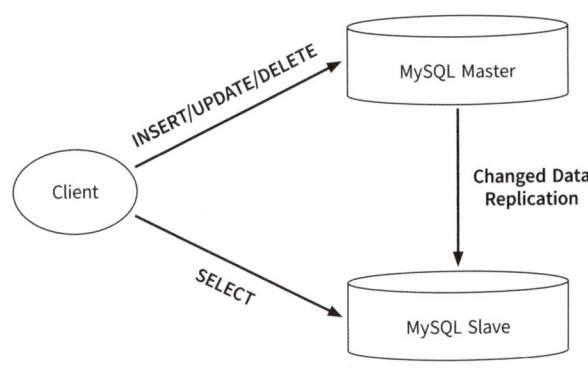

실제 관계형 데이터베이스의 질의 중에 80%가 뒤에 설명드릴, 데이터를 검색하는 SELECT 문입니다. 클라이언트에서 데이터를 삽입하고 변경, 삭제하는 작업을 마스터 노드에서 수행하면 변화된 데이터는 슬레이브 노드로 복제됩니다. 슬레이브 노드는 클라이언트의 데이터 검색 질의만을 담당하고 나머지 데이터 변경 질의는 마스터가 담당을 수행하여 클러스터 간 부하를 분산할 수 있습니다.

9.1.2 관계형 데이터베이스 테이블 구조와 요소

관계형 데이터베이스에서 분석 모델은 키key와 밸류value로 이루어진 데이터들을 행row과 열column로 구성된 테이블 구조로 모델링한 테이블입니다. 우리가 많이 사용한 엑셀 파일의 시트를 생각하시면 됩니다. 테이블은 다음과 같은 구조를 같습니다.

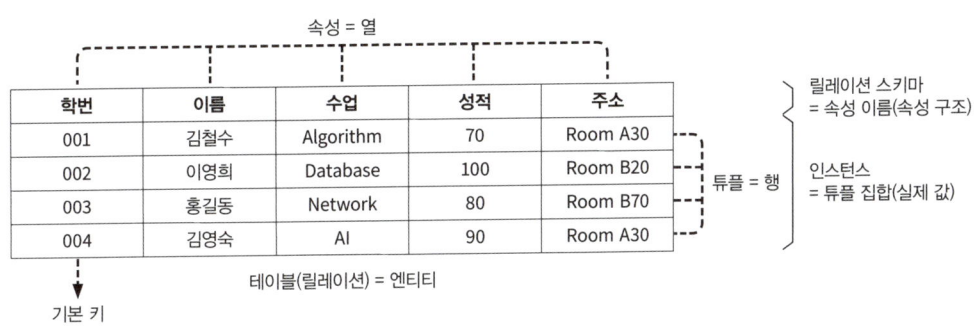

관계형 데이터베이스의 테이블 또는 엔티티entity는 행과 열로 구성되어 있습니다. 개체의 특성을 기술하는 열column 또는 속성attribute는 테이블을 구성하는 가장 작은 논리적 단위로서 프로그래밍 언어의 변수와 동일한 개념입니다. 행row 또는 튜플tuple, 레코드record는 관계된 데이터의 실제 값을 의미합니다. 테이블의 칼럼 이름(예제에서는 '학번', '이름', '수업', '성적', '주소')은 릴레이션 스키마Relation Schema로서 테이블의 틀, 즉 속성 구조를 결정합니다. 그리고 튜플의 집합을 인스턴스라 부릅니다. 또 하나 중요한 개념은 테이블의 키Key로서 튜플을 유일하게 식별할 수 있는 속성 집합을 일컫습니다.

- **기본 키**Primary Key: 테이블에서 기본적으로 행을 식별하기 위한 도구로서 데이터베이스 설계자가 지정한 열입니다. 예제에서는 '학번'이 기본 키로서 중복되지 않는 유일한 값을 가집니다.
- **외래 키**Foreign Key: 앞의 예제에서는 언급되지 않았지만 여러 테이블 사이에서 서로의 관계를 나타내는 역할을 수행하는 키입니다. 이 외래 키는 한 테이블의 속성 중 다른 테이블의 행을 참조할 수 있습니다. 테이블 간의 관계는 1:1(일대일one-to-one), 1:N(일대다one-to-many), N:N(다대다many-to-many)으로 구분할 수 있습니다.

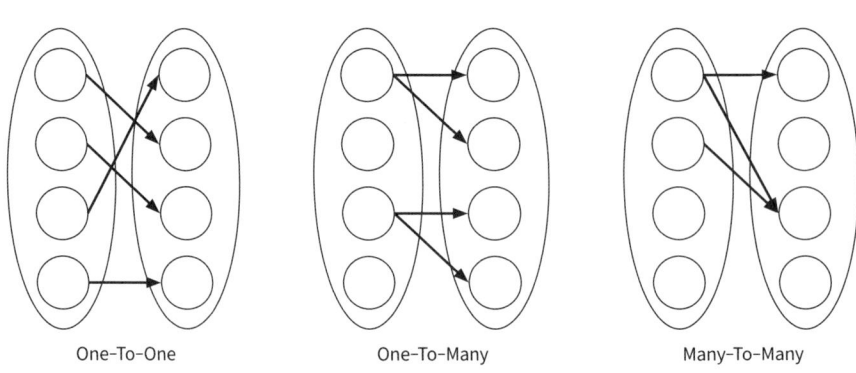

관계형 데이터베이스는 실제 분석 대상을 앞에서 언급한 정규화된 테이블로 모델링해야 합니다. 관계형 데이터베이스는 설계되어 만들어진 다수의 정규화된 테이블을 저장하고 검색하여 시스템을 구성합니다. 실제 값을 이렇게 정규화된 테이블로 모델링할 때 중복을 최소화하게 데이터를 구조화하는 과정을 거쳐야 합니다. 이를 정규화Normalization라 합니다. 이 과정은 관계형 데이터베이스가 세대를 거쳐 사용되면서 만들어지고 발전한 프로세스입니다. 이 정규화는 제1정규형, 제2정규형, 제3정규형, BCNTBoyce-Codd Normal Form, 제4정규형, 제5정규형 순으로 이루어지며, 순서가 올라갈수록 정규화의 정도가 높아집니다. 자세한 이해를 원하는 독자는 전문서적으로 학습하기를 권합니다.

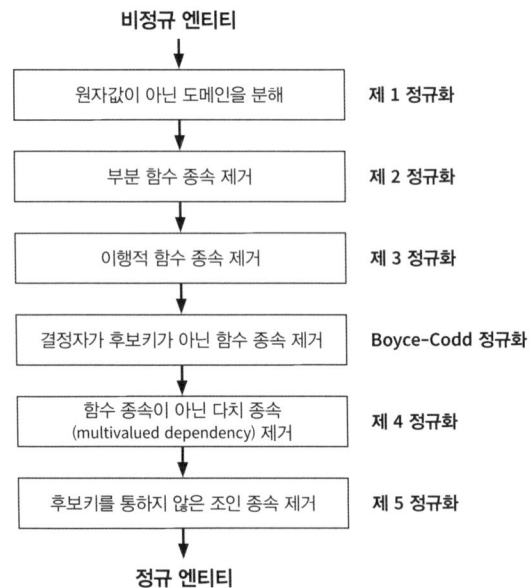

9.2 SQL 및 Python API

이번 절에서는 관계형 데이터베이스에서 사용하는 SQL문과 역시 관계형 데이터베이스와 연동하는 Python 모듈인 SQLAlchemy에 대하여 알아보겠습니다. 앞에서 언급하였듯이 SQL문은 관계형 데이터베이스 관리 시스템에서 데이터베이스가 이해할 수 있는 질의 언어입니다. 데이터베이스 생성 및 삭제, 테이블 스키마 생성 및 관리, 자료의 검색, 접근 등을 수행하기 위해 만들어진 언어입니다. SQL 문법과 친숙해지면 파이썬 모듈인 SQLAlchemy에서 제공하는 API도 보다 쉽게 접근이 가능합니다. 본 절에서 SQL에 대한 기본적인 기능을 설명하도록 하겠습니다. 그리고 SQLAlchemy는 단순히 SQL 실행만을 수행할 뿐만 아니라 ORM(Object Relational Mapping) 기법도 제공합니다. ORM은 프로그래밍 객체와 관계형 데이터베이스 테이블을 매핑하는 기술로서 프로그래밍 객체의 멤버변수와 관계형 테이블의 칼럼을 연동하여 부수적인 코드 없이 직관적으로 데이터를 조작할 수 있게 합니다. 이러한 기법도 뒤에서 설명하도록 하겠습니다.

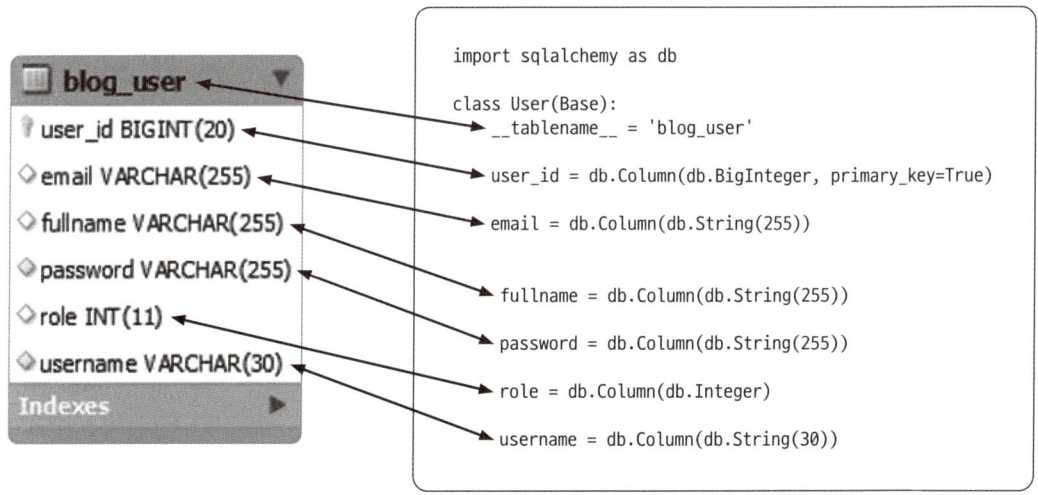

9.2.1 SQL

❶ CREATE와 DROP

▶ 데이터베이스 생성 및 삭제

데이터베이스와 관계형 테이블을 생성하고 삭제합니다. SQL문은 대소문자를 구별하지 않습니다. 하지만 이 글에서는 여러분의 이해를 돕기 위해 SQL 예약어는 대문자로 표기하겠습니다.

CREATE DATABASE 데이터베이스_이름	데이터베이스 생성
DROP DATABASE 데이터베이스_이름	데이터베이스 삭제
USE 데이터베이스_이름	데이터베이스 선택

> 예제 ▼

```
CREATE DATABASE IF NOT EXISTS schoolDB;
USE schoolDB;
```

▶ 관계형 테이블 생성 및 삭제

CREATE TABLE 테이블_이름 (　　필드_이름1 필드_타입1 제약조건1, 　　필드_이름2 필드_타입2 제약조건2, 　　필드_이름3 필드_타입3 제약조건3, 　　............)	테이블을 생성. [필드_이름 필드_타입 필드_제약조건]으로 생성
DROP TABLE 테이블_이름	테이블 삭제

▶ 필드 타입

숫자 타입	SMALLINT, INT, BIGINT, DECIMAL, FLOAT, DOUBLE
문자열 타입	CHAR, VARCHAR, BLOB, TEXT
날짜와 시간 타입	DATE, DATETIME, TIMESTAMP, TIME, YAER

▶ 제약조건

NOT NULL	NULL 값 저장 불가
UNIQUE	해당 필드는 항상 유일한 값으로 설정
PRIMARY KEY	테이블의 기본 키 설정
FOREIGN KEY	다른 테이블을 참조하는 외래 키 설정
DEFAULT	칼럼의 기본 값 지정

> 예제 ▼

```
CREATE TABLE students (
    id BIGINT PRIMARY KEY,
    name VARCHAR(50) NOT NULL,
    address VARCHAR(50) NOT NULL,
    course VARCHAR(50) NOT NULL,
    score FLOAT(3) DEFAULT 0.0
);
```

2 INSERT, UPDATE, DELETE

▶ INSERT

INSERT INTO 테이블_이름 (
    필드_이름1, 필드_이름2, 필드_이름3 ...)
    VALUES(데이터_값1, 데이터_값2, 데이터_값3 ...)
	테이블에 새로운 레코드 추가

INSERT INTO 테이블_이름 VALUES (데이터_값1, 데이터_값2, 데이터_값3 ...)	테이블 스키마와 동일한 경우 필드 이름 생략 가능

예제 ▼

```
INSERT INTO students VALUES(1, '김철수', 'Seoul', 'Statistics', 96);
INSERT INTO students VALUES(2, '이영희', 'Pusan', 'Biology', 83);
INSERT INTO students VALUES(3, '홍길동', 'Gwangju','Chemistry', 66);
INSERT INTO students VALUES(4, '김영숙', 'Daejeon', 'Statistics', 81);
INSERT INTO students VALUES(5, '이철희', 'Seoul', 'Physics', 77);
```

▶ UPDATE

UPDATE 테이블_이름 SET 필드_이름1=데이터_값1, 필드_이름2=데이터_값2, ... WHERE 필드_이름=데이터_값	WHERE절을 만족하는 조건에서 필드_이름의 레코드 값을 데이터_값으로 갱신

예제 ▼

```
UPDATE students
SET course='athletics'
WHERE name='김철수'
```

▶ DELETE

DELETE FROM 테이블_이름 [WHERE 필드_이름=데이터_값]	WHERE절을 만족하는 조건에서 테이블_이름의 레코드를 삭제. WHERE 절이 없으면 테이블 전체 삭제

예제 ▼

```
DELETE
FROM students
WHERE score<80
```

3 SELECT

▶ 기본형

SELECT [ALL ¦ DISTINCT] 필드_이름 FROM 테이블 이름 [WHERE 조건] [GROUP BY 필드_이름] [HAVING 조건] [ORDER BY 필드_이름 [ASC¦DESC]];	데이터를 검색. ALL 또는 *은 모든 데이터 값을 반환하고 DISTINCT는 중복을 제거하고 반환. WHERE 조건을 만족해야 하고 GROUP BY는 지정한 필드 이름으로 그룹을 만들어 반환. GROUP BY의 조건은 HAVING으로 지정. ORDER BY는 반환값을 정렬

예제 ▼

```
SELECT * FROM students
```

```
id   name    address   course      score
1    김철수    Seoul     Statistics  96.0
2    이영희    Pusan     Biology     83.0
3    홍길동    Gwangju   Chemistry   66.0
4    김영숙    Daejeon   Statistics  81.0
5    이철희    Seoul     Physics     77.0
```

▶ DISTINCT

중복값을 제거

예제 ▼

```
SELECT DISTINCT course
FROM students;
```

```
course
Statistics
Biology
Chemistry
Physics
```

▶ WHERE

조건을 만족하는 행만 반환

```
SELECT name
FROM students
WHERE address='seoul';
```

name
김철수
이철희

▶ ORDER BY

오름차순(ASC)이나 내림차순(DESC)으로 정렬

```
SELECT name, score
FROM students
ORDER BY score ASC;
```

name	score
홍길동	66.0
이철희	77.0
김영숙	81.0
이영희	83.0
김철수	96.0

▶ 집계함수(Aggregate Function)

COUNT	값의 개수
SUM	값의 총합
AVG	평균값
MAX	최댓값
MIN	최솟값

예제 ▼

```
SELECT COUNT(name) AS 학생수, SUM(score) AS 총합, AVG(score) AS 평균
FROM students
```

학생수	총합	평균
5	403.0	80.6

▶ GROUP BY, HAVING

조건에 맞는 값을 만족하는 정해진 필드 이름으로 그룹화

```
SELECT score, address, name
FROM students
GROUP BY score
HAVING score > 80
```

```
score     address     name
96.0      Seoul       김철수
83.0      Pusan       이영희
81.0      Daejeon     김영숙
```

▶ LIKE

유사한 값을 찾는 조건

```
SELECT name, address
FROM students
WHERE name LIKE '김%'
```

```
name      address
김철수     Seoul
김영숙     Daejeon
```

9.2.2 SQLAlchemy Core

SQLAlchemy API는 두 가지 접근 방법을 제공합니다. 하나는 관계형 테이블의 SQL을 모델링하여 데이터를 취급하는 Core 기능이고, 다른 하나는 클래스와 테이블을 매핑하여 데이터를 취급하는 ORM 방법이 있습니다. 이번 절에서는 SQLAlchemy Core에 대해 설명하겠습니다. 그리고 다음 절에서 SQLAlchemy ORM을 다루겠습니다.

1 연결 및 테이블 관리

▶ 데이터베이스 연결

함수명	매개변수	설명
function sqlalchemy.create_engine	연결 URL	관계형 데이터베이스와 연결하여 인스턴스 생성

예제 ▼

```
import sqlalchemy as db

from sqlalchemy.schema import Table, DropTable, Column, MetaData
```

```
from sqlalchemy.sql.sqltypes import BigInteger, Float, String

user = 'root'
password = 'pa$$W0rd'
database = 'schoolDB'

mysql_url = 'mysql+pymysql://{user}:{password}@localhost/{database}'\
            .format(user=user, password=password, database = database)

engine = db.create_engine(mysql_url)
```

▶ 테이블 생성 및 삭제

클래스 명	매개변수	설명
class sqlalchemy.schema.Table	name, metadata, Column	관계형 테이블 생성, 테이블 이름(name), 메타데이터(metadata), 테이블 구성 열(Column)로 생성
class sqlalchemy.schema.Column	name, metadata, Column	관계형 테이블 열 생성, 열 이름(name), 열 타입(type), 열 제약조건(constraint)으로 생성
class sqlalchemy.schema.MetaData	없음	데이터베이스 생성 및 관리를 위한 메타데이터 담당 클래스
class sqlalchemy.schema.DropTable	table	매개변수로 주어진 Table 객체를 삭제

▶ 필드 타입

객체명	설명
BigInteger	Integer 타입보다 더 큰 정수형
Integer	정수형
Float	실수형
Boolean	불리언형
Date	datetime.date()형

객체명	설명
DateTime	datetime.datetime형
Time	datetime.time()형
String	문자형
Text	다양한 크기의 문자형
Unicode	다양한 크기의 유니코드 문자형

▶ 제약 조건

nullable	NULL값 저장 불가
unique	해당 필드는 항상 유일한 값으로 설정
primary_key	테이블의 기본 키 설정
default	칼럼의 기본 값 지정

예제 ▼

```
import sqlalchemy as db

from sqlalchemy.schema import Table, DropTable, Column, MetaData
from sqlalchemy.sql.sqltypes import BigInteger, Float, String

engine = db.create_engine(mysql_url)

meta = MetaData()
conn = engine.connect()

students_table = Table(
    'students', meta,
    Column('id', BigInteger, primary_key = True),
    Column('name', String(30), nullable = True),
    Column('address', String(30), nullable = True),
    Column('course', String(30), nullable = True),
    Column('score', Float(5), nullable = True, default = 0.0),
    )

meta.bind = engine
meta.create_all(engine)
```

▶ DropTable

클래스 명	매개변수	설명
class sqlalchemy.schema.DropTable	Table	해당 테이블 삭제

예제 ▼

```
import sqlalchemy as db
from sqlalchemy.schema import Table, DropTable, MetaData
engine = db.create_engine(mysql_url)
conn = engine.connect()

meta = MetaData()
meta.bind = engine

conn.execute(DropTable(Table(students_table, meta)))
```

2 INSERT, UPDATE, DELETE
▶ INSERT

예제 ▼

```
from sqlalchemy import insert

import sqlalchemy as db

engine = db.create_engine(mysql_url)
conn = engine.connect()

ins_stmt_1 = (insert(students_table)
            .values(id=1, name='김철수', address='Seoul', course='Statistics', score=96))
ins_stmt_2 = (insert(students_table)
            .values(id=2, name='이영희', address='Pusan', course='Biology', score=83))
ins_stmt_3 = (insert(students_table)
            .values(id=3, name='홍길동', address='Gwangju', course='Chemistry', score=66))
ins_stmt_4 = (insert(students_table)
            .values(id=4, name='김영숙', address='Daejeon', course='Statistics', score=81))
ins_stmt_5 = (insert(students_table)
            .values(id=5, name='이철희', address='Seoul', course='Physics', score=77))

print(ins_stmt_1)      #1 INSERT SQL문을 출력


conn.execute(ins_stmt_1)
conn.execute(ins_stmt_2)
conn.execute(ins_stmt_3)
conn.execute(ins_stmt_4)
conn.execute(ins_stmt_5)

print(students_table.columns.keys())    #2 칼럼 출력
print(students_table.primary_key)       #3 테이블 기본 키 출력
```

```
INSERT INTO students (id, name, address, course, score) VALUES
(%(id)s, %(name)s, %(address)s, %(course)s, %(score)s)    #1 출력

['id', 'name', 'address', 'course', 'score']    #2 출력

PrimaryKeyConstraint(Column('id', BigInteger(), table=<students>, primary_key=True,
nullable=False))    #3 출력
```

▶ update

```
from sqlalchemy import update

import sqlalchemy as db

engine = db.create_engine(mysql_url)
conn = engine.connect()

update_stmt = update(students_table)\
    .where(students_table.c.name == '김철수')\
    .values(course='Athletics')

print(update_stmt)  #1 SQL문 출력

conn.execute(update_stmt)
```

```
UPDATE students SET course=%(course)s WHERE students.name = %(name_1)s    #1 SQL문 출력
```

▶ delete

```
from sqlalchemy import delete

import sqlalchemy as db

engine = db.create_engine(mysql_url)
conn = engine.connect()

delete_stmt = delete(students_table).where(students_table.c.score < 80)

print(delete_stmt) #1 SQL문 출력

conn.execute(delete_stmt)
```

```
DELETE FROM students WHERE students.score < %(score_1)s    #1 SQL문 출력
```

3 SELECT

▶ 기본형

모든 칼럼에 대해 데이터를 읽어올 수 있고 특정 칼럼만을 반환할 수도 있습니다.

```
select_stmt = select(students_table)
print(select_stmt)  # 1 SELECT SQL문 출력
results = conn.execute(select_stmt)
for row in results:
    print(row)  # 2 모든 칼럼에 대해 값을 출력


select_stmt = select([students_table.c.name, students_table.c.score])
print(select_stmt)  # 3 SELECT SQL문 출력
results = conn.execute(select_stmt)
for row in results:
    print(row)  # 4 지정한 특정 칼럼의 값을 출력
```

```
SELECT students.id, students.name, students.address, students.course, students.score
FROM students  # 1 출력


(1, '김철수', 'Seoul', 'Statistics', 96.0)
(2, '이영희', 'Pusan', 'Biology', 83.0)
(3, '홍길동', 'Gwangju', 'Chemistry', 66.0)
(4, '김영숙', 'Daejeon', 'Statistics', 81.0)
(5, '이철희', 'Seoul', 'Physics', 77.0)  # 2 출력


SELECT students.name, students.score
FROM students  # 3 출력


('김철수', 96.0)
('이영희', 83.0)
('홍길동', 66.0)
('김영숙', 81.0)
('이철희', 77.0)  # 4 출력
```

▶ distinct

중복값을 제거

```
from sqlalchemy import select, distinct

stmt_distinct = select(distinct(students_table.c.address))
print(stmt_distinct)  # 1 SQL문 출력

results = conn.execute(stmt_distinct)
for row in results:
    print(row)  # 2 중복값이 제거된 데이터 출력
```

```
SELECT DISTINCT students.address
FROM students   # 1 출력

('Seoul',)
('Pusan',)
('Gwangju',)
('Daejeon',)   # 2 출력
```

▶ **where**

조건을 만족하는 값만을 불러옵니다.

```
select_stmt = select(students_table).where(students_table.c.score > 80)
print(select_stmt)   #1 SQL문 출력

results = conn.execute(select_stmt)
for row in results:
    print(row)   # 2 where의 조건을 만족하는 열의 값을 출력
```

```
SELECT students.id, students.name, students.address, students.course, students.score
FROM students
WHERE students.score > :score_1   #1 출력

(1, '김철수', 'Seoul', 'Statistics', 96.0)
(2, '이영희', 'Pusan', 'Biology', 83.0)
(4, '김영숙', 'Daejeon', 'Statistics', 81.0)   #2 출력
```

▶ **order_by, asc, desc**

열의 값을 올림차순asc이나 내림차순desc으로 정렬합니다.

```
from sqlalchemy import select, asc, desc

stmt_sort = select([students_table.c.name, students_table.c.score])\
    .order_by(desc(students_table.c.score))
print(stmt_sort)   #1 SQL문 출력

results = conn.execute(stmt_sort)
for row in results:
    print(row)   # 2 내림차순으로 정렬하여 출력
```

```
SELECT students.name, students.score
FROM students ORDER BY students.score DESC   #1 SQL문 출력
```

```
('김철수', 96.0)
('이영희', 83.0)
('김영숙', 81.0)
('이철희', 77.0)
('홍길동', 66.0)    #2 내림차순으로 정렬하여 출력
```

▶ 집계함수(Aggregate Function)

COUNT	값의 개수
SUM	값의 총합
AVG	평균값
MAX	최댓값
MIN	최솟값

예제 ▼

```python
from sqlalchemy import select, func

stmt_func = select([func.count(students_table.c.score).label('count')\
            ,func.sum(students_table.c.score).label('sum')\
            ,func.avg(students_table.c.score).label('average')])
print(stmt_func)   #1 SQL문 출력

results = conn.execute(stmt_func)
for row in results:
    print(row)   #2 결괏값 출력

print(results.keys())   #3 SELECT문의 열 이름을 출력
```

```
SELECT count(students.score) AS count, sum(students.score) AS sum,
avg(students.score) AS average
FROM students    #1 출력
(5, 403.0, 80.6)    #2 출력
RMKeyView(['count', 'sum', 'average'])    #3 출력
```

▶ GROUP BY, HAVING

조건에 맞는 값을 만족하는 정해진 필드 이름으로 그룹화

```python
from sqlalchemy import select

stmt_groupBy = select([students_table.c.score, students_table.c.address, students_table.c.name])\
            .group_by(students_table.c.score).having(students_table.c.score > 80)
print(stmt_groupBy)   # 1 SQL문 출력
```

```
results = conn.execute(stmt_groupBy)
for row in results:
    print(row)   # 2 그룹화된 값을 출력
```

```
SELECT students.score, students.address, students.name
FROM students GROUP BY students.score
HAVING students.score > :score_1   #1 출력

(96.0, 'Seoul', '김철수')
(83.0, 'Pusan', '이영희')
(81.0, 'Daejeon', '김영숙')  #2 출력
```

▶ like

유사한 값을 찾는 조건

```
from sqlalchemy import select

stmt_like = select(students_table).where(students_table.c.course.like('B%'))
print(stmt_like)   # 1 SQL문 출력

results = conn.execute(stmt_like)
for row in results:
    print(row)   # 2 조건에 맞는 데이터 출력
```

```
SELECT students.id, students.name, students.address, students.course, students.score
FROM students
WHERE students.course LIKE :course_1   #1 출력

(2, '이영희', 'Pusan', 'Biology', 83.0)  #2 출력
```

▶ alias

테이블에 별칭을 부여합니다.

```
x = students_table.alias('x')

select_stmt = select(x).where(x.c.address == 'Seoul')
print(select_stmt)   # 1 SQL문 출력

results = conn.execute(select_stmt)

for row in results:
    print(row)   # 2 조건에 맞는 데이터 출력
```

```
SELECT x.id, x.name, x.address, x.course, x.score
FROM students AS x
WHERE x.address = %(address_1)s  #1 출력

(1, '김철수', 'Seoul', 'Statistics', 96.0)
(5, '이철희', 'Seoul', 'Physics', 77.0)  #2 출력
```

▶ between

값이 지정한 범위 안에 존재하면 참을 반환합니다.

```
from sqlalchemy import select

stmt_between = select([students_table.c.name, students_table.c.score])\
    .where(students_table.c.id.between(2, 4))
print(stmt_between)  #1 SQL문 출력

results = conn.execute(stmt_between)
for row in results:
    print(row)  #2 조건에 부합하는 값 출력
```

```
SELECT students.name, students.score
FROM students
WHERE students.id BETWEEN :id_1 AND :id_2  #1 출력

('이영희', 83.0)
('홍길동', 66.0)
('김영숙', 81.0)  #2 출력
```

▶ contains

문자열이 매개변수에 해당하는 문자열을 포함하면 참을 반환합니다.

```
from sqlalchemy import select

stmt_contains = select(students_table).where(students_table.c.name.contains('김'))
print(stmt_contains)  # 1 SQL문을 출력

results = conn.execute(stmt_contains)
for row in results:
    print(row)  #2 조건에 맞는 값을 출력
```

```
SELECT students.id, students.name, students.address, students.course, students.score
FROM students
WHERE (students.name LIKE '%' || :name_1 || '%')  # 1 출력

(1, '김철수', 'Seoul', 'Statistics', 96.0)
(4, '김영숙', 'Daejeon', 'Statistics', 81.0)  #2 출력
```

▶ **startswith, endswith**

문자열에서 지정한 문자열로 시작하거나 끝날 시에 참을 반환합니다.

```
from sqlalchemy import select

stmt_startswith = select(students_table).where(students_table.c.address.startswith('D'))
print(stmt_startswith)  # 1 SQL문 출력

results = conn.execute(stmt_startswith)
for row in results:
    print(row)  # 2 조건에 맞는 값 출력
```

```
SELECT students.id, students.name, students.address, students.course, students.score
FROM students
WHERE (students.address LIKE :address_1 || '%')  # 1 출력

(4, '김영숙', 'Daejeon', 'Statistics', 81.0)  # 2 출력
```

▶ **in_**

열 값이 해당 범위 안에 존재하면 참을 반환

```
from sqlalchemy import select

stmt_in = select(students_table).where(students_table.c.address.in_(['Seoul', 'Pusan']))
print(stmt_in)  # 1 SQL문을 출력

results = conn.execute(stmt_in)
for row in results:
    print(row)  # 2 조건에 맞는 값을 출력
```

```
SELECT students.id, students.name, students.address, students.course, students.score
FROM students
WHERE students.address IN ([POSTCOMPILE_address_1])  # 1 출력
```

```
(1, '김철수', 'Seoul', 'Statistics', 96.0)
(2, '이영희', 'Pusan', 'Biology', 83.0)
(5, '이철희', 'Seoul', 'Physics', 77.0)    # 2 출력
```

▶ and_, or_

논리합과 논리곱 연산

```
from sqlalchemy import select, and_, or_

stmt_and = select(students_table)\
    .where(and_(students_table.c.course == 'Statistics', students_table.c.address == 'Daejeon'))
print(stmt_and)   #1 SQL문 출력

results = conn.execute(stmt_and)
for row in results:
    print(row)    #2 and 조건에 맞는 값을 출력
```

```
SELECT students.id, students.name, students.address, students.course, students.score
FROM students
WHERE students.course = :course_1 AND students.address = :address_1   #1 출력

(4, '김영숙', 'Daejeon', 'Statistics', 81.0)                            #2 출력
```

▶ label

열 이름에 별칭을 부여

```
from sqlalchemy import select

select_stmt = select([students_table.c.name.label('이름'), students_table.c.score.label('점수')])
print(select_stmt)   #1 SQL문 출력

results = conn.execute(select_stmt)

print(results.keys())   # 2 결괏값의 라벨을 출력
```

```
SELECT students.name AS "이름", students.score AS "점수"
FROM students    # 1 출력

RMKeyView(['이름', '점수'])   # 2 출력
```

9.2.3 SQLAlchemy ORM

이번 절은 SQLAlchemy에서 제공하는 ORM 기법을 설명하겠습니다. 관계형 데이터베이스의 테이블과 파이썬으로 만들어진 클래스를 매핑하여 데이터를 생성하고 관리하는 기술입니다.

1 Session 생성과 ORM 매핑

▶ 데이터베이스 연결 및 ORM 매핑

예제 ▼

```
01  from sqlalchemy import create_engine
02  from sqlalchemy.ext.declarative import declarative_base
03  from sqlalchemy.schema import Column
04  from sqlalchemy.sql.sqltypes import BigInteger, Float, String
05
06  Base = declarative_base()   # 1 ORM 연동할 클래스의 기본 클래스 생성
07
08  class Students(Base):
09      __tablename__ = 'students'   # 2 관계형 테이블의 이름
10
11      id = Column(BigInteger, primary_key = True)
12      name = Column(String(30), nullable = True)
13      address = Column(String(30), nullable = True)
14      course = Column(String(30), nullable = True)
15      score = Column(Float(5), nullable = True, default = 0.0)
16
17  user = 'root'
18  password = 'P@$$w0rd'
19  database = 'schoolDB'
20
21  mysql_url = 'mysql+pymysql://{user}:{password}@localhost/{database}'\
22      .format(user=user, password=password, database = database)
23  engine = create_engine(mysql_url)
24
25  print(engine)   # Engine(mysql+pymysql://root:***@localhost/schoolDB) 출력
```

6라인에서 ORM에 사용할 클래스의 부모 클래스를 생성합니다. Base 클래스는 8라인에서 Students 클래스의 부모 클래스입니다. 9라인에서 테이블 이름을 지정합니다. 이 테이블 이름은 관계형 데이터베이스의 테이블 이름과 동일해야 합니다. 11~15라인에서 멤버변수를 생성합니다. 23라인에서 데이터베이스와의 연결 엔진을 생성하고 25라인에서 engine을 출력합니다.

▶ **테이블 생성 및 삭제**

```
01  from sqlalchemy.orm import sessionmaker
02
03  Base.metadata.create_all(engine)
04
05  Session = sessionmaker(bind=engine)
06  session = Session()
07  ..........
08  ..........
09  ..........
10  session.close()
11  Base.metadata.drop_all(bind=engine)
```

3라인에서 Base 클래스를 사용하여 데이터베이스와의 연결과 연동할 테이블을 생성합니다. 5~6라인에서 ORM에서 사용할 Session 객체를 생성합니다. 10라인에서는 Session 객체의 close 메서드를 호출하여 리소스를 반환하고 11라인에서 테이블을 삭제합니다.

▶ **Session**

메서드 이름	설명
add	객체 하나를 추가
add_all	여러 개의 객체를 한꺼번에 추가
commit	커밋 실행
execute	SQL문을 실행

메서드 이름	설명
flush	데이터베이스에 객체의 변화를 반영
rollback	트랜젝션에서 상태를 롤백
close	세션을 닫고 리소스를 반환
query	쿼리를 실행(다음 쪽에서 상세히 설명)

예제 ▼

```
stdt1 = Students(id=1, name='김철수', address='Seoul', course='Statistics', score=96)
stdt2 = Students(id=2, name='이영희', address='Pusan', course='Biology', score=83)
stdt3 = Students(id=3, name='홍길동', address='Gwangju', course='Chemistry', score=66)
stdt4 = Students(id=4, name='김영숙', address='Daejeon', course='Statistics', score=81)
stdt5 = Students(id=5, name='이철희', address='Seoul', course='Physics', score=77)

session.add_all([stdt1, stdt2, stdt3, stdt4, stdt5])
session.commit()

students = session.query(Students).all()
for row in students:
    print('Name: {name}, Address: {address}, Course: {course}, Score: {score}'\
          .format(name=row.name, address=row.address, course=row.course, score=row.score)) #1
```

```
Name: 김철수, Address: Seoul, Course: Statistics, Score: 96.0
Name: 이영희, Address: Pusan, Course: Biology, Score: 83.0
Name: 홍길동, Address: Gwangju, Course: Chemistry, Score: 66.0
Name: 김영숙, Address: Daejeon, Course: Statistics, Score: 81.0
Name: 이철희, Address: Seoul, Course: Physics, Score: 77.0   #1 출력
```

2 Query

SQLAlchemy ORM은 모두 query 메서드를 사용하여 실행됩니다. query 메서드를 사용하여 호출할 수 있는 메서드는 아래와 같습니다. 이 중에서 filter 메서드는 역시 다음 절에서 상세히 다루도록 하겠습니다.

▶ update

예제 ▼

```
session.query(Students)\
    .filter(Students.name == '김철수')\
    .update({Students.course : 'Athletics'})  # update 실행

p = session.query(Students).filter(Students.name == '김철수').first()

print('Name: {name}, Address: {address}, Course: {course}, Score: {score}'\
        .format(name=p.name, address=p.address, course=p.course, score=p.score))  # update 출력
```

```
Name: 김철수, Address: Seoul, Course: Athletics, Score: 96.0   # update 출력값
```

▶ delete

예제 ▼

```
session.query(Students)\
    .filter(Students.score < 80)\
    .delete()  # delete 실행

results = session.query(Students).all()
for row in results:
    print('Name: {name}, Address: {address}, Course: {course}, Score: {score}'\
            .format(name=row.name, address=row.address, course=row.course, score=row.score))
          # delete 출력
```

```
Name: 김철수, Address: Seoul, Course: Athletics, Score: 96.0
Name: 이영희, Address: Pusan, Course: Biology, Score: 83.0
Name: 김영숙, Address: Daejeon, Course: Statistics, Score: 81.0   # delete 출력값
```

▶ **count**

query에서 불러온 인스턴스의 개수를 반환합니다.

▶ **distinct**

중복된 값을 제거합니다.

예제 ▼

```
number = session.query(Students.address).distinct().count()
print(number)   # 출력
```

4 출력

▶ **all, one, first**

- all() — query에서 호출한 인스턴스를 모두 반환합니다.
- one() — query에서 호출한 인스턴스가 유일한 경우 하나의 인스턴스를 반환합니다. 개수가 2개 이상이면 오류를 발생합니다.
- first() — 호출한 인스턴스 중 첫 번째 인스턴스만을 반환합니다.

```
results_first = session.query(Students).filter(Students.name == '김철수').first()
print('Name: {name}, Address: {address}, Course: {course}, Score: {score}'\
    .format(name=results_first.name, address=results_first.address, \
    course=results_first.course, score=results_first.score))   #1 출력


results_all = session.query(Students.name, Students.score).all()
for row in results_col:
    print('Name: {name}, Score: {score}'.format(name=results_all.name,
        score=results_all.score))   #2 출력
```

```
Name: 김철수, Address: Seoul, Course: Athletics, Score: 96.0   #1 출력값


Name: 김철수, Score: 96.0
Name: 이영희, Score: 83.0
Name: 홍길동, Score: 66.0
Name: 김영숙, Score: 81.0
Name: 이철희, Score: 77.0   #2 출력값
```

▶ get

테이블의 기본 키를 매개변수로 단일 인스턴스를 호출합니다.

예제 ▼

```
result = session.query(Students).get(1)
print(result.name)  # 결괏값 출력
```

```
김철수  # 결괏값 출력값
```

▶ group_by

조건에 맞는 값을 만족하는 정해진 필드 이름으로 그룹화

```
from sqlalchemy import func

results = session.query(Students.address, func.count(Students.name))\
    .group_by(Students.address).all()
for row in results:
    print(row)  # 결괏값 출력
```

```
('Seoul', 2)
('Pusan', 1)
('Gwangju', 1)
('Daejeon', 1)  # 출력값
```

▶ order_by, asc, desc

```
from sqlalchemy import asc, desc

results = session\
    .query(Students.name, Students.course, Students.score)\
    .order_by(asc(Students.score))

for row in results:
    print('Name: {name}, Course: {course}, Score: {score}'\
        .format(name=row.name, course=row.course, score=row.score))  # 결괏값 출력
```

```
Name: 홍길동, Course: Chemistry, Score: 66.0
Name: 이철희, Course: Physics, Score: 77.0
Name: 김영숙, Course: Statistics, Score: 81.0
Name: 이영희, Course: Biology, Score: 83.0
Name: 김철수, Course: Statistics, Score: 96.0  # 결괏값 출력물
```

▶ aliased

```
from sqlalchemy.orm import aliased

students_alias = aliased(Students, name='students_alias')
results = session.query(students_alias.name, students_alias.score).all()
for row in results:
    print('Name: {name}, Score: {score}'\
          .format(name=row.name, score=row.score))   # 결괏값 출력물
```

```
Name: 김철수, Score: 96.0
Name: 이영희, Score: 83.0
Name: 홍길동, Score: 66.0
Name: 김영숙, Score: 81.0
Name: 이철희, Score: 77.0   # 결괏값 출력물
```

▶ 집계함수(Aggregate Function)

COUNT	값의 개수
SUM	값의 총합
AVG	평균값
MAX	최댓값
MIN	최솟값

예제 ▼

```
from sqlalchemy import func

results_aggre = session\
    .query(func.count(Students.score).label('count'),\
           func.avg(Students.score).label('Average'),\
           func.sum(Students.score).label('Summary'))

for row in results_aggre:
    print(row)
    print(row.keys())   # 결괏값 출력물
```

```
(5, 80.6, 403.0)
RMKeyView(['count', 'Average', 'Summary'])   # 결괏값 출력물
```

3 filter

▶ contains

예제 ▼

```
results = session.query(Students).filter(Students.course.contains('B'))

for row in results:
    print('Name: {name}, Address: {address}, Course: {course}, Score: {score}'\
          .format(name=row.name, address=row.address, course=row.course, score=row.score))
    # 결괏값 출력
```

```
Name: 이영희, Address: Pusan, Course: Biology, Score: 83.0    # 결괏값 출력
```

▶ like

예제 ▼

```
results = session.query(Students).filter(Students.name.like('김%'))

for row in results:
    print('Name: {name}, Address: {address}, Course: {course}, Score: {score}'\
          .format(name=row.name, address=row.address, course=row.course, score=row.score))
    # 결괏값 출력
```

```
Name: 김철수, Address: Seoul, Course: Statistics, Score: 96.0
Name: 김영숙, Address: Daejeon, Course: Statistics, Score: 81.0    # 결괏값 출력
```

▶ and_, or_

예제 ▼

```
from sqlalchemy import and_, or_

results = session\
    .query(Students.id, Students.name, Students.course, Students.score)\
    .filter(and_(Students.id >= 2, Students.id <= 4))

for row in results:
    print('ID : {id}, Name: {name}, Course: {course}, Score: {score}'\
          .format(id = row.id, name=row.name, course=row.course, score=row.score))
    # 결괏값 출력
```

```
ID : 2, Name: 이영희, Course: Biology, Score: 83.0
ID : 3, Name: 홍길동, Course: Chemistry, Score: 66.0
ID : 4, Name: 김영숙, Course: Statistics, Score: 81.0    # 출력 결괏값
```

▶ in_

예제 ▼

```
results = session.query(Students).filter(Students.address.in_(['Seoul', 'Pusan']))

for row in results:
    print('Name: {name}, Address: {address}, Course: {course}, Score: {score}'\
        .format(name=row.name, address=row.address, course=row.course, score=row.score))
    # 결괏값 출력
```

```
Name: 김철수, Address: Seoul, Course: Statistics, Score: 96.0
Name: 이영희, Address: Pusan, Course: Biology, Score: 83.0
Name: 이철희, Address: Seoul, Course: Physics, Score: 77.0   # 결괏값 출력
```

9.2.4 Python 데이터 처리 API

자바가 POJO 개념으로 데이터와 클래스를 매핑하고 매핑한 객체를 사용하여 데이터를 가공한다면 파이썬은 데이터를 pandas Series나 DataFrame으로 변환하고 pandas의 풍부한 API 함수를 사용하여 데이터를 가공합니다. 이번 절에서는 머신러닝의 특성행렬을 처리하는 파이썬의 API 함수를 소개하도록 하겠습니다. 여기서 소개되는 함수들은 10장의 pyMongo에서도 사용됩니다.

1 결측값 처리

여러 범주의 데이터를 모아 DataFrame을 생성하면 아무 값이 없는 결측값이 발생합니다. 파이썬의 DataFrame은 이런 결측값을 처리할 수 있는 다양한 함수를 제공합니다. 먼저 샘플 DataFrame을 생성합니다.

```python
import numpy as np
import pandas as pd

df = pd.DataFrame({'Food Names':['apple', 'banana', 'grape', 'lemon'] ,
                   'Calories':[40,np.nan,35,20],
                   'price': [7, 9, 4, np.nan]})
print(df)
```

```
Food  Names  Calories  price
0     apple      40.0    7.0
1    banana       NaN    9.0
2     grape      35.0    4.0
3     lemon      20.0    NaN
```

▶ isnull() 메서드

NaN인지 여부를 반환합니다.

예제 ▼

```
print(df.isnull())
print(df.isnull().sum())
```

```
   Food   Names  Calories  price
0  False  False  False     False
1  False  False  True      False
2  False  False  False     False
3  False  False  False     True
```

```
Food        0
Names       0
Calories    1
price       1
dtype: int64
```

▶ dropna() 메서드

NaN가 속한 열이나 행을 삭제합니다.

예제 ▼

```
print(df.dropna())        # 열을 삭제
print(df.dropna(axis=1))  # 행을 삭제
```

```
   Food  Names  Calories  price
0  apple          40.0    7.0
2  grape          35.0    4.0
```

```
   Food  Names
0  apple
1  banana
2  grape
3  lemon
```

▶ fillna() 메서드

결측값을 지정한 값으로 채우는 메서드입니다.

예제 ▼

```
print(df.fillna(0))  # 결측값을 0으로 채웁니다.
print(df.fillna(df.mean(numeric_only=True)))  # 결측값을 평균값으로 채웁니다.
```

```
Food  Names  Calories  price
0     apple     40.0    7.0
1    banana      0.0    9.0
2     grape     35.0    4.0
3     lemon     20.0    0.0
```

```
Food  Names  Calories   price
0     apple  40.000000  7.000000
1    banana  31.666667  9.000000
2     grape  35.000000  4.000000
3     lemon  20.000000  6.666667
```

▶ **interpolate() 메서드**

결측값을 선형 보간법으로 계산하여 값을 설정합니다.

예제 ▼

```python
print(df.interpolate())
```

```
Food  Names  Calories  price
0     apple     40.0    7.0
1    banana     37.5    9.0
2     grape     35.0    4.0
3     lemon     20.0    4.0
```

2 특성값 스케일링

DataFrame의 값은 각 칼럼에 대해 다양한 범위를 가질 수 있습니다. 어떤 칼럼이 0부터 10의 범위에서 값을 가진다면 다른 칼럼은 -100부터 100까지의 범위를 가질 수 있을 겁니다. 이런 경우 시각화나 데이터 분석 시에 상이한 범위로 분석 값을 다루기 힘들 수 있습니다. 이 경우 Pandas의 scikit-learn 모듈은 범위가 틀린 각 칼럼 값을 동일한 범위대로 정규화시키는 기능을 제공합니다. 특성값 스케일링에는 두 가지 방법이 있습니다. 하나는 MinMaxScaler이고, 다른 방법은 StandardScaler입니다. MinMaxScaler 값을 0과 1 사이 값으로 스케일링을 수행하고 StandardScaler는 정규화를 사용하여 -1에서 1 사이의 값으로 수행합니다. 역시 샘플 DataFrame을 생성합니다.

```python
import numpy as np
import pandas as pd

df = pd.DataFrame({'Food Names':['apple', 'banana', 'grape', 'lemon'] ,
                   'Calories':[40,np.nan,35,20],
                   'price': [7, 9, 4, np.nan]})
print(df)
```

```
Food   Names  Calories  price
0      apple     40.0    7.0
1     banana      NaN    9.0
2      grape     35.0    4.0
3      lemon     20.0    NaN
```

▶ MinMaxScaler

예제 ▼

```
from sklearn.preprocessing import MinMaxScaler

scaler = MinMaxScaler()
scaler.fit(df[['Calories', 'price']])
ndarray_scaled = scaler.transform(df[['Calories', 'price']])
df_scaled = pd.DataFrame(data=ndarray_scaled, columns=['Calories', 'price'])
print(df_scaled)
```

```
   Calories  price
0      1.00    0.6
1       NaN    1.0
2      0.75    0.0
3      0.00    NaN
```

▶ StandardScaler

예제 ▼

```
from sklearn.preprocessing import StandardScaler

scaler = StandardScaler()
scaler.fit(df[['Calories', 'price']])
ndarray_scaled = scaler.transform(df[['Calories', 'price']])
df_scaled = pd.DataFrame(data=ndarray_scaled, columns=['Calories', 'price'])
print(df_scaled)
```

```
   Calories      price
0  0.980581   0.162221
1       NaN   1.135550
2  0.392232  -1.297771
3 -1.372813        NaN
```

❸ One-Hot Encoding

Pandas의 DataFrame에는 숫자가 아닌 범주 형태의 값이 지정될 수 있습니다. 앞에서 예시로 사용한 미국의 50개 주의 이름이 그 예가 될 수 있습니다. 인간은 지명이나 종류 같은 범주 내의 이름을 쉽게 이해할 수 있지만 컴퓨터로 이를 해석하기 위해서는 이를 벡터 형태로 만들어야 합니다. 정의하고자 하는 단어의 인덱스에는 1의 값을 부여하고 다른 인덱스에는 0의 값을 부여하는 방식입니다. 다음 그림은 One-Hot Encoding의 예입니다.

Label Encoding

index	Food Name	Calories
0	apple	40
1	banana	50
2	grape	35
3	lemon	20

One Hot Encoding

index	apple	banana	grape	lemon	Calories
0	1	0	0	0	40
1	0	1	0	0	50
2	0	0	1	0	35
3	0	0	0	1	20

예제를 생성합니다.

```
import pandas as pd

df = pd.DataFrame({'Food Names':['apple', 'banana', 'grape', 'lemon'] , 'Calories':[40,50,35,20]})
print(df)
```

```
  Food  Names  Calories
0        apple        40
1       banana        50
2        grape        35
3        lemon        20
```

예제 ▼

```
from sklearn.preprocessing import OneHotEncoder

ohe = OneHotEncoder(sparse=False)
ohe.fit(df[['Food Names']])
print(ohe.transform(df[['Food Names']]))
```

```
[[1. 0. 0. 0.]
 [0. 1. 0. 0.]
 [0. 0. 1. 0.]
 [0. 0. 0. 1.]]
```

9.3 파이썬 실습 프로젝트

9.3.1 이클립스 개발환경과 연동

1️⃣ 먼저 이클립스 개발환경과 MySQL의 연동을 알아보겠습니다. [Window] ➡ [Perspective] ➡ [Open Perspective] ➡ [Other]를 선택하여 [Database Development] 퍼스펙티브를 선택합니다.

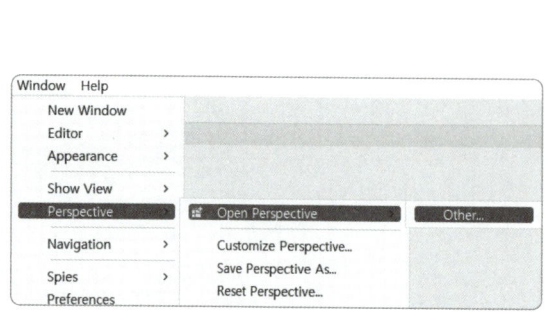
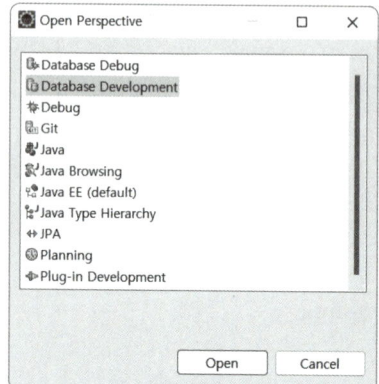

2️⃣ Data Source Explorer에서 Database Connections를 선택하고 마우스 오른쪽 버튼으로 [New]를 클릭합니다.

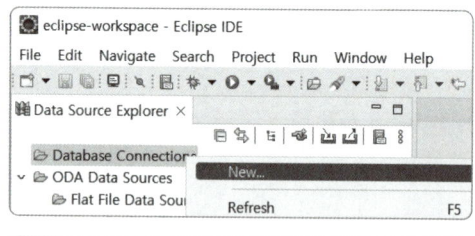

3️⃣ Connection Profile에서 MySQL 타입을 선택한 후 Name을 지정합니다. 필자는 ETL MySQL로 설정하였습니다.

4️⃣ 표시된 창에서 🔘 버튼을 클릭합니다.

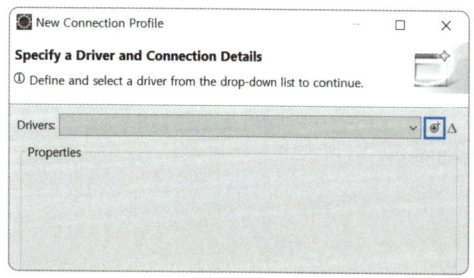
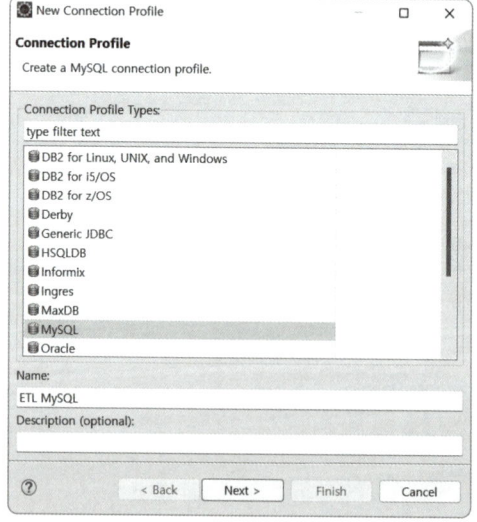

5 [Name/Type] 탭에서 MySQL JDBC Driver 5.1을 선택합니다.

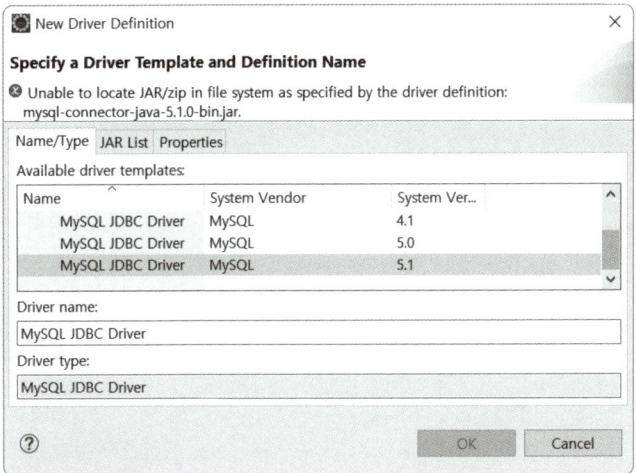

6 [JAR List] 탭에서 기존의 드라이버를 삭제하고 MySQL 설치 폴더에 있는 MySQL JDBC 드라이버를 불러옵니다.

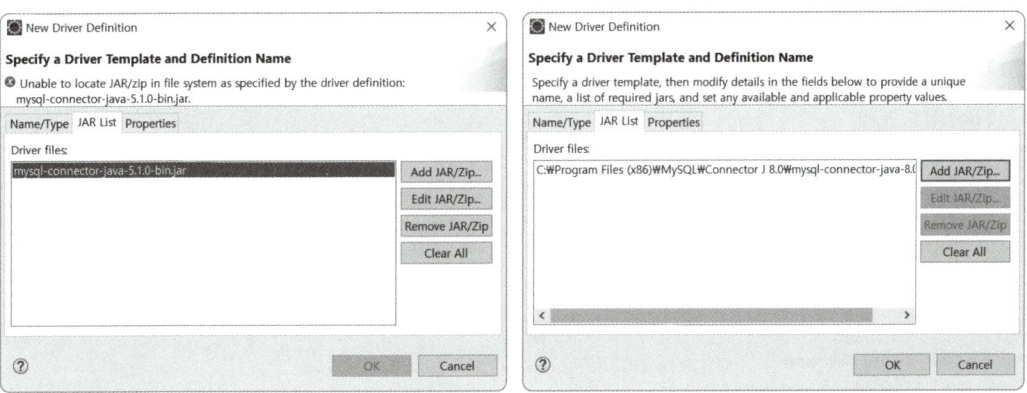

- 윈도우: C:\Program Files (x86)\MySQL\Connector J 8.0\mysql-connector-java-8.0.29.jar
- 우분투: /usr/share/java/mysql-connector-java-8.0.29.jar

7 Properties 탭에서 다음과 같이 설정값을 입력합니다.

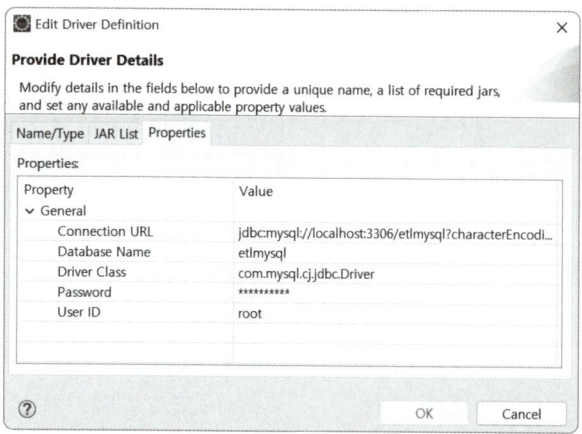

- Connection URL: jdbc:mysql://localhost:3306/etlmysql?characterEncoding=utf8&serverTimezone=Asia/Seoul
- Database Name: etlmysql
- Driver Class: com.mysql.cj.jdbc.Driver
- Password: 설치 시 입력한 암호
- User ID: root

8 설정이 완료되면 Password를 입력하고 [Save password] 체크박스를 선택한 후 [Test Connection]을 선택하여 연결 여부를 확인합니다.

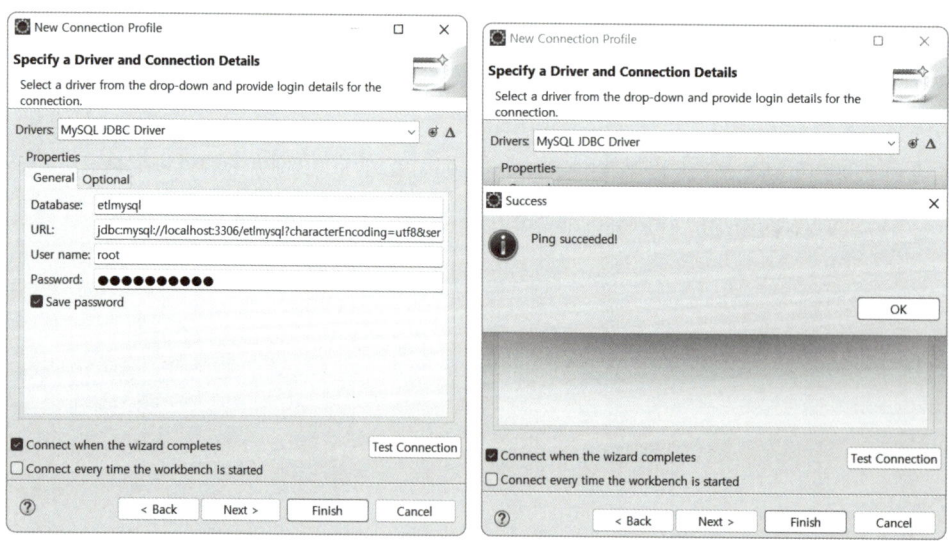

9 [Finish] 버튼을 클릭하여 연결을 완료합니다.

10 생성된 ETL MySQL 연결에서 etlmysql 데이터베이스의 Tables를 선택하면 스파크에서 생성된 관계형 테이블들을 확인할 수 있습니다.

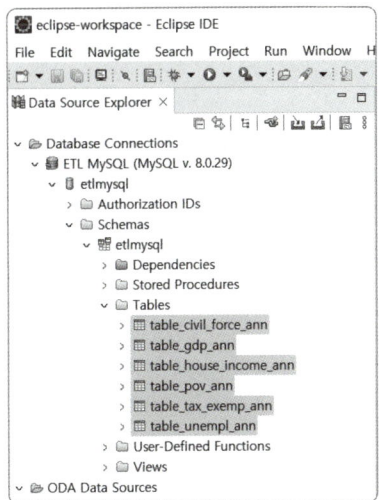

11 그리고 Data Source Explorer에서 ETL MySQL를 선택하고 마우스 오른쪽 버튼으로 [Open SQL Scrapbook] 메뉴를 선택합니다.

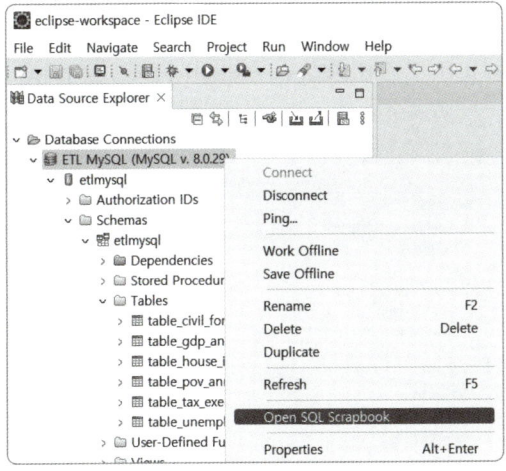

12 우측에 생성된 윈도의 상단에서 Type을 MySQL_5.1, Name을 ETL MySQL로 지정하고 Database를 etlmysql로 설정하면 해당 데이터베이스에 SQL을 이용하여 ad-hoc 쿼리도 실행할 수 있습니다.

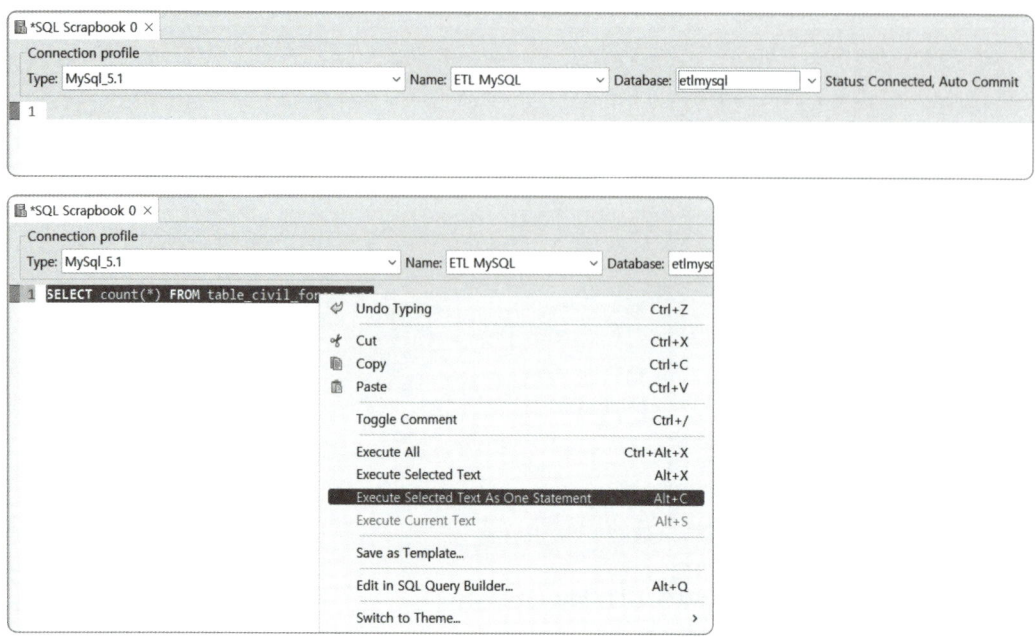

9.3.2 실습 프로젝트

1 [Window] ➡ [Perspective] ➡ [Open Perspective] ➡ [Other]에서 PyDev Perspective를 실행합니다.

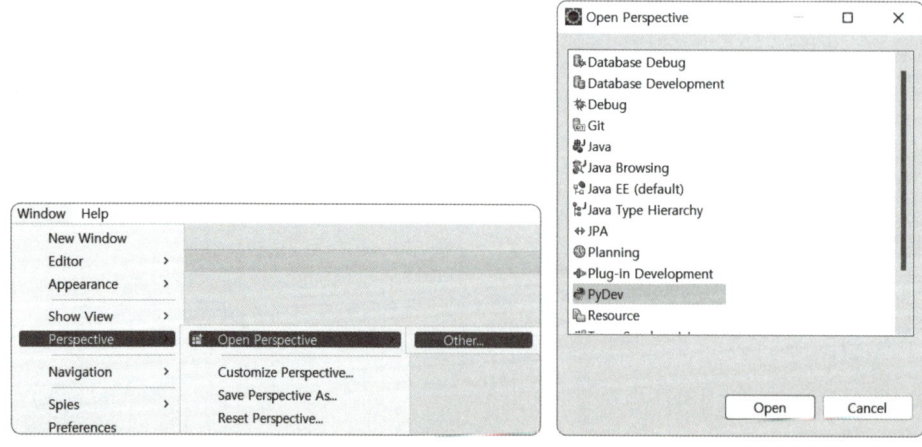

2 우리가 사용할 SQLAlchemy 모듈은 Anaconda에 기본적으로 포함이 되어 있습니다. 하지만 이 모듈을 사용하기 위해서는 pymql 모듈을 설치합니다. [Window] ➡ [Preferences]를 클릭합니다.

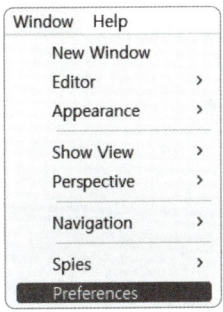

3 좌측의 [PyDev] ➡ [Interpreters] ➡ [Python Interpreter]를 선택하고 [Packages] 탭에서 우측의 [Manage with pip] 버튼을 클릭합니다.

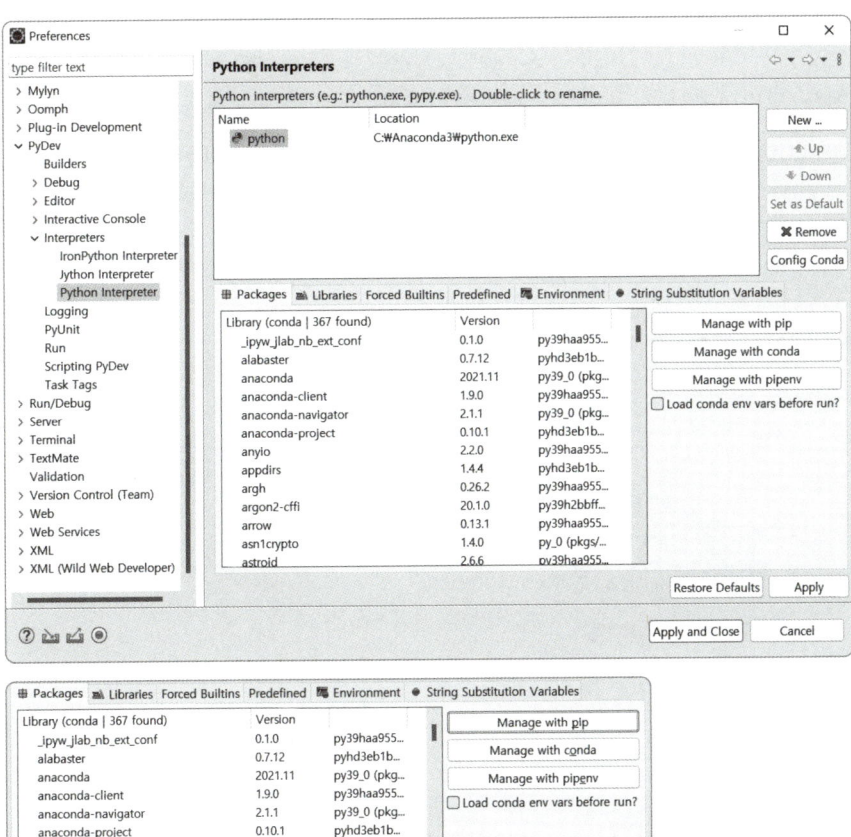

4 install pymysql을 입력하여 모듈을 설치합니다.

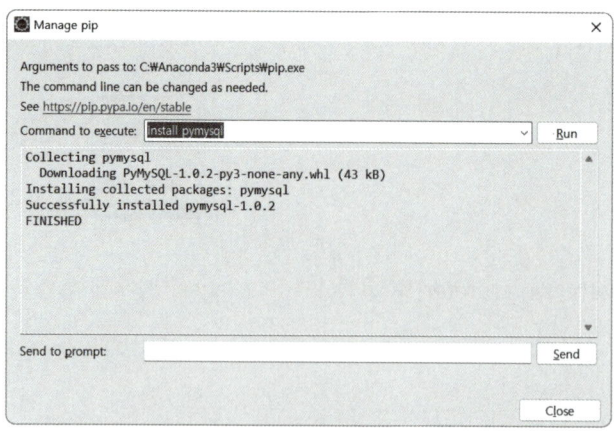

5 이제 MySQL에서 딥러닝에서 사용할 특성을 생성하는 파이썬 프로젝트를 생성합니다. [New] ➡ [PyDev Project]를 선택합니다. 필자는 프로젝트 이름을 Deep-Learn-Python로 입력하였습니다.

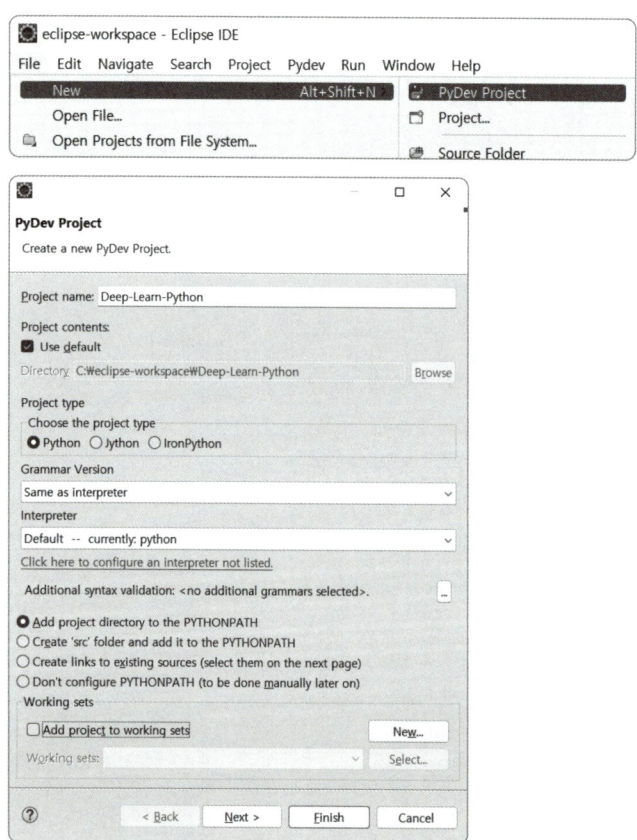

6 그리고 프로젝트에 사용될 파이썬 모듈을 생성합니다. PyDev Explorer에서 [New] ➡ [PyDev Module] 메뉴를 클릭합니다.

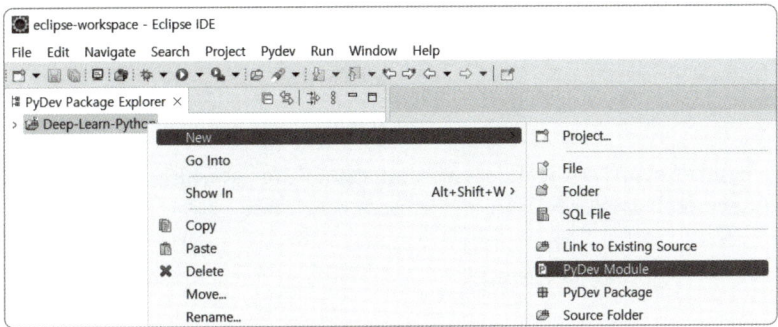

7 Package를 com.aaa.dl.batch로 입력하고 Name을 mysql_feat로 지정합니다. Template에서 [Module: Class]를 선택합니다.

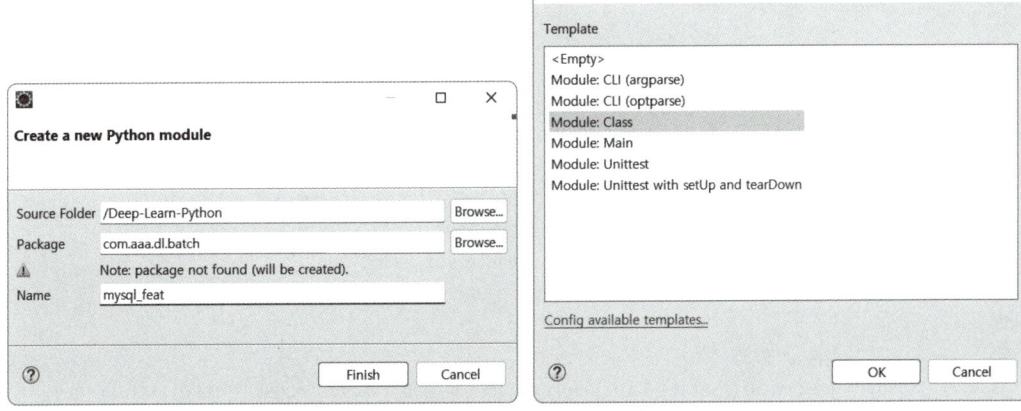

8 생성된 mysql_feat.py에서 클래스 이름을 MySQL2DLFeat로 명명하고 다음과 같이 코딩합니다.

```
01  from sklearn.preprocessing import MinMaxScaler
02  from sklearn.preprocessing import OneHotEncoder
03
04  import sqlalchemy as db
05  import pandas as pd
06
07  class MySQL2DLFeat(object):
08      '''
09      classdocs
10      '''
```

```python
11
12      def __init__(self):
13          '''
14          Constructor
15          '''
16          user = 'root'
17          password = 'p@$$w0rd'
18          database = 'etlmysql'
19
20          mysql_url = 'mysql+pymysql://{user}:{password}@localhost/{database}'\
21              .format(user=user, password=password, database = database)
22
23          self._engine = db.create_engine(mysql_url)
24
25
26      def getSeries(self, tablename):
27          df = pd.read_sql_table(tablename, con = self._engine, index_col=['state', 'date'])
28          col_name = ('_').join(tablename.split('_')[1:])
29          df.rename(columns = {'value' : col_name}, inplace=True)
30
31          return df[[col_name]]
32
33
34      def getDataFrame(self):
35          series_civil_force = self.getSeries('table_civil_force_ann')
36          series_gdp = self.getSeries('table_gdp_ann')
37          series_house_income = self.getSeries('table_house_income_ann')
38          series_pov = self.getSeries('table_pov_ann')
39          series_tax_exemp = self.getSeries('table_tax_exemp_ann')
40          series_unempl = self.getSeries('table_unempl_ann')
41
42          ''' 결측값 처리'''
43          df = pd.concat([series_civil_force, series_gdp, series_house_income, series_pov,
                    series_tax_exemp, series_unempl], axis=1)
44          df.interpolate()
45          #df.fillna(df.mean())
46
47          ''' feature 스케일링'''
48          scaler = MinMaxScaler()
49          scaler.fit(df)
50          ndarray_scaled = scaler.transform(df)
51          df_scaled = pd.DataFrame(data=ndarray_scaled, columns=df.columns, index=df.index)
52
53          return df_scaled
54
55
56      def getFeature(self):
57          df = self.getDataFrame()
```

```
58              df.reset_index(inplace=True)
59
60              ''' One Hot Encoding '''
61              ohe = OneHotEncoder(sparse=False)
62              ohe.fit(df[['state']])
63              one_hot_encoded = ohe.transform(df[['state']])
64              ohe_df = pd.DataFrame(one_hot_encoded, columns=ohe.categories_[0])
65
66              df = pd.concat([df, ohe_df], axis=1)
67
68              return df
```

생성자의 20라인에서 mysql에 대한 연결 변수를 생성합니다. 27라인에서 Pandas의 read_sql_table 메서드를 사용하여 DataFrame 객체를 불러오고 29라인에서 칼럼 이름을 변경하여 반환합니다. 35라인부터 40라인까지 필요한 값을 불러와 43라인에서 axis=1인 칼럼으로 모두 합쳐 특성 행렬에 사용할 pandas DataFrame을 생성합니다. 44라인에서 결측값을 처리하고 49~51라인에서 각 속성의 값을 0부터 1의 값으로 스케일링 합니다. 63~64라인은 DataFrame 칼럼 중에 'state'를 One Hot Ending을 사용하여 정숫값으로 변환하고 66라인에서 이를 DataFrame에 병합하여 특성 행렬을 완성합니다.

9 위에서 생성한 클래스를 실행할 파이썬 모듈을 생성합니다. com.aaa.dl.batch 패키지를 선택하고 마우스 오른쪽 버튼으로 [New] ➡ [PyDev Module] 메뉴를 선택합니다.

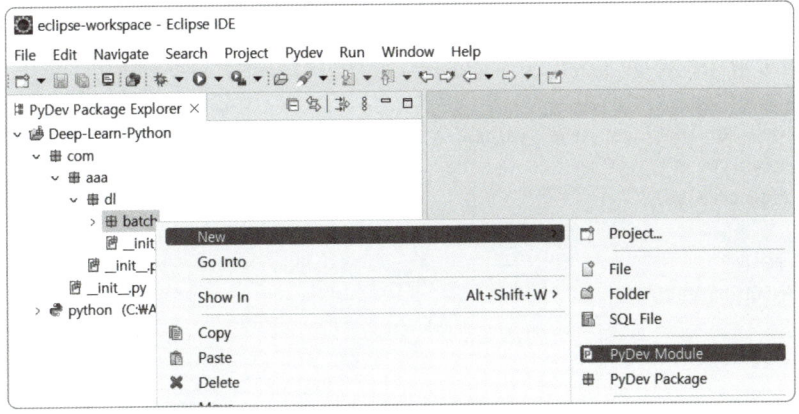

10 Name을 feat_extract_mysql로 지정하고 Template을 [Module: Main]으로 선택합니다.

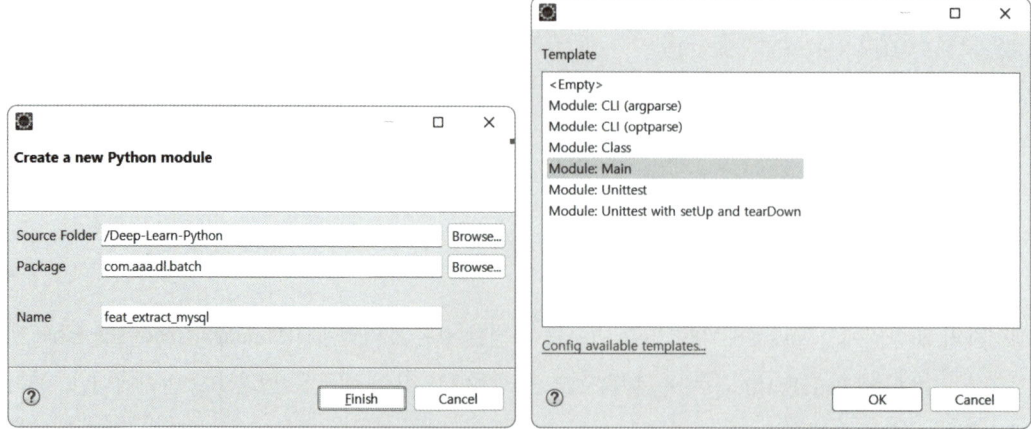

11 feat_extract_mysql.py 모듈의 코드는 다음과 같습니다.

```
01  from com.aaa.dl.batch.mysql_feat import MySQL2DLFeat
02
03  import matplotlib.pyplot as plt
04  import seaborn as sns
05
06  def draw_ficture(x, y, data_title, df):
07      sns.lineplot(ax = ax[x][y],
08                   data = df,
09                   x = df.index.get_level_values('date'),
10                   y = df[data_title],
11                   hue = df.index.get_level_values('state'),
12                   marker = 'o',
13                   legend=False)
14
15  if __name__ == '__main__':
16      feat_mysql = MySQL2DLFeat()
17
18      df = feat_mysql.getDataFrame()
19
20      print(df.columns)
21      print(df)
22
23      fig, ax = plt.subplots(2, 3, figsize=(70,60))
24
25      draw_ficture(0, 0, 'civil_force_ann', df)
26      draw_ficture(0, 1, 'gdp_ann', df)
27      draw_ficture(0, 2, 'house_income_ann', df)
```

```
28       draw_ficture(1, 0, 'pov_ann', df)
29       draw_ficture(1, 1, 'tax_exemp_ann', df)
30       draw_ficture(1, 2, 'unempl_ann', df)
31
32       plt.show()
33
34       feat = feat_mysql.getFeature()
35
36       print(feat.columns)
37       print(feat)
```

6라인의 함수는 seaborn 패키지를 사용하여 그림을 그리는 함수입니다. 파일을 실행하면 다음과 같이 그림이 표시됩니다. 그리고 머신러닝에 사용할 특성행렬을 읽어와 표시할 수 있습니다.

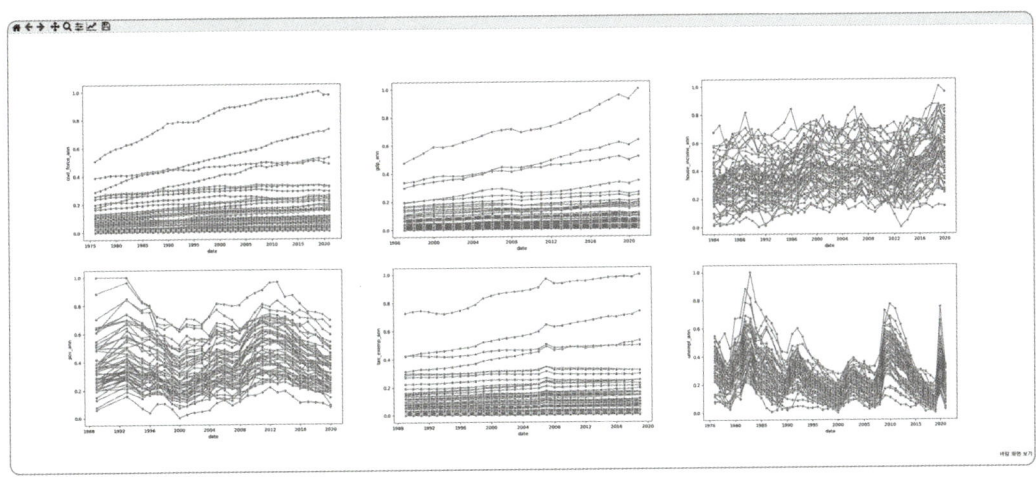

CHAPTER 10

몽고디비 데이터 작업

빅데이터 저장기술인 NoSQL의 개념과 종류에 대해서는 이미 1장에서 설명하였습니다. 이 장에서는 몽고디비에 특화된 개념과 기능을 설명하고 몽고디비가 제공하는 쿼리 문법과 파이썬 API에 대하여 설명하도록 하겠습니다.

10.1 몽고디비 개념과 특징

몽고디비의 역사는 다소 간단합니다. 2007년 뉴욕에 기반을 둔 10gen이란 업체가 클라우드의 PaaS_{Platform as a Service} 제품을 위해 개발을 시작했습니다. 많은 유저들이 사용하면서 2009년 오픈소스 개발모델로 전환 후 2013년 몽고디비란 회사 이름으로 사명을 변경하여 현재까지 이어오고 있습니다. 몽고디비는 C++을 사용하여 개발되었습니다. 하지만 Java로부터 C++, C#, Perl, PHP, Python, Ruby까지 다양한 API를 제공하고 있습니다.

몽고디비는 NoSQL의 종류 중 도큐먼트_{Document}형입니다. 기본적인 데이터 구조가 Json 타입이며 MAP⟨Key, Value⟩에서 Value값이 XML, Json, YAML 같은 구조화된 데이터인 도큐먼트입니다. 다음은 몽고디비에서 사용되는 도큐먼트 데이터의 예제입니다.

```
{
    "Mechanics" :
    {   "id" : "MECH",
        "class_no" : 3,
        "students" : {
```

```
            "student": [{
                "name" : "이철희",
                "class" : "dynamics",
                "degree" : 70
            }, {
                "name" : "홍길동",
                "class" : "thermos",
                "degree" : 50
            }, {
                "name" : "이영희",
                "class" : "maths",
                "degree" : 100
            }]
        },
        "address" : "Room A30"
    },
    "S/W Science" :
    {   "id" : "SW",
        "class_no" : 2,
        "students" : {
            "student": [{
                "name" : "김철수",
                "class" : "AI",
                "degree" : 80
            }, {
                "name" : "김영숙",
                "class" : "database",
                "degree" : 90
            }]
        },
        "address" : "Room 204"
    }
}
```

Database

Collection "Student"

Document #3
Document #2
Document #1
```
"student" : {
    "name" : "이철희",
    "class" : "dynamics",
    "degree" : 70
}
```

Collection "Subject"

Document #2
```
"S/W Science" : {
    "id" : "SW",
```

Document #1
```
"Mechanics" : {
    "id" : "MECH",
    "class no" : 3,
    "address" : "Room A30",
    "students" :
        [student1, student2, student3]
}
```

기본적으로 Json 타입의 〈Key, Value〉 값을 사용한다는 제약 이외에는 특별한 자료구조를 가지고 있지 않습니다. 상위 〈Key, Value〉에서 Value 값은 또 다른 하위 〈Key, Value〉 값을 보유할 수 있습니다. 위의 데이터를 관계형 데이터베이스에 저장하려 한다면 9장에서 설명하였듯이 정규화Normalization를 거쳐 중복이 제거된, 외래키로 연결된 여러 개의 관계형 테이블로 나누어져야 합니다. 하지만 몽고디비는 데이터에 대한 제약이 단순하므로 하나의 도큐먼트로 표현이 가능합니다. 몽고디비가 제공하는 쿼리에서도 관계형 데이터베이스의 조인 함수를 몽고디비에서는 제공하지 않습니다. 수 테라, 수 페타바이트 데이터의 조인은 애초 무의미하고 불가능하기 때문입니다. 그래서 데이터의 중복도 허용합니다. 다음은 관계형 데이터베이스와 비교한 몽고디비 데이터베이스의 자료 구조입니다.

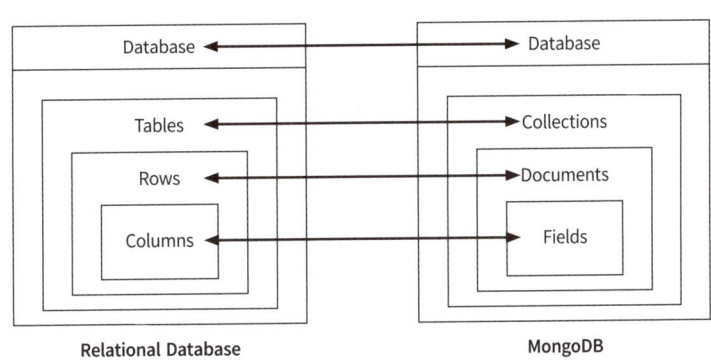

몽고디비는 관계형 데이터베이스의 데이터베이스와 동일한 개념의 데이터베이스를 사용합니다. 그리고 데이터베이스 내부에 관계형 데이터베이스의 테이블 개념과 비슷한 컬렉션Collection을 생성하여 사용합니다. 각 컬렉션은 〈Key, Value〉 타입의 Document를 가지며 각 도큐먼트는 Field값을 가집니다. Document는 이미 정해진 스키마가 없습니다. 9장에서 공부했듯이 관계형 데이터베이스의 테이블은 정규화를 거쳐 엄격한 정형화 구조를 갖습니다. 하지만 몽고디비는 〈Key, Value〉 타입의 도큐먼트를 보유하면 컬렉션을 자동으로 생성하며 데이터의 중복도 가능합니다. 그래서 몽고디비의 데이터는 정규화를 거친 데이터베이스 스키마를 지정하지 않고 개발자들의 애플리케이션이 데이터의 스키마를 생성합니다. 그러므로 가변적인 성질을 가진 데이터를 생성하고 관리할 수 있습니다.

10.1.1 몽고디비의 특성과 클러스터 관리 기능

1 Ad-hoc 질의

미리 정해지지 않고 상황에 따라 생성하여 사용하는 쿼리를 애드혹 쿼리하고 합니다. 관계형 데이터베이스에서는 SQL 도구를 사용하여 잘 구성된well-formed SQL문을 유저가 직접 데이터베이스에게 그때 상황에 맞게 질의할 수 있습니다. 몽고디비도 〈Key, Value〉 구조의 Document를 저장하고 조회할 수 있도록 쿼리를 제공하여 CRUD_{CREATE, READ, UDDATE, DELETE} 기능에 대한 애드혹-쿼리를 지원합니다. 그러므로 몽고디비 시스템은 받아들일 수 있는 질의를 미리 정의할 필요가 없습니다. 몽고디비 질의의 종류와 문법은 10.2절에서 자세히 다루겠습니다.

2 인덱싱

몽고디비에서도 관계형 데이터베이스에서 필수적으로 사용하는 인덱스를 지원합니다. 구현된 자료구조는 B-Tree 인덱스입니다. 클러스터형 인덱스Clustered Index와 보조 인덱스Secondary Index 중 보조 인덱스를 지원하여 오름차순, 내림차순, 고유unique 키, 복합 키, 해시, 텍스트, 지리공간적 인덱스와 같은 관계형 데이터베이스에서 볼 수 있는 거의 모든 인덱스 사용이 가능합니다.

3 쓰기 속도와 내구성

쓰기 속도Write Speed와 내구성Durability은 서로 반비례 관계를 갖는 특성입니다. 쓰기 속도는 미리 정해진 시간에 데이터베이스에 얼마나 많은 크기의 데이터를 처리할 수 있는지를 의미하고 내구성은 이러한 쓰기 연산작업이 디스크에 정확하고 안정적으로 반영되었는지를 확신할 수 있는 정도를 의미합니다. 데이터가 저장소에 제대로 저장되었는지 확인 작업을 거침으로써 내구성을 높인다면 쓰기 속도가 그만큼 느려지게 되고 그 반대의 경우도 마찬가지입니다. 몽고디비는 쓰기 시맨틱스Write Semantics와 저널링Journaling 기능을 제공하여 두 개념을 조절합니다. 몽고디비는 기본 설정이 명령 후 잊어버리기fire-and forget 모드로 설정되어 있어 쓰기 속도를 높여줍니다. 또한 내구성을 높이기 위해 안전모드로 쓰기 연산을 수행하여 쓰기 요청 후 응답을 확인하여 오류 없이 저장되었음을 확인할 수 있습니다. 저널링은 모든 쓰기 작업에 대해 로그를 100ms마다 Journal이라는 low-level 로그에 기록함으로써 시스템이 오류 시 데이터 파일의 손상을 방지할 수 있습니다.

4 복제셋

몽고디비의 복제셋Replica Sets은 다음에서 설명할 샤딩Sharding과 함께 분산 환경에서 안정적으로 서비스를 수행할 수 있는 강력한 기능을 제공합니다. 데이터베이스 서버를 안정적으로 관리하기 위하여 여러 대로 분산하여 관리하는 것을 복제Replication라 하며 MongoDB는 최소 3대 이상의 mongod 서버 프로세스가 필요합니다. 2대는 Primary와 Secondary의 역할을 수행하며 나머지 한 대는 중재자arbiter 역할을 수행합니다. Primary와 Secondary는 서로 복제를 수행하며 둘 중 어느 하나가 Primary 기능을 수행합니다. 중재자는 복제 데이터는 가지고 있지 않지만, 장애가 발생하여 새 Primary 노드를 선정해야 할 경우 이름 그대로 노드를 선정하는 데 관여합니다. 그리고 각 mongod 인스턴스 간에는 heartbeat이라는 신호를 이용하여 ping 명령어를 수행하여 인스턴스 간의 상태를 확인합니다. 다음의 그림은 3개의 mongod 인스턴스를 이용한 복제셋을 보여줍니다.

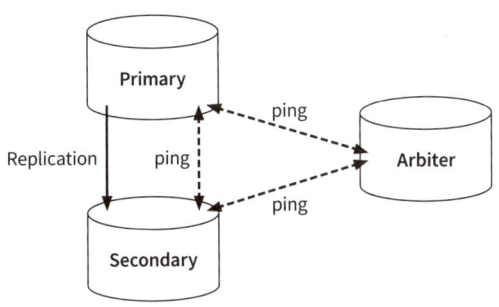

몽고디비 API 중 ChangeStream 객체를 사용하여 실시간으로 분석을 수행하기 위해서는 몽고디비가 단독실행형standalone 타입이 아니라 복제셋 타입으로 실행해야 합니다. 뒷부분에서 chanegeStream 객체를 설명할 때 몽고디비를 복제셋으로 설정하는 방법을 설명하겠습니다.

5 샤딩

복제셋의 경우 데이터베이스 인스턴스를 분산하여 데이터를 저장하였습니다. 하지만 각 인스턴스는 전체 데이터를 저장하고 있으므로 데이터의 크기나 서버의 RAM이나 CPU 코어 같은 하드웨어에 따라 영향을 받을 수 있습니다. 데이터 전체 크기가 페타에서 제타 바이트까지 증가하면 단일 서버 인스턴스에서 취급하기 어렵게 됩니다. 샤딩은 가용한 서버의 용량이나 처리 속도에 맞게 데이터를 수평적으로 분산 저장해주는 스케일 아웃Scale-Out 기능을 수행합니다. 특히 MongoDB는 데이터의 분산이 필요한 시점에 자동 샤딩을 수행하며 샤딩 작업 후에도 클라이언트 애플리케이션 코드 수정을 거의 할 필요가 없습니다. 샤딩의 구성은 다수의 샤드shard와 설정 서버config server 그리고 mongos 라우터router로 이루어집니다. 샤드에는 여러 개의 복제셋으로 클러스터의 전체 데이터 중 일부분이 분산 저장되어 있습니다. 여러 개의 샤드에서 데이터를 처리하기 위하여 사용되는 인터페이스가 mongos 프로세스입니다. 라우터의 기능을 갖는 이 프로세스는 필요한 데이터가 저장된 샤드로 읽기와 쓰기 요청을 보냅니다. mongos 라우터는 지속성이 없으므로 샤드 클러스터의 메타 데이터를 저장하는 설정 서버config server가 필요합니다. 아래 그림은 MongoDB의 샤딩에 대한 예를 보여줍니다.

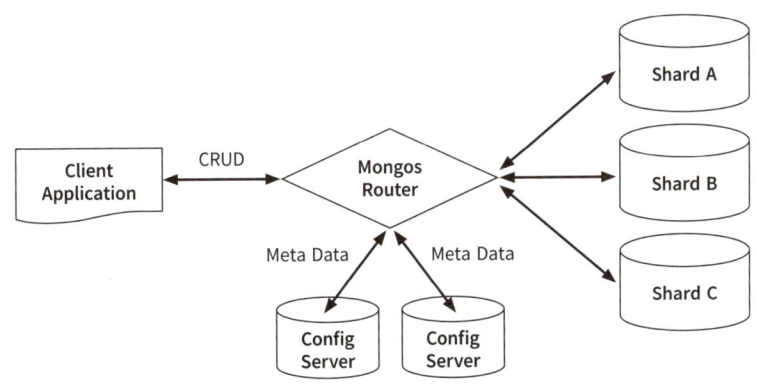

10.2 몽고디비 API

10.2.1 서버 연결 및 데이터베이스, 컬렉션 관리

❶ class pymongo.mongo_client.MongoClient

▶ 생성자(MongoClient)

몽고디비 서버와 연결을 생성합니다.

예제 ▼

```
from pymongo import MongoClient

host = 'localhost'
port = 27017

mongo = MongoClient(host, port)
print('Mongo Client : {0}'.format(mongo))  # 몽고디비 클라이언트 출력
```

```
Mongo Client : MongoClient(host=['localhost:27017'],
        document_class=dict, tz_aware=False, connect=True)  # 클라이언트 출력값
```

▶ server_info 메서드

연결된 서버의 정보를 출력합니다.

예제 ▼

```
server_info = mongo.server_info()
print('Server Info : {0}'.format(server_info))
```

```
Server Info : {'version': '5.0.4', 'gitVersion': '62a84ede3cc9a334e8bc82160714df71e7d3a29e',
'targetMinOS': 'Windows 7/Windows Server 2008 R2', 'modules': [], 'allocator': 'tcmalloc',
'javascriptEngine': 'mozjs', 'sysInfo': 'deprecated', 'versionArray': [5, 0, 4, 0],
'openssl': {'running': 'Windows SChannel' …………….. 'ok': 1.0}
```

▶ close() 메서드

연결을 종료하고 리소스를 반환합니다.

2 데이터베이스 생성 및 관리

▶ 데이터베이스 생성

mongo.db_name 또는 mongo[db_name]이 호출되며, 데이터베이스가 존재하지 않을 경우 자동으로 생성합니다.

예제 ▼

```
database = 'mongodb'
collection = 'mongocoll'

student = { 'name': '이철희', 'address': 'Seoul', 'course': 'Physics', 'score': 77 }

mongo[database][collection].insert_one(student)
```

마지막 라인에서 student document을 삽입(insert_one)하면 database와 collection이 자동으로 생성됩니다.

▶ 데이터베이스 관리(list_database_names, get_database, drop_database)

데이터베이스 이름 리스트를 반환하고 특정 데이터베이스를 호출하며 삭제가 가능합니다.

예제 ▼

```
list_db = mongo.list_database_names()
print('database list : {0}'.format(list_db))  # 데이터베이스 이름을 list 객체로 반환

m_db = mongo.get_database(database)  # 데이터베이스 호출
mongo.drop_database(m_db)  # 데이터베이스 삭제

mongo.close()
```

```
database list : ['admin', 'config', 'local', 'mongodb']  # 데이터베이스 이름 출력값
```

3 컬렉션 생성 및 관리

▶ 컬렉션 생성

db_name[collection_name] 또는 db_name.collection_name을 이용하여 호출하고 collection_name이 존재하지 않으면 자동으로 생성합니다. 또는 명시적으로 create_collection 메서드를 호출하여 생성할 수도 있습니다.

예제 ▼

```
students = [
    { 'name': '김철수', 'address': 'Seoul', 'course': 'Statistics', 'score': 96 },
    { 'name': '이영희', 'address': 'Pusan', 'course': 'Biology', 'score': 83 },
    { 'name': '홍길동', 'address': 'Gwangju', 'course': 'Chemistry', 'score': 66 },
    { 'name': '김영숙', 'address': 'Daejeon', 'course': 'Statistics', 'score': 81 }
]

database = 'mongodb'
collection = 'mongocoll'

mongo[database][collection].insert_many(students)   # database와 collection을 자동으로 생성
```

▶ 컬렉션 관리 (list_collection_name. drop_collection, get_collection)
해당 데이터베이스의 컬렉션 이름을 반환하고 호출하며 삭제가 가능합니다.

예제 ▼

```
database = 'mongodb'
collection = 'mongocoll'

list_coll = mongo[database].list_collection_names()
print('collection list : {0}'.format(list_coll))   # collection 이름을 list 타입으로 반환

mongo.get_database(database).drop_collection(collection)   # collection 삭제
```

```
collection list : ['mongocoll']   # 출력값
```

10.2.2 update, replace, delete, find

❶ update_one, update_many

해당 도큐먼트의 요소값을 갱신합니다.

예제 ▼

```
from pymongo import MongoClient

host = 'localhost'
port = 27017

mongo = MongoClient(host, port)
```

```
db = mongo['mongodb']
coll = db['mongocoll']

coll.update_one({'name':'김철수'}, {'$set': {'course': 'Athletics'}})
coll.update_many({'address': 'Seoul'}, {'$inc' : {'score': -10}})  # 숫자를 10만큼 차감합니다.

doc_list = coll.find()
for doc in doc_list:
    print(doc)  # 출력
```

```
{'_id': ObjectId('6270f3aa44d414b3c2f0f7f4'), 'name': '김철수', 'address': 'Seoul',
 'course': 'Athletics', 'score': 86}
{'_id': ObjectId('6270f3aa44d414b3c2f0f7f5'), 'name': '이영희', 'address': 'Pusan',
 'course': 'Biology', 'score': 83}
{'_id': ObjectId('6270f3aa44d414b3c2f0f7f6'), 'name': '홍길동', 'address': 'Gwangju',
 'course': 'Chemistry', 'score': 66}
{'_id': ObjectId('6270f3aa44d414b3c2f0f7f7'), 'name': '김영숙', 'address': 'Daejeon',
 'course': 'Statistics', 'score': 81}
{'_id': ObjectId('6270f3aa44d414b3c2f0f7f8'), 'name': '이철희', 'address': 'Seoul',
 'course': 'Physics', 'score': 67}   # 출력값
```

❷ replace_one

도큐먼트를 통째로 바꾸는 연산을 수행합니다.

예제 ▼

```
coll.replace_one({'address': 'Pusan'}\
    , {'name': '박길수', 'address': 'Jeonju', 'course': 'Engineering', 'score': 93})

doc_list = coll.find()
for doc in doc_list:
    print(doc)
```

```
{'_id': ObjectId('6270f3aa44d414b3c2f0f7f4'), 'name': '김철수', 'address': 'Seoul',
 'course': 'Athletics', 'score': 86}
{'_id': ObjectId('6270f3aa44d414b3c2f0f7f5'), 'name': '박길수', 'address': 'Jeonju',
 'course': 'Engineering', 'score': 93}
{'_id': ObjectId('6270f3aa44d414b3c2f0f7f6'), 'name': '홍길동', 'address': 'Gwangju',
 'course': 'Chemistry', 'score': 66}
{'_id': ObjectId('6270f3aa44d414b3c2f0f7f7'), 'name': '김영숙', 'address': 'Daejeon',
 'course': 'Statistics', 'score': 81}
{'_id': ObjectId('6270f3aa44d414b3c2f0f7f8'), 'name': '이철희', 'address': 'Seoul',
 'course': 'Physics', 'score': 67}
```

❸ delete_one, delete_many
도큐먼트를 삭제합니다.

> 예제 ▼

```
coll.delete_many({'address' : 'Seoul'})

doc_list = coll.find()
for doc in doc_list:
    print(doc)
```

```
{'_id': ObjectId('6270f3aa44d414b3c2f0f7f5'), 'name': '박길수', 'address': 'Jeonju',
'course': 'Engineering', 'score': 93}
{'_id': ObjectId('6270f3aa44d414b3c2f0f7f6'), 'name': '홍길동', 'address': 'Gwangju',
'course': 'Chemistry', 'score': 66}
{'_id': ObjectId('6270f3aa44d414b3c2f0f7f7'), 'name': '김영숙', 'address': 'Daejeon',
'course': 'Statistics', 'score': 81}
```

❹ find, find_one
도큐먼트를 검색하여 값을 반환합니다. find() 메서드는 Cursor 객체를 반환하고 find_one() 메서드는 첫 번째 도큐먼트를 반환합니다.

> 예제 ▼

```
from pymongo import MongoClient

host = 'localhost'
port = 27017

mongo = MongoClient(host, port)

db = mongo['mongodb']
coll = db['mongocoll']

doc = coll.find_one({'address' : 'Seoul'})
print(doc)   # 조건에 맞는 첫 번째 도큐먼트 출력
```

```
{'_id': ObjectId('6270f690a77a643eff7e0cbe'), 'name': '김철수', 'address': 'Seoul',
'course': 'Statistics', 'score': 96}   # 출력값
```

5 find_one_and_delete, find_one_and_replace, find_one_and_update

메서드 이름에서 직관적으로 알 수 있듯이 검색 후 도큐먼트에 작업을 수행합니다.

```
from pymongo import ReturnDocument

doc = coll.find_one_and_update({'name' : '김철수'}\
        ,{'$set' : {'course': 'Athletics'}}, return_document=ReturnDocument.AFTER)

print(doc)   #1 갱신한 도큐먼트를 출력

doc = coll.find_one_and_delete({'name' : '김영숙'})

doc_list = coll.find()
for doc in doc_list:
    print(doc)   #2 삭제된 도큐먼트를 제외한 모든 도큐먼트를 출력
```

```
{'_id': ObjectId('6270f690a77a643eff7e0cbe'), 'name': '김철수', 'address': 'Seoul',
'course': 'Athletics', 'score': 96}   # 1 출력값

{'_id': ObjectId('6270f690a77a643eff7e0cbe'), 'name': '김철수', 'address': 'Seoul',
'course': 'Athletics', 'score': 96}
{'_id': ObjectId('6270f690a77a643eff7e0cbf'), 'name': '이영희', 'address': 'Pusan',
'course': 'Biology', 'score': 83}
{'_id': ObjectId('6270f690a77a643eff7e0cc0'), 'name': '홍길동', 'address': 'Gwangju',
'course': 'Chemistry', 'score': 66}
{'_id': ObjectId('6270f690a77a643eff7e0cc2'), 'name': '이철희', 'address': 'Seoul',
'course': 'Physics', 'score': 77}   #2 삭제된 도큐먼트를 제외한 모든 도큐먼트 출력값
```

10.2.3 class pymongo.cursor.Cursor

find() 메서드를 호출하면 다수의 도큐먼트를 다룰 수 있는 Cursor 객체를 반환합니다.

▶ sort

예제 ▼

```
list = coll.find().sort('score', -1)
for doc in list:
    print(doc)
```

```
{'_id': ObjectId('6270fb84924de1c97523a496'), 'name': '김철수', 'address': 'Seoul',
'course': 'Statistics', 'score': 96}
{'_id': ObjectId('6270fb84924de1c97523a497'), 'name': '이영희', 'address': 'Pusan',
'course': 'Biology', 'score': 83}
{'_id': ObjectId('6270fb84924de1c97523a499'), 'name': '김영숙', 'address': 'Daejeon',
'course': 'Statistics', 'score': 81}
{'_id': ObjectId('6270fb84924de1c97523a49a'), 'name': '이철희', 'address': 'Seoul',
'course': 'Physics', 'score': 77}
{'_id': ObjectId('6270fb84924de1c97523a498'), 'name': '홍길동', 'address': 'Gwangju',
'course': 'Chemistry', 'score': 66}
```

▶ limit

예제 ▼

```
list = coll.find().limit(3)
for doc in list:
    print(doc)
```

```
{'_id': ObjectId('6270fb84924de1c97523a496'), 'name': '김철수', 'address': 'Seoul',
'course': 'Statistics', 'score': 96}
{'_id': ObjectId('6270fb84924de1c97523a497'), 'name': '이영희', 'address': 'Pusan',
'course': 'Biology', 'score': 83}
{'_id': ObjectId('6270fb84924de1c97523a498'), 'name': '홍길동', 'address': 'Gwangju',
'course': 'Chemistry', 'score': 66}
```

▶ skip

예제 ▼

```
list = coll.find().skip(3)
for doc in list:
    print(doc)
```

```
{'_id': ObjectId('6270fb84924de1c97523a499'), 'name': '김영숙', 'address': 'Daejeon',
'course': 'Statistics', 'score': 81}
{'_id': ObjectId('6270fb84924de1c97523a49a'), 'name': '이철희', 'address': 'Seoul',
'course': 'Physics', 'score': 77}
```

▶ distinct

예제 ▼

```
list = coll.find().distinct('address')
for doc in list:
    print(doc)   # 출력값
```

```
Daejeon
Gwangju
Pusan
Seoul    # 출력값
```

10.2.4 Query 매개변수

각 함수의 매개변수로 지정할 수 있는 객체로서 반환되는 도큐먼트의 조건을 지정합니다.

연산자	기능
$eq	equals, 동일값
$ne	not equals, 비동일값
$lt	less than, 보다 작은
$lte	less than equals, 보다 작거나 같은
$gt	greater than, 보다 큰
$gte	greater than equals, 보나 크거나 같은

연산자	기능
$inc	increment, 증분
$in	in, 포함
$and	and, 논리곱
$or	or, 논리합
$regex	regular expression, 정규식

예제 ▼

```
list_and = coll.find({'$and': [{'score': {'$gt': 80}}, {'score': {'$lt': 90}}]})
for doc in list_and:
    print(doc)   # 출력값 #1

###############################################################

list_ne = coll.find({'address': {'$ne': 'Seoul'}})
for doc in list_ne:
    print(doc)   # 출력값 #2

###############################################################

list_in = coll.find({'course': {'$in': ['Physics', 'Statistics']}})
for doc in list_in:
    print(doc)   # 출력값 #3

###############################################################

list_match = coll.find({'name': {'$regex': '김'}})
for doc in list_match:
    print(doc)   # 출력값 #4

###############################################################
```

```
from pymongo import ReturnDocument

list_inc = coll.find_one_and_update({'address' : 'Daejeon'}\
        ,{'$inc' : {'score': 10}}, return_document=ReturnDocument.AFTER)
print(list_inc)   # 출력값 #5
```

```
{'_id': ObjectId('6270fb84924de1c97523a497'), 'name': '이영희', 'address': 'Pusan',
'course': 'Biology', 'score': 83}
{'_id': ObjectId('6270fb84924de1c97523a499'), 'name': '김영숙', 'address': 'Daejeon',
'course': 'Statistics', 'score': 81}   # 출력값 #1
```

```
{'_id': ObjectId('6270fb84924de1c97523a497'), 'name': '이영희', 'address': 'Pusan',
'course': 'Biology', 'score': 83}
{'_id': ObjectId('6270fb84924de1c97523a498'), 'name': '홍길동', 'address': 'Gwangju',
'course': 'Chemistry', 'score': 66}
{'_id': ObjectId('6270fb84924de1c97523a499'), 'name': '김영숙', 'address': 'Daejeon',
'course': 'Statistics', 'score': 81}   # 출력값 #2
```

```
{'_id': ObjectId('6270fb84924de1c97523a496'), 'name': '김철수', 'address': 'Seoul',
'course': 'Statistics', 'score': 96}
{'_id': ObjectId('6270fb84924de1c97523a499'), 'name': '김영숙', 'address': 'Daejeon',
'course': 'Statistics', 'score': 81}
{'_id': ObjectId('6270fb84924de1c97523a49a'), 'name': '이철희', 'address': 'Seoul',
'course': 'Physics', 'score': 77}   # 출력값 #3
```

```
{'_id': ObjectId('6270fb84924de1c97523a496'), 'name': '김철수', 'address': 'Seoul',
'course': 'Statistics', 'score': 96}
{'_id': ObjectId('6270fb84924de1c97523a499'), 'name': '김영숙', 'address': 'Daejeon',
'course': 'Statistics', 'score': 81}   # 출력값 #4
```

```
{'_id': ObjectId('6270fb84924de1c97523a499'), 'name': '김영숙', 'address': 'Daejeon',
'course': 'Statistics', 'score': 91}   # 출력값 #5
```

10.2.5 class pymongo.change_stream.ChangeStream

ChangeStream 클래스를 사용하려면 몽고디비를 복제셋 형식으로 설정해야 합니다. ChangeStream 객체를 이용하여 실시간 스트림을 사용하기 위해 몽고디비를 복제셋으로 설정하는 방법을 설명하겠습니다.

▶ **설정 파일을 이용한 복제셋 설정**

몽고디비의 설정 파일을 사용하여 복제셋을 구성합니다. 각 운영체제에 따라 다른 설정 파일을 사용합니다. 기본값으로 몽고디비를 설치했을 때

- 윈도우: C:\Program Files\MongoDB\Server\5.0\bin\mongod.cfg
- 우분투: /etc/mongod.conf

파일에 다음과 같이 설정을 추가합니다.

```
# network interfaces
net:
  port: 27017
  bindIp: 127.0.0.1

replication:
  replSetName: "replica01"
```

그리고 `mongo` 명령어를 사용하여 몽고디비 셸로 들어온 후 아래 명령어를 실행하여 단독실행형 모드에서 복제셋 모드로 변환합니다.

```
> rs.initiate()
```

상태를 확인하는 명령어로 설정이 제대로 작동하는지 확인합니다.

```
> rs.status()
```

```
{
    "set" : "replica01",
    "date" : ISODate("2022-05-27T23:51:35.325Z"),
    "myState" : 1,
    "term" : NumberLong(1),
    "syncSourceHost" : "",
    "syncSourceId" : -1,

    ....
    ....
    "ok" : 1,
    "$clusterTime" : {
        "clusterTime" : Timestamp(1653695476, 15),
```

```
        "signature" : {
            "hash" : BinData(0,"AAAAAAAAAAAAAAAAAAAAAAAAAAA="),
            "keyId" : NumberLong(0)
        }
    },
    "operationTime" : Timestamp(1653695476, 15)
}
```

▶ 몽고디비 클라이언트 연결값 갱신

앞에서 설명했던 MongoClient 생성자에 다음과 같이 매개변수를 추가하여 연결합니다.

예제 ▼

```
mongo = MongoClient('localhost', 27017, replicaSet='replica01')
```

▶ watch

몽고디비 데이터베이스나 컬렉션에 부여하는 이벤트 함수로서 데이터베이스나 컬렉션에 변화가 발생하면 ChangeStream 객체를 반환합니다.

예제 ▼

```python
from pymongo import MongoClient

mongo = MongoClient('localhost', 27017, replicaSet='replica01')

results = mongo.mongodb_pipe.mongo_pipe_coll.watch()

for result in results:
    print(result)   # 변화값을 출력합니다.
```

컬렉션에 watch 함수를 호출하여 컬렉션의 변화에 이벤트를 발생합니다. 그리고 다른 셸이나 프로그램에서 컬렉션에 변화를 생성합니다.

```python
from pymongo import MongoClient

mongo = MongoClient('localhost', 27017, replicaSet='replica01')

students = [
    { 'name': '김철수', 'address': 'Seoul', 'course': 'Statistics', 'score': 96 },
    { 'name': '이영희', 'address': 'Pusan', 'course': 'Biology', 'score': 83 },
    { 'name': '홍길동', 'address': 'Gwangju', 'course': 'Chemistry', 'score': 66 },
    { 'name': '김영숙', 'address': 'Daejeon', 'course': 'Statistics', 'score': 81 },
    { 'name': '이철희', 'address': 'Seoul', 'cource': 'Physics', 'score': 77 }
```

```
]

database = 'mongodb_pipe'
collection = 'mongo_pipe_coll'

mongo[database][collection].insert_many(students)

mongo.close()
```

아래와 같이 컬렉션에 대한 ChangeStream 객체를 출력합니다. 값은 Json 타입으로 출력됩니다.

```
{'_id': {'_data': '826272FCE...10004'}, 'operationType': 'insert', 'clusterTime': Timestamp
(1651703012, 2), 'fullDocument': {'_id': ObjectId('6272fce4f1c653e14fa8aece'), 'name': '김철수',
'address': 'Seoul', 'course': 'Statistics', 'score': 96}, 'ns': {'db': 'mongodb_pipe', 'coll':
'mongo_pipe_coll'}, 'documentKey': {'_id': ObjectId('6272fce4f1c653e14fa8aece')}}
{'_id': {'_data': '826272FCE...20004'}, 'operationType': 'insert', 'clusterTime': Timestamp
(1651703012, 3), 'fullDocument': {'_id': ObjectId('6272fce4f1c653e14fa8aecf'), 'name': '이영희',
'address': 'Pusan', 'course': 'Biology', 'score': 83}, 'ns': {'db': 'mongodb_pipe', 'coll':
'mongo_pipe_coll'}, 'documentKey': {'_id': ObjectId('6272fce4f1c653e14fa8aecf')}}
{'_id': {'_data': '826272FCE...30004'}, 'operationType': 'insert', 'clusterTime': Timestamp
(1651703012, 4), 'fullDocument': {'_id': ObjectId('6272fce4f1c653e14fa8aed0'), 'name': '홍길동',
'address': 'Gwangju', 'course': 'Chemistry', 'score': 66}, 'ns': {'db': 'mongodb_pipe', 'coll':
'mongo_pipe_coll'}, 'documentKey': {'_id': ObjectId('6272fce4f1c653e14fa8aed0')}}
{'_id': {'_data': '826272FCE...40004'}, 'operationType': 'insert', 'clusterTime': Timestamp
(1651703012, 5), 'fullDocument': {'_id': ObjectId('6272fce4f1c653e14fa8aed1'), 'name': '김영숙',
'address': 'Daejeon', 'course': 'Statistics', 'score': 81}, 'ns': {'db': 'mongodb_pipe', 'coll':
'mongo_pipe_coll'}, 'documentKey': {'_id': ObjectId('6272fce4f1c653e14fa8aed1')}}
{'_id': {'_data': '826272FCE...50004'}, 'operationType': 'insert', 'clusterTime': Timestamp
(1651703012, 6), 'fullDocument': {'_id': ObjectId('6272fce4f1c653e14fa8aed2'), 'name': '이철희',
'address': 'Seoul', 'cource': 'Physics', 'score': 77}, 'ns': {'db': 'mongodb_pipe', 'coll':
'mongo_pipe_coll'}, 'documentKey': {'_id': ObjectId('6272fce4f1c653e14fa8aed2')}}
```

▶ pipeline

watch 함수의 매개변수로서 쿼리 함수를 사용하여 ChangeStream 객체에서 값을 필터링하여 반환할 수 있습니다.

```
pipeline = [{"$match": {"fullDocument.address": "Seoul"}},
            {"$match": {"fullDocument.score": {'$gte': 80}}}]
results = coll.watch(pipeline)

from pprint import pprint

for result in results:
    pprint(result)   # pipeline의 조건을 만족하는 값을 출력합니다.
```

```
{'_id': {'_data': '8262724……..0004'},
 'clusterTime': Timestamp(1651657351, 1),
 'documentKey': {'_id': ObjectId('62724a872f7d2f050d90daff')},
 'fullDocument': {'_id': ObjectId('62724a872f7d2f050d90daff'),
                  'address': 'Seoul',
                  'course': 'Statistics',
                  'name': '김철수',
                  'score': 96},
 'ns': {'coll': 'mongo_pipe_coll', 'db': 'mongodb_pipe'},
 'operationType': 'insert'}   # pipeline의 조건을 만족하는 출력값
```

▶ close

ChangeStream 객체를 닫고 리소스를 반환합니다.

10.3 파이썬 실습 프로젝트

1 PyDev Perspective에서 [Window] ➡ [Preferences] 메뉴를 클릭합니다.

2 좌측의 패널에서 [PyDev] ➡ [Interpreters] ➡ [Python Interpreter]를 선택하고 Packages 탭에서 [Manage with pip] 버튼을 클릭합니다.

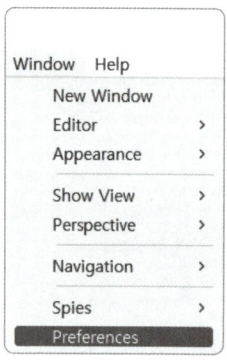

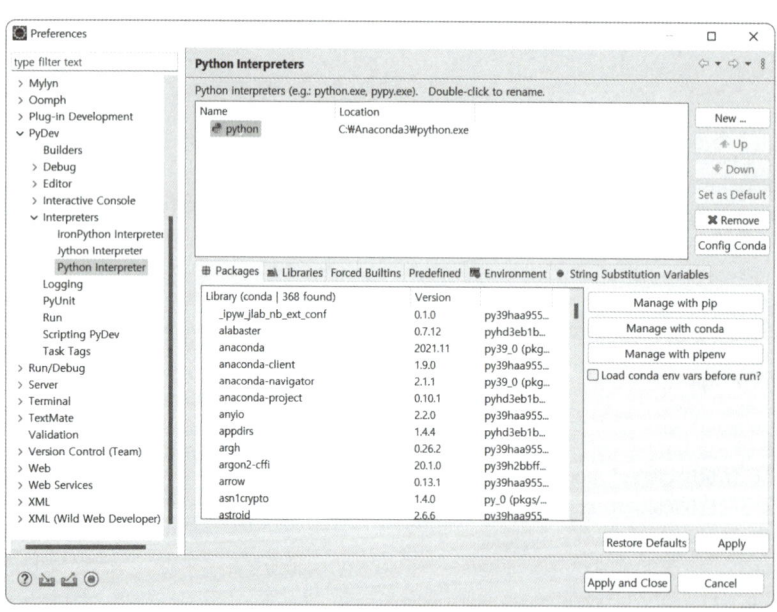

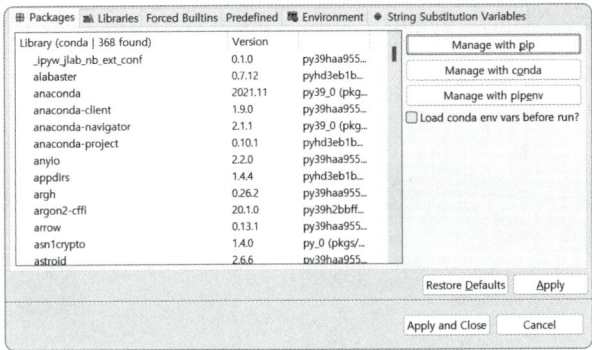

3 pymongo를 입력하고 [Run] 버튼을 클릭하여 모듈을 설치합니다.

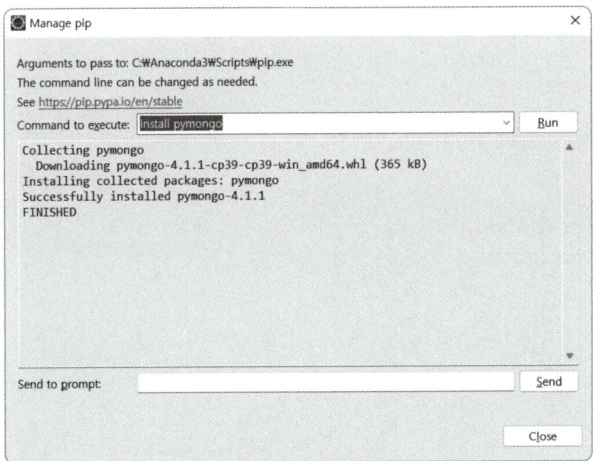

4 이제 몽고디비에 저장된 데이터를 사용하여 학습 모델을 생성할 파이썬 모듈을 생성합니다. 9장에서 생성한 Deep-Learn-Python 프로젝트를 선택하고 마우스 오른쪽 버튼으로 [New] ➡ [PyDev Module] 메뉴를 선택합니다.

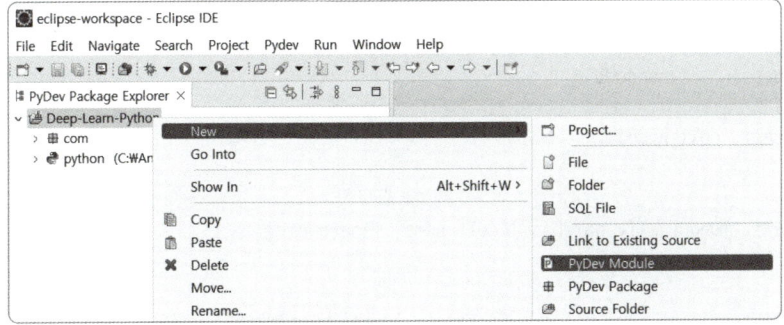

5 Package는 com.aaa.dl.pipeline로 입력하고 Name을 mongo_feat로 지정합니다. 그리고 Template 은 [Module: Class]로 선택합니다.

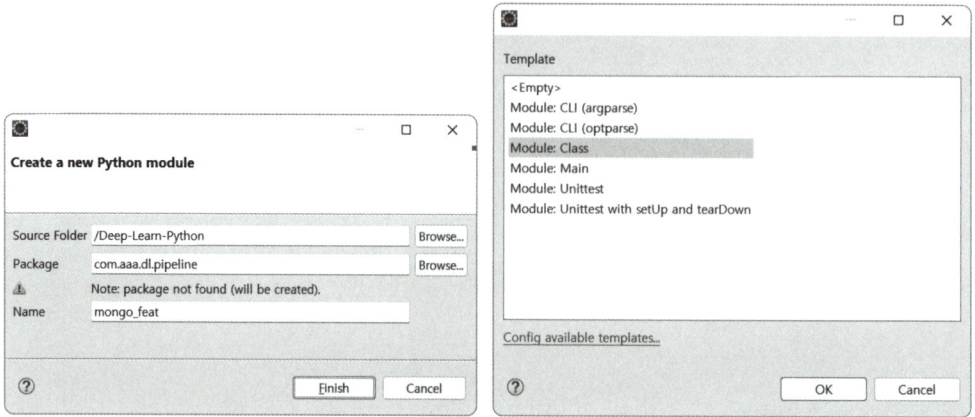

6 Class 이름을 Mongo2DLFeat로 명명하고 다음과 같이 코딩합니다.

```
01  from sklearn.preprocessing import MinMaxScaler
02  from sklearn.preprocessing import OneHotEncoder
03
04  from pymongo import MongoClient
05
06  import pandas as pd
07
08  class Mongo2DLFeat(object):
09      '''
10      classdocs
11      '''
12
13
14      def __init__(self):
15          '''
16          Constructor
17          '''
18          self._mongo = MongoClient('localhost', 27017)
19          self._database = 'etlmongodb'
20
21      def getSeries(self, coll_name):
22          query = {}
23
24          cursor = self._mongo[self._database][coll_name].find(query)
25          list_cur = list(cursor)
26
27          df = pd.DataFrame(list_cur, columns=['state', 'date', 'value'])
```

```python
            # MongoDB의 시간대는 UTC로서 우리나라 시간대와 9시간이 차이납니다.
            # 로컬 시간대를 사용하기 위해 9시간을 추가합니다.
            df['date'] = df['date'] + pd.DateOffset(hours=9)
            df['date'] = df['date'].dt.strftime('%Y-%m-%d')
            df.set_index(['state', 'date'], inplace=True)
            collection = ('_').join(coll_name.split('_')[1:])
            df.rename(columns = {'value' : collection}, inplace=True)

            return df

    def getDataFrame(self):
        series_earn_Construction_month = 
            self.getSeries('coll_earn_Construction_month')
        #series_earn_Education_and_Health_Services_month = 
            self.getSeries('coll_earn_Education_and_Health_Services_month')
        series_earn_Financial_Activities_month = 
            self.getSeries('coll_earn_Financial_Activities_month')
        series_earn_Goods_Producing_month = 
            self.getSeries('coll_earn_Goods_Producing_month')
        series_earn_Leisure_and_Hospitality_month = 
            self.getSeries('coll_earn_Leisure_and_Hospitality_month')
        series_earn_Manufacturing_month = 
            self.getSeries('coll_earn_Manufacturing_month')
        series_earn_Private_Service_Providing_month = 
            self.getSeries('coll_earn_Private_Service_Providing_month')
        series_earn_Professional_and_Business_Services_month = 
            self.getSeries('coll_earn_Professional_and_Business_Services_month')
        series_earn_Trade_Transportation_and_Utilities_month = 
            self.getSeries('coll_earn_Trade_Transportation_and_Utilities_month')
        series_unempl_month = self.getSeries('coll_unempl_month')

        '''결측값 처리'''
        df = pd.concat([series_earn_Construction_month,
            #series_earn_Education_and_Health_Services_month,
            series_earn_Financial_Activities_month,
            series_earn_Goods_Producing_month,
            series_earn_Leisure_and_Hospitality_month,
            series_earn_Manufacturing_month,
            series_earn_Private_Service_Providing_month,
            series_earn_Professional_and_Business_Services_month,
            series_earn_Trade_Transportation_and_Utilities_month,
            series_unempl_month], axis=1)
        df.interpolate()
        #df.fillna(df.mean())

        ''' feature 스케일링'''
        scaler = MinMaxScaler()
        scaler.fit(df)
        ndarray_scaled = scaler.transform(df)
        df_scaled = pd.DataFrame(data=ndarray_scaled, columns=df.columns, index=df.index)
```

```
69
70          return df_scaled
71
72      def getFeature(self):
73          df = self.getDataFrame()
74          df.reset_index(inplace=True)
75
76          ''' One Hot Encoding '''
77          ohe = OneHotEncoder(sparse=False)
78          ohe.fit(df[['state']])
79          one_hot_encoded = ohe.transform(df[['state']])
80          ohe_df = pd.DataFrame(one_hot_encoded, columns=ohe.categories_[0])
81
82          df = pd.concat([df, ohe_df], axis=1)
83
84          return df
```

생성자에서 18라인과 같이 몽고디비와의 연결을 생성합니다. 24라인과 25라인에서 쿼리를 불러와 리스트 객체를 만들고 27라인에서 Pandas의 DataFrame을 생성합니다. 몽고디비의 시간대는 UTC로 고정되어 있습니다. 우리 시간대로 맞추기 위해 30라인에서 9시간을 추가합니다. 그리고 31라인에서 시간 형식을 지정합니다. 34라인에서 칼럼 이름을 지정하고 반환합니다. 39라인에서 48라인까지 원하는 데이터를 불러와 51~60라인에서 axis=1인 칼럼 방향으로 합칩니다. 61라인에서 결측값을 보정하고 66~67라인에서 DataFrame을 스케일링 합니다. 78~79라인에서 DataFrame의 'state' 칼럼을 정수화하고 82라인에서 DataFrame에 병합하여 특성 행렬을 완성합니다.

7 이제 생성한 클래스를 실행할 모듈을 만듭니다. PyDev Package Explorer에서 Deep-Learn-Python 프로젝트의 com.aaa.dl.pipeline 패키지를 선택하고 마우스 오른쪽 버튼으로 [New] ➡ [PyDev Module]을 선택합니다.

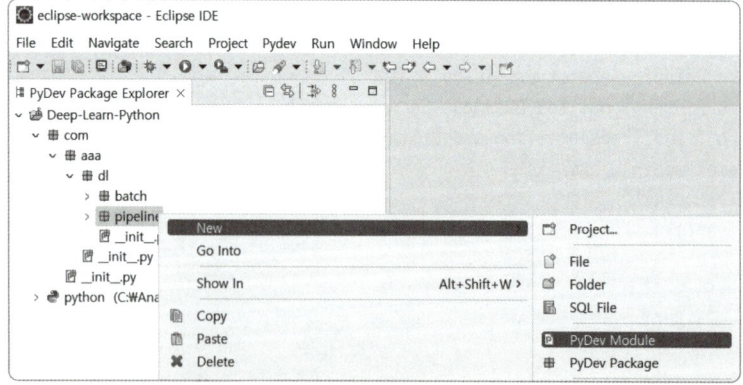

8 Name을 feat_extract_mongo로 명명하고 Template을 [Module: Main]로 선택합니다.

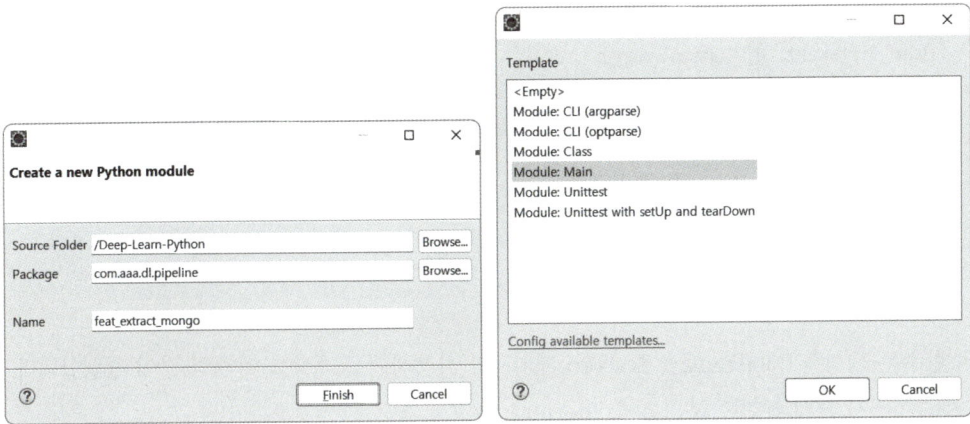

9 feat_extract_mongo.py를 아래와 같이 코딩합니다.

```
01  from com.aaa.dl.pipeline.mongo_feat import Mongo2DLFeat
02
03  import matplotlib.pyplot as plt
04  import seaborn as sns
05
06  def draw_ficture(x, y, data_title, df):
07      sns.lineplot(ax = ax[x][y],
08                   data = df,
09                   x = df.index.get_level_values('date'),
10                   y = df[data_title],
11                   hue = df.index.get_level_values('state'),
12                   marker = 'o',
13                   legend=False)
14
15  if __name__ == '__main__':
16      feat_mongo = Mongo2DLFeat()
17
18      df = feat_mongo.getDataFrame()
19
20      print(df.columns)
21      print(df)
22
23      fig, ax = plt.subplots(2,5, figsize=(70,60))
24
25      draw_ficture(0, 0, 'earn_Construction_month', df)
26      #draw_ficture(0, 1, 'earn_Education_and_Health_Services_month', df)
27      draw_ficture(0, 1, 'earn_Financial_Activities_month', df) # 인덱스 값도 다시 조정합니다.
28      draw_ficture(0, 2, 'earn_Goods_Producing_month', df) # 인덱스 값도 다시 조정합니다.
29      draw_ficture(0, 3, 'earn_Leisure_and_Hospitality_month', df) # 인덱스 값도 다시 조정합니다.
```

```
30        draw_ficture(1, 0, 'earn_Manufacturing_month', df)
31        draw_ficture(1, 1, 'earn_Private_Service_Providing_month', df)
32        draw_ficture(1, 2, 'earn_Professional_and_Business_Services_month', df)
33        draw_ficture(1, 3, 'earn_Trade_Transportation_and_Utilities_month', df)
34        draw_ficture(1, 4, 'unempl_month', df)
35
36        plt.show()
37
38        feat = feat_mongo.getFeature()
39
40        print(feat.columns)
41        print(feat)
```

6라인의 함수는 생성된 DataFrame을 Seaborn 패키지를 사용하여 그래프를 아래와 같이 생성합니다. 그리고 38라인에서 특성 행렬을 불러올 수 있습니다.

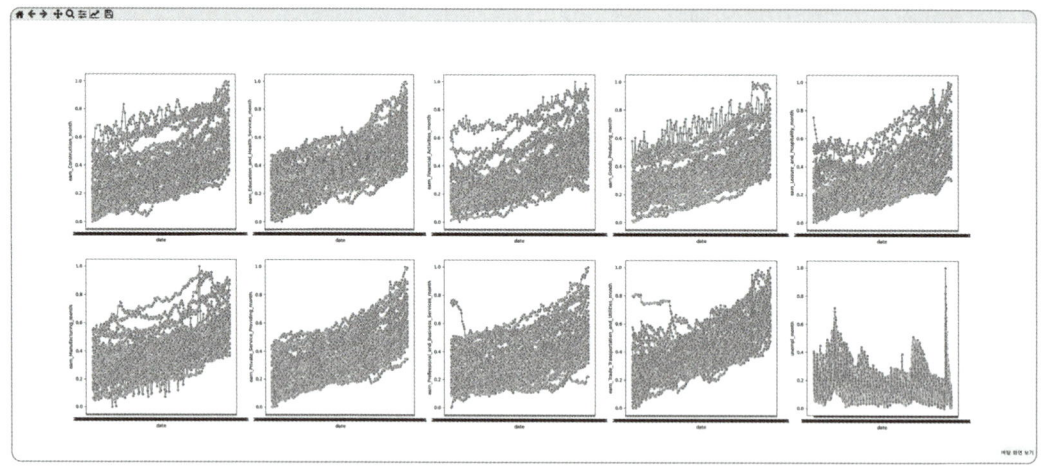

이 장을 끝으로 우리는 머신러닝에 필요한 빅데이터를 전처리하는 여정을 마무리했습니다. 학습과 예측에 필요한 데이터를 원하는 구조로 변환했으며 이를 데이터 마트에 저장했습니다. 배치 작업에 적합한 데이터와 실시간 스트리밍이 가능한 데이터 두 가지를 생성했고 관계형 데이터베이스와 NoSQL 몽고디비에 각각 저장하여 머신러닝에 필요한 기초적인 파이프라인을 생성했습니다. 1장에서 언급했듯이 이제 머신러닝의 모델링을 만들게 되면 그 모델을 학습시키고 예측할수 있는 특성 데이터를 불러올 수 있습니다. 저장소에서 스케일링과 수치화된 원하는 열을 호출하는 특화된 코드를 만들어 사용하면 됩니다. 이 책은 빅데이터 기술을 이용하여 데이터 전처리 파이프라인을 만드는 과정을 익히는 것이 목적이므로 혹시 여러분의 컴퓨터에서 예제 행렬의 열이 많다는 판단이 들면 열의 개수를 축소해도 무리가 없을 듯합니다. 물론 학습의 정확도는 조금 떨어질 것입니다.

이 책을 마무리하면서 여러분이 빅데이터의 개념을 숙지하고 이를 가공하는 데이터 전처리 과정을 학습함으로써 현재 ICT 산업의 빅데이터 기술에 대한 통찰력과 영감을 얻기를 고대합니다. 끝까지 읽어주셔서 고맙습니다.

진솔한 서평을 올려주세요!

이 책 또는 이미 읽은 제이펍의 책이 있다면, 장단점을 잘 보여주는 솔직한 서평을 올려주세요.
매월 최대 5건의 우수 서평을 선별하여 원하는 제이펍 도서를 1권씩 드립니다!

- **서평 이벤트 참여 방법**
  1. 제이펍 책을 읽고 자신의 블로그나 SNS, 각 인터넷 서점 리뷰란에 서평을 올린다.
  2. 서평이 작성된 URL과 함께 review@jpub.kr로 메일을 보내 응모한다.

- **서평 당선자 발표**
  매월 첫째 주 제이펍 홈페이지(www.jpub.kr)에 공지하고, 해당 당선자에게는 메일로 연락을 드립니다.
  단, 서평단에 선정되어 작성한 서평은 응모 대상에서 제외합니다.

독자 여러분의 응원과 채찍질을 받아 더 나은 책을 만들 수 있도록 도와주시기 바랍니다.

찾아보기

기호 및 번호

$and	401
$eq	401
$gt	401
$gte	401
$in	401
$inc	401
$lt	401
$lte	401
$ne	401
$or	401
$regex	401
@JsonDeserialize	86
@JsonFormat	85
@JsonProperty	85
@JsonPropertyOrder	84
@JsonRootName	86
@JsonSerialize	86
1:1	346
1:N	346
4차 산업혁명	4, 11, 21, 22

A

ABCD	1
ACID 이론	15
Action	238
add	365
add_all	365
Ad-hoc 질의	391
alias	360
aliased	369
all	367
and_	363, 370
Apache Arrow	124
Application Manager	91
Application Master	91
ArrayNode	79
asc	358, 368
Asynchronous	198
attribute	345
AVG	359, 369

B

Batch Layer	27
Batch Processing	26
between	361

C

Callback	214
CAP 이론	15
ChangeStream	402
checkpointing	321
close	223, 365, 394, 406

column	240, 278, 345, 353
commit	365
Configuration	114
confluent-kafka-python	220
Consumer	222
Consumer⟨K, V⟩	216
ConsumerConfig	218
ConsumerRecord⟨K, V⟩	217
ConsumerRecords⟨K, V⟩	218
Container	91
contains	361, 370
copy_file	125
count	367
COUNT	359, 369
create_dir	125
create_engine	352
CsvMapper	81
CsvSchema	83
Cursor	399

D

Database	341
Database Management System(DBMS)	342
Data Control Language(DCL)	343
Data Definition Language(DDL)	343
Data Flow	6
DataFrame	240
DataFrameReader	258
DataFrameWriter	263
Data Lake	6, 12
Data Manipulation Language(DML)	343
Datanode	90
Data Preprocessing	23
data science	4
Dataset	240, 266
DataStreamReader	322
Data Warehouse	6, 12
Decoupling	198
delete	356, 366
delete_dir	125
delete_dir_contents	126
delete_file	126
delete_many	398
delete_one	398
desc	358, 368
Digital Transformation	11, 20
distinct	357, 367, 400
drop_collection	396
drop_database	395
dropna	372
DropTable	353, 354
DStream	317
Durability	392

E

Elastic MapReduce(EMR)	6, 28
endswith	362
Enterprise Data Streaming Bus	200
entity	345
execute	365
Extract & Load, Transformation(ELT)	25
Extract, Transform and Loading(ETL)	12, 25

F

FileDataInputStream	121
FileDataOutputStream	122
FileStatus	123
FileSystem	116
fillna	372
find	398
find_one	398
find_one_and_delete	399
find_one_and_replace	399
find_one_and_update	399
first	367
flush	221, 365
Foreign Key	346

Fred	87
fredapi	66, 87
functions	282

G

Galera Cluster	344
get	368
get_collection	396
get_database	395
get_file_info	126
get_series	87
get_series_all_releases	88
get_series_as_of_date	88
get_series_first_release	87
get_series_info	87
get_series_latest_release	87
Google Cloud Dataproc	28
GraphX	238
group_by	368
GROUP BY	359

H

Hadoop	4
Hadoop Distributed File System(HDFS)	6, 90
HadoopFileSystem	125
Hadoop Insight	28
HAVING	359
HDInsight	6, 28
Historical Data	26

I

ICBM	1
in_	362, 371
INSERT	355
Internet of Things(IoT)	10
interpolate	373
isnull	372

J

Jackson 라이브러리	66, 67
Journaling	392
JsonNode	76

K

KafkaConsumer	211
KafkaConsumer〈K, V〉	216
KafkaProducer	211
KafkaProducer〈K, V〉	212
Kappa	27
Key	345

L

label	363
Lambda	26
lazy-execution	237
like	360, 370
limit	400
lineage	237
list_collection_name.	396
list_database_names	395
Long-tail law	14
Loosely Coupled	198

M

many-to-many	346
MAX	359, 369
Message Broker	198
Message Consumer	198
Message Producer	198
Metadata	343, 353
MIN	359, 369
MinMaxScaler	374
MongoClient	394
move	126

N

Namenode	90
N:N	346
Node Manager	91
Normalization	346
NoSQL	14, 17

O

ObjectMapper	68
Object Relational Mapping(ORM)	347
offset	201
onCompletion	214
one	367
One-Hot Encoding	375
one-to-many	346
one-to-one	346
on-premise	22
open_append_stream	126
open_input_file	127
open_input_stream	127
open-jdk	29
open_output_stream	127
or_	363, 370
order_by	358, 368
org.apache.kafka.common.serialization	219

P

PACELC 이론	17
Pareto's law	14
Partition	201
Path	121
pause	222
pipeline	405
Point-to-Point	198
poll	221, 222
Primary Key	346
produce	221
Producer	220
Producer⟨K, V⟩	212
ProducerConfig	213
ProducerRecord⟨K, V⟩	213
Publisher	198
Publish-Subscribe	198
PyArrow	124
pymongo	28
pymysql	28

Q

query	365
Queue	198

R

Realtime Data	26
Realtime Processing	26
record	345
Redundancy	198
Relation Schema	345
replace_one	397
Replica Sets	392
Replication	344
Resilient Distributed Datasets(RDD)	237
Resource Manager	91
resume	223
rollback	365
row	240, 278, 345

S

scale out	8, 14
scale up	8, 13
Scheduler	91
Schema On Read	9, 13
Schema On Write	8, 12
search	88
search_by_category	88
search_by_release	88

Fred	87
fredapi	66, 87
functions	282

G

Galera Cluster	344
get	368
get_collection	396
get_database	395
get_file_info	126
get_series	87
get_series_all_releases	88
get_series_as_of_date	88
get_series_first_release	87
get_series_info	87
get_series_latest_release	87
Google Cloud Dataproc	28
GraphX	238
group_by	368
GROUP BY	359

H

Hadoop	4
Hadoop Distributed File System(HDFS)	6, 90
HadoopFileSystem	125
Hadoop Insight	28
HAVING	359
HDInsight	6, 28
Historical Data	26

I

ICBM	1
in_	362, 371
INSERT	355
Internet of Things(IoT)	10
interpolate	373
isnull	372

J

Jackson 라이브러리	66, 67
Journaling	392
JsonNode	76

K

KafkaConsumer	211
KafkaConsumer〈K, V〉	216
KafkaProducer	211
KafkaProducer〈K, V〉	212
Kappa	27
Key	345

L

label	363
Lambda	26
lazy-execution	237
like	360, 370
limit	400
lineage	237
list_collection_name.	396
list_database_names	395
Long-tail law	14
Loosely Coupled	198

M

many-to-many	346
MAX	359, 369
Message Broker	198
Message Consumer	198
Message Producer	198
Metadata	343, 353
MIN	359, 369
MinMaxScaler	374
MongoClient	394
move	126

N

Namenode	90
N:N	346
Node Manager	91
Normalization	346
NoSQL	14, 17

O

ObjectMapper	68
Object Relational Mapping(ORM)	347
offset	201
onCompletion	214
one	367
One-Hot Encoding	375
one-to-many	346
one-to-one	346
on-premise	22
open_append_stream	126
open_input_file	127
open_input_stream	127
open-jdk	29
open_output_stream	127
or_	363, 370
order_by	358, 368
org.apache.kafka.common.serialization	219

P

PACELC 이론	17
Pareto's law	14
Partition	201
Path	121
pause	222
pipeline	405
Point-to-Point	198
poll	221, 222
Primary Key	346
produce	221
Producer	220
Producer⟨K, V⟩	212
ProducerConfig	213
ProducerRecord⟨K, V⟩	213
Publisher	198
Publish-Subscribe	198
PyArrow	124
pymongo	28
pymysql	28

Q

query	365
Queue	198

R

Realtime Data	26
Realtime Processing	26
record	345
Redundancy	198
Relation Schema	345
replace_one	397
Replica Sets	392
Replication	344
Resilient Distributed Datasets(RDD)	237
Resource Manager	91
resume	223
rollback	365
row	240, 278, 345

S

scale out	8, 14
scale up	8, 13
Scheduler	91
Schema On Read	9, 13
Schema On Write	8, 12
search	88
search_by_category	88
search_by_release	88

semi-structured data	2
Semi-structured Data	239
server_info	394
Serving Layer	27
Session	365
Session 윈도	320
Single Point of Failure	92, 344
skip	400
Sliding 윈도	320
Smart City	11
sort	399
Spark Core	318
SparkR	238
SparkSession	253
SparkSession.Builder	253
Spark Streaming	317, 318
Spark Structured Stream	318
Spark Structured Streaming	317
Speed Layer	27
sqlalchemy	28
StandardScaler	374
startswith	362
static from_uri	126
structured data	2
Structured Data	239
Structured Query Language(SQL)	341, 347
subscribe	222
Subscriber	198
SUM	359, 369
supply chain management	9

T

Table	353
Topic	198, 200
Transformation	238
Tumbling 윈도	320
tuple	345

U

unstructured data	2
Unstructured Data	239
update	356, 366
update_many	396
update_one	396

V

Value	3
Variety	2
Velocity	3
Veracity	3
Visualization	3
Volatility	3
Volume	2

W

watch	404
watermark	320
watermarking	320
where	358
window	320
Write Semantics	392
Write Speed	392

Y

Yet Another Resource Negotiator(YARN)	9, 90

ㄱ

가치	3
게으른 실행	237
공급망 관리	9
공급자	198
관계형 데이터베이스 모델	341
구독자	198
그래프형	20

머신러닝 라이브러리	238
기본 키	346

ㄴ

내구성	392
느슨한 결합	198

ㄷ

다대다	346
다양성	2
다중화	198
단일 고장점	92, 344
대시보드	24
데이터 과학	4, 7
데이터 레이크	6, 12
데이터 마트	12, 25
데이터베이스	341
데이터베이스 관리 시스템	342
데이터베이스 인덱스	343
데이터 웨어하우스	12
데이터 웨어하우징	25
데이터 전처리	23
데이터 정의어	343
데이터 제어어	343
데이터 조작어	343
데이터 플로우	6
도큐먼트형	19
디지털 트랜스포메이션	11, 20, 22

ㄹ

람다 아키텍처	26
레코드	345
롱테일 법칙	14, 21
리니지 방식	237
릴레이션 스키마	345

ㅁ

메시지 브로커	198
메시지 생산자	198
메시지 소비자	198
메타데이터	343
몽고디비	389

ㅂ

반정형 데이터	2, 239
배치 계층	27
배치 작업	317
배치 처리	26
복제	344
복제셋	392
복제셋 모드	403
비동기	198
비정형 데이터	2, 239
빅데이터	2

ㅅ

사물 인터넷	10
사이버 보안	10
샤딩	393
속도	3
속도 계층	27
속성	345
속성 구조	345
스마트 시티	11
스마트 팩토리	11
스케일 아웃	8
스케일 업	8
스키마	240
스트리밍 작업	317
스파크	237
스파크 스트리밍	238
스파크 Core	238
스파크 SQL	238
시각화	3

실시간 데이터	26
실시간 스트리밍	26
실시간 처리	26
쓰기 속도	392
쓰기 시맨틱스	392

ㅇ

아파치 Zookeeper	200
엔티티	345
열	240, 345
오프셋	201
온프레미스	22
외래 키	346
웨어하우스	6
웹 2.0	4
이력 데이터	26
인공지능	7
인덱싱	392
인스턴스	345
일괄 처리	26
일괄처리	26
일대다	198, 346
일대일	198, 346

ㅈ

저널링	392
전사적 데이터 스트리밍 버스	200
정규화	346
정형 데이터	2, 239
정확성	3
제공 계층	27

ㅊ

체크포인팅	321

ㅋ

카탈로그	343
카파 아키텍처	27
카프카	197
카프카 파티션	201
칼럼 확장형	18
큐	198
크기	2
클라우드 컴퓨팅	6
클러스터링	344
키	345
키-밸류형	18

ㅌ

탈동조	198
테이블	345
토픽	198, 200
튜플	345

ㅍ

파레토 법칙	14, 21

ㅎ

하둡	4, 89
하둡 분산 파일 시스템	6, 90
행	240, 345
헬스케어	10
휘발성	3